해커스법원직

김미영 부동산등기법

OX 문제집

해커스공무원

머리말

시대가 어수선하지만, 수험생이라는 신분은 흔들림 없이 하루하루를 살아나가야 합니다. 고물가, 전쟁, 날씨, 정치적인 이슈… 이런 것들과 거리를 두고 공부를 한다면 좋은 결과가 있을 것입니다. 다시 객관식이라는 과정을 지나 1년 동안 준비해 왔던 것을 재확인하고 부족한 부분은 채워나가는 시간이 되었습니다. 합격을 하기 위해 모든 내용을 다 알아야 하는 것은 아닙니다. 시험적합성에 맞는 공부를 하시길 바랍니다.

본서가 시험적합성에 맞도록 구성하였으니 본서를 잘 활용하신다면 좋은 결과가 있으시리라 믿습니다. 시험 범위가 동일한 법원사무관 승진 시험, 법무사 시험 등에도 대비할 수 있도록 만전을 기하였습니다.

이미 진행된 '2023 해커스법원직 김미영 부동산등기법 강의'를 수강하셨다면 본서를 잘 활용하실 수 있습니다.

본서는 다음과 같은 특징을 가지고 있습니다.

1. 부동산등기법과 규칙 및 다른 법령 그리고 2022년 10월까지 제·개정된 예규를 반영하였습니다.
2. 시험장 들어가기 전까지 본서를 활용하여 많은 회독을 할 수 있도록, 'OX 문제' 전에 해당 내용을 요약 정리하여 수록하였습니다.
3. 어려운 부분은 각종 도표를 활용하였습니다.

본서와 더불어, 공무원 시험 전문 사이트 해커스공무원(gosi.Hackers.com)에서 교재 학습 중 궁금한 점을 나누고 다양한 무료 학습 자료를 함께 이용하여 학습 효과를 극대화할 수 있습니다.

부디 본서와 함께 법원직 부동산등기법 시험 고득점을 달성하고 합격을 향해 한걸음 더 나아가시기를 바라며, 본서가 법원직 공무원 합격을 꿈꾸는 모든 수험생 여러분에게 훌륭한 길잡이가 되기를 바랍니다.

2023년 1월

나날이 발전하는 김미영 올림

차례

제1편 총론

제2편 각론

해커스공무원 학원 · 인강
gosi.Hackers.com

제1편
총론

제1장 | 부동산등기제도

제1절 부동산등기의 의의

I 우리나라 등기제도의 특색

1. 법원의 등기사무 관장

2. 물적 편성주의(부동산을 기준으로)

> **법 제15조(물적 편성주의)**
> ① 등기부를 편성할 때에는 1필의 토지 또는 1개의 건물에 대하여 1개의 등기기록을 둔다. 다만, 1동의 건물을 구분한 건물에 있어서는 1동의 건물에 속하는 전부에 대하여 1개의 등기기록을 사용한다.

3. 등기부와 대장의 이원화

4. 공동신청주의의 원칙

> **법 제22조(신청주의)**
> ① 등기는 당사자의 신청 또는 관공서의 촉탁에 따라 한다. 다만, 법률에 다른 규정이 있는 경우에는 그러하지 아니하다.

5. 형식적 심사주의

> 판례는 "등기관은 등기신청에 대하여 부동산등기법상 그 등기신청에 필요한 서면이 제출되었는지 여부 및 제출된 서면이 형식적으로 진정한 것인지 여부를 심사할 권한을 갖고 있으나 그 등기신청이 실체법상의 권리관계와 일치하는지 여부를 심사할 실질적인 심사권한은 없으므로, 등기관으로서는 오직 제출된 서면 자체를 검토하거나 이를 등기부와 대조하는 등의 방법으로 등기신청의 적법 여부를 심사하여야 한다."라고 한다(대판 2005.2.25. 2003다13048).

6. 성립요건주의(민법 제186조)

7. 공신력의 불인정

Ⅱ 부동산등기제도의 작용

1. 부동산물권의 공시제도

2. 물권변동의 효력발생요건(민법 제186조)

3. 물권변동의 처분요건(민법 제187조)

4. 대항요건

부동산임차권, 신탁등기, 환매권등기, 지상권·지역권·전세권·저당권 등에 있어서의 존속기간이나 지료, 이자와 그 지급시기 등에 관한 약정 등

OX 확인

01 등기관은 등기신청에 대하여 「부동산등기법」상 그 등기신청에 필요한 서면이 제출되었는지 여부 및 제출된 서면이 형식적으로 진정한 것인지 여부를 심사할 권한을 갖고 있다. O | X

02 등기는 법률에 다른 규정이 없는 경우에는 등기권리자와 등기의무자가 공동으로 신청한다. O | X

03 형식적 심사주의는 등기관은 등기신청에 대하여 그 등기신청이 실체법상의 권리관계와 일치하는지 여부를 심사할 실질적인 심사 권한은 없다는 것을 말한다. O | X

04 성립요건주의는 부동산에 관한 물권변동은 그 원인이 법률행위이든지 법률의 규정이든지 등기를 하여야 효력이 발생한다는 것을 말한다. O | X

해설 「민법」은 등기의 효력과 관련하여 제186조에서 "부동산에 관한 법률행위로 인한 물권의 득실변경은 등기하여야 그 효력이 생긴다."라고 규정함으로써 부동산 물권변동에 관하여 성립요건주의를 채택하였다. 다만, "상속, 공용징수, 판결, 경매 기타 법률의 규정에 의한 부동산에 관한 물권의 취득은 등기 없이도(민법 제187조)" 그 효력이 생기도록 하는 특칙을 두었다.

정답 | 01 ○ 02 ○ 03 ○ 04 ×

제2절 등기의 종류

Ⅰ 내용에 의한 분류

기입등기	새로운 등기원인에 의하여 어떤 사항을 등기부에 새로이 기입하는 등기	소유권보존·이전, 저당권설정등기 등
변경등기	등기가 행하여진 후에 등기된 사항의 일부에 변경이 생겨서 나중에 등기와 실체관계 사이에 생긴 불일치를 바로잡기 위한 등기	등기명의인표시변경, 토지합필등기, 근저당권변경등기 등
경정등기	이미 행하여진 등기의 일부에 착오 또는 빠진 부분이 있어서 원시적으로 등기와 실체관계 사이에 생긴 불일치를 바로잡기 위한 등기	등기명의인표시경정등기, 근저당권경정등기 등
말소등기	등기에 대응하는 그 등기를 법률적으로 소멸시킬 목적으로 기존등기의 전부를 말소하는 등기	근저당권말소등기, 전세권말소등기 등
멸실등기	부동산이 전부 멸실된 경우 행하여지는 등기 cf 부동산이 일부 멸실된 경우 - 부동산표시변경등기	건물멸실등기 등
말소회복등기	기존 등기가 부적법하게 전부 또는 일부가 소멸된 경우 처음부터 그러한 말소가 없었던 것과 같은 효력을 보유하게 할 목적으로 행하여지는 등기	

Ⅱ 등기의 방법 내지 형식에 의한 분류 - 주등기(독립등기), 부기등기

1. 주등기: 독립등기

2. 부기등기(법 제52조 등)

(1) 등기관이 부기등기를 할 때에는 그 부기등기가 어느 등기에 기초한 것인지 알 수 있도록 주등기 또는 부기등기의 순위번호에 가지번호를 붙여서 하여야 한다(규칙 제2조).

(2) 부기등기의 순위는 주등기 순위에 따른다. 다만, 같은 주등기에 관한 부기등기 상호간의 순위는 그 등기 순서에 따른다(법 제5조).

(3) 제5조 본문의 "부기등기의 순위는 주등기의 순위에 따른다."라는 규정은 "부기등기가 그 순위번호뿐만 아니라 접수번호에 있어서도 그 기초가 되는 주등기에 따른다."라는 뜻으로 새겨야 한다(선례 제201408-2호). 서기보17

(4) 부기등기에 대한 부기등기 가능 예 환매권이전등기, 권리질권이전등기 등

(5) **부기등기의 말소**

① 원칙: 직권말소

② 예외: 말소신청

다만, 부기등기만의 말소신청이 있으면 그 등기만 말소가능하다. 가령 근저당권이전등기의 등기원인에만 말소사유가 있는 경우 부기등기 된 근저당권이전등기만 말소신청할 수 있다.

법 제52조 (부기로 하는 등기)

등기관이 다음 각 호의 등기를 할 때에는 부기로 하여야 한다. 다만, 제5호의 등기는 등기상 이해관계 있는 제3자의 승낙이 없는 경우에는 그러하지 아니하다.

1. 등기명의인표시의 변경이나 경정의 등기
2. 소유권 외의 권리의 이전등기
3. 소유권 외의 권리를 목적으로 하는 권리에 관한 등기
4. 소유권 외의 권리에 대한 처분제한 등기
5. 권리의 변경이나 경정의 등기
6. 제53조의 환매특약등기
7. 제54조의 권리소멸약정등기
8. 제67조 제1항 후단의 공유물 분할금지의 약정등기
9. 그 밖에 대법원규칙으로 정하는 등기

Ⅲ 효력에 의한 분류 - 종국등기, 예비등기(가등기)

1. 종국등기

등기 본래의 효력인 부동산 물권의 득실변경의 효력을 발생시키는 등기

2. 예비등기

물권변동의 효력이 없는 등기. 현행법상 가등기만 이에 해당한다.

OX 확인

01 부기등기는 순위번호에 있어서는 그 기초가 되는 주등기에 따르나, 접수번호에 있어서는 그 주등기에 따르지 않으므로 별도로 순위를 정해야 한다. O | X

02 등기관이 부기등기를 할 때에는 그 부기등기가 어느 등기에 기초한 것인지 알 수 있도록 주등기 또는 부기등기의 순위번호에 가지번호를 붙여서 하여야 한다. O | X

03 소유권 외의 권리의 이전등기, 소유권 외의 권리를 목적으로 하는 권리에 관한 등기, 소유권 외의 권리에 대한 처분제한 등기는 부기로 하여야 한다. O | X

04 신탁재산이 수탁자의 고유재산으로 되었을 때에는 그 뜻의 등기를 부기로 하여야 한다. O | X

해설 신탁재산이 수탁자의 고유재산이 되었을 때에는 그 뜻의 등기를 주등기로 하여야 한다(규칙 제143조).

05 을구에 근저당권설정등기, 갑구에 체납처분에 의한 압류등기가 순차로 마쳐진 후에 근저당권의 채권최고액을 증액하는 경우 체납처분에 의한 압류등기의 권리자(처분청)의 승낙서가 제공된 경우에는 을구의 근저당권변경등기를 부기등기로 실행할 수 있다. O | X

해설 을구에 근저당권설정등기, 갑구에 체납처분에 의한 압류등기가 순차로 경료된 후에 근저당권의 채권최고액을 증액하는 경우, 그 변경등기를 부기등기로 실행하게 되면 을구의 근저당권변경등기가 갑구의 체납처분에 의한 압류등기보다 권리의 순위에 있어 우선하게 되므로, 갑구의 체납처분에 의한 압류등기의 권리자(처분청)는 을구의 근저당권변경등기에 대하여 등기상 이해관계 있는 제3자에 해당한다(선례 제201408-2호).

정답 | 01 × 02 ○ 03 ○ 04 × 05 ○

06 등기전체가 아닌 등기사항 일부만 말소된 등기를 회복할 때에는 부기에 의하여 말소된 등기사항만 다시 등기한다. O | X

해설 법 제59조의 말소된 등기에 대한 회복 신청을 받아 등기관이 등기를 회복할 때에는 회복의 등기를 한 후 다시 말소된 등기와 같은 등기를 하여야 한다. 다만, 등기전체가 아닌 등기사항 일부만 말소된 등기를 회복할 때에는 부기에 의하여 말소된 등기사항만 다시 등기한다(규칙 제118조).

07 신탁을 원인으로 한 소유권이전등기와 함께 신탁등기를 할 때에는 소유권이전등기에 부기로 하여야 한다. O | X

해설 등기관이 신탁을 원인으로 한 소유권이전등기와 함께 신탁등기를 할 때에는 하나의 순위번호로 등기를 하여야지, 신탁등기만을 부기로 하지 아니한다(규칙 제139조 제7항).

정답 | 06 ○ 07 ×

제3절 등기의 유효요건

I 실질적 유효요건

1. 등기에 부합하는 실체관계의 존재

2. 등기와 실체관계와의 부합의 정도

(1) 부동산의 표시에 관한 부합의 정도

건물의 경우, 종합적으로 판단하여 그 등기가 해당 건물을 표시하고 있는 것으로 인정되는 경우에는 그 등기는 유효하다.

(2) 권리의 질적·양적 불일치

① 질적 불일치(언제나 무효): 권리의 주체(권리자 甲을 乙로 등기한 경우)·객체(甲지에 할 등기를 乙지에 한 경우)·종류(전세권설정계약을 했음에도 저당권설정등기로 경료된 경우)의 불일치는 언제나 무효이다.

② 양적 불일치

㉠ 등기 > 물권행위: 물권행위의 한도 내에서 효력이 있다.

㉡ 등기 < 물권행위: 법률행위의 일부무효에 관한 「민법」 제137조에 의하여 판단한다(판례).

(3) 권리변동의 과정 내지 태양의 불일치

① 판례는 등기기록이 실제의 권리변동의 과정 내지 태양과 일치하지 않더라도 등기된 결과가 현재의 진실한 권리 상태를 공시하면 그 등기는 유효한 것으로 보고 있다.

② 모두생략등기: 실체관계에 부합하는 한 유효

③ 중간생략등기

㉠ 원칙: 유효

ⓐ 최초 매도인·중간자·최종 매수인의 3자 합의가 있으면 중간생략등기는 유효하다.

ⓑ 합의가 없이 마쳐진 중간생략등기의 경우에도 양도계약 당사자들 사이에 양도계약이 적법하게 성립되어 이행되었다면 그 등기도 무효라고 할 수 없다.

ⓒ 중간생략등기가 유효하기 위해서는 최종소유자가 소유자로서의 실체법상의 요건은 모두 갖추고 있어야 한다.

㉡ 예외: 토지거래허가구역 내 토지의 경우라면 전원의 합의가 있더라도 무효(판례)

④ 실제와 다른 원인에 의하여 경료된 등기: "실체관계와 부합하는 한" 유효(판례)

예 실체관계는 "증여"이나 등기부에는 "매매"를 원인으로 한 소유권이전등기가 경료된 경우

(4) 무효등기의 유용

① 등기원인 없이 甲으로부터 을로 소유권이전등기가 된 후에 甲과 乙 사이에 그 등기에 부합하는 적법한 매매를 한 경우, 그 등기는 유효한 것으로 본다.

② 멸실건물의 보존등기를 멸실 후에 신축한 건물의 보존등기로 유용할 수 없다.

II 형식적 유효요건(등기의 존재 및 적법한 절차에 의할 것)

OX 확인

01 건물의 경우에는 건물의 소재와 대지 지번의 표시가 다소 다르더라도 건물의 종류·구조·면적 및 인근에 유사한 건물이 있는지 여부 등을 종합적으로 고려하여 등기가 해당 건물을 표시하고 있다고 인정되면 유효한 등기로 보고 있다. O | X

02 등기기록이 실제의 권리변동 과정과 일치하지 않더라도 등기된 결과가 현재의 진실한 권리 상태를 공시하면 그 등기는 유효한 것으로 보고 있다. O | X

03 증여로 부동산을 취득하였음에도 등기원인이 매매로 등기기록에 기록된 경우 그 등기가 당사자 사이의 실체적 권리관계에 부합하는 한 유효하다고 한다. O | X

04 멸실건물의 보존등기를 멸실 후에 신축한 건물의 보존등기로 유용할 수 있다. O | X

05 보존등기 후 건물이 멸실되었으나 멸실등기가 아직 이루어지지 않은 상태에서 같은 지번 위에 건물이 신축되었다면, 종전 건물에 대한 보존등기를 신축된 건물의 보존등기로 유용할 수 있다. O | X

정답 | **01** ○ **02** ○ **03** ○ **04** × **05** ×

제4절 등기의 효력

I 등기의 효력발생시기

등기관이 등기를 마친 경우 그 등기는 접수한 때부터 효력을 발생한다(법 제6조 제2항).

II 등기의 구체적 효력(종국등기, 독립등기)

1. 권리변동의 효력(민법 제186조)

2. 대항력

3. 순위확정의 효력

같은 부동산에 관하여 등기한 권리의 순위는 법률에 다른 규정이 없으면 등기한 순서에 따른다(법 제4조 제1항).

주등기	등기의 순서는 등기기록 중 같은 구에서 한 등기 상호간에는 순위번호에 따르고, 다른 구에서 한 등기 상호간에는 접수번호에 따른다(법 제4조 제2항).
부기등기	부기등기의 순위는 주등기의 순위에 따른다. 다만, 같은 주등기에 관한 부기등기 상호간의 순위는 그 등기 순서에 따른다(법 제5조).
대지권	대지권에 대한 등기로서의 효력이 있는 등기와 대지권의 목적인 토지의 등기기록 중 해당 구에 한 등기의 순서는 접수번호에 따른다(법 제61조 제2항).
본등기	가등기에 의한 본등기를 한 경우 본등기의 순위는 가등기의 순위에 따른다(법 제91조).
말소회복등기	말소회복등기는 종전의 등기와 동일한 효력을 보유한다(규칙 제118조 단서).

4. 점유적 효력

점유로 인한 부동산의 시효취득기간은 20년이지만(민법 제245조 제1항), 부동산의 소유자로 등기되어 있는 자는 10년 동안의 자주점유로 소유권을 취득한다(민법 제245조 제2항).

5. 권리추정력

(1) 명문의 규정은 없으나, 판례상 인정되며, 이는 법률상 추정으로 본다.

(2) 추정력이 부인되는 경우

가등기, 허무인·사자명의의 등기, 표제부등기, 중복등기(동일인 명의의 이중 보존등기의 경우 후 등기에는 추정력이 부인됨)

6. 후등기저지력

등기가 존재하는 이상 그것이 비록 실체법상 무효라고 하더라도 형식상의 효력은 있으므로 그것을 말소하지 않는 한 그것과 양립할 수 없는 등기를 할 수 없는 것을 말한다.

(1) 원칙

① 존속기간의 만료로 지상권(건물 전세권 등의 용익권)이 실체법상 소멸되었다 하더라도 그 지상권설정등기(용익권과 관련된 등기)를 말소하지 않는 한 제3자를 위한 지상권설정등기신청은 수리될 수 없다.

② 이미 소유권보존등기가 된 경우 그 보존등기를 말소하지 않는 한 다시 소유권보존등기를 할 수 없다.

③ 이미 전세권설정등기가 마쳐진 주택을 대상으로 임차권등기의 기입이 촉탁된 경우 등기관이 당해 등기촉탁을 수리할 수 있는지 여부(일부 선례 변경)(선례 제202210-2호)

> 이미 전세권설정등기가 마쳐진 주택에 대하여 전세권자와 동일인이 아닌 자를 등기명의인으로 하는 주택임차권등기명령에 따른 등기의 촉탁이 있는 경우 등기관이 당해 등기촉탁을 수리할 수 있는지 여부와 관련하여, ① 임대차는 그 등기가 없는 경우에도 임차인이 주택의 인도와 주민등록을 마친 때에는 그 다음 날부터 제3자에 대하여 효력이 생기고(「주택임대차보호법」 제3조 제1항), 그 주택에 임차권등기명령의 집행에 따라 임차권등기가 마쳐지면 그 대항력이나 우선변제권은 그대로 유지된다는 점(같은 법 제3조의3 제5항), ② 위 임차권등기는 이러한 대항력이나 우선변제권을 유지하도록 해 주는 담보적 기능만을 주목적으로 하는 점(대판 2005.6.9. 2005다4529) 및 ③ 임차인의 권익보호에 충실을 기하기 위하여 도입된 임차권등기명령제도의 취지 등을 볼 때, 주택임차인이 대항력을 취득한 날이 전세권설정등기의 접수일자보다 선일(선일)이라면, 기존 전세권의 등기명의인과 임차권의 등기명의인으로 되려는 자가 동일한지 여부와는 상관없이 주택임차권등기명령에 따른 등기의 촉탁이 있는 경우 등기관은 그 촉탁에 따른 등기를 수리할 수 있을 것이다.
>
> **주) 이 선례에 의하여 등기선례(7-281)는 그 내용이 일부 변경됨**
>
> 이미 전세권설정등기가 경료되어 있는 주택의 일부분에 관하여 그 주택의 소재지를 관할하는 법원이 임차권등기명령에 의하여 동일 범위를 목적으로 하는 주택임차권등기를 촉탁하는 경우, 이는 기존 전세권설정등기와 양립할 수 없는 등기의 촉탁으로서 등기관은 「부동산등기법」 제29조 제2호에 의하여 각하하여야 한다(선례 7-281).
>
> **주) 이 선례에 의하여 등기선례(9-300)는 그 내용이 일부 변경됨**
>
> 이미 전세권설정등기가 경료된 주택에 대하여 동일인을 권리자로 하는 법원의 주택임차권등기명령에 따른 촉탁등기는 이를 수리할 수 있을 것이다(선례 9-300).

(2) 예외

① 이미 전세권설정등기가 경료된 주택에 대하여 동일인을 권리자로 하는 법원의 주택임차권등기명령에 따른 촉탁등기는 이를 수리할 수 있을 것이다(선례 제201510-1호).

② 지역권의 경우에는 편익의 종류를 달리하거나 요역지가 서로 상이하다면 할 수 있다.

7. 등기의 공신력 불인정

Ⅲ 가등기의 효력

구분		효력
청구권 가등기	본등기 전의 가등기	① 순위보전의 효력만 있음. ② 물권변동의 효력과 추정력 등의 실체법상 효력은 발생하지 않으며, 처분금지효도 없음.
	본등기 후의 가등기	물권변동의 효력은 가등기시가 아닌 본등기시에 발생함.
담보가등기		우선 변제받을 수 있는 권리와 경매청구권, 경매절차에서는 저당권으로 취급되는 등의 실체법적 효력이 있음.

OX 확인

01 허무인 명의의 등기에는 등기의 추정력이 인정되지 않지만, 사망자 명의의 등기신청에 의한 등기에는 등기의 추정력이 인정된다. O | X

02 건물 전세권의 등기부상 존속기간이 만료되었다 하더라도 등기의 후등기저지력으로 인하여 그 전세권설정등기가 말소되지 않고서는 동일한 부분에 대하여 후순위로 중복하여 전세권설정등기를 할 수 없다. O | X

03 협의분할에 의한 상속을 등기원인으로 하여 소유권이전등기를 한 경우 그 소유권의 등기명의인이 소유권을 취득한 시기는 등기를 한 때이다. O | X

해설 상속등기의 원인이 법정상속지분에 따른 경우이거나 협의분할에 의한 상속인지 불문하고 피상속인이 사망한 때 상속인은 소유권을 취득한다. 다만, 이를 처분하기 위해 상속등기를 선행적으로 하여야 한다(민법 제187조 참조).

04 등기관이 등기를 마치면 그 등기는 그 등기가 완료된 시점에 효력이 발생한다. O | X

해설 등기관이 등기를 마친 경우 그 등기는 접수한 때부터 효력을 발생한다(법 제6조 제2항).

05 존속기간의 만료로 전세권이 실체법상 소멸되었다 하더라도 그 전세권설정등기를 말소하지 않는 한 제3자를 위한 전세권설정등기신청은 수리될 수 없는데 이는 후등기 저지력 때문이다. O | X

06 가등기에 의한 본등기를 한 경우 그 본등기의 순위는 가등기의 순위에 따른다. O | X

정답 | 01 × 02 ○ 03 × 04 × 05 ○ 06 ○

제2장 | 등기사항

제1절 등기능력이 있는 물건

구분		등기능력 있는 물건	등기능력 없는 물건
토지		① 「도로법」상 도로부지 ② 「하천법」상의 하천 ※ 소유권과 저당권, 권리질권의 각 보존, 이전, 설정, 변경, 처분의 제한, 소멸에 관한 등기가 가능하므로, 그 범위 내(가등기, 신탁등기, 부동산표시변경등기, 등기명의인 표시변경등기 등)에서는 등기능력이 있음. 그 토지를 사용하는 권리인 지상권·지역권·전세권·임차권의 설정·이전·변경등기는 불가능	① 공유수면하의 토지(사권의 목적이 될 수 없음) ② 군사분계선 이북 지역의 토지 ③ 대한민국의 영해가 아닌 공해상에 위치한 수중암초나 구조물
건물	건축물 정착성 + 외기분단성 (지붕 및 주벽 그에 유사한 설비를 갖출 것) + 용도성 등 (건축법 제2조)	① 유류저장탱크 ② 건축물대장에 조적조 및 컨테이너구조 스레이트지붕 주택으로 등재된 건축물 ③ 경량철골조경량패널지붕 건축물 ④ 비각, 사일로 ⑤ 농업식고정식(유리)온실	① 터널, 교량, 토굴 ② 농지개량시설의 공작물(배수갑문, 권양기, 양수기 등) ③ 건물의 부대설비(승강기, 발전시설, 보일러시설, 냉난방시설, 배전시설 등) ④ 지하상가 통로 ⑤ 컨테이너(건축물대장에 구조가 컨테이너이며 지붕 또한 컨테이너로 등재되어 있는 건축물) ⑥ 비닐하우스, 일시 사용을 위한 가설건축물 ⑦ 양어장, 옥외 풀장 ⑧ 폐유조선 및 플로팅 도크 ⑨ 주유소 캐노피
	집합건물	① 공용부분 중 독립된 건물로서의 여건을 갖춘 경우(아파트 지하실, 기계실, 관리사무소, 노인정 등) ② 구분건물의 전유부분 ③ 구분건물의 규약상 공용부분 ④ 공동주택의 지하주차장 ※ 1동의 건물에 속하는 구분건물 중 일부에만 관하여 소유권보존등기를 하기 위해서는 그 일부 구분건물뿐만 아니라 나머지 구분건물도 등기능력이 있어야 함.	① 구분건물의 구조상 공용부분 ② 아파트의 복도, 계단, 지하상가 ③ 지하상가의 통로, 계단, 화장실 ④ 집합건물 옥상
	기타	방조제(제방)	방조제부대시설

「축사의 부동산등기에 관한 특례법」에 따른 축사 소유권보존등기

「축사의 부동산등기에 관한 특례규칙」	제2조(축사의 보존등기) ① 개방형 축사의 소유권보존등기신청서에는 「축사의 부동산등기에 관한 특례법」 제4조에 따라 등기를 신청한다는 뜻을 적어야 한다. ② 등기관은 등기기록 중 표제부에 법에 따른 등기임을 기록한다. 제3조(제출서면) ① 신청서에 건물의 표시를 증명하는 건축물대장등본을 첨부하여야 한다. ② 법 제3조 제2호의 "소를 사육할 용도로 계속 사용할 수 있을 것"을 소명하기 위하여 다음 각 호의 어느 하나를 제출하여야 한다. 다만, 건축물대장등본에 의하여 등기할 건축물의 용도가 개방형 축사임을 알 수 있는 경우에는 그러하지 아니하다. 1. 건축허가신청서나 건축신고서의 사본 2. 그 밖에 건축물의 용도가 개방형 축사임을 알 수 있는 시·구·읍·면의 장이 작성한 서면
등기예규 제1587호	제2조(축사의 보존등기) ① 특례법 제4조에 따른 개방형 축사의 소유권보존등기 신청서에는 「축사의 부동산등기에 관한 특례법」에 따른 건물소유권보존등기신청을 하는 뜻을 적고, 신청근거규정으로 「축사의 부동산등기에 관한 특례법」 제4조와 「부동산등기법」 제65조 각 호의 어느 하나에 해당하는 규정을 같이 적어야 한다. ② 제1항에 따라 등기를 할 경우 등기관은 등기기록 중 표제부의 등기원인 및 기타사항란에 특례법에 따른 등기임을 기록한다.
선례	① 1개의 건물로서 건축물대장의 건축물현황에 일부 용도는 축사로, 일부는 퇴비사 또는 착유사 등으로 등록되어 있는 경우에도 그 건물의 연면적이 「축사의 부동산등기에 관한 특례법」상 요건인 100제곱미터를 초과한다면 축사의 소유권보존등기를 신청할 수 있다. ② 또한 1개의 건축물대장에 주된 건물인 축사와 그 축사의 사용에 제공하기 위해 부속하게 한 퇴비사, 착유사 등이 등록되어 있는 경우에도 축사와 부속건물의 연면적이 100제곱미터를 초과한다면 축사의 소유권보존등기를 신청할 수 있다. ③ 다만, 하나의 대지 위에 2개 이상의 축사가 건축되어 총괄표제부가 작성되고 건축물대장도 각각 별개로 작성된 경우에는 각각의 건축물대장별로 축사의 소유권보존등기를 신청하여야 하며, 위 특례상 연면적 기준도 각각의 건축물대장별로 개별적으로 판단하여야 하므로, 개별 건축물대장에 등록된 축사의 연면적이 100제곱미터를 초과하지 못한다면 위 특례법에 의한 축사의 소유권보존등기는 신청할 수 없다(선례 제201011-1호).
	개방형 축사가 건축물대장 생성 당시에는 연면적이 100제곱미터를 초과하지 않아 「축사의 부동산등기에 관한 특례법」에 따른 등기능력이 인정되지 아니하였으나, 이후 대장상 소유권이전등록을 받은 자가 이를 증축하여 연면적이 100제곱미터를 초과하게 되었다면 이 특례법에 따른 등기능력이 인정되는바, 이 경우에는 그 개방형 축사를 증축하여 등기능력을 갖춘 자를 건물로서의 개방형 축사에 대한 최초의 소유자로 볼 수 있으므로, 그는 건축물대장정보를 소유자임을 증명하는 정보로서 제공하여 그 개방형 축사에 대하여 직접 자신의 명의로 소유권보존등기를 신청할 수 있다(선례 제201906-2호).

제2절 등기할 수 있는 사항

1. 등기사항 법정주의

구분	등기능력이 인정되는 경우	등기능력이 인정되지 않는 경우
물권	소유권, 지상권, 지역권, 전세권, 저당권, 권리질권(근저당권부 권리질권, 민법 제348조), 채권담보권, 관습법상 법정지상권	점유권, 유치권, 질권, 관습법상 분묘기지권
채권	부동산임차권, 부동산환매권, 부동산신탁(민법과 신탁법상 등기능력이 인정되며, 절차는 부동산등기법에서 규정)	사용대차권
기타	① 권리소멸의 약정등기 ② 등기이전청구권에 대한 가압류등기촉탁 ③ 저당권의 효력이 부합물 및 종물에 미치지 않는다는 약정(법 제75조) ④ 공유물분할금지의 특약 ⑤ 전세권양도 또는 담보제공의 금지특약(민법 제360조 단서) ⑥ 지상권설정계약 시 토지 소유자의 사용을 제한하는 특약 ⑦ 구분지상권 등기에서 토지사용제한(민법 제289조의2 제1항 후단)	① 저당권자의 승낙 없이는 당해 부동산을 처분할 수 없다는 특약 ② 주위토지통행권 ③ 송전선 통과를 위한 농지의 공중·공간에 대한 구분임차권설정등기 ④ 상속재산관리인의 선임등기 ⑤ 건물일부가 남의 토지를 침범 시 그 취지 ⑥ 가처분소유권이전등기청구권가압류등기 ⑦ 임차권채권가압류등기 ⑧ 포괄유증에 의한 소유권이전등기에 있어서 제사부담 조건 ⑨ 근저당권자와 일부대위변제자의 매각대금의 배당에 관한 특약

2. 권리변동과 무관한 등기사항

부동산 표시변경등기, 등기명의인표시변경등기, 거래가액등기 등

OX 확인

01 「하천법」상의 하천에 대한 등기는 소유권, 저당권, 권리질권의 설정, 보존, 이전, 변경, 처분의 제한 또는 소멸에 대하여 이를 할 수 있다. O | X

02 「축사의 부동산등기에 관한 특례법」에 따른 개방형 축사는 연면적이 300m^2를 초과해야 등기할 수 있다. 그 연면적 산정에 있어서는 부속건물의 연면적도 포함된다. O | X

해설 개방형 축사는 연면적이 100m^2를 초과해야 등기할 수 있다.

03 둘레에 벽을 갖추지 아니하고 소를 사육하는 용도로 사용할 수 있는 건축물인 개방형 축사에 대하여 소유권보존등기를 신청하기 위해서는 그 건축물이 건축물대장에 축사로 등록되어 있어야 한다. O | X

04 등기신청정보에는 「축사의 부동산등기에 관한 특례법」에 따라 건물소유권보존등기신청을 하는 뜻과 신청 근거규정으로 같은 법 제4조와 부동산등기법 제65조 각 호의 어느 하나에 해당하는 규정을 표시하여 등기소에 제공하여야 한다. O | X

05 환매권, 임차권과 같이 물권은 아니지만 실체법에서 등기능력을 인정하고 있는 경우도 있고, 그 밖에 거래가액과 같이 물권변동과 전혀 무관한 사항이 공익적 필요에 의하여 등기사항이 되는 경우도 있다. O | X

06 집합건물의 공용부분 중 구조적, 물리적 공용부분(복도, 계단 등)은 전유부분으로 등기할 수 없으나, 아파트 관리사무소, 노인정 등과 같이 독립된 건물로서의 요건을 갖춘 경우에는 독립하여 건물로서 등기할 수 있다. O | X

정답 | 01 ○ 02 × 03 ○ 04 ○ 05 ○ 06 ○

07 부동산물권은 모두 등기할 수 있는 권리이므로 부동산유치권도 등기할 수 있다. O | X

08 저당권에 의하여 담보된 채권을 질권의 목적으로 하는 경우 질권의 효력을 저당권에도 미치게 하기 위한 때에는 부동산물권은 아니지만 권리질권에도 등기능력이 인정된다. O | X

09 부동산임차권도 물권은 아니지만 법률규정에 의하여 등기능력이 인정되고 있다. O | X

10 물권변동을 목적으로 하는 청구권에 관하여는 가등기능력이 인정된다. O | X

정답 | 07 × 08 ○ 09 ○ 10 ○

제3장 | 등기기관과 등기에 관한 장부

제1절 등기소

1. 등기소의 관할

부동산의 소재지를 관할하는 지방법원, 그 지원 또는 등기소(법 제7조 제1항)

2. 관할의 지정

(1) 부동산이 여러 등기소의 관할구역에 걸쳐 있을 때에는 신청에 의하여 각 등기소를 관할하는 상급법원의 장이 관할 등기소를 지정한다(법 제7조 제2항).

(2) 관할 등기소의 지정의 신청은 그 부동산에 대한 최초의 등기신청을 하고자 하는 자가 해당 부동산의 소재지를 관할하는 등기소 중 어느 한 등기소에 신청서를 제출하는 방법으로 하며(규칙 제5조 제2항), 신청서를 받은 등기소는 그 신청서를 지체 없이 상급법원의 장에게 송부하여야 한다(규칙 제5조 제3항).

(3) 지정된 관할 등기소에 등기신청을 할 때에는 관할 등기소의 지정이 있었음을 증명하는 정보를 첨부정보로서 등기소에 제공하여야 한다.

(4) 이미 등기된 건물이 행정구역 등의 변경으로 인하여 나중에 수 개의 등기소의 관할구역에 걸치게 된 때에는 관할의 지정을 받을 필요 없이 종전의 관할 등기소가 관할한다.

OX 확인

01 등기사무는 부동산의 소재지를 관할하는 지방법원, 그 지원 또는 등기소에서 담당한다. O | X

02 부동산이 여러 등기소의 관할구역에 걸쳐 있는 경우 그 부동산에 대한 최초의 등기신청을 하고자 하는 자는 각 등기소를 관할하는 각 지방법원의 장에게 관할 등기소의 지정을 신청하여야 한다. O | X

03 관할 등기소의 지정 신청은 해당 부동산의 소재지를 관할하는 등기소 중 어느 한 등기소에 신청서를 제출하는 방법으로 한다. O | X

04 이미 등기된 건물이 행정구역 등의 변경으로 인하여 나중에 여러 등기소의 관할구역에 걸치게 된 때에는 관할의 지정을 받을 필요 없이 종전의 관할 등기소가 관할한다. O | X

정답 | **01** ○ **02** × **03** ○ **04** ○

Ⅱ 등기에 관한 장부

1. 등기부

법 제15조(물적 편성주의)	물적 편성주의 예외 없음
제1항 본문 등기부를 편성할 때에는 1필의 토지 또는 1개의 건물에 대하여 1개의 등기기록을 둔다.	1부동산 1등기기록 원칙
제1항 단서 다만, 1동의 건물을 구분한 건물에 있어서는 1동의 건물에 속하는 전부에 대하여 1개의 등기기록을 사용한다.	1부동산 1등기기록 예외
제2항 등기기록에는 부동산의 표시에 관한 사항을 기록하는 표제부와 소유권에 관한 사항을 기록하는 갑구 및 소유권 외의 권리에 관한 사항을 기록하는 을구를 둔다.	등기기록의 양식

Ⅲ 장부의 관리

1. 등기부 등의 보존기간

보존기간	종류
영구	등기부(법 제14조), 폐쇄등기부(법 제20조)
	등기기록의 일부로 보는 장부(신탁원부, 도면, 공동담보목록, 공동인명부, 공장저당목록, 매매목록 등)(규칙 제20조)
20년	확정일자부
10년	• 이의신청서류 편철장 • 사용자등록신청서류 등 편철장 • 결정원본 편철장 • 기타 문서 접수장
5년	• 신청서 기타 부속서류 편철장 • 신청서 기타 부속서류 송부부 • 부동산등기신청서 접수장 • 등기필정보 실효신청서 기타 부속서류 편철장
1년	• 각종 통지부 • 열람신청서류 편철장 • 제증명신청서류 편철장

2. 등기부 등의 관리

법 제14조(등기부의 종류 등)

③ 등기부는 대법원규칙으로 정하는 장소에 보관·관리하여야 하며, 전쟁·천재지변이나 그 밖에 이에 준하는 사태를 피하기 위한 경우 외에는 그 장소 밖으로 옮기지 못한다.

④ 등기부의 부속서류는 전쟁·천재지변이나 그 밖에 이에 준하는 사태를 피하기 위한 경우 외에는 등기소 밖으로 옮기지 못한다. 다만, 신청서나 그 밖의 부속서류에 대하여는 법원의 명령 또는 촉탁(囑託)이 있거나 법관이 발부한 영장에 의하여 압수하는 경우에는 그러하지 아니하다.

규칙 제11조(신청서나 그 밖의 부속서류의 이동 등)

① 등기관이 전쟁·천재지변 그 밖에 이에 준하는 사태를 피하기 위하여 신청서나 그 밖의 부속서류를 등기소 밖으로 옮긴 경우에는 지체 없이 그 사실을 지방법원장(등기소의 사무를 지원장이 관장하는 경우에는 지원장을 말한다. 제58조를 제외하고는 이하 같다)에게 보고하여야 한다.

② 등기관이 법원으로부터 신청서나 그 밖의 부속서류의 송부명령 또는 촉탁을 받았을 때에는 그 명령 또는 촉탁과 관계가 있는 부분만 법원에 송부하여야 한다.

③ 제2항의 서류가 전자문서(「전자서명법」 제2조 제1호의 전자문서를 말한다. 이하 같다)로 작성된 경우에는 해당 문서를 출력한 후 인증하여 송부하거나 전자문서로 송부한다.

구분	전쟁, 천재지변, 그 밖에 이에 준하는 사태	법원의 명령 또는 촉탁	법관의 압수·수색영장
등기부 및 그 부속서류	○	×	×
신청서 및 그 부속서류 (등기신청취하서)	○	○(원본송부)	○(원본송부)

OX 확인

01 1개의 부동산에 대하여는 1등기기록만을 사용한다. O | X

02 등기부는 전쟁·천재지변이나 그 밖에 이에 준하는 사태를 피하기 위한 경우 외에는 보관되어 있는 장소 밖으로 옮기지 못한다. O | X

03 등기신청서와 그 부속서류는 전쟁·천재지변이나 그 밖에 이에 준하는 사태를 피하기 위한 경우와 법원의 명령 또는 촉탁이 있거나 법관이 발부한 영장에 의해 압수하는 경우 외에는 등기소 밖으로 옮기지 못한다. O | X

04 부동산등기신청서 접수장은 5년간 보존하여야 한다. O | X

정답 | 01 ○ 02 ○ 03 ○ 04 ○

제2절 등기의 공시

I 관련 조문

법 제19조(등기사항의 열람과 증명)

① 누구든지 수수료를 내고 대법원규칙으로 정하는 바에 따라 등기기록에 기록되어 있는 사항의 전부 또는 일부의 열람과 이를 증명하는 등기사항증명서의 발급을 청구할 수 있다. 다만, 등기기록의 부속서류에 대하여는 이해관계 있는 부분만 열람(발급×)을 청구할 수 있다.

② 제1항에 따른 등기기록의 열람 및 등기사항증명서의 발급 청구는 관할 등기소가 아닌 등기소에 대하여도 할 수 있다.

③ 제1항에 따른 수수료의 금액과 면제의 범위는 대법원규칙으로 정한다.

규칙 제26조(등기사항증명 등의 신청)

① 등기소를 방문하여 등기사항의 전부 또는 일부에 대한 증명서(이하 "등기사항증명서"라 한다)를 발급받거나 등기기록 또는 신청서나 그 밖의 부속서류를 열람하고자 하는 사람은 신청서를 제출하여야 한다.

② 대리인이 신청서나 그 밖의 부속서류의 열람을 신청할 때에는 신청서에 그 권한을 증명하는 서면을 첨부하여야 한다.

③ 전자문서로 작성된 신청서나 그 밖의 부속서류의 열람 신청은 관할 등기소가 아닌 다른 등기소에서도 할 수 있다.

규칙 제30조(등기사항증명서의 발급방법)

① 등기사항증명서를 발급할 때에는 등기사항증명서의 종류를 명시하고, 등기기록의 내용과 다름이 없음을 증명하는 내용의 증명문을 기록하며, 발급연월일과 중앙관리소 전산운영책임관의 직명을 적은 후 전자이미지관인을 기록하여야 한다. 이 경우 등기사항증명서가 여러 장으로 이루어진 경우에는 연속성을 확인할 수 있는 조치를 하여 발급하고, 그 등기기록 중 갑구 또는 을구의 기록이 없을 때에는 증명문에 그 뜻을 기록하여야 한다.

② 신탁원부, 공동담보(전세)목록, 도면 또는 매매목록은 그 사항의 증명도 함께 신청하는 뜻의 표시가 있는 경우에만 등기사항증명서에 이를 포함하여 발급한다.

③ 구분건물에 대한 등기사항증명서의 발급에 관하여는 1동의 건물의 표제부와 해당 전유부분에 관한 등기기록을 1개의 등기기록으로 본다.

④ 등기신청이 접수된 부동산에 관하여는 등기관이 그 등기를 마칠 때까지 등기사항증명서를 발급하지 못한다. 다만, 그 부동산에 등기신청사건이 접수되어 처리 중에 있다는 뜻을 등기사항증명서에 표시하여 발급할 수 있다.

규칙 제31조(열람의 방법)

① 등기기록의 열람은 등기기록에 기록된 등기사항을 전자적 방법으로 그 내용을 보게 하거나 그 내용을 기록한 서면을 교부하는 방법으로 한다. 이 경우 제30조 제2항 및 제3항을 준용한다.

② 신청서나 그 밖의 부속서류의 열람은 등기관 또는 그가 지정하는 직원이 보는 앞에서 하여야 한다. 다만, 신청서나 그 밖의 부속서류가 전자문서로 작성된 경우에는 제1항 전단의 방법에 따른다.

규칙 제32조(등기사항 등의 공시제한)

① 등기사항증명서를 발급하거나 등기기록을 열람하게 할 때에는 등기명의인의 표시에 관한 사항 중 주민등록번호 또는 부동산등기용등록번호의 일부를 공시하지 아니할 수 있으며, 그 범위와 방법 및 절차는 대법원예규로 정한다.

② 법원행정처장은 등기기록의 분량과 내용에 비추어 무인발급기나 인터넷에 의한 열람 또는 발급이 적합하지 않다고 인정되는 때에는 이를 제한할 수 있다.

OX 확인

01 누구든지 수수료를 내고 제한 없이 등기사항의 전부 또는 일부, 등기기록의 부속서류에 대하여 열람을 청구할 수 있다. O | X

해설 누구든지 수수료를 내고 제한 없이 등기사항의 전부 또는 일부를 열람할 수 있지만, 등기기록의 부속서류에 대한 열람은 이해관계 있는 자가 이해관계 있는 부분만에 관해서만 가능하다.

02 등기신청이 접수된 부동산에 관하여는 등기관이 그 등기를 마칠 때까지 어떠한 경우에도 등기사항증명서를 발급하지 못한다. O | X

03 구분건물에 대한 등기사항증명서의 발급에 관하여는 1동의 건물의 표제부와 해당 전유부분에 관한 등기기록을 1개의 등기기록으로 본다. O | X

04 신탁원부나 매매목록은 그 사항의 증명을 함께 신청하지 않았다 하더라도 관련 부동산에 관한 등기사항증명서를 발급할 때 함께 발급하여야 한다. O | X

05 전산폐쇄등기부에 대해서는 '등기사항전부증명서(말소사항 포함)'와 '등기사항일부증명서(일부사항)'의 발급을 신청할 수 있다. O | X

해설 전산폐쇄등기부에 대해서는 '등기사항전부증명서(말소사항 포함)'만 발급이 가능하므로, 그 외에 다른 것은 발급할 수 없다(예규 제1762호).

06 중복등기가 된 토지의 등기기록에는 중복등기라고 취지를 부전하고 그 토지에 관한 등기사항증명서의 교부신청이 있는 때에는 중복등기기록 전부를 출력하여 보존등기 순서대로 합철한 후 그 말미에 인증문을 부기하여 이를 교부한다. O | X

정답 | 01 × 02 × 03 ○ 04 × 05 × 06 ○

Ⅱ 부동산등기 신청정보 및 첨부정보의 열람에 관한 업무처리지침(예규 제1653호)

1. 목적

이 예규는 「부동산등기법」 제19조 제1항과 「부동산등기규칙」 제26조 및 제31조 제2항에 따라 신청정보 및 첨부정보를 열람하는데 있어 필요한 사항을 규정함을 목적으로 한다.

2. 열람업무담당자

각 등기과·소의 접수창구에는 등기과·소장이 지정하는 열람업무담당자를 배치하여야 하며, 열람업무담당자는 등기관의 지시에 따라 열람에 관한 업무를 처리한다.

3. 열람신청인

가. 신청정보 및 첨부정보에 대하여 열람을 신청할 수 있는 자는 다음과 같다.

1) 해당 등기신청의 당사자 및 그 포괄승계인

2) 해당 등기신청에 따른 등기가 실행됨으로써 직접 법률상 이해관계를 가지게 되었거나 그 등기를 기초로 하여 법률상의 이해관계에 영향을 받게 되었음을 소명한 자

3) 다른 법률에서 허용하는 자

나. 몇 가지의 예

1) 매도인의 상속인은 매매를 원인으로 하는 소유권이전등기의 신청정보 및 첨부정보를 열람할 수 있다.

2) 유증자의 상속인은 그 유증을 원인으로 유언집행자와 수증자가 공동으로 신청한 소유권이전등기의 신청정보 및 첨부정보를 열람할 수 있다.

3) 장래 가등기에 의한 본등기를 할 때 직권말소의 대상이 되는 등기의 명의인은 해당 가등기의 신청정보 및 첨부정보를 열람할 수 있다.

4) (근)저당권자는 그보다 앞선 순위에 있는 (근)저당권설정등기의 신청정보 및 첨부정보를 열람할 수 있으나, 그보다 나중의 순위에 있는 (근)저당권설정등기의 신청정보 및 첨부정보는 열람할 수 없다.

5) (근)저당권설정자는 그 (근)저당권을 이전하는 등기의 신청정보 및 첨부정보를 열람할 수 있다.

6) 위탁자나 수익자는 수탁자로부터 제3자에게 신탁부동산의 소유권을 이전하는 등기의 신청정보 및 첨부정보를 열람할 수 있다.

7) 가등기에 대한 사해행위취소를 원인으로 하는 말소등기청구권을 피보전권리로 하는 가처분권자는 그 가등기의 신청정보 및 첨부정보를 열람할 수 있다.

8) 종원명부, 결의서, 회의록, 판결 및 족보 등에 의하여 종중원임을 확인할 수 있는 자는 종중이 당사자인 등기신청사건의 신청정보 및 첨부정보를 열람할 수 있다.

9) 자격자대리인이 등기신청사건을 위임받아 등기를 마친 후에 그 등기의 신청정보 및 첨부정보에 대하여 열람을 신청한 경우, 열람에 대한 별도의 위임이 없다면 신청정보와 위임장 및 확인정보를 제외한 다른 첨부정보는 열람할 수 없다.

10) 단순히 부동산을 매수하고자 하는 자나 소유권이전(보존)등기의 명의인에 대하여 금전채권을 가지고 있음에 불과한 자는 그 소유권이전(보존)등기의 신청정보 및 첨부정보를 열람할 수 없다.

11) 세무공무원은 과세자료를 조사하기 위하여 「과세자료의 제출 및 관리에 의한 법률」 제8조, 「지방세기본법」 제130조 제2항, 제3항 및 제141조에 따라 신청정보 및 첨부정보를 열람할 수 있다

12) 수사기관이 수사의 목적을 달성하기 위하여 필요한 경우라도 법관이 발부한 영장을 제시하지 않는 한 신청정보 및 첨부정보를 열람할 수 없다.

4. 열람신청 등기과·소

신청정보 및 첨부정보가 서면으로 작성된 경우에는 이를 보존하고 있는 등기과·소에서 열람을 신청할 수 있고, 신청정보 및 첨부정보가 전자문서로 작성된 경우에는 관할 등기과·소가 아닌 다른 등기과·소에서도 열람을 신청할 수 있다.

5. 열람신청의 대상

가. 등기신청이 접수된 후 등기가 완료되기 전의 신청정보 및 첨부정보에 대하여는 열람을 신청할 수 없다.

나. 「부동산등기규칙」 제20조 제1항 또는 제25조 제1항의 보존기간이 만료된 신청정보 및 첨부정보에 대하여도 같은 규칙 제20조 제3항의 삭제인가 또는 제25조 제3항의 폐기인가를 받기 전까지는 열람을 신청할 수 있다.

6. 열람신청의 방법

가. 열람신청인은 등기과·소에 출석하여 열람업무담당자에게 본인의 주민등록증이나 운전면허증 그밖에 이에 준하는 신분증(이하 "신분증"이라 한다)을 제시하고, 「부동산등기사무의 양식에 관한 예규」 별지 제24호 양식에 따른 신청서를 제출하여야 한다.

나. 열람신청인은 「등기사항증명서 등 수수료규칙」 제3조 제1항에 따라 수수료를 납부하고, 열람하고자 하는 신청정보 및 첨부정보와의 이해관계를 소명하여야 한다.

다. 대리인이 열람을 신청할 때에는 대리권한을 증명하는 서면(예컨대, 법정대리의 경우에는 가족관계등록사항별증명서, 임의대리의 경우에는 위임장)을 함께 제출하여야 한다.
위임장을 제출할 때에는 위임인의 인감증명서(위임장에 서명을 하고 본인서명사실확인서를 첨부하거나 전자본인서명확인서의 발급증을 첨부하는 것으로 갈음할 수 있다) 또는 신분증 사본을 같이 첨부하여야 한다.

7. 열람신청의 조사

가. 열람업무담당자는 열람신청인이 제시한 신분증에 의하여 열람신청인 또는 그 대리인이 본인인지 여부를 확인하고, 위 신분증의 사본을 열람신청서와 함께 열람신청서류 편철장에 편철하여야 한다.

나. 열람업무담당자는 위 **3.**부터 **6.**까지의 요건을 조사하고 의심이 있는 경우에는 등기관의 지시에 따라야 한다.

8. 열람의 방법

가. 열람업무담당자는 신청정보 및 첨부정보가 서면으로 작성된 경우에는 등기관의 인증이 없는 단순한 사본을 교부하는 방법 또는 열람업무담당자가 보는 앞에서 그 내용을 보게 하거나 사진촬영을 하게 하는 방법으로 열람신청인이 열람하게 하고, 신청정보 및 첨부정보가 전자문서로 작성된 경우에는 이를 출력한 서면을 교부하는 방법 또는 모니터를 이용하여 그 내용을 보게 하거나 사진촬영을 하게 하는 방법으로 열람신청인이 열람하게 한다.

나. 열람업무담당자는 열람에 제공하는 신청정보 및 첨부정보에 다음의 정보가 포함된 때에는 이를 가리고 열람하게 하여야 한다. 다만, 1)의 정보는 열람신청인이 이를 알고 있다는 사실을 소명하거나 재판상 목적 등으로 모두 공개될 필요가 있다고 소명한 경우에는 가리지 않고 열람하게 할 수 있다.

1) 주민등록번호 또는 개인의 부동산등기용등록번호 뒷부분 7자리
2) 개인의 전화번호
3) 금융정보(계좌번호, 신용카드번호, 수표번호 등)

9. 열람거부에 대한 이의신청

열람신청인은 「부동산등기법」 제100조에 따라 열람을 거부하는 처분에 대하여 관할 지방법원에 이의신청을 할 수 있다. 이의신청은 이의신청서를 해당 등기소에 제출하는 방법으로 하며, 이의신청인은 이의신청서에 이의신청인의 성명·주소, 이의신청의 대상이 된 열람을 거부하는 처분, 이의신청의 취지와 이유, 신청연월일 및 관할 지방법원의 표시를 기재하고, 기명날인 또는 서명하여야 한다.

OX 확인

01 매도인의 상속인은 매매를 원인으로 하는 소유권이전등기의 신청정보 및 첨부정보를 열람할 수 있다. O | X

02 자격자대리인은 자신이 당사자로부터 위임을 받아 대리하여 마친 등기신청사건의 신청정보 및 첨부정보에 대하여는 열람에 대한 당사자의 별도 위임이 없더라도 이를 전부 열람할 수 있다. O | X

03 등기신청이 접수된 후 등기가 완료되기 전의 신청정보 및 첨부정보에 대하여는 열람을 신청할 수 없다. O | X

04 열람업무담당자는 신청정보 및 첨부정보가 서면으로 작성된 경우에는 등기관의 인증이 없는 단순한 사본을 교부하는 방법 또는 열람업무담당자가 보는 앞에서 그 내용을 보게 하거나 사진촬영을 하게 하는 방법으로 열람신청인이 열람하게 한다. O | X

05 수사기관이 수사의 목적을 달성하기 위하여 필요한 경우라도 법관이 발부한 영장을 제시하지 않는 한 신청정보 및 첨부정보를 열람할 수 없다. O | X

06 보존기간이 만료된 신청정보 및 첨부정보에 대하여도 「부동산등기규칙」 제20조 제3항의 삭제인가 또는 제25조 제3항의 폐기인가를 받기 전까지는 열람을 신청할 수 있다. O | X

정답 | 01 ○ 02 × 03 ○ 04 ○ 05 ○ 06 ○

Ⅲ 주민등록번호 등의 공시제한(예규 제1672호)

1. 목적

이 예규는 규칙 제32조의 규정에 의하여 등기기록 중 등기명의인의 주민등록번호 또는 부동산등기용 등록번호(이하 "주민등록번호 등"이라 한다) 일부를 공시하지 아니할 수 있도록 함에 따른 등기사항증명서 발급 및 열람방법 등 세부절차를 정함을 목적으로 한다.

2. 공시제한 대상

(1) 등기명의인의 주민등록번호 등이 기록되는 모든 등기(소유권보존·이전등기, 저당권설정등기, 가등기 등) 중 그 등기명의인이 개인(내국인, 재외국민, 외국인)인 경우 및 등기명의인이 법인 아닌 사단·재단인 경우에 한해서 그 개인 및 대표자의 주민등록번호 등의 일부

(2) 위의 경우에 해당되지 않는 법인, 법인 아닌 사단이나 재단, 국가, 지방자치단체의 등록번호는 공시를 제한하지 않는다.

3. 공시제한 범위

등기명의인의 표시에 관한 사항 중 주민등록번호 등의 뒷부분 7자리 숫자

4. 등기사항증명서의 발급 및 등기기록의 열람방법

(1) 원칙

등기사항증명서 발급과 등기기록의 열람(인터넷열람 포함)의 경우, 등기명의인의 표시에 관한 사항 중 주민등록번호 등의 뒷부분 7자리 숫자를 가리고(예 000000 - * * * * * * *) 발급·열람에 제공한다.

(2) 예외

다음에 해당하는 경우에는 대상 등기명의인의 주민등록번호 등은 공시를 제한하지 아니한다.

① 대상 등기명의인(말소사항 포함)의 주민등록번호 등을 입력하고, 등기기록에 그와 일치하는 주민등록번호 등이 존재하는 경우

② 공용목적(수용, 토지대장정리 등)으로 국가, 지방자치단체, 「공익사업을 위한 토지 등의 취득 및 보상에 관한 법률」 제8조에 의한 사업시행자 등이 그 신청과 이해관계가 있음을 소명한 경우

③ 재판상 목적으로 신청인이 그 신청 목적과 이해관계가 있음을 소명한 경우

④ 수사기관이 범죄의 수사에 필요함을 소명한 경우

(3) 수작업폐쇄등기부 및 이미지폐쇄등기부의 특례

수작업폐쇄등기부 및 이미지폐쇄등기부의 경우 위 (1) 및 (2)의 규정에 따라 처리하되, 신청사건 수·발급면수·등기명의인 수 등이 과다하거나 등기부의 상태상 등기명의인의 주민등록번호 등의 식별이 용이하지 않아 주민등록번호 등의 공시를 제한하기 어려운 사정이 있는 경우에는 주민등록번호 등의 전부 또는 일부의 공시를 제한하지 아니할 수 있다.

5. 등기명의인의 주민등록번호 등 추가 표시변경등기

(1) 신청인

현재 효력 있는 권리에 관한 등기의 등기명의인의 주민등록번호 등이 등기기록에 기록되어 있지 않는 경우, 그 등기명의인은 주민등록번호 등을 추가로 기록하는 내용의 등기명의인표시변경등기를 신청할 수 있다.

(2) 신청절차

① 위 표시변경등기를 신청할 때에는 주민등록표등(초)본 또는 부동산등기용등록번호증명서 등 추가 기재할 주민등록번호 또는 부동산등기용등록번호가 등기명의인의 것임을 증명하는 서면을 첨부하여야 하고, 등기관은 위 증명에 대한 심사를 엄격히 한 후에 그 수리 여부를 결정하여야 한다.

② 특히 법인 아닌 사단·재단이 등기명의인일 경우에는 「법인 아닌 사단의 등기신청에 관한 업무처리지침」을 준용하여 부동산등기용등록번호증명서 외에 정관 기타의 규약, 대표자 또는 관리인을 증명하는 서면 등도 첨부하여야 하고, 등기관은 첨부된 서면을 종합적으로 고려하여 부동산등기용등록번호가 등기명의인의 것이고 신청인이 적법한 대표자나 관리인인 것에 대해 엄격히 심사를 하여야 한다.

③ 위 표시변경등기를 신청하는 경우 등기원인은 '주민등록번호 또는 부동산등기용등록번호 추가'로, 등기의 목적은 '등기명의인표시변경'으로, 등기원인일자는 '등기신청일'을 각 기재하여야 한다.

(3) 등기실행 - 부기등기

OX 확인

01 등기사항증명서 교부신청을 할 때 해당 등기기록의 등기명의인의 주민등록번호 등을 입력하고 등기기록에 그와 일치하는 주민등록번호 등이 존재하는 경우 그 대상 명의인의 주민등록번호 등만 공시된다. O | X

02 등기명의인이 개인인 경우 그 주민등록번호 등의 일부는 개인정보보호를 위하여 공시제한의 대상이지만, 법인 아닌 사단이나 재단의 대표자의 주민등록번호 등은 공시제한의 대상이 아니다. O | X

03 폐쇄등기기록에 대한 등기사항증명서를 발급하는 경우에도 원칙적으로 주민등록번호 등의 뒷부분 7자리 숫자를 가리고 발급하여야 한다. O | X

04 법인, 법인 아닌 사단이나 재단, 국가, 지방자치단체 등 단체의 등록번호는 공시를 제한하지 아니한다. O | X

05 수사기관이 범죄의 수사에 필요함을 소명한 경우에는 주민등록번호 등의 공시를 제한하지 않는다. O | X

06 대상등기명의인(말소사항 포함)의 주민등록번호 등을 입력하고 등기기록에 그와 일치하는 주민등록번호 등이 존재하는 경우 공시제한하지 않는다. O | X

정답 | 01 ○ 02 × 03 ○ 04 ○ 05 ○ 06 ○

제3절 중복등기기록의 정리

1. 의의

1필지의 토지 또는 1동의 건물에 관하여 2개의 등기기록이 존재하는 경우

2. 중복등기의 효력(판례의 태도)

보존등기명의인이 동일한 경우	시간적으로 뒤에 경료 된 중복등기는 그것이 실체적 권리관계에 부합하는 여부를 가릴 것이 없어 무효라 할 것이다.
보존등기명의인을 달리하는 경우	먼저 이루어진 소유권보존등기가 원인무효가 되지 아니하는 한 뒤에 된 소유권보존등기는 비록 그 부동산의 매수인에 의하여 이루어진 경우에도 1부동산 1등기기록주의를 채택하고 있는 부동산등기법 아래에선 무효이다.

3. 토지와 건물의 정리방법의 차이점

구분	토지	건물
근거	「부동산등기법」과 「부동산등기규칙」	등기예규
정리기준	최종 소유권 등기명의인의 동일성 여부	보존등기명의인의 동일성 여부
정리방법	후 등기기록 혹은 선 등기기록의 폐쇄	후 등기기록 폐쇄
당사자의 신청	등기관의 직권에 의한 정리보다 우선 적용	
효과	실체 관계에 영향 없음.	

4. 토지 중복등기기록의 정리절차

(1) 정리방법

<table>
<tr><th colspan="2">구분</th><th>선 등기기록</th><th>후 등기기록</th><th>폐쇄 등기기록</th><th>사전 통지</th><th>사전 허가</th><th>사후 통지</th></tr>
<tr><td colspan="2" rowspan="2">최종 소유권등기명의인이 같은 경우(규칙 제34조)</td><td>갑</td><td>갑</td><td>후</td><td rowspan="2">×</td><td rowspan="2">×</td><td rowspan="2">×</td></tr>
<tr><td>갑 소유권 외의 권리등기 없음</td><td>갑 소유권 외의 권리등기 있음</td><td>선</td></tr>
<tr><td rowspan="9">최종 소유권 등기 명의인이 다른 경우</td><td rowspan="2">최종 소유권등기명의인이 다른 등기용지의 최종 소유권의 등기명의인으로부터 직접 또는 전전하여 소유권을 이전받은 경우(규칙 제35조)</td><td>갑 → 병</td><td>갑</td><td>후</td><td rowspan="2">×</td><td rowspan="2">×</td><td rowspan="2">×</td></tr>
<tr><td>갑 소유권 외의 권리등기 없음</td><td>갑 → 병</td><td>선</td></tr>
<tr><td rowspan="2">1등기용지에만 원시취득 또는 분배농지의 상환완료를 등기원인으로 한 소유권이전등기가 있는 때(규칙 제36조)</td><td>원시취득 또는 분배농지</td><td>다른 원인</td><td>후</td><td rowspan="2">○</td><td rowspan="2">○</td><td rowspan="2">×</td></tr>
<tr><td>다른 원인</td><td>원시취득 또는 분배농지</td><td>선</td></tr>
<tr><td colspan="7">규칙 제35조와 제36조가 모두 적용될 수 있는 경우 규칙 제35조를 우선 적용함.</td></tr>
<tr><td rowspan="4">규칙 제35조와 36조에 해당하지 않는 때(규칙 제37조)</td><td>이의 있음</td><td>이의 없음</td><td>후</td><td rowspan="4">○</td><td rowspan="4">○</td><td rowspan="4">○</td></tr>
<tr><td>이의 없음</td><td>이의 있음</td><td>선</td></tr>
<tr><td>이의 있음</td><td>이의 있음</td><td rowspan="2">대장과 불일치하는 등기</td></tr>
<tr><td>이의 없음</td><td>이의 없음</td></tr>
<tr><td colspan="8">당사자의 신청에 의한 정리가 우선적으로 적용됨(규칙 제39조 제2항).</td></tr>
</table>

(2) 중복등기 중 어느 일방의 등기를 기초로 새로운 등기신청이 있는 경우

규칙 제34조, 제35조	규칙에 따른 정리 후 수리 여부 결정
규칙 제36조, 제37조	수리하여 기록한 후 정리

5. 건물의 중복등기기록의 정리절차

(1) 중복등기 여부의 판단

① 건물의 종류와 구조, 면적 등 일부가 일치하지 않더라도 건축물대장의 변동사항 등에 의하여 동일 건물로 봄이 상당하다고 인정되는 경우에는 동일 건물로 보아야 한다.

② 각각 일반건물과 구분건물로 보존등기가 경료되어 있는 경우라도 그 지번 및 도로명주소, 종류, 구조, 면적이 동일하고 도면과 나타난 건물의 길이, 위치 등이 동일하다면 동일한 건물로 볼 수 있다.

(2) 정리방법(예규 제1374호)

구분		정리 방법
보존등기 명의인이 동일한 경우	후행 보존등기를 기초로 한 새로운 등기가 없는 경우	후행 보존등기는 직권말소
	선행 보존등기를 기초로 한 새로운 등기는 없으나 후행 보존등기를 기초로 한 새로운 등기가 있는 경우	후행 보존등기를 기초로 한 등기를 선행 등기기록에 이기 후 후행 등기 부상의 등기말소 후 폐쇄
	선행 보존등기 및 후행 보존등기를 기초로 한 새로운 등기가 있는 경우	직권 정리 불가
보존등기명의인이 서로 다른 경우		직권 정리 불가
		등기명의인의 신청에 의한 중복등기 해소

(3) 중복등기 존속 중 새로운 등기신청이 있는 경우

구분	처리
보존등기명의인 동일한 경우	① 선행 등기기록을 기초로 한 경우 - 수리 ② 후행 등기기록을 기초로 한 경우 - 각하
보존등기명의인이 서로 다른 경우	어느 일방의 등기기록을 기초로 한 경우 - 모두 수리

OX 확인

01 토지 중복등기기록의 최종 소유권의 등기명의인이 같은 경우 나중에 개설된 등기기록에는 소유권 이외의 권리 등에 관한 등기가 있고, 먼저 개설된 등기기록에는 그와 같은 등기가 없는 경우에는 지방법원장의 허가를 얻어 먼저 개설된 등기기록을 폐쇄한다. O | X

02 토지 중복등기기록 중 1등기기록의 최종 소유권의 등기명의인이 다른 등기기록의 최종 소유권의 등기명의인으로부터 직접 또는 전전하여 소유권을 이전받은 경우로서, 다른 등기기록이 후 등기기록이거나 소유권 이외의 권리 등에 관한 등기가 없는 선 등기기록인 때에는 지방법원장의 허가를 얻어 그 다른 등기기록을 폐쇄한다. O | X

03 토지 중복등기기록의 최종 소유권의 등기명의인이 다른 경우로서 1등기기록에만 원시취득 또는 분배농지의 상환완료를 등기원인으로 한 소유권이전등기가 있는 때에는 지방법원장의 허가를 얻어 그 등기기록을 제외한 나머지 등기기록을 폐쇄한다. O | X

04 토지 중복등기기록의 최종 소유권의 등기명의인이 다른 경우에는 최종 소유권의 등기명의인의 신청에 의하여 중복등기를 정리할 수는 없다. O | X

05 일반건물과 집합건물로 보존등기가 마쳐진 두 건물은 소재 지번 및 종류, 구조, 면적 등이 동일하다고 하더라도 동일 건물로 볼 수 없다. O | X

06 건물의 보존등기명의인이 서로 다른 경우에는 등기관이 직권으로 정리할 수 없고 판결에 의하여 정리하여야 한다. O | X

07 건물의 보존등기명의인이 서로 다른 중복등기가 존속하고 있는 동안에 새로운 등기신청이 있는 경우에는 그 등기의 선후에 관계없이 중복등기기록이라는 이유로 각하할 수 없다. O | X

정답 | 01 × 02 × 03 ○ 04 × 05 × 06 ○ 07 ○

08 보존등기명의인이 동일한 중복등기기록의 존속 중에 새로운 등기신청이 있는 경우에는 선행 등기기록상의 등기를 기초로 한 새로운 등기신청은 이를 수리하고, 후행 등기기록상의 등기를 기초로 한 새로운 등기신청은 이를 각하한다. O | X

09 「부동산등기규칙」의 중복등기 정리방법은 토지뿐만 아니라 건물의 중복등기를 정리하는 경우에도 적용된다. O | X

10 규칙에 따른 중복등기의 정리는 실체의 권리관계에 영향을 미치지 않으므로 폐쇄된 등기기록의 명의인이 소를 제기하는 데에는 지장이 없다. O | X

11 중복등기기록 중 어느 한 등기기록의 최종 소유권의 등기명의인은 비록 등기상 이해관계인이 있더라도 그의 승낙을 제공하지 않고도 자기 명의의 등기기록을 폐쇄하여 중복등기기록을 정리하도록 신청할 수 있다. O | X

정답 | **08** ○ **09** × **10** ○ **11** ×

제4장 | 등기신청절차

제1절 등기신청의 방법

법 제24조(등기신청의 방법)

① 등기는 다음 각 호의 어느 하나에 해당하는 방법으로 신청한다.

1. 신청인 또는 그 대리인이 등기소에 출석하여 신청정보 및 첨부정보를 적은 서면을 제출하는 방법. 다만, 대리인이 변호사[법무법인, 법무법인(유한) 및 법무조합을 포함한다. 이하 같다]나 법무사[법무사법인 및 법무사법인(유한)을 포함한다. 이하 같다]인 경우에는 대법원규칙으로 정하는 사무원을 등기소에 출석하게 하여 그 서면을 제출할 수 있다.
2. 대법원규칙으로 정하는 바에 따라 전산정보처리조직을 이용하여 신청정보 및 첨부정보를 보내는 방법(법원행정처장이 지정하는 등기유형으로 한정한다)

② 신청인이 제공하여야 하는 신청정보 및 첨부정보는 대법원규칙으로 정한다.

I 방문신청

1. 서면주의(규칙 제56조)

(1) 신청정보와 첨부정보의 제공, 전자표준양식에 의한 신청

(2) 첨부서면의 원본 환부의 청구

규칙 제59조(첨부서면의 원본 환부의 청구)

신청서에 첨부한 서류의 원본의 환부를 청구하는 경우에 신청인은 그 원본과 같다는 뜻을 적은 사본을 첨부하여야 하고, 등기관이 서류의 원본을 환부할 때에는 그 사본에 원본 환부의 뜻을 적고 기명날인하여야 한다. 다만, 다음 각 호의 서류에 대하여는 환부를 청구할 수 없다.

1. 등기신청위임장, 제48조 제1항 제8호(자필서명정보), 제111조 제2항의 확인정보를 담고 있는 서면 등 해당 등기신청만을 위하여 작성한 서류
2. 인감증명, 법인등기사항증명서, 주민등록표등본·초본, 가족관계등록사항별증명서 및 건축물대장·토지대장·임야대장 등본 등 별도의 방법으로 다시 취득할 수 있는 서류

(3) 등기원인증서의 반환

규칙 제66조(등기원인증서의 반환)

① 신청서에 첨부된 제46조 제1항 제1호의 정보를 담고 있는 서면이 법률행위의 성립을 증명하는 서면이거나 그 밖에 대법원예규로 정하는 서면(예 규약이나 공정증서, 재산분할협의서 등)일 때에는 등기관이 등기를 마친 후에 이를 신청인에게 돌려주어야 한다.

② 신청인이 제1항의 서면을 등기를 마친 때부터 3개월 이내에 수령하지 아니할 경우에는 이를 폐기할 수 있다.

OX 확인

01 신청서에 첨부한 서류의 원본의 환부를 청구하는 경우에 신청인은 그 원본과 같다는 뜻을 적은 사본을 첨부하여야 하고, 등기관이 서류의 원본을 환부할 때에는 그 사본에 원본 환부의 뜻을 적고 기명날인하여야 한다. O | X

02 등기신청위임장에 대하여는 원본 환부를 청구할 수 없다. O | X

03 소유권이전등기의 경우 매매계약서, 증여계약서, 공유물분할계약서, 대물반환계약서, 명의신탁해지증서 등은 등기관이 등기를 마친 후 신청인에게 돌려주어야 한다. O | X

04 수용에 의한 소유권이전등기신청의 경우의 협의성립확인서 또는 재결서, 판결에 의한 등기신청의 경우의 집행력 있는 판결정본 등은 등기관이 등기를 마친 후 신청인에게 돌려주지 않는다. O | X

해설 수용에 의한 소유권이전등기신청의 경우의 협의성립확인서 또는 재결서, 판결에 의한 등기신청의 경우의 집행력 있는 판결정본 등은 등기관이 등기를 마친 후 신청인에게 돌려주어야 한다(규칙 제66조 제1항, 등기예규 제1514호).

05 건물표시변경등기를 신청할 때에 등기원인증서로서 첨부하는 건축물대장등본은 반환할 필요가 없다. O | X

06 규약상 공용부분이라는 뜻의 등기의 경우 규약 또는 공정증서, 이혼 당사자 사이의 재산분할협의서는 등기관이 해당 등기를 마친 후 신청인에게 돌려주어야 하는 등기원인증서에 해당한다. O | X

07 신청서에 첨부한 서류 중 주민등록표등본·초본과 같이 별도의 방법으로 다시 취득할 수 있는 서류에 대하여는 환부를 청구할 수 없다. O | X

해설 규칙 제59조(첨부서면의 원본 환부의 청구)
신청서에 첨부한 서류의 원본의 환부를 청구하는 경우에 신청인은 그 원본과 같다는 뜻을 적은 사본을 첨부하여야 하고, 등기관이 서류의 원본을 환부할 때에는 그 사본에 원본 환부의 뜻을 적고 기명날인하여야 한다. 다만, 다음 각 호의 서류에 대하여는 환부를 청구할 수 없다.

1. 등기신청위임장, 제46조 제1항 제8호(자필서명정보), 제111조 제2항의 확인정보를 담고 있는 서면 등 해당 등기신청만을 위하여 작성한 서류
2. 인감증명, 법인등기사항증명서, 주민등록표등본·초본, 가족관계등록사항별증명서 및 건축물대장·토지대장·임야대장 등본 등 별도의 방법으로 다시 취득할 수 있는 서류

08 신청서에 첨부된 서면이 매매계약서일 때에는 등기관이 등기를 마친 후에 이를 신청인에게 돌려주어야 한다. O | X

해설 규칙 제66조(등기원인증서의 반환)
① 신청서에 첨부된 제46조 제1항 제1호의 정보를 담고 있는 서면이 법률행위의 성립을 증명하는 서면(예 각종 계약서 등)이거나 그 밖에 대법원예규로 정하는 서면(예 규약이나 공정증서, 재산분할협의서 등)일 때에는 등기관이 등기를 마친 후에 이를 신청인에게 돌려주어야 한다.
② 신청인이 제1항의 서면을 등기를 마친 때부터 3개월 이내에 수령하지 아니할 경우에는 이를 폐기할 수 있다.

09 협의분할에 의한 상속을 원인으로 한 소유권이전등기를 신청할 때에 등기소에 첨부서면으로서 제출한 상속재산분할협의서는 「부동산등기규칙」 제66조에 따라 등기관이 등기를 마친 후에 신청인에게 돌려주어야 하는 서면에 해당하지 않지만, 「부동산등기규칙」 제59조에 따라 원본 환부를 청구할 수 있다. O | X

해설 협의분할에 의한 상속을 원인으로 한 소유권이전등기를 신청할 때에 등기소에 첨부서면으로서 제출한 상속재산분할협의서는 규칙 제66조 제1항에 따라 등기관이 등기를 마친 후에 신청인에게 돌려주어야 하는 서면(즉, 등기원인증서)에 해당하지 않는다. 다만, 신청인은 이 서면에 대하여 같은 규칙 제59조에 따라 원본 환부의 청구를 할 수 있으며, 이 경우에는 그 원본과 같다는 뜻을 적은 사본을 제출하여야 한다(선례 제201912-2호).

정답 | 01 ○ 02 ○ 03 ○ 04 × 05 ○ 06 ○ 07 ○ 08 ○ 09 ○

(4) 도면 등의 제공방법

> **규칙 제63조(도면의 제출방법)**
> 방문신청을 하는 경우라도 등기소에 제공하여야 하는 도면은 전자문서로 작성하여야 하며, 그 제공은 전산정보처리조직을 이용하여 등기소에 송신하는 방법으로 하여야 한다. 다만, 다음 각 호의 어느 하나에 해당하는 경우에는 그 도면을 서면으로 작성하여 등기소에 제출할 수 있다.
> 1. 자연인 또는 법인 아닌 사단이나 재단이 직접 등기신청을 하는 경우
> 2. 자연인 또는 법인 아닌 사단이나 재단이 자격자대리인이 아닌 사람에게 위임하여 등기신청을 하는 경우

2. 출석주의(법 제24조)

원칙적으로 우편에 의한 신청은 인정되지 않는다.

※ 관공서 - 우편에 의한 등기촉탁 가능

Ⅱ 전자신청(규칙 제67조 등)

1. 의의

신청정보와 첨부정보를 전자문서로 등기소에 송신하는 방법으로 하여야 한다.

2. 사용자등록을 선행(규칙 제68조)

(1) 전자신청을 하기 위해서는 그 등기신청을 하는 당사자 또는 등기신청을 대리할 수 있는 자격자대리인이 최초의 등기신청 전에 사용자등록을 하여야 한다.

(2) 사용자등록을 신청하는 당사자 또는 자격자대리인은 등기소(주소지나 사무소 소재지 관할 이외의 등기소에서도 할 수 있다)에 출석하여 대법원예규로 정하는 사항을 적은 신청서를 제출하여야 한다. 대리출석은 허용되지 않는다.

> ① 사용자등록은 본인이 직접 전자신청을 하고자 할 경우에 하는 것이므로 자격자대리인에게 등기신청을 위임한 본인은 사용자등록을 할 필요가 없다.
> ② 법인이 「상업등기규칙」 제48조에 따라 전자증명서의 이용등록을 한 경우에는 사용자등록을 한 것으로 보므로 별도로 사용자등록을 할 필요가 없다(규칙 제68조 제5항).

(3) 첨부서면

① 사용자등록 신청서에는 인감증명법에 따라 신고한 인감을 날인하고, 그 인감증명과 함께 주소를 증명하는 서면을 첨부하여야 한다.

② 신청인이 자격자대리인인 경우에는 위 ①의 서면 외에 그 자격을 증명하는 서면(법무사등록증 등)의 사본도 첨부하여야 한다.

(4) 사용자등록의 유효기간(규칙 제69조)

① 사용자등록의 유효기간은 3년으로 한다.

② 위 ①의 유효기간이 지난 경우에는 사용자등록을 다시 하여야 한다.

③ 사용자등록의 유효기간 만료일 3개월 전부터 만료일까지는 그 유효기간의 연장을 신청할 수 있으며, 그 연장기간은 3년으로 한다.

3. 전자신청의 절차(예규 제1725호)

1. 목적 - 생략 -

2. 지정등기소의 지정

가. 법원행정처장의 지정

법원행정처장이 전자신청을 할 수 있는 등기소로 지정한 등기소(이하 "전자신청 등기소"라 한다) 관할의 부동산 및 등기유형에 관해서는 전자신청을 할 수 있다.

3. 전자신청을 할 수 있는 자

가. 당사자 본인에 의한 신청의 경우

(1) 규칙 제68조 제1항에 따른 사용자등록을 한 자연인(외국인 포함)과 「상업등기법」 제17조에 따른 전자증명서(이하 "전자증명서"라 한다)를 발급받은 법인은 전자신청을 할 수 있다. 다만, 외국인의 경우에는 다음 각 호의 어느 하나에 해당하는 요건을 갖추어야 한다.

(가) 「출입국관리법」 제31조에 따른 외국인등록

(나) 「재외동포의 출입국과 법적 지위에 관한 법률」 제6조, 제7조에 따른 국내거소신고

(2) 법인 아닌 사단이나 재단은 전자신청을 할 수 없다.

나. 대리에 의한 신청의 경우

(1) 변호사나 법무사[법무법인·법무법인(유한)·법무사법인·법무사법인(유한)을 포함한다. 이하 "자격자대리인" 이라 한다]는 다른 사람을 대리하여 전자신청을 할 수 있다. 다만, 자격자대리인이 외국인인 경우에는 다음 각 호의 어느 하나에 해당하는 요건을 갖추어야 한다.

(가) 「출입국관리법」 제31조에 따른 외국인등록

(나) 「재외동포의 출입국과 법적 지위에 관한 법률」 제6조, 제7조에 따른 국내거소신고

(2) 자격자대리인이 아닌 사람은 다른 사람을 대리하여 전자신청을 할 수 없다.

전자신청		
본인	○	• 자연인(사용자등록을 한 경우), 법인(전자증명서 발급받은 경우) • 외국인(「출입국관리법」에 따라 외국인등록을 하거나 「재외동포의 출입국과 법적 지위에 관한 법률」에 따른 국내거소신고를 한 자, 규칙 제67조 제1항)
	×	법인 아닌 사단이나 재단
대리인		자격자대리인만 가능

4. 전자신청의 방법

가. 대법원 인터넷등기소(이하 '인터넷등기소'라 한다) 접속

전자신청을 하고자 하는 당사자 또는 자격자대리인은 인터넷등기소에 접속한 후 "인터넷등기전자신청"을 선택하여 모든 문서를 전자문서로 작성하여야 한다. 다만, 신청인이 자격자대리인인 경우 다음 각 호의 서면에 대하여는 이를 전자적 이미지 정보로 변환(스캐닝)하여 원본과 상위 없다는 취지의 부가정보와 자격자대리인의 인증서(이하 "인증서"라 한다)정보를 덧붙여 등기소에 송신하는 것으로 이를 갈음할 수 있다.

(1) 대리권한을 증명하는 서면(등기원인증서가 존재하지 아니하는 등기유형에 한한다) 및 행정정보 또는 취득세 또는 등록면허세 납부확인정보를 담고 있는 서면

(2) 다음 (가)부터 (다)까지의 경우에 그 첨부정보를 담고 있는 모든 서면. 다만, 인감증명서와 그 인감을 날인한 서면, 본인서명사실확인서와 서명을 한 서면 및 전자본인서명 확인서발급증과 관련서면에 서명을 한 서면(예 등기의무자의 위임장, 제3자의 승낙서 등)은 제외한다. ★

- 중략 -

5. **전자신청의 접수**

가. 접수번호의 자동 부여

전자신청의 경우 접수번호는 전산정보처리조직에 의하여 자동적으로 생성된 접수번호를 부여한다. 〈전자신청의 경우 접수절차가 전산정보에 의해 자동으로 처리되므로 접수담당자가 별도로 접수절차를 진행하지 않는다.〉

- 중략 -

다. 보정사무

(1) 보정 통지의 방법

보정사항이 있는 경우 등기관은 보정사유를 등록한 후 전자우편, 구두, 전화 기타 모사전송의 방법에 의하여 그 사유를 신청인에게 통지하여야 한다.

(2) 보정의 방법

전자신청의 보정은 전산정보처리조직에 의하여 하여야 한다.

다만, 행정정보 공동이용의 대상이 되는 첨부정보에 관하여 해당 행정기관의 시스템 장애, 행정정보공동이용망의 장애 등으로 이를 첨부할 수 없는 경우 또는 등기소의 전산정보처리조직의 장애 등으로 인하여 등기관이 이를 확인할 수 없어 보정을 명한 경우에는 그 정보를 담고 있는 서면(주민등록등본, 건축물대장등본 등)을 등기소에 직접 제출하거나, 신청인이 자격자대리인인 경우에는 그 서면을 전자적 이미지 정보로 변환하여 원본과 상위 없다는 취지의 부가정보와 자격자대리인의 인증서정보를 덧붙여 등기소에 송신할 수 있다.

라. 보정대장 작성 및 보고

- 중략 -

8. **교합완료 후의 조치**

등기관이 등기를 완료한 때에는 전산정보처리조직에 의하여 등기필정보의 송신 및 등기완료사실의 통지를 하여야 한다.

9. **전자신청의 취하**

전자신청의 취하는 전산정보처리조직을 이용해서 하여야 한다. 이 경우 전자신청과 동일한 방법으로 사용자인증을 받아야 한다.

10. **각하결정의 방법**

전자신청에 대한 각하 결정의 방식 및 고지방법은 서면신청과 동일한 방법으로 처리한다.

11. **이의신청**

전자신청 사건에 관하여 이의신청이 있어 그 사건을 관할지방법원에 송부하여야 할 경우 등기관은 전자문서로 보존되어 있는 신청정보와 첨부정보를 출력하여 인증을 한 후 그 출력물을 송부하여야 한다.

OX 확인

01 법인이 전자신청을 하기 위해서는 등기소로부터 발급받은 전자증명서의 이용등록과 함께 사용자등록을 하여야 한다. O | X

02 전자신청을 하는 경우에는 신청정보의 내용으로 등기소에 제공하여야 하는 정보를 전자문서로 등기소에 송신하여야 한다. O | X

03 인터넷등기소에 접속한 당사자 또는 자격자대리인[변호사나 법무사(법무법인·법무법인(유한)·법무사법인·법무사법인(유한)을 포함)를 말한다]이 전자신청을 하기 위해서는 사용자 인증을 받아야 한다. O | X

04 전자신청의 경우 접수번호는 전산정보처리조직에 의하여 자동으로 생성된 것을 부여한다. O | X

05 법인 아닌 사단이나 재단의 대표자나 관리인은 대리인에게 위임하지 않고 그 사단이나 재단의 명의로 직접 전자신청을 할 수 있다. O | X

06 외국인도 외국인등록을 하거나 국내거소신고를 한 경우에는 전자신청을 할 수 있다. O | X

07 전자신청의 대리는 자격자대리인만이 할 수 있으므로, 자격자대리인이 아닌 경우에는 자기 사건이라 하더라도 상대방을 대리하여 전자신청을 할 수 없다. O | X

08 전자신청을 하기 위해서는 그 등기신청을 하는 당사자 또는 등기신청을 대리할 수 있는 자격자대리인이 최초의 등기신청 전에 등기소에 출석하여 사용자등록을 하여야 하는바, 출석하여야 하는 등기소에는 제한이 없으므로 인근 어느 등기소에나 출석하면 된다. O | X

정답 | 01 × 02 ○ 03 ○ 04 ○ 05 × 06 ○ 07 ○ 08 ○

09 사용자등록의 유효기간이 경과하여 사용자등록을 다시 하는 경우에는 최초로 사용자등록을 하는 절차와 동일한 절차에 의하여야 한다. O I X

10 사용자등록의 유효기간 만료일 1개월 전부터 만료일까지는 그 유효기간의 연장을 신청할 수 있으며, 그 연장기간은 3년으로 한다. O I X

11 등기신청위임장, 인감증명, 주민등록표 등본·초본, 가족관계등록사항별증명서는 환부를 청구할 수 없는 서류에 해당한다. O I X

정답 | **09** ○ **10** × **11** ○

제2절 등기신청행위

<table>
<tr><td colspan="2">태아</td><td>×</td><td>판례는 태아인 상태로는 등기신청을 할 수 없으므로, 상속등기의 경우 살아서 출생한 태아는 상속등기 경정의 방법으로 자기의 권리를 찾을 수 있음.</td></tr>
<tr><td colspan="2">외국인</td><td>O</td><td>법령 또는 조약에 의한 제한이 없는 한 우리나라 국민과 동일한 등기신청 당사자능력이 인정되고 있음.</td></tr>
<tr><td colspan="2">법인 아닌
사단·재단</td><td>O</td><td>종중, 문중, 그 밖의 대표자나 관리인이 있는 법인 아닌 사단이나 재단에 속하는 부동산의 등기에 관하여서는 그 사단 또는 재단을 등기권리자 또는 등기의무자로 하며, 대표자나 관리인이 그 등기를 신청함(법 제26조 제1항).
예 아파트입주자대표회의, 사찰 등</td></tr>
<tr><td colspan="2">법인</td><td>O</td><td>법인 명의로 등기됨.</td></tr>
<tr><td colspan="2">청산법인</td><td>O</td><td>청산종결등기가 된 경우라 하더라도 청산사무가 아직 종결되지 아니한 경우에는 청산법인에 해당하며, 청산인은 청산사무로서 부동산에 관한 등기를 신청할 수 있음.</td></tr>
<tr><td colspan="2" rowspan="2">지방자치단체</td><td>O</td><td>① 특별시, 광역시, 특별자치시, 특별자치도, 시, 도, 군, 구
② 자연부락(동, 리)을 비법인사단으로 볼 수 있는 경우</td></tr>
<tr><td>×</td><td>읍, 면, 동, 리</td></tr>
<tr><td rowspan="3">조합</td><td>「민법」상 조합</td><td>×</td><td>그 자체로는 등기신청적격이 없고, 조합원 전원의 합유로 등기하여야 함.</td></tr>
<tr><td>법인 아닌
사단·재단</td><td>O</td><td>권리능력 없는 사단·재단으로서의 실질을 갖추고 있다면 법인 아닌 사단·재단의 예에 의하여 등기를 신청할 수 있음.</td></tr>
<tr><td>법인</td><td>O</td><td>농업협동조합, 수산업협동조합, 「도시 및 주거환경정비법」에 의한 정비사업조합 등은 조합이라는 명칭을 사용하나 그 실체는 법인이므로 그 명의로 등기할 수 있음.</td></tr>
<tr><td colspan="2">북한 주민</td><td>O</td><td>「남북주민사이의 가족관계와 상속 등에 관한 특례법」에 따르면 북한 지역에 거주하는 주민도 남한 내의 부동산에 관한 권리를 취득할 수 있고, 그에 따른 등기는 법원에서 선임한 재산관리인이 신청함.</td></tr>
<tr><td colspan="2">학교</td><td>×</td><td>① 사립학교: 설립자 명의로 등기함.
② 국립학교: 소유자 국 관리청 교육부(충남대학교)
③ 공립학교: 소유자 서울특별시로 등기함.</td></tr>
</table>

「남북 주민 사이의 가족관계와 상속 등에 관한 특례법 시행에 따른 업무처리지침」(예규 제1457호)

적용 범위	특례법 시행 전에 북한지역에 거주하는 주민(이하 "북한주민"이라 한다)이 상속·유증 또는 상속재산반환청구권의 행사로 남한 내 부동산에 관한 권리(이하 "상속·유증재산 등"이라 한다)를 취득한 경우에도 이 예규의 규정을 적용한다.
신청인	법원에서 선임한 재산관리인이 북한주민을 대리하여 등기를 신청한다.
신청 정보	법무부장관이 발급한 "북한주민 등록번호 및 주소 확인서"에 기재된 사항을 규칙 제43조 제1항 제2호의 신청정보로 제공하여야 한다.
첨부 정보	1. 법원의 재산관리인 선임(변경)을 증명하는 정보 2. 법무부장관이 발급한 북한주민의 부동산등기용등록번호 및 주소를 확인하는 정보 3. 인감을 제출하여야 하는 경우에는 재산관리인의 인감증명 4. 재산관리인이 「민법」 제118조를 초과하는 처분행위를 원인으로 등기를 신청하는 경우에는 법무부장관이 발급한 북한주민의 재산처분 등을 허가(변경)한 정보 제공

OX 확인

01 북한 지역에 거주하는 주민, 「민법」상 조합, 학교, 사망한 자, 태아는 자기의 명의로 등기할 수 없다. O | X

해설 북한 지역에 거주하는 주민도 남한 내의 부동산에 대하여 자기의 명의로 등기할 수 있다.

02 청산법인의 청산인은 청산사무로서 부동산에 관한 등기신청을 할 수 있다. O | X

03 북한주민의 재산을 재산관리인이 처분하고 등기를 신청하는 경우에는 통일부장관이 발급한 재산처분 허가서를 첨부하여야 한다. O | X

해설 재산관리인이 처분행위를 원인으로 등기를 신청하는 경우에는 법무부장관이 발급한 북한주민의 재산처분허가서를 첨부하여야 한다(예규 제1457호).

정답 | 01 × 02 ○ 03 ×

제3절 등기신청인

I 공동신청주의

1. 원칙

등기는 법률에 다른 규정이 없는 경우에는 등기권리자와 등기의무자가 공동으로 신청한다(법 제23조 제1항).

2. 신청주의의 예외 - 직권 또는 명령, 촉탁에 의한 등기

3. 공동신청주의의 예외 - 단독신청

소유권보존등기 또는 그 말소등기 (법 제23조 제2항)	소유권보존등기 또는 소유권보존등기의 말소등기는 등기명의인으로 될 자 또는 등기명의인이 단독으로 신청한다. ※ 직권보존등기의 말소도 등기명의인이 자발적으로 말소 또는 판결에 의해 말소하여야 한다.
등기의무자의 소재불명 (법 제56조)	등기권리자가 등기의무자의 소재불명으로 인하여 공동으로 등기의 말소를 신청할 수 없는 때에는 「민사소송법」에 의한 공시최고의 신청을 하여 제권판결을 받은 후 그 판결정본을 첨부하여 단독으로 등기말소를 신청할 수 있다.
상속, 합병, 그 밖의 포괄승계에 따른 등기 (법 제23조 제3항)	상속, 법인의 합병, 그 밖에 대법원 규칙으로 정하는 포괄승계에 따른 등기는 등기권리자가 단독으로 신청한다.
	※ 법인의 분할의 경우 ① 분할 전 법인이 소멸하는 경우: 등기권리자가 단독신청(규칙 제42조) ② 분할 전 법인이 존속하는 경우: 존속하는 법인과 공동신청
표시변경(경정)등기 (법 제23조 제5항·제6항)	① 부동산표시의 변경이나 경정등기는 소유권의 등기명의인이 단독으로 신청한다. ② 등기명의인표시의 변경이나 경정의 등기는 해당 권리의 등기명의인이 단독으로 신청한다.
신탁등기와 그 말소등기 (법 제23조 제7항, 제87조)	신탁재산에 속하는 부동산의 신탁등기는 수탁자가 단독으로 신청한다. 그 말소등기도 수탁자가 단독으로 신청할 수 있다.
판결에 의한 등기 (법 제23조 제4항)	판결에 의한 등기는 승소한 등기권리자 또는 승소한 의무자 (공유물분할판결 - 등기권리자 또는 등기의무자가 단독신청)
가등기 및 가등기말소등기 (법 제89조, 제93조)	① 가등기의무자의 승낙서 또는 가등기가처분명령정본을 첨부한 경우 가등기권리자는 가등기를 단독으로 신청할 수 있다. ② 가등기명의인이 자기 명의의 가등기의 말소를 단독으로 신청할 수 있다. ③ 가등기의무자 또는 가등기의 등기상 이해관계인은 가등기명의인의 승낙을 받아 단독으로 가등기의 말소를 신청할 수 있다.
수용으로 인한 소유권이전등기 (법 제99조)	토지수용을 원인으로 한 소유권이전등기신청은 사업시행자인 등기권리자가 단독으로 이를 신청할 수 있다. ※ 재결실효를 원인으로 소유권이전등기의 말소등기신청 - 공동신청

권리소멸의 약정등기의 말소등기 (법 제55조)	등기명의인의 사망 또는 법인의 해산으로 권리가 소멸한다는 약정이 등기되어 있는 경우 사망 또는 법인의 해산으로 인한 권리의 소멸에 따른 말소등기는 단독으로 신청할 수 있다.
기타	① 혼동으로 인한 말소등기 ② 가처분권자가 승소판결에 기하여 소유권이전등기 또는 소유권말소등기를 신청하는 경우(법 제94조)

OX 확인

01 소유권보존등기 또는 소유권보존등기의 말소등기는 등기명의인으로 될 자 또는 등기명의인이 단독으로 신청한다. O | X

02 판결에 의한 등기는 승소한 등기권리자 또는 등기의무자가 단독으로 신청한다. O | X

03 부동산표시의 변경이나 경정의 등기는 소유권의 등기명의인이 단독으로 신청한다. O | X

04 신탁재산에 속하는 부동산의 신탁등기는 해당 부동산의 등기명의인이 단독으로 신청한다. O | X

해설 신탁등기는 해당 부동산의 등기명의인이 아니라 수탁자가 단독으로 신청한다.

정답 | **01** ○ **02** ○ **03** ○ **04** ×

Ⅱ 대리인에 의한 등기신청(법 제28조)

1. 종류 - 임의대리인과 법정대리인

2. 임의대리인

(1) 서면신청의 경우

1) 자격

① 임의대리인의 자격에 관하여는 특별한 제한이 없으므로 누구나 등기신청의 임의대리인이 될 수 있으나, 법무사 또는 변호사 아닌 자는 업으로 하지 못한다.

② 자기가 등기당사자 중 일방인 경우에는 타방을 대리하여 등기신청을 할 수 있다.

2) 법무사 또는 변호사 아닌 자는 등기신청을 업으로 하는 것을 금지

① 법인의 직원이 여러 차례에 걸쳐 반복적으로 등기를 신청하는 경우 등기관은 그 등기신청의 접수를 거부할 수 없다. 다만, 접수 후 수사기관에 고발조치를 할 수는 있다.

② 업으로 한다는 의심이 있을 경우, 등기관 또는 접수공무원은 대리인으로 하여금 신청인 본인과 그 대리인과의 관계를 가족관계증명서나 주민등록등본 등에 의하여 소명할 것을 요청할 수 있다.

③ 대리인이 등기신청의 대리를 업으로 한다는 판단을 한 경우, 등기관 또는 접수공무원은 그 대리인에게 법무사법 위반의 사유로 고발조치 될 수 있음을 알리고 등기신청의 취하 또는 접수 자제를 권고 할 수 있다.

(2) 전자신청의 경우(예규 제1725호)

자격자대리인에 한하므로, 자격자대리인이 아닌 사람은 다른 사람을 대리하여 전자신청을 할 수 없다.

(3) 임의대리권의 범위

① 본인의 수권행위에 의하여 정해지나, 일반적으로 부동산에 대한 처분권한의 위임은 등기신청의 위임을 포함한다고 볼 것이다.

② 다만 등기신청의 취하, 복대리인의 선임과 같은 특별수권 사항은 위임장에 그 권한이 위임된 경우에 한하여 대리행위를 할 수 있다.

3. 법정대리인 - 미성년자의 대리(예규 제1088호)

(1) 친권자에 의한 등기신청

1) 원칙 - 부모가 공동으로 하여야 한다.

2) 예외

① 부모의 의견이 일치하지 아니하는 경우에는 당사자의 청구에 의하여 가정법원이 친권행사자를 정한다.

② 공동친권자 중 한 사람이 법률상 또는 사실상 친권을 행사할 수 없는 경우에는 다른 친권자가 그 사실을 증명하는 서면(가처분결정문 등)을 첨부정보로 등기소에 제공하여 단독으로 미성년인 자를 대리하여 등기신청을 할 수 있다.

(2) 특별대리인의 등기신청

1) 공동친권자 중 한 사람만이 미성년자인 자와 이해가 상반되는 경우 이해가 상반되는 그 친권자는 미성년자인 자를 대리할 수 없고, 이 경우 특별대리인이 이해가 상반되지 않는 다른 일방의 친권자와 공동하여 그 미성년자를 대리하여야 한다.

2) 이해상반인지 여부(특별대리인 선임 여부)

구분	O	×
소유권 이전 (A → B)	① 미성년인 자가 그 소유 부동산을 친권자에게 매매 또는 증여하는 경우 ② 미성년자 甲, 乙의 공유 토지를 분필하여 甲과 乙을 각 토지의 단독소유로 하는 공유물분할 등기의 경우	① 친권자가 자기부동산을 미성년인 자에게 명의신탁/증여하는 경우 ② 친권자가 미성년인 자 소유의 부동산을 제3자(다른 미성년자 이외)에게 처분하는 경우 예 증여 등
상속재산 분할 협의	친권자(상속재산을 전혀 받지 않더라도)와 미성년인 자가 공동상속인으로서 협의분할을 하는 경우 예 친권자와 미성년자인 수인의 자 사이에 상속재산분할협의를 하는 경우에는 미성년자 각자마다 특별대리인을 선임하여 그 각 특별대리인이 각 미성년자를 대리하여 상속재산분할협의를 하여야 한다.	① 공동상속인인 친권자가 상속을 포기하고 그 미성년인 자를 위하여 분할협의를 하는 경우(상속포기신고를 하면 더 이상 상속인이 아님) ② 공동상속인 중 성년인 자와 미성년인 자가 있는 경우 피상속인과 이혼한 전처가 공동상속인의 친권자로서 미성년인 자를 위한 법정대리인으로서 상속재산분할협의를 할 때
OO의 채무 담보를 위한 경우	① 모와 미성년인 자의 공유부동산을 모와 제3자를 공동 채무자로 하여 담보로 제공하는 경우 ② 미성년인 자 소유 부동산을 친권자의 채무를 담보로 제공하는 경우	① 친권자가 미성년자의 재산을 채무자인 미성년자를 위하여 담보로 제공하는 계약을 체결하는 것 ② 친권자인 모가 자기 오빠의 제3자에 대한 채무의 담보로 미성년자 소유의 부동산에 근저당권을 설정하는 경우 ③ 친권자와 미성년인 자의 공유부동산에 관하여 친권자와 미성년자를 공동채무자로 하거나 그 미성년인 자만을 위하여 저당권설정등기를 하는 경우
기타		미성년자와 친권자가 준공유하는 저당권의 말소신청

4. 기타

(1) 자기계약, 쌍방대리 허용

① 등기권리자가 등기의무자를 대리하여 자기의 등기를 신청할 수 있고, 동일한 법무사가 등기권리자와 등기의무자 쌍방을 대리하는 등기신청도 가능하다.

② 등기권리자와 등기의무자로부터 쌍방대리를 한 경우에는 「민법」의 규정에도 불구하고 양 위임인 중 어느 일방만이 일방적인 위임해지를 할 수는 없다.
따라서 쌍방대리인인 법무사는 어느 일방 당사자로부터 등기절차의 중지를 요청받았다 하더라도 그 요청을 거부해야할 위임계약상의 의무가 있다(선례 제4-30호).

(2) 대리권이 존속하여야 할 시기

① 대리인이나 본인이 사망하면 대리권은 소멸한다(민법 제127조 제1항). 등기신청의 대리는 그 신청 행위의 종료시(등기관이 신청정보를 접수할 때)까지 있으면 족하고, 등기가 완료될 때까지 있을 필요는 없다.

② 등기신청이 접수된 후 등기를 완료하기 전에 본인이나 그 대리인이 사망한 경우에도 그 등기의 신청은 적법하고, 따라서 등기의 완료 전에 등기명의인이 사망하였다고 해서 그 등기를 무효라고 할 수 없다(판례).

③ 등기의무자의 사망 이후에 신청된 등기라도 등기의무자의 사전 위임이 있었고 적법한 대리권에 의하여 경료된 등기라면 유효한 등기이다.

5. 신청정보 및 첨부정보(규칙 제43조 및 제46조)

(1) 신청정보

대리인의 성명과 주소를 등기신청서에 기재함이 원칙이다(규칙 제43조 제1항 제4호).

(2) 첨부정보

대리권한증명정보로(규칙 제46조 제1항 제5호) 위임장, 가족관계증명서 등을 제공한다.

6. 등기실행절차

대리인은 등기기록에 기록되지 않음이 원칙이다.

OX 확인

01 미성년인 자의 부모 중 한 사람이 미성년인 자와 이해가 상반되는 경우에는 그렇지 않은 친권자가 단독으로 대리한다. O | X

02 친권자가 미성년인 자 소유의 부동산을 제3자에게 매도하는 경우에는 특별대리인을 선임할 필요가 없다. O | X

03 미성년인 자 소유의 부동산을 친권자의 채무를 위한 담보로 제공하는 경우 특별대리인을 선임하여야 한다. O | X

04 공동상속인인 친권자가 상속을 포기하고 미성년인 자를 위하여 분할협의를 하는 경우에는 특별대리인을 선임할 필요가 없다. O | X

05 공동친권자 중 한 사람이 법률상 또는 사실상 친권을 행사할 수 없는 경우에는 다른 친권자가 그 사실을 증명하는 서면을 첨부하여 단독으로 미성년자인 자를 대리하여 등기신청을 할 수 있다. O | X

06 소유권이전등기의 등기의무자인 회사의 대표이사 甲이 그 소유권이전등기신청을 법무사에게 위임한 후 그 등기신청 전에 대표이사가 乙로 변경된 경우에도 법무사의 등기신청에 관한 대리권한은 소멸하지 않는다고 보아야 할 것이므로, 그 등기신청서에 등기신청을 위임한 대표이사 甲이 위임 당시에 당해 회사의 대표이사임을 증명하는 회사등기부등본과 그의 인감증명을 첨부하였다면, 위임장을 당해 회사의 새로운 대표이사 乙 명의로 다시 작성하거나 그 乙 명의로 된 회사등기부등본과 인감증명을 새로 발급받아 등기신청서에 첨부할 필요는 없다. O | X

정답 | 01 × 02 ○ 03 ○ 04 ○ 05 ○ 06 ○

Ⅲ 법인의 등기신청

1. 법인의 대표에 의한 등기신청

(1) 회사의 대표이사가 공동으로 대표권을 행사하도록 하는 공동대표에 관한 규정이 있는 경우에는 그 회사 명의의 등기신청도 공동으로 하여야 한다.

(2) 법인등기사항증명서에 공동대표이사가 아닌 각자 대표이사로 등기되어 있는 경우에는 대표이사 A가 금융기관과 작성한 근정당권설정계약서로 대표이사 B가 법인명의의 근저당권설정등기를 신청할 수 있다(선례 제201112-13호).

(3) 지배인은 상인의 대리인으로서 그 영업에 관한 등기신청에 관하여 당연히 대리할 수 있다.

(4) 신청정보 및 첨부정보

1) 신청정보

등기당사자가 법인인 경우에는 상호(명칭), 본점소재지(주사무소 소재지), 부동산등기용등록번호 및 대표자의 성명과 주소를 신청정보의 내용으로 제공하여야 한다.

2) 첨부정보

① 대표자의 확인 등을 위하여 법인의 임원 및 지배인의 주민등록번호가 공시된 법인등기사항증명서를 첨부하여야 한다.

② 다만, 해당 법인의 등기를 관할하는 등기소가 동일한 경우에는 제출할 필요가 없다.

(5) 등기실행

법인의 대표자에 관한 사항은 등기할 사항이 아니다.

(6) 위임 후 대표이사가 변경된 경우

법무사에게 위임한 후 그 등기신청 전에 대표이사가 乙로 변경된 경우에도 법무사의 등기신청에 관한 대리권한은 소멸하지 않는다고 보아야 할 것이므로, 그 등기신청서에 등기신청을 위임한 대표이사 甲이 위임당시에 당해 회사의 대표이사임을 증명하는 회사등기사항증명서(발행일로부터 3월 이내의 것)과 그의 인감증명(발행일로부터 3월 이내의 것)을 첨부하였다면, 위임장을 당해 회사의 새로운 대표이사 乙 명의로 다시 작성하거나 그 乙 명의로 된 회사등기사항증명서와 인감증명을 새로 발급받아 등기신청서에 첨부할 필요는 없다(선례 제5-125호). 대표이사의 재직증명을 첨부할 필요는 없다(선례 제8-16호).

2. 청산법인의 등기신청(예규 제1087호)

(1) 청산법인의 의의

청산법인이란 존립기간의 만료나 기타 사유로 법인이 해산된 후 청산절차가 진행 중인 법인을 말하며, 청산종결등기가 된 경우라 하더라도 청산사무가 아직 종결되지 아니한 경우에는 청산법인에 해당한다.

(2) 청산법인의 등기부가 폐쇄되지 아니한 경우

청산인이 부동산등기신청을 하기 위해서는 청산인임을 증명하는 서면으로서 청산인 등기가 되어 있는 법인등기사항증명서를 등기신청서에 첨부하여야 하고, 인감증명의 제출이 필요한 경우에는 법인인감인 청산인의 인감을 첨부하여야 한다.

(3) 청산법인의 등기부가 폐쇄된 경우

① 청산법인이 등기권리자인 경우: 미등기부동산에 관하여 청산법인이 소유권보존등기를 하는 등 청산법인이 등기권리자로서 부동산등기신청을 하는 경우에는 폐쇄된 청산법인의 등기부를 부활하여야 하고, 청산인임을 증명하는 서면으로는 청산인 등기가 마쳐진 청산법인의 법인등기사항증명서를 제출하여야 한다.

② 청산법인이 등기의무자인 경우

㉠ 폐쇄된 등기부에 청산인 등기가 되어 있는 경우: 폐쇄된 법인등기부에 청산인 등기가 되어 있는 경우 청산인은 그 폐쇄된 법인등기사항증명서를 청산인임을 증명하는 서면으로 첨부하여 부동산등기신청을 할 수 있고, 인감증명의 제출이 필요한 경우에는 「인감증명법」에 의한 청산인의 개인인감을 첨부할 수 있다.

㉡ 폐쇄된 등기부에 청산인 등기가 되어 있지 아니한 경우: 청산인 등기가 되어 있지 않은 상태에서 법인 등기부가 폐쇄된 경우(「상법」 제520조의2에 의한 휴면회사 등), 청산인이 부동산등기신청을 하기 위해서는 폐쇄된 법인등기부를 부활하여 청산인 등기를 마친 다음 그 법인등기사항증명서를 청산인임을 증명하는 서면으로 등기신청서에 첨부하여야 하고, 인감증명의 제출이 필요한 경우에는 법인인감인 청산인의 인감을 첨부하여야 한다.

첨부서면 / 폐쇄 여부	청산인임을 증명하는 서면(대표자 자격증명서면)			청산인 인감
×	법인등기사항증명서			법인인감
○	등기권리자인 경우	부활하여 청산인등기가 경료 된 법인등기사항증명서		×
	등기의무자인 경우	청산인등기 ○	폐쇄된 법인등기사항증명서	개인인감
		청산인등기 ×	부활하여 청산인등기가 경료 된 법인등기사항증명서	법인인감

3. 지배인에 의한 등기신청

상인은 지배인을 선임하여 본점 또는 지점에서 그 영업을 하게 할 수 있는데(상법 제10조), 지배인은 포괄적인 대리권이 있는 상인의 대리인으로서 그 영업에 관한 등기신청에 관하여도 당연히 대리할 수 있다.

OX 확인

01 회사의 지배인은 영업주를 갈음하여 그 영업에 관한 재판상 또는 재판 외의 모든 행위를 할 수 있으므로 회사의 영업에 관한 등기신청을 대리할 수 있다. O | X

02 법인의 대표이사가 등기신청을 자격자대리인에게 위임한 후 그 등기신청 전에 대표이사가 변경된 경우에도 자격자대리인의 등기신청에 관한 대리권한은 소멸되지 않는다. O | X

03 합병으로 인하여 소멸한 乙회사가 합병 전에 매수한 부동산에 관하여는 합병 후 존속하는 甲회사가 등기권리자로서 매도인과 공동신청으로 직접 甲회사 명의로의 소유권이전등기를 신청할 수 있다. O | X

04 해산간주등기는 되어 있지만 등기기록이 폐쇄되지 않은 회사가 근저당권이전등기의 등기의무자인 경우에는 청산인선임등기를 반드시 먼저 하여야 하고, 인감증명이 필요한 경우에는 법인인감인 청산인의 인감을 제출하여야 한다. O | X

05 청산법인이 등기권리자로서 등기를 신청하는 경우에 이미 등기기록이 폐쇄되었다면 폐쇄된 청산법인의 등기기록을 부활하여 청산인등기가 마쳐진 법인등기사항증명서를 제공하여야 한다. O | X

06 청산법인이 등기의무자로서 등기를 신청하는 경우에 폐쇄된 법인등기기록에 청산인 등기가 되어 있으면 등기신청 시에 제출할 인감증명은 법인인감인 청산인의 인감을 제출하여야 한다. O | X

07 청산법인이 등기의무자로서 등기를 신청하는 경우에는 폐쇄된 법인등기기록에 청산인등기가 되어 있지 아니한 경우에는 폐쇄된 법인등기기록을 부활하여 청산인등기를 마친 등기사항증명서를 청산인임을 증명하는 정보로 제공하여야 한다. O | X

정답 | 01 ○ 02 ○ 03 ○ 04 ○ 05 ○ 06 × 07 ○

Ⅳ 법인 아닌 사단·재단의 등기신청(법 제26조, 규칙 제48조, 예규 제1621호)

1. 의의

종중, 문중 기타 대표자나 관리인이 있는 법인 아닌 사단이나 재단에 속하는 부동산의 등기에 관하여는 그 사단 또는 재단을 등기권리자 또는 등기의무자로 한다. 즉, 신청은 대표자나 관리인이 하나 그 명의는 사단·재단이 된다(법 제26조).

2. 신청서에 기재하여야 할 사항(규칙 제43조, 법 제48조 제2항·제3항)

법인 아닌 사단의 대표자 또는 관리인의 성명, 주소 및 주민등록번호를 기재하여야 하고, 등기권리자일 경우에는 법인 아닌 사단의 부동산등기용등록번호를 기재하여야 한다.

3. 첨부서면

(1) 정관 기타의 규약

정관 기타의 규약에는 단체의 목적, 명칭, 사무소의 소재지, 자산에 관한 규정, 대표자 또는 관리인의 임면에 관한 규정, 사원자격의 득실에 관한 규정이 기재되어야 한다.

(2) 대표자 또는 관리인을 증명하는 서면

정관 기타 규약에서 정한 방법에 의하여 대표자 또는 관리인으로 선임되었음을 증명하는 서면(예컨대, 정관 기타의 규약에서 대표자 또는 관리인의 선임을 사원총회의 결의에 의한다고 규정되어 있는 경우에는 사원총회의 결의서)을 제출하여야 한다.

다만, 대표자 또는 관리인을 증명하는 서면의 경우 등기되어 있는 대표자나 관리인이 등기를 신청하는 때에는 그러하지 아니하다(따라서 등기되어 있는 대표자 아닌 자가 등기신청을 하는 경우에만 제출할 필요가 있다).

> ① 부동산등기용등록번호대장이나 그 밖의 단체등록증명서는 대표자임을 증명하는 서면이 아니다.
> ②「민법」제63조(임시이사에 관한 규정)는 법인 아닌 사단 또는 재단에도 유추적용된다.
> ③「민법」제64조(특별대리인에 관한 규정)는 법인 아닌 사단 또는 재단에도 유추적용된다.

> 종중 명의로 소유권이전등기를 할 때에 등기기록에 기록된 대표자가 아닌 새로 선임된 대표자가 등기의무자인 종중을 대표하여 소유권이전등기를 신청하기 위해서는 먼저 대표자를 변경하는 내용의 등기명의인표시 변경등기를 신청하여야 한다(선례 제201903-9호).

(3) 사원총회의 결의서

법인 아닌 사단이 등기의무자로서 등기신청을 할 경우에는「민법」제276조 제1항의 규정에 의한 결의서를 등기신청서에 첨부하여야 한다(규칙 제48조 제3호).

다만, 정관 기타의 규약으로 그 소유 부동산을 처분하는 데 있어서 위 결의를 필요로 하지 않는다고 정하고 있을 경우에는 그러하지 아니하다(예 법인 아닌 사단 소유의 부동산에 근저당권을 설정하는 경우).

(4) 인감증명

위 (2), (3)의 규정에 의한 서면(대표자·관리인 자격증명서면과 사원총회결의서를 제출할 경우)에는 그 사실을 확인하는 데 상당하다고 인정되는 2인 이상의 성년자가 사실과 상위 없다는 취지와 성명을 기재하고 인감을 날인하여야 하며, 날인한 인감에 관한 인감증명을 제출하여야 한다. 다만, 변호사 또는 법무사가 등기신청을 대리하는 경우에는 변호사 또는 법무사가 위 각 서면에 사실과 상위 없다는 취지를 기재하고 기명날인함으로써 이에 갈음할 수 있다.

(5) 기타 서면

① 대표자 또는 관리인의 주소 및 주민등록번호를 증명하는 정보(주민등록등표등본)를 등기신청서에 첨부하여야 하고(규칙 제48조 제4호),

② 법인 아닌 사단의 부동산등기용등록번호가 새로이 기입되는 등기신청의 경우에는 부동산등기용등록번호를 증명하는 서면을 첨부하여야 한다.

4. 법인 아닌 사단 명의의 등기 허부

(1) '계' 명의의 등기

'○○계'(어촌계, 수리계) 명의의 등기신청이 있는 경우, 같은 계의 규약에 의하여 그 실체가 법인 아닌 사단으로서 성격을 갖춘 경우에는 그 등기신청을 수리하여야 할 것이나. 각 계원의 개성이 개별적으로 뚜렷하게 계의 운영에 반영되게끔 되어 있고 계원의 지위가 상속되는 것으로 규정되어 있는 등 단체로서의 성격을 갖는다고 볼 수 없는 경우에는 그 등기신청을 각하하여야 한다.

(2) '학교' 명의의 등기

「교육기본법」 제11조에 의하여 설립된 학교는 등기능력이 없으므로 그 명의로 등기신청을 할 수 없다.

(3) '동' 명의의 등기

동민이 법인 아닌 사단을 구성하고 그 명칭을 행정구역인 동 명의와 동일하게 한 경우에는 그 동민의 대표자가 동 명의로 등기신청을 할 수 있다.

5. 대표자 또는 관리인의 성명, 주소 및 주민등록번호 추가 표시변경등기

(1) 법인 아닌 사단이나 재단이 현재 효력 있는 권리에 관한 등기의 등기명의인이나 그 대표자 또는 관리인의 성명, 주소 및 주민등록번호가 등기기록에 기록되어 있지 않은 경우, 그 대표자 또는 관리인은 대표자 또는 관리인의 성명, 주소 및 주민등록번호를 추가로 기록하는 내용의 등기명의인 표시변경등기를 신청할 수 있다.

(2) 위 등기명의인표시변경등기를 신청할 때에는 대표자 또는 관리인의 주민등록표 등(초)본 외에 정관 기타의 규약, 대표자 또는 관리인을 증명하는 서면 등도 첨부하여야 하고, 등기관은 첨부된 서면을 종합적으로 고려하여 신청인이 적법한 대표자나 관리인인지에 대한 심사를 엄격히 한 후에 그 수리 여부를 결정하여야 한다.

(3) 위 등기명의인표시변경등기를 신청할 때에는 등기원인은 '대표자 또는 관리인 추가'로, 등기의 목적은 '등기명의인표시변경'으로, 등기원인일자는 '등기신청일'을 각 기재하여야 한다.

6. 기타

법인 아닌 사단이나 재단이 (근)저당권설정등기신청서에 채무자로 기재되어 있는 경우, 등기부에 그 사단 또는 재단의 부동산등기용등록번호나 대표자에 관한 사항은 기록할 필요가 없다.

OX 확인

01 법인 아닌 사단을 채무자로 등기하는 경우에는 등기기록에 대표자에 관한 사항을 기록할 필요가 없다. O | X

02 등기기록에 대표자로 등기되어 있는 자가 등기신청을 하는 경우에는 대표자 또는 관리인임을 증명하는 서면을 제출할 필요가 없다. O | X

03 부동산등기용등록번호대장이나 그 밖의 단체등록증명서는 법인 아닌 사단이나 재단의 대표자임을 증명하는 서면에 해당하지 않는다. O | X

04 법인 아닌 사단이 총유물인 그 소유 부동산을 처분하기 위하여 등기의무자로 등기신청을 하는 경우에는 언제나 사원총회결의서를 첨부정보로 제공하여야 한다. O | X

05 법인 아닌 사단이 등기의무자로서 등기신청을 할 경우에는 정관 기타 규약에서 달리 규정하지 않은 경우에는 사원총회결의서를 첨부정보로 제공하여야 한다. O | X

06 대표자에 관한 사항이 등기사항으로 추가된 「부동산등기법(1991. 12. 14.)」이 시행되기 전인 1992. 2. 1. 전에 甲 종중이 부동산의 소유권을 취득하여 현재까지 甲 종중의 소유 명의로 등기되어 있는 경우에는 그 대표자를 추가하기 위한 등기명의인 표시변경등기는 허용되지 않는다. O | X

07 법인 아닌 사단이나 재단은 전자신청을 할 수 없다. O | X

08 법인 아닌 사단의 대표자 또는 관리인임을 증명하는 서면으로는, 정관 기타의 규약에서 정한 방법에 의하여 대표자 또는 관리인으로 선임되었음을 증명하는 서면을 제출하여야 하는데, 부동산등기용등록번호대장이나 기타단체등록증명서도 위 대표자 또는 관리인을 증명하는 서면으로 제출할 수 있다. O | X

09 대표자 증명서면 또는 사원총회결의서에는 그 사실을 확인하는 데 상당하다고 인정되는 2인 이상의 성년자가 사실과 상위 없다는 취지와 성명을 기재하고 인감을 날인하여야 하며, 날인한 인감에 관한 인감증명을 제출하여야 한다. O | X

10 법인 아닌 사단이 등기권리자인 경우에는 부동산등기용등록번호를 증명하는 서면을 첨부하여야 한다. O | X

11 변호사나 법무사가 등기신청을 대리하는 경우에는 대표자 또는 관리인을 증명하는 서면과 사원총회 결의서에 2인 이상의 성년자에 갈음하여 변호사 또는 법무사가 사실과 상위 없다는 취지를 기재하고 기명날인할 수 있고 이때에는 변호사나 법무사의 인감증명을 첨부정보로 제공하여야 한다. O | X

해설 변호사나 법무사가 등기신청을 대리하는 경우에는 변호사나 법무사의 인감증명을 첨부정보로 제공할 필요 없다.

정답 | 01 ○ 02 ○ 03 ○ 04 × 05 ○ 06 × 07 ○ 08 × 09 ○ 10 ○ 11 ×

V 외국인 및 재외국민의 등기신청(예규 제1686호)

예규 제2조(정의)
이 예규에서 사용하는 용어의 정의는 다음과 같다.
1. "재외국민"이란 대한민국의 국민으로서 외국의 영주권을 취득한 자 또는 영주할 목적으로 외국에 거주하고 있는 자를 말한다.
2. "외국인"이란 대한민국의 국적을 보유하고 있지 아니한 개인(무국적자를 포함한다)을 말한다.
3. "외국인 등"이란 외국인, 외국정부, 외국의 법령에 의하여 설립된 법인·단체 등「부동산 거래신고 등에 관한 법률」 제2조 제4호 각 목의 어느 하나에 해당하는 개인·법인 또는 단체를 말한다.
4. "공증"이란 공증인이 공정증서를 작성하는 것 또는 사서증서에 대해 인증하는 것을 말한다.
5. "대한민국 공증"이란 대한민국 영토 내에서「공증인법」에 따라 이루어지는 공증과 대한민국 영토 밖에서「재외공관 공증법」에 따라 공증담당영사가 담당하는 공증을 말한다.
6. "본국 공증"이란 본국 영토 내의 공증과 본국의 영토 밖에서 본국의 외교·영사기관이 담당하는 공증을 말한다.

1. 외국인의 등기신청

(1) 의의
외국국적을 취득함으로써 대한민국 국적을 상실하였으나 아직 가족관계등록부가 폐쇄되지 않은 자도 외국인이다.

(2) 처분(외국인이 등기의무자인 경우)

구분	비고
처분위임장	① 처분대상의 부동산과 수임인을 구체적으로 특정 ② 위임하고자 하는 법률행위의 종류와 위임취지 ③ 처분위임장에 등기명의인의 인감을 날인 또는 서명 ④ 등기필정보를 분실한 경우: 처분위임장 자체에 공증(본국 관공서의 증명이나 본국 또는 대한민국 공증) ⑤ 입국한 경우에는 처분위임을 한 경우에만 제출함.
인감증명서 또는 서명 공증	① 인감제도 있는 나라: 그 나라 관공서가 발행한 인감증명 ② 인감제도 없는 나라: 본국 관공서의 증명, 본국 또는 대한민국 공증(대한민국 공관의 공증 포함)
	• 「출입국관리법」에 따라 외국인등록을 하거나 「재외동포의 출입국과 법적 지위에 관한 법률」에 따라 국내거소신고를 한 자는 「인감증명법」 제3조에 따라 인감신고하고 우리나라의 인감증명 제출 가능 • 외국의 인감증명이나 외국 공증을 제출하는 경우에는 아포스티유 또는 영사확인 필요 • 수임인의 인감증명 제공할 것(등기원인이 매매이더라도 매도용 인감증명일 필요는 없음)
주소증명서면	① 「출입국관리법」에 따라 외국인등록을 한 경우에는 외국인등록 사실증명 ② 「재외동포의 출입국과 법적 지위에 관한 법률」에 따라 국내거소신고를 한 외국국적동포의 경우 국내거소신고 사실증명 ③ 주소증명제도가 있는 나라: 본국 관공서에서 발행한 주소증명정보 ④ 주소증명제도가 없는 나라 ㉠ 본국 공증인이 주소를 공증한 서면(국내 공증 ×) ㉡ 아래와 같이 이를 갈음할 수 있음.

	ⓐ 주소가 기재되어 있는 신분증의 원본과 동일하다는 뜻을 기재한 사본을 함께 등기소에 제출하여 사본이 원본과 동일함을 확인받고 원본을 환부(등기관은 사본에 원본 환부의 뜻을 적고 기명날인) ⓑ 주소가 기재되어 있는 신분증의 사본에 원본과 동일함을 확인하였다는 본국 또는 대한민국 공증이나 본국 관공서의 증명 ⓒ 본국의 공공기관 등에서 발행한 증명서 기타 신뢰할 만한 자료 ⑤ 외국인이 제3국에 체류하는 경우 ㉠ 체류국에 주소증명제도가 있는 경우: 체류국 관공서에서 발행한 주소증명정보 ㉡ 체류국에 주소증명제도가 없는 경우: 체류국에 공증인의 공증서면 + 해당 국가의 체류자격증명정보
번역문	① 번역인이 원문과 다름이 없는 뜻과 번역인의 성명·주소를 기재하고 날인 또는 서명 ② 번역인의 신분증 사본 첨부(번역문을 인증 받아 제출하는 경우에는 제외)
부동산양도 신고확인서	외국인이 등기의무자로서 부동산에 관한 유상계약(부담부증여 포함)을 원인으로 소유권이전등기를 신청할 때에는 「소득세법」 제108조에 따라 세무서장으로부터 발급받은 '부동산양도신고확인서'를 첨부정보로서 제공하여야 함.
영사확인 또는 아포스티유	외국의 공문서 또는 외국 공증인이 공증한 문서

(3) 취득(외국인이 등기권리자인 경우)

첨부서류	비고
부동산등기용 등록번호증명서	① 외국인등록을 한 외국인: 외국인등록번호증명서 ② 국내거소신고한 외국국적 동포: 국내거소신고번호 ③ 부동산등기용등록번호증명서 위 ①~③은 출입국·외국인관서의 장이 부여함.
주소증명정보	처분하는 경우와 동일
토지취득허가 또는 토지거래계약 허가서	① 취득하려는 토지가 아래에 해당하는 경우 토지취득계약을 체결하기 전에 시장·군수 또는 구청장으로부터 토지취득의 허가를 받아야 한다(※ 국내거소신고한 외국국적동포의 경우에는 1.의 경우에만 적용된다). 1. 「군사기지 및 군사시설 보호법」 제2조 제6호에 따른 군사기지 및 군사시설 보호구역, 그 밖에 국방목적을 위하여 외국인등의 토지취득을 특별히 제한할 필요가 있는 지역으로서 대통령령으로 정하는 지역 2. 「문화재보호법」 제2조 제2항에 따른 지정문화재와 이를 위한 보호물 또는 보호구역 3. 「자연환경보전법」 제2조 제12호에 따른 생태·경관보전지역 4. 「야생생물 보호 및 관리에 관한 법률」 제27조에 따른 야생생물 특별보호구역 ② 그 외의 토지를 취득하는 경우에는 이를 소명하기 위해 토지이용계획확인서를 첨부하여야 함. ③ 토지거래계약허가증을 첨부한 경우에는 토지취득허가증은 첨부하지 아니함.
상속재산 분할협의	① 공동상속인 중 한 사람을 상속재산분할협의에 관한 대리인으로 선임하여도 무방함. ② 상속재산분할협의 위임장: 대상인 부동산, 대리인의 인적사항을 구체적으로 특정, 상속인 본인의 인감날인(인감증명 제출) ③ 상속재산분할협의서: 대리인의 인감날인(인감증명 제출)
유증을 원인으로 한 소유권이전등기	외국인의 국내 부동산에 대하여 외국법에 따라 작성된 유언공정증서에 의해 유증을 원인으로 소유권이전등기를 신청하는 경우에는 ① 외국법에 따라 외국에서 작성된 유언공정증서(아포스트유)와 그 번역문, ② 해당 법령의 내용과 그 번역문도 함께 제공하여야 함.

2. 재외국민의 등기신청

(1) 의의

대한민국의 국민으로서 외국의 영주권을 취득한 자 또는 영주할 목적으로 외국에 거주하고 있는 자

(2) 처분하는 경우(재외국민이 등기의무자인 경우)

구분	비고
처분위임장	① 처분대상의 부동산과 수임인을 구체적으로 특정 ② 위임하고자 하는 법률행위의 종류와 위임취지 ③ 위임장에 인감 날인 또는 서명 공증(재외공관의 인증) ④ 등기신청서 또는 위임장에 수임인의 인감날인 ⑤ 등기필정보를 분실한 경우: 처분위임장 자체에 공증(대한민국 공증)
인감증명서	① 재외국민의 인감증명(매도용일 것) 및 수임인의 인감증명(매도용 필요 없음) ② 대한민국 재외공관에서 인감을 날인해야 하는 서면에 공증을 받았다면 인감증명을 제출할 필요 없음.
주소증명서면	① 재외국민등록부등본 ② 「주민등록법」에 따라 주민등록 신고를 한 경우에는 주민등록표등본·초본 ③ 주소증명제도가 있는 외국에 체류하는 재외국민으로서 체류국 법령에 따라 외국인등록 또는 주민등록 등을 마친 경우에는 체류국 관공서에서 발행한 주소증명정보 ④ 위 ①~③의 방법으로 주소를 증명하는 것이 불가능한 경우: 체류국 공증인이 주소를 공증한 서면
부동산양도신고확인서	재외국민 또는 외국인이 등기의무자로서 부동산에 관한 유상계약(부담부증여 포함)을 원인으로 소유권이전등기를 신청할 때에는 「소득세법」 제108조에 따라 세무서장으로부터 발급받은 '부동산양도신고확인서'를 첨부정보로서 제공하여야 함. 다만, 재외국민이 「인감증명법 시행령」 제13조 제3항 단서에 따라 발급받은 부동산매도용 인감증명서를 첨부정보로서 제공한 경우에는 그러하지 아니함.
번역문	① 번역인이 원문과 다름이 없는 뜻과 번역인의 성명·주소를 기재하고 날인 또는 서명 ② 번역인의 신분증 사본 첨부(번역문을 인증받아 제출하는 경우에는 제외)
영사확인 또는 아포스티유	외국의 공문서 또는 외국 공증인이 공증한 문서

(3) 취득하는 경우(재외국민이 등기권리자인 경우)

<table>
<tr><th colspan="2">첨부서류</th><th>비고</th></tr>
<tr><td rowspan="2">등록번호증명정보</td><td>주민등록번호가 있는 경우
(주민등록표등(초)본)</td><td>① 종전에 주민등록번호를 부여(주민등록이 말소되었더라도)받은 경우
② 「주민등록법」상 주민신고를 하여 주민등록번호를 부여받은 경우</td></tr>
<tr><td>주민등록번호가 없는 경우
(부동산등기용 등록번호증명서)</td><td>서울중앙지방법원 등기국의 등기관이 부여한 부동산등기용등록번호증명서면 제공
※ 재외국민은 국내거소신고번호를 부동산등기용등록번호에 갈음할 수 없음.</td></tr>
<tr><td colspan="2">주소증명정보</td><td>처분하는 경우와 동일</td></tr>
</table>

상속재산분할협의	① 상속재산분할 시에는 인감증명서 대신 공증가능[재외공관 공증(○) + 재외국민등록부등본(×)] ② 공동상속인 중 한 사람을 상속재산분할협의에 관한 대리인으로 선임하여도 무방(선례 제201805-9호) ③ 상속재산분할협의 위임장: 대상인 부동산, 대리인의 인적사항을 구체적으로 특정, 상속인 본인의 인감날인(인감증명 제출) ④ 상속재산분할협의서: 대리인의 인감날인(인감증명 제출)
번역문	① 번역인이 원문과 다름이 없는 뜻과 번역인의 성명·주소를 기재하고 날인 또는 서명 ② 번역인의 신분증 사본 첨부(번역문을 인증받아 제출하는 경우에는 제외)
영사확인 또는 아포스티유	외국의 공문서 또는 외국 공증인이 공증한 문서

3. 국적 등의 변경으로 등기명의표시변경등기를 신청하는 경우

변경 사유	비고
국적 변경	① 신청정보: 등기원인 "국적변경", 그 연월일은 "새로운 국적을 취득한 날" ② 첨부정보: 국적변경을 증명하는 정보 예 시민권증서, 귀화증서, 국적취득사실증명서, 폐쇄된 기본증명서 등
개명	① 국적변경과 동시에 성명이 변경되어 국적변경을 증명하는 정보에 변경된 성명이 기재되어 있는 경우 ㉠ 1건의 신청정보로 일괄신청 ㉡ 국적변경증명정보 제공 ② 국적을 변경한 이후에 별도의 개명절차를 통하여 성명이 변경된 경우: 국적변경을 원인으로 하는 등기명의인표시변경등기신청과 ㉠ 별개의 신청정보로 신청하여야 함. ㉡ 개명을 증명하는 정보(예 기본증명서, 법원의 개명허가기록) 제공
등록번호 변경	내국인으로서 등기명의인이 되었던 자가 외국국적을 취득한 후 등기의무자로서 등기를 신청하는 경우에 국내거소신고번호나 외국인등록번호를 부여받은 바가 없다면 등록번호를 변경하는 등기명의인표시변경등기를 선행하여 신청할 필요가 없음(번호를 부여받은 경우라면 등록번호를 변경하는 등기명의인표시변경등기를 선행).

OX 확인

01 외국인이 제출하는 주소를 공증한 서면은 본국 공증인의 공증을 받아야 하며, 국내 공증인의 공증으로 이를 대신할 수 없다. O | X

02 외국인이 부동산을 취득하고 이를 원인으로 소유권이전등기를 신청할 때에는 부동산등기용등록번호를 부여받아야 하는바, 국내거소신고를 한 외국국적동포의 경우에는 국내거소신고번호로 이를 갈음할 수 있다. O | X

03 재외국민이 종전에 주민등록번호를 부여받은 적이 있더라도 해외이주 등으로 주민등록이 말소된 경우에는 그 주민등록번호를 사용할 수 없으므로, 등기권리자로서 등기를 신청할 때에는 새로 부동산등기용등록번호를 부여받아야 한다. O | X

04 재외국민이 국내에 입국하여 「주민등록법」에 따라 주민등록신고를 한 경우에는 주소를 증명하는 서면으로 주민등록표등·초본을 제출할 수 있다. O | X

05 인감증명을 제출하여야 하는 자가 외국인인 경우 그 본국에 인감증명제도가 없고 또한 「인감증명법」에 따른 인감증명을 받을 수 없는 자는 신청서나 위임장 또는 첨부서면에 한 서명에 관하여 본인이 직접 작성하였다는 뜻의 본국 관공서의 증명이나 이에 관한 공정증서를 제출하여야 한다. O | X

06 외국인의 부동산등기용등록번호는 체류지(국내에 체류지가 없는 경우에는 대법원 소재지에 체류지가 있는 것으로 본다)를 관할하는 지방자치단체의 장이 부여한다. O | X

07 재외국민이 상속재산분할협의서에 인감을 날인하고 인감증명을 제공하는 대신 대한민국 재외공관의 공증을 받았다면 재외국민임을 증명하는 정보로서 재외국민등록부등본을 등기소에 제공하여야 한다. O | X

08 부동산의 소유자인 외국인으로부터 처분권한을 수여받은 대리인이 매매를 원인으로 하는 소유권이전등기신청을 자격자대리인에게 위임할 때에는 등기신청위임장에 대리인의 인감을 날인하고 대리인의 매도용 인감증명을 제출하여야 한다. O | X

09 인감증명을 제출하여야 하는 일본 국적의 甲이 「출입국관리법」에 따라 외국인등록을 한 경우에는 「인감증명법」에 따라 신고한 인감증명을 제출하거나 일본국의 관공서가 발행한 인감증명을 제출하여야 한다. O | X

10 처분위임장은 외국인의 본국 공증인의 공증뿐만 아니라 국내 공증인의 공증도 받을 수 있다. O | X

11 내국인으로서 등기명의인이 되었던 자가 외국국적을 취득한 후 등기의무자로서 등기를 신청하는 경우에 국내거소신고나 외국인등록을 하지 않아 국내거소신고번호나 외국인등록번호를 부여받은 바가 없다면 등록번호를 변경하는 등기명의인표시변경등기를 선행하여 신청할 필요가 없다. O | X

12 외국인등록이나 국내거소신고를 하지 않아 「인감증명법」에 따른 인감증명을 발급받을 수 없고 또한 본국에 인감증명제도가 없는 외국인은 인감을 날인해야 하는 서면이 본인의 의사에 따라 작성되었음을 확인하는 뜻의 본국 관공서의 증명이나 본국 공증인의 인증을 받음으로써 인감증명의 제출을 갈음할 수 있으나 대한민국 공증인의 인증으로 갈음할 수는 없다. O | X

해설 외국인등록이나 국내거소신고를 하지 않아 「인감증명법」에 따른 인감증명을 발급받을 수 없고 또한 본국에 인감증명제도가 없는 외국인은 인감을 날인해야 하는 서면이 본인의 의사에 따라 작성되었음을 확인하는 뜻의 본국 관공서의 증명이나 본국 또는 대한민국 공증인의 인증(대한민국 재외공관의 인증을 포함한다, 이하 같다)을 받음으로써 인감증명의 제출을 갈음할 수 있다(예규 제1686호).

정답 | 01 ○ 02 ○ 03 × 04 ○ 05 ○ 06 × 07 × 08 × 09 ○ 10 ○ 11 ○ 12 ×

Ⅵ 포괄승계인에 의한 등기신청(법 제27조)

1. 의의

등기원인이 발생한 후에 등기권리자 또는 등기의무자에 대하여 상속이나 그 밖의 포괄승계가 있는 경우에는 상속인이나 그 밖의 포괄승계인이 그 등기를 신청할 수 있다.

2. 구체적인 예

(1) 甲이 乙에게 부동산을 매도하였으나 소유권이전등기를 하기 전에 甲이 사망한 때에는 甲의 상속인 A가 등기의무자로서 등기신청을 하게 되고, 乙이 사망한 때에는 乙의 상속인인 B가 등기권리자로서 등기를 신청하게 된다(상속등기를 거치지 않고).

(2) 그러나 상속인이 상속재산을 처분한 경우, 즉 피상속인이 사망하였으나 아직 상속등기가 이루어지지 않은 상태에서 피상속인 명의로 되어 있는 부동산을 상속인으로부터 매수한 경우에는 먼저 상속등기를 한 후 매수인 앞으로 소유권이전등기를 하여야 한다(선례 제1-303, 313호).

3. 첨부정보

가족관계등록에 관한 정보 또는 법인 등기사항에 관한 정보 등 상속 그 밖의 포괄승계가 있었다는 사실을 증명하는 정보를 첨부정보로서 등기소에 제공하여야 한다(규칙 제49조).

4. 등기심사

신청정보의 등기의무자의 표시가 등기기록과 일치하지 아니한 경우 법 제29조 제7호로 각하되나, 법 제27조에 해당하여 포괄승계인이 등기를 신청하는 경우에는 각하되지 않는다.

OX 확인

01 등기원인이 발생한 후에 등기권리자 또는 등기의무자에 대하여 포괄승계가 있는 경우에는 포괄승계인이 그 등기를 신청할 수 있다. O | X

02 소유권이전등기 청구사건에서 승소한 원고가 판결 확정 후 사망한 경우에는 원고의 지위를 승계한 상속인은 그 상속을 증명하는 정보를 첨부하여 직접 상속인 명의로의 소유권이전등기를 신청할 수 있다. O | X

03 「상법」상 합병으로 인하여 소멸한 회사가 합병 전에 매수한 부동산에 관하여는 합병 후 존속하는 회사와 매도인이 직접 존속하는 회사 명의로의 소유권이전등기를 신청할 수 있다. O | X

04 피상속인이 사망 후 그의 소유로 등기되어 있는 부동산을 그의 상속인으로부터 매수하였다면 상속인과 매수인은 피상속인 명의에서 매수인 명의로의 소유권이전등기를 신청할 수 있다. O | X

해설 피상속인이 아닌 상속인으로부터 매수하였다면 「민법」 제187조에 의하여 상속등기를 한 후 상속인 명의에서 매수인 명의로의 소유권이전등기를 신청하여야 한다.

05 토지 매매계약 후 매도인 명의의 토지거래계약허가신청서를 제출하였으나 매도인이 사망한 후에 토지거래계약허가증을 교부받은 경우, 상속인은 상속인 명의로 새롭게 토지거래계약허가증을 발급받아야만 피상속인으로부터 매수인 앞으로 소유권이전등기를 할 수 있다. O | X

정답 | 01 ○ 02 ○ 03 ○ 04 × 05 ×

Ⅶ 대위등기신청(예규 제1432호)

1. 채권자대위권에 의한 대위등기신청(법 제28조)

(1) 채권자는 자기 채권의 보전을 위하여 채무자가 가지는 등기신청권을, 채무자의 대리인으로서가 아니라 자기의 이름으로, 채무자 명의의 등기를 신청할 수 있다.

(2) 요건

피보전권리가 있을 것	① 채권자가 채무자에 대하여 가지는 피보전권리는 채권의 종류 및 발생원인은 묻지 않으며 등기청구권도 포함(판례) ② 피보전권리는 채권적 청구권이건 물권적 청구권이건 묻지 않음. ③ 피보전권리가 금전채권이든 특정채권이든지 간에 채무자의 무자력을 요건으로 하지 않음.
채무자에게 유리한 등기일 것	부동산표시의 변경(경정)등기 또는 등기명의인표시의 변경(경정)등기와 같이 채무자에게 불리하지 않은 등기는 채무자의 채권자가 대위할 수 있음.
채무자가 등기신청권을 불행사 할 것	
피대위권리가 있을 것	채무자인 상속인이 상속포기를 한 경우에는 채무자에게 등기신청권이 없으므로 채권자는 상속인을 대위하여 상속등기를 신청할 수 없음.

(3) 등기신청의 절차

신청인	① 대위채권자의 명의로 신청하되, 제3자와 공동신청해야 하는 경우 제3자와 함께 신청하여야 함. ② 대위신청권의 대위(중복대위)도 가능하고, 말소등기의 대위신청도 가능
신청정보 (규칙 50조)	① 피대위자(즉 채무자)의 성명(명칭), 주소(사무소소재지) 및 주민등록번호(부동산등기용등록번호) ② 신청인이 대위자라는 뜻(예 대위신청인 ○○○) ③ 대위자(즉 채권자)의 성명(명칭), 주소(사무소소재지) ④ 대위원인(예 "○년 ○월 ○일 매매에 의한 소유권이전등기청구권")
첨부정보	① 대위원인을 증명하는 정보 ㉠ 사문서(매매계약서, 차용증서 등)나 공문서(가압류·가처분 결정 등의 재판서, 압류조서 등)를 불문 ㉡ 단순한 소제기 증명서는 해당하지 않음. ② 취득세 등 납부증명서: 채권자는 소정의 취득세 등을 납부하고, 그 증명서를 첨부정보로 제공하여야 함.

(4) 등기절차

등기관의 심사	채권자가 채무자를 대위하여 등기를 신청하는 경우 채무자로부터 채권자 자신으로의 등기를 동시에 신청하지 않더라도 이를 수리함.
등기의 실행	표제부와 권리자 및 기타사항란에 채권자(대위자)의 성명 또는 명칭, 주소 또는 사무소 소재지와 대위원인을 기록하여야 함(주민등록번호 ×).
등기완료 후 통지	① 등기완료통지: 대위신청인(채권자)와 피대위자(채무자)에게 함. ② 등기필정보의 작성 및 통지: ×(규칙 제109조)

2. 「부동산등기법」이 인정하는 대위등기

① 구분건물에 관한 등기의 대위신청(법 제41조, 제46조 등)

② 건물 멸실등기의 대위신청(법 제43조 제2항)

③ 신탁등기 및 신탁등기의 말소등기의 대위신청(법 제82조 제2항, 제87조 제4항)

④ 체납처분으로 인한 압류등기를 촉탁하는 경우 상속등기 등의 대위신청(법 제96조)

⑤ 토지수용에 의한 등기신청시의 상속등기 등의 대위신청(법 제99조 제2항)

OX 확인

01 채권자인 甲이 채무자 乙의 제3채무자 丙에 대한 소유권이전등기청구권에 관하여 채권자대위권에 의한 소송을 제기한 사실을 채무자 乙이 알았다면 乙은 채권자 甲이 얻은 승소판결에 의하여 직접 소유권이전등기신청을 할 수 있다. O | X

02 수용대상토지에 대하여 토지소유자와 그 소유권이전에 대한 협의가 이루어지거나 또는 수용의 효력이 발생하기 전까지는 사업시행자라도 토지소유자를 대위하여 토지표시변경등기를 신청할 수 없다. O | X

03 특정의 등기청구권에 의하여 채권자가 채무자를 대위하여 등기신청을 하는 경우에는 채무자로부터 채권자 자신으로의 등기신청도 반드시 동시에 하여야 한다. O | X

04 등기신청의 대위에 있어서는 특정의 등기청구권에 의한 대위이거나 일반금전채권에 의한 대위이거나를 막론하고 채무자의 무자력을 요건으로 하지 아니한다. O | X

05 채권자가 채무자를 대위하여 등기신청을 할 때에는 대위원인을 증명하는 정보를 첨부정보로서 제공하여야 하는바, 이러한 정보는 반드시 공문서이어야 하는 것은 아니며, 매매계약서나 차용증서와 같이 사문서라도 무방하다. O | X

06 채무자가 상속을 포기한 경우라도 채권자는 상속인을 대위하여 상속등기를 신청할 수 있다. O | X

07 대위신청에 따른 등기를 한 경우 등기관은 대위신청인인 채권자와 피대위자인 채무자에게 등기완료통지를 하여야 한다. O | X

08 채권자가 채무자를 대위하여 등기를 신청하는 경우 채무자로부터 채권자 자신으로의 등기를 동시에 신청하지 않더라도 이를 수리한다. O | X

09 피보전채권이 금전채권인 경우 등기원인을 증명하는 서면과 함께 채무자의 무자력을 증명하는 서면을 제출하여야 한다. O | X

정답 | 01 ○ 02 ○ 03 × 04 ○ 05 ○ 06 × 07 ○ 08 ○ 09 ×

Ⅷ 판결 등 집행권원에 의한 등기의 신청(예규 제1692호)

1. 목적

이 예규는 「부동산등기법」(이하 "법"이라 한다) 제23조 제4항에 의한 판결 등 집행권원에 의한 등기 및 그에 따른 등기업무의 구체적인 절차를 규정함을 목적으로 한다.

2. 법 제23조 제4항의 '판결'의 요건

(1) 이행판결

① 법 제23조 제4항의 판결은 등기신청절차의 이행을 명하는 이행판결이어야 하며, 주문의 형태는 "○○○등기절차를 이행하라."와 같이 등기신청의사를 진술하는 것이어야 한다. 다만, 공유물분할판결의 경우에는 예외로 한다.

② 위 판결에는 등기권리자와 등기의무자가 나타나야 하며, 신청의 대상인 등기의 내용, 즉 등기의 종류, 등기원인과 그 연월일 등 신청서에 기재하여야 할 사항이 명시되어 있어야 한다.

③ 등기신청할 수 없는 판결의 예시

등기신청절차의 이행을 명하는 판결이 아닌 경우	㉠ "○○재건축조합의 조합원 지위를 양도하라."와 같은 판결 ㉡ "소유권 지분 10분의 3을 양도한다."라고 한 화해조서 ㉢ "소유권이전등기절차에 필요한 서류를 교부한다."라고 한 화해조서
이행판결이 아닌 경우	㉠ 매매계약이 무효라는 확인판결에 의한 소유권이전등기의 말소등기신청 ㉡ 소유권 확인판결에 의한 소유권이전등기의 신청 ㉢ 통행권 확인판결에 의한 지역권설정등기의 신청 ㉣ 재심의 소에 의하여 재심대상 판결이 취소된 경우 그 재심판결로 취소된 판결에 의하여 경료된 소유권이전등기의 말소등기신청 ㉤ 피고의 주소를 허위로 기재하여 소송서류 및 판결정본을 그곳으로 송달하게 한 사위판결에 의하여 소유권이전등기가 경료된 후 상소심절차에서 그 사위판결이 취소·기각된 경우 그 취소·기각판결에 의한 소유권이전등기의 말소등기신청
필수기재사항이 판결주문에 명시되지 않을 것	㉠ 근저당권설정등기를 명하는 판결주문에 필수적 기재사항인 채권최고액이나 채무자가 명시되지 아니한 경우 ㉡ 전세권설정등기를 명하는 판결주문에 필수적 기재사항인 전세금이나 전세권의 목적인 범위가 명시되지 아니한 경우

(2) 확정판결

가집행선고가 붙은 판결에 의하여 등기를 신청한 경우 등기관은 그 신청을 각하하여야 한다.

(3) 법 제23조 제4항의 판결에 준하는 집행권원

① 중재판정에 의한 등기신청은 집행결정을, 외국판결에 의한 등기신청은 집행판결을 각 첨부하여야만 단독으로 등기를 신청할 수 있다.

② 공증인 작성의 공정증서는 설령 부동산에 관한 등기신청의무를 이행하기로 하는 조항이 기재되어 있더라도 등기권리자는 이 공정증서에 의하여 단독으로 등기를 신청할 수 없다.

③ 가처분결정(판결)에 등기절차의 이행을 명하는 조항이 기재되어 있어도 등기권리자는 이 가처분결정 등에 의하여 단독으로 등기를 신청할 수 없다. 다만, 가등기권자는 법 제90조의 가등기가처분명령을 등기원인증서로 하여 단독으로 가등기를 신청할 수 있다.

(4) 판결의 확정시기

등기절차의 이행을 명하는 확정판결을 받았다면 그 확정시기에 관계없이, 즉 확정 후 10년이 경과하였다 하더라도 그 판결에 의한 등기신청을 할 수 있다. 소멸시효가 도래하였는지에 대하여서는 등기관에게 심사권이 없기 때문이다.

3. 신청인

승소한 등기권리자 또는 승소한 등기의무자	① 승소한 등기권리자는 적극적 당사자인 원고인 경우가 보통이지만 피고나 참가인(독립당사자참가인, 조정참가인 등. 다만, 보조참가인은 제외)일 수도 있다. ② 패소한 등기의무자는 그 판결에 기하여 직접 등기권리자 명의의 등기신청을 하거나 승소한 등기권리자를 대위하여 등기신청을 할 수 없다. ③ 승소한 등기권리자는 소송당사자만을 의미하므로 소송당사자가 아닌 자는 그 판결이나 조정 등에서 등기권리자나 등기의무자로 기록되었다 하더라도 단독으로 등기신청을 할 수 없다. ④ 선정당사자가 받은 판결주문에 "피고는 선정자OOO에게 소유권이전등기절차를 이행하라."라는 내용의 기재가 있는 경우, 선정자OOO는 이 판결문을 첨부정보로서 제공하여 자신을 등기권리자로 하는 소유권이전등기를 단독으로 신청할 수 있으며, 이때에 승계집행문은 첨부정보로서 제공할 필요가 없다(선례 제201709-2호).
승소한 등기권리자의 상속인	① 승소한 등기권리자가 승소판결의 변론종결 후 사망하였다면, 상속인이 상속을 증명하는 서면(승계집행문 ×)을 첨부하여 직접 자기 명의로 등기를 신청할 수 있다(법 제27조의 규정에 따라 포괄승계인에 의한 등기신청이 가능하기 때문이다). ② 상속인이 등기권리자로서 승소판결을 받아 그 판결에 의하여 소유권이전등기를 신청하는 경우에는 따로 상속을 증명하는 정보를 제공할 필요가 없다(선례 제7-179호).
공유물분할 판결에 의한 경우	공유물분할판결이 확정되면 그 소송 당사자는 원·피고인지 여부에 관계없이 그 확정판결을 첨부하여 등기권리자 또는 등기의무자가 단독으로 공유물분할을 원인으로 한 지분이전등기를 신청할 수 있다.
채권자 대위소송	① 채권자가 제3채무자를 상대로 채무자를 대위하여 등기절차의 이행을 명하는 판결을 얻은 경우 채권자는 법 제28조에 의하여 채무자의 대위신청인으로서 그 판결에 의하여 단독으로 등기를 신청할 수 있다. ② 채권자 대위소송에서 채무자가 채권자대위소송이 제기된 사실을 알았을 경우에는 채무자 또는 제3의 채권자(채무자의 또 다른 채권자)도 채권자가 얻은 승소판결에 의하여 단독으로 등기를 신청할 수 있다.
채권자 취소소송	수익자(갑)를 상대로 사해행위취소판결을 받은 채권자(을)는 채무자(병)를 대위하여 단독으로 등기를 신청할 수 있다. 이 경우 등기신청서의 등기권리자란에는 "병 대위신청인 을"과 같이 기재하고, 등기의무자란에는 "갑"을 기재한다.

4. 등기원인과 그 연월일

(1) 이행판결

원칙	등기절차의 이행을 명하는 판결에 의하여 등기를 신청하는 경우에는 그 판결주문에 명시된 등기원인과 그 연월일을 등기신청서에 기재한다.
예외	등기절차의 이행을 명하는 판결주문에 등기원인과 그 연월일이 명시되어 있지 아니한 경우 등기신청서에는 등기원인은 "확정판결"로, 그 연월일은 "판결선고일"을 기재한다.

(2) 형성판결

① 권리변경의 원인이 판결 자체, 즉 형성판결인 경우 등기신청서에는 등기원인은 "판결에서 행한 형성처분"을 기재하고, 그 연월일은 "판결확정일"을 기재한다.

② 예시

구분	등기원인	그 연월일
공유물분할판결	공유물분할	판결확정일
사해행위취소판결	사해행위취소	판결확정일
재산분할심판	재산분할	심판확정일

(3) 화해조서 등

① 화해조서·인낙조서, 화해권고결정, 민사조정조서·조정에 갈음하는 결정, 가사조정조서 ·조정에 갈음하는 결정 등(이하 "화해조서 등"이라 한다)에 등기신청에 관한 의사표시의 기재가 있고 그 내용에 등기원인과 그 연월일의 기재가 있는 경우 등기신청서에는 그 등기원인과 그 연월일을 기재한다.

② 화해조서 등에 등기신청에 관한 의사표시의 기재가 있으나 그 내용에 등기원인과 그 연월일의 기재가 없는 경우 등기신청서에는 등기원인은 "화해", "인낙", "화해권고결정", "조정" 또는 "조정에 갈음하는 결정" 등으로, 그 연월일은 "조서기재일" 또는"결정확정일"을 기재한다.

5. 첨부서면

(1) 판결정본 및 확정증명서와 송달증명서

① 판결에 의한 등기를 신청함에 있어 등기원인증서로써 판결정본과 그 판결이 확정되었음을 증명하는 확정증명서를 첨부하여야 한다.

② 조정조서, 화해조서 또는 인낙조서를 등기원인증서로써 첨부하는 경우에는 확정증명서를 첨부할 필요가 없다.

③ 조정에 갈음하는 결정정본 또는 화해권고결정정본을 등기원인증서로써 첨부하는 경우에는 확정증명서를 첨부하여야 한다.

④ 위 ①부터 ③까지의 경우에 송달증명서의 첨부는 요하지 않는다.

<table>
<tr><th>구분</th><th>형성판결</th><th>이행판결</th><th>화해조서 등</th><th>화해권고결정 등</th></tr>
<tr><td rowspan="2">등기원인과 그 연월일</td><td rowspan="2">㉠ 공유물분할판결: 공유물분할, 판결확정일
㉡ 사해행위취소판결: 사해행위취소, 판결확정일
㉢ 재산분할심판: 재산분할, 심판확정일</td><td colspan="3">㉠ 기재가 있는 경우: 그대로 기재</td></tr>
<tr><td>㉡ 기재가 없는 경우: 확정판결, 판결선고일</td><td>㉡ 기재가 없는 경우: 화해·인낙, 조서기재일</td><td>㉡ 기재가 없는 경우: 화해권고결정·조정에 갈음하는 결정, 결정확정일</td></tr>
<tr><td>등기원인 증명서면</td><td>판결정본</td><td>판결정본</td><td>화해조서, 인낙조서 등</td><td>화해권고 결정정본 등</td></tr>
<tr><td>확정증명</td><td>○</td><td>○</td><td>×</td><td>○</td></tr>
<tr><td>송달증명</td><td colspan="4">×</td></tr>
</table>

(2) 집행문

원칙(×)	첨부를 요하지 않는다.	
예외(○)	등기절차의 이행을 명하는 판결(조정조서 포함)이 선이행판결, 상환이행판결, 조건부이행판결인 경우에는 집행문을 첨부하여야 한다.	
	첨부(×)	등기절차의 이행과 반대급부의 이행이 각각 독립적으로 기재되어 있다면 그러하지 아니하다.
	첨부(○)	별도 조항으로 반대급부 이행과 등기절차 이행이 선이행(상환이나 조건부이행)관계임을 명확히 하였다면 집행문을 부여받아야 한다.

(3) 승계집행문

① 이행판결

㉠ 소송물이 물권적 청구권인 경우

ⓐ 등기청구권이 물권적 청구권인 경우 해당 확정판결의 변론종결 후에 권리를 취득한 자는 「민사소송법」 제218조 제1항의 변론을 종결한 뒤의 승계인에 해당한다.

ⓑ 원고가 위 제3자에 대한 승계집행문을 부여받은 경우에는, 원고는 그 제3자 명의의 등기의 말소등기와 판결에서 명한 등기를 단독으로 신청할 수 있으며, 위 각 등기는 동시에 신청하여야 한다.

ⓒ 진정명의회복을 원인으로 한 소유권이전등기청구권도 물권적 청구권이므로 그 확정판결의 변론종결 후 그 판결에 따른 등기신청 전에 그 권리에 대한 제3자 명의의 이전등기가 경료된 경우로서 제3자가 「민사소송법」 제218조 제1항의 변론을 종결한 뒤의 승계인에 해당한다. 다만, 원고는 위 제3자에 대한 승계집행문을 부여받은 경우에는, 원고는 그 제3자를 등기의무자로 하여 곧바로 판결에 따른 권리이전등기를 단독으로 신청할 수 있다.

㉡ 소송물이 채권적 청구권인 경우: 변론종결 후 피고로부터 권리를 취득한 자는 변론종결 후의 승계인에 해당하지 않는다.

② 공유물분할판결(제3자의 권리등기가 변론종결 후 경료된 경우)

㉠ 일부 공유자의 지분을 기초로 한 제3자 명의의 새로운 등기(단, 공유지분이전등기를 제외한다)가 경료된 경우: 제3자에 대한 승계집행문을 부여받은 경우에는, 그 공유자는 제3자 명의의 등기의 말소등기와 판결에 따른 지분이전등기를 단독으로 신청할 수 있으며, 위 각 등기는 동시에 신청하여야 한다.

㉡ 일부 공유자의 지분이 제3자에게 이전된 경우

ⓐ 등기의무자의 승계: 등기권리자는 취득하게 된 분할부분에 관하여 위 제3자에 대한 승계집행문을 부여받은 경우에는, 그 공유자는 제3자 명의의 지분에 대하여 그 제3자를 등기의무자로 하여 곧바로 판결에 따른 이전등기를 단독으로 신청할 수 있다.

ⓑ 등기권리자의 승계: 종전 공유자가 취득한 분할부분에 관하여 자신을 위한 승계집행문을 부여받은 경우에는, 그 제3자는 다른 공유자 명의의 지분에 대하여 곧바로 자신 앞으로 판결에 따른 이전등기를 단독으로 신청할 수 있다.

(4) 주소를 증명하는 서면

① 판결에 의하여 소유권이전등기신청을 하는 경우

㉠ 판결에 의하여 등기권리자가 단독으로 소유권이전등기를 신청할 때는 등기권리자의 주소를 증명하는 서면만을 제출하면 된다.

㉡ 판결문 ≠ 등기부: 판결문상의 피고의 주소가 등기부상의 등기의무자의 주소와 다른 경우(등기부상 주소가 판결에 병기된 경우 포함)에는 동일인임을 증명할 수 있는 자료로서 주소에 관한 서면을 제출하여야 한다. 다만, 판결문상에 기재된 피고의 주민등록번호와 등기부상에 기록된 등기의무자의 주민등록번호가 동일하여 동일인임을 인정할 수 있는 경우에는 그러하지 아니하다.

② 판결에 의한 대위보존등기를 신청하는 경우 보존등기명의인의 주소를 증명하는 서면

③ 판결에 의하여 소유권이전등기를 순차로 대위 신청하는 경우: 甲은 乙에게, 乙은 丙에게 각 소유권이전등기절차를 순차로 이행하라는 판결에 의하여 丙이 乙을 대위하여 甲으로부터 乙로의 소유권이전등기를 신청할 때에는 乙의 주소를 증명하는 서면을 첨부하여야 하고, 이 경우 乙에 대한 소송서류의 송달이 공시송달에 의하여 이루어진 때에는 그 판결에 기재된 乙의 최후 주소를 증명하는 서면을 첨부하여야 한다.

(5) 제3자의 허가서

① 신청대상인 등기에 제3자의 허가서 등이 필요한 경우에도 그러한 서면의 제출은 요하지 않는다.

② 소유권이전등기를 신청할 때에는 해당 허가서 등의 현존사실이 판결서 등에 기재되어 있다 하더라도 행정관청의 허가 등을 증명하는 서면을 반드시 제출하여야 한다.

(6) 등기필증

승소한 등기권리자가 단독으로 판결에 의하여 등기를 신청하는 경우에는 등기의무자의 권리에 관한 등기필증을 첨부할 필요가 없다. 다만, 승소한 등기의무자가 단독으로 등기를 신청할 때에는 그의 권리에 관한 등기필증을 제출하여야 한다.

6. 등기관의 심사범위

(1) 원칙

등기관은 원칙적으로 판결 주문에 나타난 등기권리자와 등기의무자 및 이행의 대상인 등기의 내용이 등기신청서와 부합하는지를 심사하는 것으로 족하다.

(2) 예외

예외적으로 등기관이 판결 이유를 고려하여 신청에 대한 심사를 하여야 한다.

OX 확인

01 등기절차의 이행 또는 인수를 명하는 판결에 의한 등기는 승소한 등기권리자 또는 등기의무자가 단독으로 신청하고, 공유물을 분할하는 판결에 의한 등기는 등기권리자 또는 등기의무자가 단독으로 신청한다. O | X

02 공증인 작성의 공정증서는 부동산에 관한 등기신청의무를 이행하기로 하는 조항이 기재되어 있더라도 등기권리자는 이 공정증서에 의하여 단독으로 등기를 신청할 수 없다. O | X

03 판결에 의한 등기신청시 등기원인에 대하여 행정관청의 허가 등을 받을 것이 요구되는 때에는 해당 허가서 등의 현존사실이 그 판결서에 기재되어 있는 경우에 한하여 허가서 등의 제출의무가 면제된다. 따라서 소유권이전등기를 신청하는 경우에 해당 허가서 등의 현존사실이 판결서 등에 기재되어 있다면 별도의 행정관청의 허가 등을 증명하는 서면을 제출할 필요가 없다. O | X

해설 소유권이전등기를 신청하는 경우에 해당 허가서 등의 현존사실이 판결서 등에 기재되어 있더라도 별도의 행정관청의 허가 등을 증명하는 서면을 제출할 필요가 있다.

04 판결에 의한 등기를 신청함에 있어 등기원인증서로서 판결정본과 그 판결이 확정되었음을 증명하는 확정증명서를 첨부하여야 한다. 따라서 확정되지 아니한 가집행선고가 붙은 판결에 의하여 등기를 신청한 경우 등기관은 그 신청을 각하하여야 한다. O | X

05 "피고는 원고로부터 △△부동산에 관한 소유권이전등기절차를 이행받음과 동시에 원고에게 ○○○원을 지급하라."라는 취지의 판결이 확정된 경우, 피고가 단독으로 △△부동산에 관한 소유권이전등기를 신청하기 위해서는 위 판결문에 집행문을 부여받아야 한다. O | X

정답 | 01 ○ 02 ○ 03 × 04 ○ 05 ×

06 판결의 주문에서 피고에게 매매로 인한 소유권이전등기절차의 이행을 명한 경우라도 그 판결의 이유에서 피고의 소유권이전등기절차의 이행이 가등기에 기한 본등기절차의 이행임이 명백한 경우에는 그 판결을 원인증서로 하여 가등기에 기한 본등기를 신청할 수 있다. O | X

07 전세권설정등기를 명하는 판결주문에 존속기간은 명시되어 있지 않지만 전세금과 전세권의 목적인 범위가 명시되어 있다면 이 판결에 의하여 등기권리자는 단독으로 전세권설정등기를 신청할 수 있다. O | X

08 등기절차의 이행을 명하는 확정판결을 받았다면 확정 후 10년이 경과한 경우 그 판결에 의한 등기신청을 할 수 없다. O | X

09 판결에 의한 등기신청에는 원칙적으로 집행문을 제공할 필요가 없으나, 상환이행판결인 경우에는 집행문을 제공하여야 한다. O | X

10 원인무효인 소유권이전등기의 말소판결의 변론종결 후에 마쳐진 제3자 명의의 소유권이전등기가 있는 경우에 그 말소판결에 의한 등기를 신청하기 위해서는 그 제3자에 대한 승계집행문을 첨부하여야 한다. O | X

11 수익자를 상대로 사해행위취소판결을 받은 채권자는 채무자를 대위하여 단독으로 판결에 의한 등기를 신청할 수 있다. O | X

해설 수익자(甲)를 상대로 사해행위취소판결을 받은 채권자(乙)는 채무자(丙)를 대위하여 단독으로 등기를 신청할 수 있다. 이 경우 등기신청서의 등기권리자란에는 "병 대위신청인 을"과 같이 기재하고, 등기의무자란에는 "갑"을 기재한다(예규 제1692호).

12 "원고는 피고에게 명의신탁해지를 원인으로 소유권이전등기절차를 이행한다."라는 취지의 화해권고결정이 있는 경우 원고는 그 결정을 가지고 직접 등기신청을 할 수 없을 뿐만 아니라 피고를 대위해서도 할 수 없으나 만일 원고가 피고에게 금전채권 등 다른 채권을 가지고 있다면 피고를 대위하여 위 결정의 취지에 따른 등기를 신청할 수 있다. O | X

해설 원고가 피고들을 상대로 제기한 소송에서 '원고는 피고들에게 명의신탁해지를 원인으로 한 소유권이전등기절차를 이행하라'는 화해권고결정을 받은 경우, 이 판결에 의한 등기는 승소한 등기권리자인 피고들만이 신청할 수 있으므로 등기의무자인 원고는 피고들이 등기신청을 하지 않고 있더라도 이 판결에 기하여 직접 피고들 명의의 등기신청을 하거나 피고들을 대위하여 등기신청을 할 수는 없고 피고들을 상대로 등기를 인수받아 갈 것을 구하는 별도의 소송을 제기하여 그 승소판결에 기해 등기를 신청할 수 있다. 다만, 원고가 피고들에 대하여 채권(금전채권 또는 등기청구권과 같은 특정채권)을 가지고 있다면 원고는 자기채권의 실현을 위하여 피고들이 가지고 있는 등기신청권을 자기의 이름으로 행사하여 피고들 명의의 등기를 신청할 수 있고, 이와 같이 대위등기를 신청하는 경우에는 원고가 피고들을 대신하여 취득세를 납부하여야 한다(선례 제201105-2호).

정답 | 06 ○ 07 ○ 08 × 09 ○ 10 ○ 11 ○ 12 ○

제4절 등기신청에 필요한 정보(법 제24조) - 방문신청을 전제로 함

I 신청정보(규칙 제43조)

1. 신청정보의 제공방법

(1) 1건 1신청주의의 원칙(법 제25조)

등기의 신청은 1건당 1개의 부동산에 관한 신청정보를 제공하는 방법으로 하여야 한다.

(2) 일괄신청

등기의 목적과 원인이 동일한 경우에는 같은 등기소 내의 여러 개의 부동산에 관하여 일괄하여 등기신청을 할 수 있다(법 제25조).

① 허용되는 경우

규칙에 의해 허용되는 경우 (규칙 제47조)	① 같은 채권의 담보를 위하여 소유자가 다른 여러 개의 부동산에 대한 저당권설정등기를 신청 ② 공매처분으로 인한 등기를 촉탁하는 경우 ③ 매각으로 인한 소유권이전등기를 촉탁하는 경우

② 수인의 공유자가 수인에게 소유권을 이전하는 경우(예 甲과 乙이 공유하는 아파트를 丙과 丁에게 소유권을 이전하는 경우)
수인의 공유자가 수인에게 지분의 전부 또는 일부를 이전하는 경우 그 등기신청은 등기의무자별로 혹은 등기권리자별로 작성하여 신청하여야 하지 한 장의 신청서에 함께 기재한 경우 그 등기신청은 수리할 수 없다.

(3) 동시신청

같은 등기소에 동시에 여러 건의 신청을 하는 경우에 첨부서면의 내용이 같은 것이 있을 때에는 가장 먼저 접수되는 신청에만 그 첨부정보를 제공하고 다른 신청에는 먼저 접수된 신청에 첨부정보를 제공하였다는 뜻을 신청정보의 내용으로 등기소에 제공하는 것으로 그 첨부정보의 제공을 갈음할 수 있다(규칙 제47조 제2항).

(4) 신청서

① 신청서가 여러 장일 때에는 신청인이 간인을 하여야 한다. 그러나 등기권리자 또는 등기의무자가 다수인 때에는 그중 1인의 간인으로써 족하다.

② 위 규정은 등기신청서의 간인에 관한 것으로 그 부속서류에는 동 규정이 적용되지 않는다.

2. 신청정보의 내용

(1) 필요적 정보(규칙 제43조 제1항)

1) 부동산의 표시에 관한 사항

① 토지: 토지의 소재와 지번, 지목, 면적

㉠ 행정구역표시는 그 명칭대로 기재하되("서울특별시", "부산광역시" 등을 "서울", "부산" 등으로, "경기도", "충청남도" 등을 "경기", "충남" 등으로 약기하여서는 아니 됨) 지번의 '번지'라는 문자는 기재하지 않는다.

㉡ 2개 이상의 부동산을 기재하는 경우에는 그 부동산의 일련번호를 기재하여야 한다.

② 일반건물: 소재, 지번 및 건물번호(같은 지번 위에 1개의 건물만 있는 경우에는 건물번호는 기재하지 않음), 건물의 종류, 구조와 면적(부속건물이 있는 경우에는 부속건물의 종류, 구조와 면적도 함께 기재함)

③ 구분건물

㉠ 1동의 건물의 표시: 소재지번·건물명칭 및 번호·구조·종류·면적

㉡ 전유부분의 건물의 표시: 건물번호·구조·면적(다만, 1동의 건물의 구조·종류·면적은 건물의 표시에 관한 등기나 소유권보존등기를 신청하는 경우로 한정함)

㉢ 대지권의 표시(대지권의 종류, 대지권의 비율 등)에 관한 사항을 기재한다.

2) 신청인의 인적사항

① 신청인의 성명(명칭)과 주소(사무소 소재지), 주민등록번호(부동산등기용등록번호)를 기재하며, 주소는 '번지'라는 문자는 생략한다.

② 신청인이 외국인인 경우에는 국적을 함께 제공하여야 한다.

③ 기타

구분	신청정보	등기기록
법인 아닌 사단·재단	㉠ 명칭, 사무소소재지, 부동산등기용등록번호 ㉡ 대표자·관리인의 성명, 주소, 주민등록번호	㉠ 명칭, 사무소소재지, 부동산등기용등록번호 ㉡ 대표자·관리인의 성명, 주소, 주민등록번호
법인	㉠ 명칭, 사무소소재지, 부동산등기용등록번호 ㉡ 대표자 성명, 주소 ㉢ 취급지점(소재지 ×)	㉠ 명칭, 사무소소재지, 부동산등기용등록번호 ㉡ 취급지점(소재지 ×)
대위 채권자	㉠ 채권자의 성명, 주소, 대위원인 ㉡ 채무자의 성명, 주소, 주민등록번호	㉠ 채권자의 성명, 주소, 대위원인 ㉡ 채무자의 성명, 주소, 주민등록번호

3) 지분에 관한 사항(규칙 제105조)

등기권리자가 2인 이상인 경우에는 그 지분을 기재하여야 하고, 등기할 권리가 합유인 때에는 그 뜻을 기재하여야 한다. 다만, 합유의 경우 그 지분은 기재하지 않는다.

4) 거래신고관리번호, 거래가액

① 거래가액은 2006. 1. 1. 이후 작성된 매매계약서를 등기원인증서로 하여 소유권이전등기를 신청하는 경우 거래신고필증에 기재된 거래신고관리번호 및 거래가액을 신청서에 기재한다.

② 기재할 필요가 없는 경우

> ㉠ 2006. 1. 1. 이전에 작성된 매매계약서에 의한 등기신청을 하는 때
> ㉡ 등기원인이 매매라 하더라도 등기원인증서가 판결, 조정조서 등 매매계약서가 아닌 때
> ㉢ 매매계약서를 등기원인증서로 제출하면서 소유권이전등기가 아닌 소유권이전청구권가등기를 신청하는 때(예 매매예약을 원인으로 한 소유권이전청구권가등기에 의한 본등기를 신청하는 때에는, 매매계약서를 등기원인증서로 제출하지 않는다 하더라도 거래가액을 등기함)

5) 대리인의 성명·주소(대리인에 의하여 신청하는 경우), 등기원인과 그 연월일

6) 등기필정보(공동신청 또는 승소한 등기의무자가 단독신청하는 경우 제공함이 원칙)

① 제공하여야 하는 등기필정보

구분	등기		등기필정보
근저당권	**근저당권말소등기**		① 근저당권설정등기의 등기필정보 ② 근저당권이전 후 말소: 근저당권이전등기의 등기필정보
	근저당권 변경등기	**채무자변경을 원인으로 한 경우**	근저당권설정자가 소유권 취득 당시 등기소로부터 교부받은 등기필정보 cf 채무자표시변경 - 등기의무자의 등기필정보(×)
	건물에 저당권설정등기 후 토지를 추가로 저당권설정등기를 하는 경우		추가되는 해당 토지의 소유권에 관한 등기필증만
가등기	**가등기**		가등기의무자가 소유권을 취득할 당시 교부받은 등기필증
	가등기말소등기		가등기필정보
	가등기에 의한 본등기 시		가등기의무자가 소유권을 취득할 당시 교부받은 등기필증
소유권 이전등기	**환지된 토지에 대한 소유권이전등기**		환지 전 토지에 대한 등기필정보 (예외, 창설환지 등으로 소유권보존등기를 한 경우)
	공유물분할을 원인으로 소유권을 취득한 자가 등기의무자가 되어 다시 하는 소유권이전등기		공유물분할등기에 관한 등기필증뿐만 아니라 공유물분할등기 이전에 공유자로서 등기할 당시 등기관으로부터 교부받은 등기필증
대지권	**대지권등기를 경료한 후 구분소유자가 등기의무자로서 다른 등기를 신청하는 경우**		당해 구분건물 소유권보존등기필증만 제출하면 되고 토지에 관한 등기필증은 제출하지 아니함.

② 등기필정보를 제출할 필요가 없는 경우(예규 제1647호 등)

구분	내용
등기의무자를 상정할 수 없는 경우 (단독신청)	소유권보존등기
	등기명의인표시변경·경정등기, 부동산표시변경·경정등기
	상속등기(미제출) VS 유증으로 인한 소유권이전등기(제출)
	수용으로 인한 등기
판결 등에 의한 신청	가등기가처분에 의한 등기
	승소한 등기권리자가 신청(미제출) VS 승소한 등기의무자가 신청(제출)
촉탁등기	㉠ 관공서가 등기권리자 혹은 등기의무자로서 촉탁하는 경우 ㉡ 관공서가 법무사 등에게 위임하여 등기신청 하는 경우
동시신청 하는 경우	㉠ 같은 부동산에 대하여 둘 이상의 권리에 관한 등기를 동시에 신청하는 경우로서(등기신청의 대리인이 서로 다른 경우를 포함한다), 먼저 접수된 신청에 의하여 새로 등기명의인이 되는 자가 나중에 접수된 신청에서 등기의무자가 되는 경우에 나중에 접수된 등기신청에는 등기필정보를 제공하지 않아도 된다. • 같은 부동산에 대하여 소유권이전등기신청과 근저당권설정등기신청을 동시에 하는 경우, 근저당권설정등기신청에 대하여는 등기필정보를 제공하지 않아도 된다. • 소유권이전등기신청과 동시에 환매특약의 등기를 신청하는 경우에 환매특약의 등기신청에 대하여는 등기필정보를 제공하지 않아도 된다.

ⓛ 대지사용권이전등기에 관한 것: 구분건물을 신축하여 분양한 자가 대지권등기를 하지 아니한 상태에서 수분양자에게 구분건물에 대하여만 소유권이전등기를 마친 다음, 법 제60조 제1항 및 제2항에 따라 현재의 구분건물의 소유명의인과 공동으로 대지사용권에 관한 이전등기를 신청하는 경우에는 등기필정보를 제공하지 않아도 된다.

③ 등기필정보가 없는 경우

㉠ 근거조문

법 제51조(등기필정보가 없는 경우)
제50조 제2항의 경우에 등기의무자의 등기필정보가 없을 때에는 등기의무자 또는 그 법정대리인(이하 "등기의무자 등"이라 한다)이 등기소에 출석하여 등기관으로부터 등기의무자등임을 확인받아야 한다. 다만, 등기신청인의 대리인(변호사나 법무사만을 말한다)이 등기의무자 등으로부터 위임받았음을 확인한 경우 또는 신청서(위임에 의한 대리인이 신청하는 경우에는 그 권한을 증명하는 서면을 말한다) 중 등기의무자 등의 작성부분에 관하여 공증(公證)을 받은 경우에는 그러하지 아니하다.

규칙 제111조(등기필정보를 제공할 수 없는 경우)
① 법 제51조 본문의 경우에 등기관은 주민등록증, 외국인등록증, 국내거소신고증, 여권 또는 운전면허증(이하 "주민등록증 등"이라 한다)에 의하여 본인 여부를 확인하고 조서를 작성하여 이에 기명날인하여야 한다. 이 경우 주민등록증 등의 사본을 조서에 첨부하여야 한다.
② 법 제51조 단서에 따라 자격자대리인이 등기의무자 또는 그 법정대리인으로부터 위임받았음을 확인한 경우에는 그 확인한 사실을 증명하는 정보(이하 "확인정보"라 한다)를 첨부정보로서 등기소에 제공하여야 한다.
③ 자격자대리인이 제2항의 확인정보를 등기소에 제공하는 경우에는 제1항을 준용한다.

구분	작성권자	제출 서류	본인 여부 확인	등기의무자의 인감증명
확인조서	등기관	주민등록증 등 사본 제출	○	○ (규칙 제60조 제1항 제3호)
확인서면	(당해 신청을 위임받은) 법무사 또는 변호사	확인서면 + 주민등록증 사본	○	
공증서면	공증인	공증서면 부본	× (본인이 직접 출석해야 함)	

ⓛ 등기필정보가 없는 경우 확인조서 등에 관한(예규 제1747호)

1. 등기관이 확인조서를 작성하는 경우
가. 확인의 대상
등기의무자가 법인인 경우에는 출석한 사람이 법인의 대표자임을, 법인 아닌 사단이나 재단인 경우에는 대표자 또는 관리인임을 확인하고, 조서를 작성하여야 한다. 공동대표의 경우에는 각 공동대표자별로 확인조서를 작성한다.

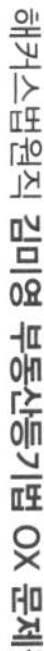

나. 확인의 방법

(1) 등기관은 주민등록증, 외국인등록증, 국내거소신고증, 여권 또는 국내 운전면허증(이하 "신분증"이라 한다)에 따라 본인 여부를 확인하여야 한다. 신분증이 오래되거나 낡은 등의 사정으로 본인 여부를 판단하기 어려운 경우 등기관은 신분증을 재발급 받아 제출하게 하거나 다른 종류의 신분증을 제출할 것을 요구할 수 있다.

(2) 등기관은 확인조서의 [본인확인정보]란에 확인한 신분증의 종류를 기재하고, 그 신분증의 사본을 조서에 첨부하여야 한다. 다만, 신분증이 이동통신단말장치에 암호화된 형태로 설치되는 등 사본화가 적합하지 않은 경우에는 신분확인서를 조서에 첨부하여야 한다.

(3) 신분증만으로 본인 확인이 충분하지 아니한 경우 등기관은 가능한 여러 방법을 통하여 본인 여부를 확인할 수 있고, 필요한 경우 신분증을 보완할 수 있는 정보의 제출을 요구할 수 있다.

(4) 신분증 외의 정보를 제공받은 경우 이를 신분증의 사본(다만, 신분증이 이동통신단말장치에 암호화된 형태로 설치되는 등 사본화가 적합하지 않은 경우에는 위 신분확인서)과 함께 조서에 첨부하고, 그 정보의 종류를 [본인확인정보]란에 추가 기재한다.

다. 등기의무자등의 필적기재

(1) 등기관은 등기의무자등으로 하여금 확인조서의 [필적기재]란에 예시문과 동일한 내용 및 본인의 성명을 본인 필적으로 기재하게 한다.

(2) 필적을 기재하지 못할 특별한 사정이 있는 경우(양 팔이 없는 경우 등) 필적기재를 생략하고 등기관은 이와 같은 취지를 [비고]란에 기재한다.

2. 자격자대리인이 확인서면을 작성하는 경우

가. 자격자대리인은 직접 위임인을 면담하여 위임인이 등기의무자 등 본인임을 확인하고 확인서면을 작성하여야 한다. 등기의무자가 개인인 경우에는 별지 제1호 양식에 의하되, 등기의무자의 법정대리인을 확인한 때에는 등기의무자란에 등기의무자의 법정대리인임을 표시하고, 법인 또는 법인 아닌 사단·재단의 경우에는 별지 제2호 양식에 의한다.

나. [특기사항]란에는 등기의무자 등을 면담한 일시, 장소, 당시의 상황 그 밖의 특수한 사정을 기재한다.

예 ○○○○. ○○. ○○. 오후 세시경 강남구 일원동 소재 ○○병원 ○○호실로 찾아가 입원 중인 등기의무자를 면담하고 본인임을 확인함. 환자복을 입고 있었고 부인과 군복을 입은 아들이 함께 있었음.

다. [우무인]란에는 등기의무자 등의 우무인을 찍도록 하되 자격자대리인은 무인이 선명하게 현출되었는지 확인하여야 하고, 무인이 선명하게 현출되지 않은 경우 다시 찍도록 하여 이를 모두 확인서면에 남겨둔다. 우무인을 찍는 것이 불가능한 특별한 사정(엄지손가락의 절단 등)이 있는 경우 좌무인을 찍도록 하되, [특기사항]란에 좌무인을 찍은 취지와 구체적 사유를 기재한다. 만일 우무인과 좌무인을 모두 찍을 수 없는 특별한 사정이 있는 경우 날인을 생략하고, [특기사항]란에 날인을 생략하게 된 취지와 구체적 사유를 기재한다.

예 양 팔이 모두 없어 무인을 찍을 수 없었으며, 주민등록증으로 본인임을 분명히 확인하였음.

라. 자격자대리인은 확인서면의 [본인확인정보]란에 확인한 신분증의 종류를 기재하고, 그 신분증의 사본을 서면에 첨부하여야 한다. 다만, 신분증이 이동통신단말장치에 암호화된 형태로 설치되는 등 사본화가 적합하지 않은 경우에는 신분확인서를 조서에 첨부하여야 한다.

마. 그 밖에 확인의 대상과 방법 및 필적기재에 관한 사항은 성질에 반하지 아니하는 범위에서 위 2.를 준용한다.

3. 신청서나 위임장 중 등기의무자등의 작성부분에 관하여 공증을 받은 경우

가. 법 제51조 단서의 '공증'의 의미

법 제51조 단서의 '공증'은 아래 나.의 서면에 기재된 내용 중 등기의무자등의 작성부분(기명날인 등)에 대해 공증인이 등기의무자등의 의사에 의해 작성된 것임을 확인하고 그 증명을 하여 주는 사서증서의 인증을 의미한다.

나. 공증을 받아야 하는 서면

(1) 등기의무자등이 등기소에 출석하여 직접 등기를 신청하는 경우에는 등기신청서

(2) 등기의무자등이 직접 처분행위를 하고 등기신청을 대리인에게 위임한 경우에는 등기신청위임장

(3) 등기의무자등이 다른 사람에게 권리의 처분권한을 수여한 경우에는 그 처분권한 일체를 수여하는 내용의 처분위임장. 이 경우 처분위임장에는 "등기필정보가 없다"는 뜻을 기재하여야 한다.

다. 등기관의 심사

(1) 이 공증은 등기소 출석의무를 갈음하는 것이므로 위 나.의 서면을 작성한 등기의무자등 본인이 공증인 앞에 직접 출석하여 공증을 받은 것이어야 한다.

(2) 등기관은 위 서면에 첨부된 인증문을 확인하여 등기의무자등의 위임을 받은 대리인이 출석하여 공증을 받은 경우에는 해당 등기신청을 수리하여서는 아니 된다.

(2) 임의적 기재사항

등기원인증서에 임의적 기재사항에 해당하는 내용이 있는 경우에는 반드시 신청서에 기재하여야 하며, 이를 기재하지 않은 때에는 보정하게 하여 수리하고 보정하지 않을 때에는 법 제29조 제5호로 그 신청을 각하한다.

OX 확인

01 등기의 목적과 원인이 동일하다면 수인의 공유자가 수인에게 지분의 전부 또는 일부를 이전하는 경우에는 일괄하여 신청할 수 있다. O | X

해설 등기의 목적과 원인이 동일하다면 수인의 공유자가 수인에게 지분의 전부 또는 일부는 이전하는 경우에는 등기의무자별 또는 등기권리자별로 신청하여야 한다.

02 채권자대위권에 의한 등기신청의 경우 대위자의 성명(또는 명칭), 주소(또는 사무소 소재지) 및 주민등록번호(또는 부동산등기용등록번호)를 제공하여야 한다. O | X

03 신청인이 법인인 경우에는 그 대표자의 성명과 주소를 신청정보의 내용으로 제공하여야 한다. O | X

04 신청서가 여러 장일 때에는 신청인 또는 그 대리인이 간인하거나 연결되는 서명을 하여야 하는바, 등기권리자 또는 등기의무자가 여러 명일 때에는 전원이 간인하거나 연결되는 서명을 하여야 한다. O | X

해설 등기권리자 또는 등기의무자가 여러 명일 때에는 그중 1인이 간인하거나 서명을 하여야 한다.

05 처분금지가처분의 목적물인 부동산이 여러 개이고 그 부동산별로 피보전권리의 채권자가 다른 경우라도 1개의 부동산처분금지가처분 결정이 있은 경우에는 1개의 촉탁서로 일괄하여 촉탁할 수 있다. O | X

해설 1개의 부동산처분금지가처분 결정이 있더라도 그 목적물인 부동산이 여러 개이고 부동산별로 피보전권리의 채권자가 다르다면 가처분등기의 등기목적은 같으나 등기원인이 동일한 경우에 해당하지 아니하므로 일괄촉탁을 할 수 없고 부동산마다 각각 별건으로 촉탁을 하여야 한다(선례 제201906-4호).

06 같은 채권의 담보를 위하여 소유자가 다른 여러 개의 부동산에 대한 저당권설정등기를 1건의 신청정보로 일괄하여 제공하는 방법으로 할 수 있다. O | X

해설 규칙 제47조 제1항

07 등기의무자의 등기필정보를 제공하여야 하는 등기신청에서 그 등기필정보가 부존재하는 경우 법무사 본인이 해당 등기신청의 등기의무자인 경우에는 자기에 대한 확인서면을 스스로 작성할 수 없다. O | X

08 등기의무자의 등기필정보가 부존재하여 등기신청서 중 등기의무자의 작성부분에 대한 공증을 받는 경우에는 등기의무자의 위임을 받은 대리인이 공증사무소에 출석하여 공증을 받을 수 있다. O | X

해설 등기의무자의 등기필정보가 부존재하여 등기신청서 중 등기의무자의 작성부분에 대한 공증을 받는 경우에는 등기의무자의 위임을 받은 대리인이 공증사무소에 출석하여 공증을 받을 수 없고, 등기의무자 또는 법정대리인이 출석하여 공증을 받아야 한다.

09 甲 토지를 乙 토지에 합병한 경우, 합병 후의 乙 토지에 대하여 등기신청을 할 때에는 乙 토지에 대한 등기필정보뿐만 아니라 甲 토지의 등기필정보도 함께 제공하여야 한다. O | X

해설 甲 토지를 乙 토지에 합병한 경우, 합병 후의 乙 토지에 대하여 등기신청을 할 때에는 乙 토지 등기필정보를 제공하여야 한다.

10 공유물분할을 원인으로 소유권을 취득한 자가 등기의무자가 되어 분할된 부동산에 대해 등기신청을 할 때에는 위 공유물분할을 원인으로 한 지분이전등기를 마친 후 수령한 등기필정보뿐만 아니라 공유물분할 이전에 공유자로서 지분을 취득할 당시 수령한 등기필정보도 함께 제공하여야 한다. O | X

11 같은 부동산에 대하여 소유권이전등기신청과 근저당권설정등기신청을 동시에 하는 경우, 근저당권설정등기신청에 대하여는 등기필정보를 제공하지 않아도 된다. O | X

정답 | 01 × 02 ○ 03 ○ 04 × 05 × 06 ○ 07 ○ 08 × 09 × 10 ○ 11 ○

12 구분건물을 신축하여 분양한 자가 대지권등기를 하지 아니한 상태에서 수분양자에게 구분건물에 대하여만 소유권이전등기를 마친 다음, 현재의 구분건물 소유명의인과 공동으로 대지사용권에 관한 이전등기를 신청할 때에는 등기필정보를 제공하지 않아도 된다. O | X

13 등기절차의 인수를 명하는 판결에서 승소한 등기의무자가 단독으로 권리에 관한 등기를 신청하는 경우에는 등기의무자의 등기필정보를 신청정보의 내용으로 제공하여야 한다. O | X

해설 승소한 등기의무자가 단독으로 등기를 신청하는 경우에는 등기의무자의 등기필정보를 제공하여야 한다(규칙 제43조 제1항 제7호, 예규 제1647호).

14 어느 공유자의 지분 일부에 저당권설정등기가 있는 경우에 그 공유자의 지분 일부에 대하여 소유권이전등기를 신청할 때에 그 등기의 목적이 저당권의 부담이 있는 부분인지 아닌지를 신청정보의 내용으로 제공하여야 한다. O | X

해설 어느 공유자의 지분 일부에 대하여 저당권(근저당권을 포함한다. 이하 같다)의 등기를 한 후 그 공유자의 지분 일부에 대하여 권리이전의 등기를 하거나 다시 저당권의 등기를 하는 경우에는, 그 등기의 목적이 이미 저당권이 설정된 부분인가 아닌가를 명백히 하기 위하여 등기신청서와 등기부의 '등기의 목적'을 기재하여야 한다(예규 제1356호).

15 수인의 공유자가 수인에게 지분의 전부 또는 일부를 이전하려고 하는 경우의 등기신청은 등기권리자별로 하거나 등기의무자별로 신청서를 작성하여야 한다. O | X

16 같은 등기소에 동시에 여러 건의 등기신청을 하는 경우에 첨부정보의 내용이 같은 것이 있을 때에는 먼저 접수되는 신청에만 그 첨부정보를 제공하고, 다른 신청에는 먼저 접수된 신청에 그 첨부정보를 제공하였다는 뜻을 신청정보의 내용으로 등기소에 제공하는 것으로 그 첨부정보의 제공을 갈음할 수 있다. O | X

해설 규칙 제47조 제2항

정답 | **12** ○ **13** ○ **14** ○ **15** ○ **16** ○

Ⅱ 첨부정보

1. 등기원인증명정보(규칙 제46조 제1항 제1호)

(1) 의의

등기할 권리변동의 원인인 법률행위 또는 그 밖의 법률사실의 성립을 증명하는 정보를 말한다.

(2) 계약서 등의 검인

1) 검인을 받아야 하는 경우

① 「부동산등기 특별조치법」에 따르면 계약을 원인으로 하여 1990. 9. 2. 이후 소유권이전등기를 신청할 때에는 계약의 종류 및 일자를 불문하고 검인을 받은 계약서의 원본 또는 판결서(화해·인낙·조정조서를 포함)의 정본을 등기원인증서로 제출하여야 한다.

② 검인을 받은 후 계약당사자가 그 계약내용을 변경하여 새로운 매매계약서를 작성하였다면 새로운 매매계약서에 검인을 받으면 된다.

③ 무허가건물 이나 미완성의 미등기건물에 대한 아파트분양계약서도 그 대상이 된다.

④ 신탁행위에 의한 신탁등기를 신청하는 경우에는 해당 부동산에 대한 신탁행위가 있었음을 증명하는 정보(신탁계약서 등)를 등기원인을 증명하는 정보로서 제공하여야 하고, 특히 신탁계약에 의하여 소유권을 이전하는 경우에는 등기원인을 증명하는 정보에 검인을 받아야 한다. 신탁해지 약정서를 원인으로 소유권이전등기를 신청하는 경우에도 마찬가지이다.

⑤ 재산분할의 재판에 의하여 이혼 당사자 중 일방이 그의 지분에 대한 농지의 소유권이전등기를 신청하는 경우 심판서 정본에 검인을 받아야 하나, 농지취득자격증명 또는 토지거래허가서 등은 첨부할 필요가 없다.

2) 검인을 요하지 않는 경우

요건	부동산에 대한 계약을 원인으로 소유권이전등기신청 시
부동산	선박, 입목, 재단등기
계약 (민법 제186조)	수용(공공용지 협의취득 - 검인받아야 함), 상속, 매각 또는 공매, 취득시효완성, 진정명의회복, 공유자 중 일부가 그 지분을 포기하는 경우
소유권이전등기	① 소유권이전청구권보전의 가등기(가등기에 기한 본등기 - 검인 받아야 함) ② 소유권이전등기말소등기신청의 등기원인증서가 매매계약해제증서인 경우
간주규정	① 토지거래허가구역 안의 토지에 대하여 토지거래계약허가증을 교부받은 경우 ② 토지거래허가구역 안의 토지 및 건물에 대한 소유권이전등기 신청 시 토지에 대하여 허가증을 받은 경우에 건물에 대한 검인은 받지 않아도 됨. ③ 부동산거래신고를 한 경우
기타	계약의 일방당사자가 국가 또는 지방자치단체인 경우

OX 확인

01 신탁계약에 의하여 소유권을 이전하는 경우에는 등기원인을 증명하는 정보에 검인을 받아 제공하여야 한다. O | X

02 개명으로 인한 등기명의인표시변경등기신청의 등기원인을 증명하는 정보는 기본증명서(가족관계의 등록 등에 관한 법률 제15조 제1항 제2호)이다. O | X

03 제적부 등·초본, 가족관계 등록사항별 증명서는 상속등기의 등기원인을 증명하는 정보가 될 수 있다. O | X

04 등기원인을 증명하는 서면이 판결서이더라도 계약을 원인으로 소유권이전등기를 신청하는 경우에는 그 판결서에 검인을 받아 제출하여야 한다. O | X

05 토지거래허가구역 안의 토지 및 건물에 대한 소유권이전등기신청을 할 때에 토지에 대하여 허가증을 받은 경우에는 건물에 대하여만 검인을 받으면 된다. O | X

06 예약을 원인으로 가등기를 신청할 때에는 검인을 받지 않아도 된다. O | X

07 부동산에 관한 매매계약을 체결하고 실제 매매가격 등 일정한 사항을 관할 시장·군수 또는 구청장에게 신고하여 신고필증을 발급받은 때에는 검인을 받은 것으로 본다. O | X

정답 | 01 ○ 02 ○ 03 ○ 04 ○ 05 × 06 ○ 07 ○

2. 등기원인에 대한 제3자의 허가 등을 증명하는 정보(규칙 제46조 제1항 제2호)

(1) 농지취득자격증명(소유권이전등기, 유상·무상 계약 불문, 계약 여부 불문)

1) 총설

① 농지취득자격증명은 농지를 취득하는 자가 그 소유권에 관한 등기를 신청할 때에 제공하여야 할 정보로서, 농지를 취득하는 자에게 농지취득의 자격이 있다는 것을 증명하는 것일 뿐 농지취득의 원인이 되는 법률행위의 효력을 발생시키는 요건은 아니다(판례).

② 농지를 취득하고자 하는 자는 원칙적으로 농지취득자격증명을 발급하여야 한다.

③ 농지에 관하여 매매 등을 원인으로 하여 소유권이전등기절차 이행을 명하는 판결에 의한 소유권이전등기신청 시에도 반드시 농지취득자격증명을 첨부하여야 한다.

④ 甲 → 乙, 乙 → 丙 명의로의 소유권이전등기를 동시에 신청하는 경우, 丙 명의의 농지취득자격증명은 물론 乙 명의의 농지취득자격증명도 첨부하여야 한다(선례 제7-463호).

⑤ 농지에 대하여 매매로 인한 소유권이전등기가 마쳐진 후 매매계약의 합의해제를 등기원인으로 하여 소유권이전등기의 말소등기를 신청하는 경우에는 농지취득자격증명을 첨부정보로서 등기소에 제공할 필요가 없다(선례 제3-862호 참조).

⑥ 합유자의 교체·추가·임의탈퇴 등에 따라 농지에 대한 합유명의인 변경등기를 신청하는 경우 합유지분을 취득하는 새로운 합유자나 종전 합유자라도 변경원인에 따라 합유지분이 증가하는 경우에는 농지취득자격증명을 첨부정보로서 등기소에 제공하여야 한다(선례 제9-263호, 제7-524호 참조)(선례 제202204-1호).

2) 농지취득자격증명의 발급대상인 농지

① 실제로 경작에 사용되는 농지가 아닌 한 농지취득자격증명은 필요하지 않다. 다만, 그러한 경우에는 관할 행정관청이 발급하는 서면에 의하여 그러한 사실을 증명하여야 한다.

> 농지가 아님을 증명하는 서면으로서 농지취득자격증명신청서반려통지서를 첨부하는 경우에는 그 반려사유가 "신청대상 토지가 「농지법」에 의한 농지에 해당되지 아니함."이라고 구체적으로 기재되어야 한다. 따라서 그 반려사유로서 "오랫동안 농사를 짓지 않아 잡목이 있고 주변 일대에 석회광이 조업 중이며 사실상 경작이 불가능함"이라고만 기재되었다면 농지가 아닌 토지인지 여부가 불명확하므로 이를 증명하는 서면으로 볼 수 없을 것이다(선례 제200705-2호).

② 농지의 면적에 관계없이 모두 농지취득자격증명을 첨부하여야 한다.

3) 농지소유의 제한

① 원칙: 농업인 또는 농업법인(영농조합법인 및 농업회사법인) 이외의 법인 또는 법인 아닌 사단이나 재단(사찰, 서원, 영농회, 마을회, 친목계 등)은 농지를 취득할 수 없다.

② 예외적인 소유 인정

4) 농지취득자격증명의 첨부 여부

<table>
<tr><th>○</th><th>×</th></tr>
<tr><td>• 자연인 또는 농업조합법인, 농업회사법인이 농지에 대하여 매매, 증여, 교환, 양도담보, 명의신탁해지, 「신탁법」상의 신탁(신탁목적과 관계없이) 또는 신탁해지, 사인증여, 계약해제, 공매, 상속인 이외의 자에 대한 특정적 유증 등을 등기원인으로 하여 소유권이전등기를 신청하는 경우</td><td>• 상속 및 포괄유증, 상속인에 대한 특정적 유증, 취득시효완성, 공유물분할, 재산분할, 매각, 진정명의회복, 유류분반환, 농업법인의 합병을 원인으로 하여 소유권이 전등기를 신청하는 경우</td></tr>
<tr><td></td><td>• 도시지역 내의 농지(주거지역, 상업지역, 공업지역)에 대한 소유권이전등기를 신청하는 경우(토지이용계획확인서를 제공할 것!!)
다만, 도시지역 중 녹지지역 안의 농지에 대하여는 도시계획시설사업에 필요한 농지에 한함.
<table>
<tr><th colspan="2">농지</th><th>첨부 여부</th></tr>
<tr><td colspan="2">주거지역</td><td>×</td></tr>
<tr><td colspan="2">상업지역</td><td>×</td></tr>
<tr><td colspan="2">공업지역</td><td>×</td></tr>
<tr><td rowspan="2">녹지
지역</td><td>원칙</td><td>○</td></tr>
<tr><td>예외</td><td>×
(도시계획시설사업에
필요한 농지)</td></tr>
</table>
</td></tr>
<tr><td>• 국가나 지방자치단체로부터 농지를 매수하여 소유권이 전등기를 신청하는 경우(즉, 매도인이 국가나 지방자치단체인 경우)</td><td>• 국가나 지방자치단체가 농지를 취득하여 소유권이전등기를 신청하는 경우(즉, 매수인이 국가나 지방자치단체인 경우)</td></tr>
<tr><td>• 농지전용허가를 받거나 농지전용신고를 한 농지에 대하여 소유권이전등기를 신청하는 경우</td><td>• 농지전용협의를 완료한 농지를 취득하여 소유권이전등기를 신청하는 경우(농지전용협의가 있었음을 증명정보로 제공하여야 함)</td></tr>
<tr><td>• 동일 가구(세대) 내 친족 간의 매매 등을 원인으로 하여 소유권이전등기를 신청하는 경우</td><td>• 수용 및 협의취득을 원인으로 하여 소유권이전등기를 신청하는 경우</td></tr>
<tr><td>• 농지에 대하여 소유권이전등기절차 이행을 구하는 소송을 제기하여 승소판결을 받은 자가 등기 전에 사망하여 상속이 개시된 때 및 피상속인이 신탁한 부동산에 대하여 상속인들이 신탁해지를 원인으로 소유권이전등기 소송을 제기하여 승소판결을 받은 경우, 이 판결에 의한 소유권이전등기 시에는 상속인들 명의의 농지취득자격증명을 첨부하여야 한다(선례 제5-718호).</td><td>• 토지거래계약허가를 받은 농지에 대하여 소유권이전등기를 신청하는 경우
• 농지에 대하여 소유권이전등기청구권 보전의 가등기를 신청하는 경우(종중의 경우에도)
• 농지에 대한 (근)저당권·전세권설정등기 신청하는 경우
• 상속등기 후 상속재산의 협의분할을 원인으로 경정등기를 신청하는 경우</td></tr>
</table>

5) 농지취득자격증명의 첨부 없이 마쳐진 등기의 효력

① 농지를 취득하려는 자가 농지에 대하여 소유권이전등기를 마쳤다 하더라도 농지취득자격증명을 발급받지 못한 이상 그 소유권을 취득하지 못한다(대판 2012.11.29. 2010다68060).

② 농지취득자격증명의 첨부 없이 마쳐진 농지에 대한 소유권이전등기는 법 제29조 제9호의 사유에 의해 각하하여야 한다.

6) 종중의 농지 취득에 관한 선례

① 원칙

㉠ 농지를 취득할 수 없음이 원칙이다.

㉡ 종중이 명의신탁 해지를 원인으로 한 소유권이전등기청구소송에서 승소판결을 받아 신청(선례 제200808-3호, 제8-344호 등)하거나 「부동산소유권 이전등기 등에 관한 특별조치법」에 의하여 신청(선례 제8-373호)하더라도 마찬가지이다.

㉢ 다만, 가등기는 농지의 취득에 관한 등기가 아니므로 종중도 농지에 대하여 등기권리자로서 가등기를 할 수 있고(선례 제201010-1호, 제6-440호), 근저당권자가 될 수도 있다.

② 예외

㉠ 위토대장에 등재된 기존 위토인 농지

ⓐ 농지개혁 당시 위토대장에 등재된 기존 위토인 농지에 한하여 당해 농지가 위토대장에 등재되어 있음을 확인하는 내용의 위토대장 소관청 발급의 증명서를 첨부하여 종중 명의의 소유권이전을 신청할 수 있다.

ⓑ 종중이 신탁해지를 원인으로 하는 소유권이전등기소송에서 승소한 경우에도 위토대장을 첨부하지 아니하여 농지에 대한 소유권이전등기를 신청할 수 없다(선례 제7-475호).

㉡ 농지전용허가를 받거나 농지전용신고를 한 경우: 농지전용허가를 받거나 농지전용신고를 한 해당 농지를 취득한 경우에는 농지취득자격증명을 받아 그 소유권이전등신청서에 첨부하여야 한다(선례 제201304-4호 등).

㉢ 도시지역 중 주거지역 내 농지로 지정된 경우: 도시지역 안의 농지가 국토계획법 제36조 제1항의 도시지역 중 주거지역으로 지정된 경우에 종중명의로 소유권이전등기가 가능하며, 소유권이전등기신청서에 농지취득자격증명도 첨부할 필요 없다(선례 제201202-6호).

㉣ 공유물분할 등의 경우: 종중이 자연인과 공유하고 있는 수필지의 농지를 공유물분할하는 경우 그에 따른 등기는 농지취득자격증명을 제출함이 없이 신청할 수 있다(선례 제6-573호).

㉤ 농지의 교환·분할·합병 후 등기신청: 종중이 농지의 집단화를 위하여 다른 토지 소유자와 상호 협의에 의하여 「농어촌정비법」 제43조 제4항의 규정에 의한 농지의 교환·분할·합병을 시행한 후 그에 따른 등기를 신청하는 경우에도 농지취득자격증명을 첨부할 필요 없이 소유권이전등기를 할 수 있다.

OX 확인

01 자연인이 매매를 원인으로 소유권이전등기를 신청하는 경우에는 원칙적으로 농지취득자격증명을 첨부하여야 한다. O | X

02 법인이 도시지역의 주거지역 내의 농지에 대한 소유권이전등기를 신청하는 경우에는 농지취득자격증명을 첨부하여야 한다. O | X

03 상속 및 포괄유증, 시효취득, 공유물분할을 원인으로 소유권이전등기를 신청하는 경우에는 농지취득자격증명을 첨부할 필요가 없다. O | X

04 국가나 지방자치단체로부터 농지를 매수하여 소유권이전등기를 신청하는 경우에는 농지취득자격증명을 첨부하여야 한다. O | X

05 종중이 농지취득을 위하여 「농지법」 제6조 제2항 제7호에 따른 농지전용허가를 받고 그 소유권이전등기신청서에 농지취득자격증명을 첨부하였더라도 등기관은 그 소유권이전등기신청을 각하하여야 한다. O | X

06 국가나 지방자치단체로부터 농지를 매수하여 소유권이전등기를 신청하는 경우 및 농지전용허가를 받거나 농지전용신고를 한 농지에 대하여 소유권이전등기를 신청하는 경우 농지취득자격증명을 첨부하여야 한다. O | X

07 상속 및 포괄유증, 상속인에 대한 특정적 유증, 취득시효완성, 공유물분할, 진정한 등기명의회복, 농업법인의 합병 등을 원인으로 하여 소유권이전등기를 신청하는 경우 농지취득자격증명을 첨부할 필요가 없다. O | X

08 공매절차에 의한 매각의 경우 공매 부동산이 「농지법」이 정한 농지인 때에는 매각결정과 대금납부가 이루어졌다고 하더라도 농지취득자격증명을 발급받지 못한 이상 소유권을 취득할 수 없다. O | X

09 농지에 대한 소유권이전등기를 신청할 때에 「부동산 거래신고 등에 관한 법률」 제11조에 따른 토지거래계약허가증을 첨부정보로서 제공한 경우에는 별도로 농지취득자격증명을 제공할 필요가 없다. O | X

정답 | 01 ○ 02 × 03 ○ 04 ○ 05 × 06 ○ 07 ○ 08 ○ 09 ○

(2) 토지거래허가제도

1) 의의 및 관련규정

> **「부동산 거래신고 등에 관한 법률」 제11조(허가구역 내 토지거래에 대한 허가)**
> ① 허가구역에 있는 토지에 관한 소유권·지상권(소유권·지상권의 취득을 목적으로 하는 권리를 포함한다)을 이전하거나 설정(대가를 받고 이전하거나 설정하는 경우만 해당한다)하는 계약(예약을 포함한다. 이하 "토지거래계약"이라 한다)을 체결하려는 당사자는 공동으로 대통령령으로 정하는 바에 따라 시장·군수 또는 구청장의 허가를 받아야 한다. 허가받은 사항을 변경하려는 경우에도 또한 같다.
> ② 경제 및 지가의 동향과 거래단위면적 등을 종합적으로 고려하여 대통령령으로 정하는 용도별 면적 이하의 토지에 대한 토지거래계약에 관하여는 제1항에 따른 허가가 필요하지 아니하다.
> – 중략 –
> ⑥ 제1항에 따른 허가를 받지 아니하고 체결한 토지거래계약은 그 효력이 발생하지 아니한다.

2) 면적산정 방법

① 허가구역을 지정할 당시 허가대상면적을 초과하는 토지는 허가구역지정 후 허가기준 미만으로 분할하여 거래하는 경우에도 최초의 거래에 한하여 분할된 토지를 허가대상 면적을 초과하는 토지로 보아 허가를 받아야 한다. 허가구역의 지정 후 당해 토지를 허가기준 미만의 공유지분으로 거래하는 경우에도 또한 같다.

> 예를 들어, 도시지역 내에 있는 녹지지역의 경우 면적이 100m²를 초과할 경우 허가 대상인데, 면적이 150m²인 甲 토지를 乙 토지(70m²)와 丙 토지(80m²)로 분할한 경우 乙 토지와 丙 토지 모두 최초 거래 시에는 거래허가를 받아야 하고 그 다음 거래부터는 거래허가를 받을 필요가 없다.

② 일단의 토지이용을 위하여 토지거래계약을 체결한 후 1년 안에 나머지 토지의 전부 또는 일부에 대하여 거래계약을 체결한 경우에는 그 일단의 토지 전체에 대한 거래로 보아 허가대상 유무를 판정한다.

3) 허가대상이 되는지 여부

구분	허가 O	허가 ×
유상계약 (대가는 금전에 한하지 않음)	교환, 대물변제, 현물출자, 부담부 증여	증여계약, 지료의 지급이 없는 지상권계약, 공유지분의 포기, 신탁 및 신탁해지, 명의신탁 해지, 진정명의회복, 시효취득, 회사분할, 재산분할, 유증, 상속, 「공익사업을 위한 토지 등의 취득 및 보상에 관한 법률」에 따른 토지수용·「민사집행법」에 따른 경매 등
소유권과 지상권	소유권이전, 지상권설정·이전계약	임차권이나 전세권과 저당권설정계약

예약	① 소유권이전이나 지상권설정을 목적으로 하는 가등기 신청의 경우(청구권보전가등기이든 담보가등기이든 불문) ② 가등기가처분명령에 따른 가등기 ③ 매매예약에 의하여 가등기를 한 후 그 토지가 토지거래계약허가구역으로 지정되고 나서 본등기를 신청하는 경우 ※ 예약완결권 의사표시 간주시기 • 지정 전 - 본등기 시 허가증(×) • 지정 후 - 본등기 시 허가증(○)	가등기신청 시 제공한 경우 본등기 신청 시
계약내용을 변경하는 경우	① 토지거래허가신청서를 제출하고 그 허가를 받기 전에 매도인이 사망한 경우에 실질적인 계약내용의 변경이 없다면 상속인은 매도인 명의의 토지거래허가증에 상속사실을 증명하는 서면을 첨부하여 등기신청을 할 수 있다. ② 토지거래허가를 받아 매매를 원인으로 한 소유권이전등기를 마친 후에 그 매매계약의 일부 해제를 원인으로 한 소유권경정등기를 신청하는 경우	토지거래계약허가증의 매매예정금액과 매매계약서의 매매대금이 서로 다른 경우(선례 제5-75호)

4) 계약의 시기와 등기신청의 시기

① 허가대상이 되는 거래계약은 허가구역의 지정 후에 체결된 거래계약(매매예약완결 의사표시가 있는 것으로 간주되는 경우) 또는 예약만을 의미하므로, 비록 등기신청을 허가구역의 지정 이후에 하더라도 그 계약의 체결일자가 허가구역 지정 이전인 경우에는 등기신청서에 토지거래계약허가증의 첨부를 요하지 않는다.

② 허가구역 지정기간 중에 허가구역 안의 토지에 대하여 토지거래계약허가를 받지 아니하고 토지거래계약을 체결한 후 허가구역 지정이 해제된 때에는 그 토지거래계약이 허가구역 지정의 해제 전에 확정적으로 무효로 된 경우를 제외하고는 확정적으로 유효가 되어 토지거래계약허가를 받을 필요가 없다 함이 판례의 입장이다(대판 1999.6.17. 98다40459 전합).

5) 관련 선례

① 토지거래허가구역 내의 토지거래허가대상인 A, B 두 필지의 토지를 합산하여 토지거래계약 허가를 받은 후 A필지에 대해서만 매매계약을 체결한 경우에는 토지거래계약 허가내용과 계약체결의 내용이 다르므로, 그 토지거래계약허가서에 의하여서는 A필지에 대한 소유권이전등기를 신청할 수 없다(선례 제5-62호).

② 수 필지의 토지에 대하여 하나의 토지거래계약허가를 받고 그 내용대로 계약을 하였다면, 그 허가서와 원인증서를 첨부하여 전체 토지 중 일부 토지만에 대한 소유권이전등기를 신청할 수 있다.

6) 타 법률과의 관계

① 농지로서 토지거래계약허가를 받은 경우에는 농지취득자격증명을 받은 것으로 본다.

② 허가구역 안에 있는 토지의 거래에 관하여 허가증을 받은 경우에는 검인을 받은 것으로 본다.

OX 확인

01 소유권이전등기를 신청할 당시 또는 등기원인인 계약을 체결할 당시에 허가대상 토지가 아닌 경우에는 토지거래계약허가증을 제출할 필요가 없다. O | X

02 소유권이전청구권가등기를 신청하는 경우에도 토지거래계약허가증을 제출하여야 하지만, 지상권이나 전세권설정등기를 신청하는 경우에는 제출할 필요가 없다. O | X

03 토지거래계약허가를 받아 소유권이전등기를 한 후 그 매매계약의 일부해제를 원인으로 소유권일부말소 의미의 경정등기를 신청하는 경우에는 토지거래계약허가증을 제출할 필요가 없다. O | X

04 가등기를 신청하면서 토지거래계약허가증을 제출하였더라도 그 가등기에 의한 본등기를 신청하려면 토지거래계약허가증을 다시 제출하여야 한다. O | X

05 신탁재산 귀속을 원인으로 위탁자 외의 수익자에게 소유권이전등기 및 신탁등기말소등기를 신청하는 경우에는 신탁재산의 귀속이 대가에 의한 것이라도 토지거래허가구역에서 토지거래계약허가증을 첨부할 필요가 없다. O | X

해설 토지거래허가구역으로 지정된 토지에 대하여 신탁등기를 경료한 이후 신탁이 종료함에 따라 '신탁재산귀속'을 원인으로 위탁자 이외의 수익자나 제3자 명의로의 소유권이전 및 신탁등기말소를 신청하는 경우 신탁재산의 귀속이 대가에 의한 것인 때에는 토지거래계약허가증을 첨부하여야 한다(선례 제201101-1호).

06 허가구역을 지정할 당시 허가대상면적을 초과하는 토지는 허가구역지정 후 허가기준 미만으로 분할하여 거래하는 경우에도 최초의 거래에 한하여 분할된 토지를 허가대상 면적을 초과하는 토지로 보아 허가를 받아야 한다. O | X

07 토지거래계약 허가구역 내에 있는 토지에 대하여 증여계약을 체결하고 이에 따른 소유권이전등기를 신청하는 경우에는 토지거래계약허가증을 제공하여야 한다. O | X

08 토지에 대한 매매계약의 체결 일자가 허가구역 지정 전이라면 허가구역으로 지정된 후에 등기를 신청하더라도 토지거래계약허가증을 제공할 필요가 없다. O | X

09 토지거래계약허가증을 발급받은 경우에는 「부동산등기 특별조치법」 제3조에 따른 검인을 받은 것으로 인정되나, 농지에 대하여는 토지거래계약 허가를 받은 경우에도 농지취득자격증명을 제출하여야 한다. O | X

정답 | 01 ○ 02 × 03 × 04 × 05 × 06 ○ 07 × 08 ○ 09 ×

(3) 학교법인의 기본재산의 처분에 대한 관할청의 허가

1) 의의

학교법인 소유 명의의 부동산에 관하여 처분행위를 원인으로 한 소유권이전등기를 신청하거나 근저당권 등의 제한물권 또는 임차권의 설정등기를 신청하는 경우

2) 학교법인이 기본재산을 처분하는 경우

수익용 기본재산의 경우	
원칙 - 허가 O	**예외 - 허가 ×**
① 학교법인이 그 소유 명의의 부동산에 관하여 매도·증여·교환, 그 밖의 처분행위를 원인으로 한 소유권이전등기를 신청하거나 근저당권 등의 제한물권 또는 임차권의 설정등기를 신청하는 경우에는 그 등기신청서에 관할청의 허가를 증명하는 서면을 첨부하여야 한다. ② 학교법인에게 신탁한 부동산이라 하더라도 그 신탁해지로 인한 소유권이전등기를 신청하는 경우에는 관할청의 허가를 증명하는 서면을 첨부하여야 한다. ③ 학교법인이 공유자 중 1인인 부동산에 관하여 공유물분할등기를 신청하는 경우에도 관할청의 허가를 증명하는 서면을 첨부하여야 한다. 이는 학교법인이 종전의 공유지분보다 더 많은 공유지분을 취득하게 되는 경우에도 마찬가지이다.	① 취득의 경우, 기본재산이 아닌 경우 ② 진정명의회복을 원인으로 한 소유권이전등기 ③ 취득시효를 원인으로 한 소유권이전등기 ④ 매각을 원인으로 한 소유권이전등기(기본재산에 대하여 담보로 제공할 당시에 관할청의 허가를 받았을 때에는 저당권의 실행으로 매각이 될 때에는 다시 관할청의 허가를 받을 필요는 없음) ⑤ 토지수용으로 인한 소유권이전등기 ⑥ 원인무효·계약의 취소·해제(단, 합의해제는 제외)를 원인으로 한 소유권말소등기 ⑦ 소유권이전청구권가등기

교육용 기본재산의 경우	
원칙적으로 처분 불가	**예외적으로 처분 가능**
① 학교교육에 직접 사용되는 학교법인의 재산 중 대통령령이 정하는 것(교지, 교사, 강당 등)은 관할청의 허가 여부에 상관없이 매도하거나 담보제공할 수 없다. ② 사립학교의 기본재산에 편입되어 학교교육에 직접 사용되는 부동산은 사립학교 경영자의 개인 소유라 하더라도 이를 매도하거나 담보제공할 수 없다. ※ 영유아보육시설로 사용되고 있는 사인 소유의 유치원·영유아보육시설로 건물에 대한 매매 또는 저당권 등 설정 가능하다(영유아보육시설은 교육법 제81조의 교육기관이 아님).	소유자와 사립학교경영자가 다른 경우(예규) ① 유치원 건물 및 토지의 소유자인 甲이 본인 명의로 유치원 설립인가를 받아 경영하다가, 관할관청으로부터 乙 명의로 유치원 설립자 변경인가를 받아 자신은 폐업한 뒤, 乙이 위 건물을 甲으로부터 임차하여 유치원을 경영해 온 경우 ② 유치원 건물의 소유자 甲이 「사립학교법」상 사립학교 경영자가 아닌 때 ③ 건물 소유자 甲이 아직 유치원 설립인가신청을 하지 않은 경우 ※ 소유자가 사립학교 경영자가 아니라는 사실을 소명하는 서면으로는 관할 교육장이 발행한 유치원 "폐쇄인가서", 소유권이전등기를 인가조건으로 한 "설립자 변경 인가서"가 이에 해당하나, 관할 세무서장 발행의 폐업사실증명서는 이에 해당되지 않는다(선례 제8-74호).

OX 확인

01 학교법인이 그 소유 명의의 부동산에 관하여 매매 등 처분행위를 원인으로 한 소유권이전등기를 신청하는 경우에는 그 등기신청서에 관할청의 허가를 증명하는 서면을 첨부하여야 한다. O | X

02 개별 법령에서 등기원인에 대하여 제3자의 허가 등을 받도록 규정하고 있는 경우에는 허가 등을 증명하는 정보를 제공하여야 하며, 그러한 정보의 제공이 없는 것은 「부동산등기법」 제29조 제9호의 각하사유에 해당한다. O | X

03 사립학교의 기본재산에 편입되어 학교교육에 직접 사용되는 부동산은 그것이 학교법인이 아닌 사립학교경영자 개인 소유라면 이를 매도하거나 담보에 제공할 수 있다. O | X

04 학교법인이 부동산을 취득하고 학교법인 명의로의 소유권이전등기를 신청하는 경우에는 그 등기신청서에 관할청의 허가를 증명하는 서면을 첨부할 필요가 없다. O | X

05 학교법인에게 신탁한 부동산이라 하더라도 그 신탁해지로 인한 소유권이전등기를 신청하는 경우에는 관할청의 허가를 증명하는 정보를 첨부정보로서 제공하여야 한다. O | X

06 학교법인의 소유 명의의 부동산에 관하여 소유권이전청구권보전의 가등기를 신청하는 경우에는 관할청의 허가를 증명하는 정보를 첨부정보로서 제공하여야 한다. O | X

07 학교법인이 공유자 중 1인인 부동산에 관하여 공유물분할등기를 신청하는 경우에도 관할청의 허가를 증명하는 정보를 첨부정보로서 제공하여야 한다. O | X

정답 | 01 ○ 02 ○ 03 × 04 ○ 05 ○ 06 × 07 ○

08 학교법인 소유 명의의 부동산에 관하여 계약의 취소를 원인으로 한 소유권이전등기의 말소등기를 신청하는 경우에는 관할청의 허가를 증명하는 정보를 첨부정보로서 제공할 필요는 없다. O | X

09 유치원 건물 및 토지의 소유자인 甲이 본인 명의로 유치원 설립인가를 받아 경영하다가 관할관청으로부터 乙 명의로 유치원 설립자 변경인가를 받아 자신은 폐업한 뒤, 乙이 위 건물을 甲으로부터 임차하여 유치원을 경영해 온 경우, 甲은 유치원 건물 및 토지에 대하여 근저당권설정등기를 신청할 수 있다. O | X

정답 | **08** ○ **09** ○

(4) 전통사찰의 부동산 처분에 대한 문화체육부관광부장관 등의 허가

1) 전통사찰 소유의 부동산 처분에 관한 허가 여부

허가 O	허가 ×
① 전통사찰 소유의 전통사찰보존지 등에 대해 매매, 증여 등을 원인으로 소유권이전등기를 신청하는 경우 ② 전통사찰 소유의 전통사찰보존지 등에 근저당권 등의 제한물권 또는 임차권설정등기(대여)를 신청하는 경우	① 부동산을 취득하는 경우 ② 등록된 전통사찰이 아닌 사찰의 부동산 처분 ③ 시효취득을 원인으로 한 소유권이전등기신청 ④ 매각을 원인으로 한 소유권이전등기 촉탁 시

2) 전통사찰 등의 등기신청에 관한 등기사무처리지침(예규 제1484호)

제1조(목적) – 생략 –

제2조(등기신청)
전통사찰의 소유에 속하는 부동산에 관하여는 법 제2조 제2호의 주지(이하 "주지"라 한다)가 그 사찰을 대표하여 등기를 신청한다.

제3조(첨부정보)
① 전통사찰이 등기를 신청하는 경우에 「부동산등기규칙」(이하 "규칙"이라 한다) 제48조의 규정에 따라 등기소에 제공하여야 하는 첨부정보는 다음 각 호와 같다.
  1. 전통사찰의 정관이나 규약 및 전통사찰이 특정종단에 소속되어 그 종단(이하 "소속종단"이라고 한다)의 구성원인 경우에는 소속종단의 정관이나 규약
  2. 전통사찰의 대표자임을 증명하는 다음 각 목의 정보
    가. 소속종단의 정관이나 규약에 소속종단의 대표자가 주지를 임면할 권한이 있는 것으로 정한 경우에는 그 종단 대표자 명의의 주지재직증명정보 및 종단 대표자의 직인 인영정보(예 해당 전통사찰이 대한불교○○종 소속인 경우에 대한불교○○종 대표자가 발행한 주지재직증명서 및 그 대표자의 직인증명서). 다만, 위와 같은 정함이 없는 경우에는 그 소속종단의 정관이나 규약에서 정한 방법에 따라 주지로 선임되어 재직하고 있음을 증명하는 정보
    나. 소속종단이 없는 경우에는 전통사찰의 정관이나 규약에서 정한 방법에 의하여 주지로 선임되어 재직하고 있음을 증명하는 정보
  3. 전통사찰이 등기의무자로서 등기신청을 할 경우에는 「민법」 제276조 제1항의 규정에 의한 결의가 있음을 증명하는 정보(전통사찰이 법인 아닌 사단인 경우로 한정한다). 다만, 정관 기타의 규약으로 그 소유 부동산을 처분하는 데 있어서 위 결의를 필요로 하지 않는다고 정하고 있을 경우에는 그러하지 아니한다.
  4. 주지의 주소 및 주민등록번호를 증명하는 정보

② 제1항의 2. 및 3.의 첨부서면에는 그 사실을 확인하는 데 상당하다고 인정되는 2인 이상의 성년자가 사실과 상위 없다는 뜻과 성명을 기재하고 인감을 날인하여야 하며, 날인한 인감에 관한 인감증명을 제출하여야 한다. 다만, 변호사 또는 법무사가 등기신청을 대리하는 경우에는 변호사 또는 법무사가 위 각 서면에 사실과 상위 없다는 뜻을 기재하고 기명날인함으로써 이를 갈음할 수 있다.

제4조(부동산의 처분 등)
법 제2조 제3호의 전통사찰보존지 및 전통사찰보존지에 있는 건물(이하 "전통사찰보존지등"이라 한다)에 대한 처분행위를 원인으로 한 등기신청을 하는 경우에 규칙 제46조 제1항 제2호의 규정에 따라 등기소에 제공하여야 하는 첨부정보는 다음과 같다.

1. 전통사찰 소유의 전통사찰보존지등을 매매, 증여, 그 밖의 원인으로 양도하여 소유권이전등기를 신청하는 경우에는 법 제9조 제1항에 따른 문화체육관광부장관의 허가를 증명하는 정보. 다만, 시효취득을 원인으로 한 소유권이전등기를 신청하거나 「민사집행법」에 따른 매각을 원인으로 한 소유권이전등기를 촉탁하는 경우에는 그러하지 아니한다.
2. 전통사찰 소유의 전통사찰보존지등에 근저당권 등의 제한물권 또는 임차권의 설정등기를 신청하는 경우에는 법 제9조 제2항에 따른 시·도지사의 허가를 증명하는 정보

– 이하 생략 –

OX 확인

01 특정종단에 소속되어 그 종단의 구성원인 전통사찰이 등기를 신청하는 경우에는 그 전통사찰의 정관이나 규약뿐만 아니라 소속종단의 정관이나 규약도 함께 첨부정보로서 등기소에 제공하여야 한다. O | X

02 전통사찰 소유의 전통사찰보존지에 대하여 「민사집행법」에 따른 매각을 원인으로 한 소유권이전등기를 촉탁하는 경우에는 문화체육관광부장관의 허가를 증명하는 정보를 첨부정보로서 등기소에 제공할 필요가 없다. O | X

03 전통사찰 소유의 전통사찰보존지에 대하여 근저당권설정등기를 신청하는 경우에는 시·도지사의 허가를 증명하는 정보를 첨부정보로서 등기소에 제공하여야 한다. O | X

04 전통사찰 소유의 전통사찰보존지에 대하여 시효취득을 원인으로 소유권이전등기를 신청하는 경우에는 문화체육관광부장관의 허가를 증명하는 정보를 첨부정보로서 등기소에 제공하여야 한다. O | X

정답 | **01** ○ **02** ○ **03** ○ **04** ×

(5) 「민법」상 재단법인의 기본재산 처분에 대한 주무관청의 허가

허가 O	허가 ×
기본재산의 처분행위를 원인으로 하는 경우	① 취득의 경우 ② 진정명의회복을 원인으로 한 소유권이전등기 ③ 취득시효를 원인으로 한 소유권이전등기 ④ 매각을 원인으로 한 소유권이전등기 ⑤ 토지수용으로 인한 소유권이전등기 ⑥ 기본재산이 아닌 경우
소유권이전등기	① 원인무효·계약의 취소·해제(합의해제 제외)를 원인으로 한 소유권말소등기 ② 소유권이전청구권가등기 ③ 저당권설정등기, 지상권설정등기 등(담보권 설정, 대여하는 행위)

OX 확인

01 재단법인 소유 명의의 기본재산인 부동산에 대하여 공유물분할을 원인으로 소유권이전등기를 신청하는 경우 주무관청의 허가를 증명하는 서면을 첨부하여야 한다. O | X

02 재단법인 소유 명의의 기본재산인 부동산에 대하여 합의해제를 원인으로 소유권이전등기의 말소등기를 신청하는 경우 주무관청의 허가를 증명하는 서면을 첨부하여야 한다. O | X

03 재단법인 소유 명의의 기본재산인 부동산에 대하여 취득시효를 원인으로 소유권이전등기를 신청하는 경우 주무관청의 허가를 증명하는 서면을 첨부하여야 한다. O | X

04 재단법인 소유 명의의 기본재산인 부동산에 대하여 신탁해지를 원인으로 소유권이전등기를 신청하는 경우 주무관청의 허가를 증명하는 서면을 첨부하여야 한다. O | X

05 재단법인의 기본재산인 부동산에 관하여 매매를 원인으로 하는 소유권이전등기를 신청하는 경우에는 주무관청의 허가를 증명하는 정보를 첨부하여야 하지만, 정관과 이사회의사록은 첨부할 필요가 없다. O | X

정답 | **01** ○ **02** ○ **03** × **04** ○ **05** ○

(6) 공익법인의 기본재산의 처분에 대한 주무관청의 허가

공익법인이 사단법인과 재단법인의 경우에는 기본재산의 처분시(기본재산을 매도·증여·교환 또는 용도변경을 하거나 담보로 제공하거나 대통령령이 정하는 일정금액 이상을 장기 차입하고자 하는 경우) 주무관청의 허가서를 첨부하여야 한다.

(7) 기타

주식회사와 이사 간의 거래		이사회승인서를 첨부하는 제도는 폐지
향교재단의 기본재산 처분		시·도지사의 허가
「북한이탈주민의 보호 및 정착지원에 관한 법률」에 의한 주거지원을 받는 보호대상자가 그 주민등록 전입신고일부터 2년 이내에 그 주거지원에 따라 취득한 부동산의 처분		통일부장관의 허가
사회복지법인의 기본재산의 처분		보건복지부장관의 허가
의료법인의 기본재산의 처분		시·도지사의 허가
법원이 선임한 부재자 재산관리인이 처분과 상속재산관리인이 피상속인 명의의 부동산 처분		법원의 허가
파산관재인의 파산재단에 속하는 부동산 처분		법원의 허가 또는 감사위원의 동의
회생절차상의 관리인이 임의매각에 의해 부동산을 처분하는 경우		① 회생계획에 의한 처분인 경우: 회생계획인가서결정 등본 또는 초본 ② 회생계획에 의한 처분이 아닌 경우: 법원의 허가서 또는 법원의 허가를 요하지 않는다는 뜻의 증명
전통사찰	매매, 증여 등을 원인으로 한 소유권이전등기	문화체육관광부장관의 허가(시효취득이나 매각을 원인으로 하는 경우 제외)
	근저당권 등의 제한물권(담보) 또는 임차권설정등기(대여)	시·도지사의 허가

3. 등기상 이해관계 있는 제3자의 승낙서

4. 신청인이 법인인 경우 그 대표자의 자격증명정보

5. 대리권한을 증명하는 정보(규칙 제46조 제1항 제5호)

6. 주소를 증명하는 정보(규칙 제46조 제1항 제6호)

(1) 등기기록에 등기권리자를 새로 등기하는 경우에는 등기권리자의 주소(사무소 소재지) 및 주민등록번호(부동산등기용등록번호)를 증명하는 정보를 등기소에 제공하여야 한다. 단, 소유권이전등기를 공동으로 하는 신청하는 경우에는 등기의무자의 주소를 증명하는 정보도 제공하여야 한다.

(2) 판결·경매절차에 따른 매각이나 공매처분의 경우에는 등기권리자의 주소 등의 증명정보만을 제공하면 된다.

(3) 판결 등에 의한 경우

소유권이전 등기신청	① 등기권리자의 주소증명서면만 제공 ② 다만 주소가 판결문(피고) ≠ 등기기록(등기의무자) 경우 판결문상의 피고의 주소가 등기기록의 등기의무자의 주소와 다른 경우(등기기록상 주소가 판결에 병기된 경우 포함)에는 동일인임을 증명할 수 있는 자료로서 주소에 관한 서면을 제출한다. 다만, 주민등록번호로 연결되는 경우에는 그러하지 아니하다(예규 제1692호). ③ 등기의무자가 재외국민이어서 등기의무자의 협력이 없이는 주소증명서면을 제출할 수 없는 경우에는 그 판결에 기재된 피고와 등기부에 기록된 등기의무자가 동일인임을 확인하는 데 상당하다고 인정되는 자의 보증서면과 그 인감증명 및 그 밖에 보증인의 자격을 인정할 만한 서면 등에 의하여 동일인임을 증명할 수 있어야 한다(선례 제7-77호).

(4) 상속 등에 의한 등기신청의 경우

피상속인의 주소증명정보	원칙적으로 제공할 필요 없으나, 동일인 증명을 위해 제공할 수 있다.
상속인의 주소증명정보	상속을 받지 않는 상속인들이나 상속포기자는 첨부하지 아니한다.

7. 주민등록번호 또는 부동산등기용등록번호를 증명하는 정보(규칙 제46조 제1항 제6호)

(1) 등기권리자(새로 등기명의인이 되는 경우로 한정한다)의 주민등록번호(부동산등기용등록번호)를 증명하는 정보를 신청정보와 함께 첨부정보로서 등기소에 제공하여야 한다.

(2) 부동산등기용등록번호 부여절차(법 제49조 등)

등기권리자	등록번호 부여기관
국가, 지방자치단체, 국제기관, 외국정부	국토교통부장관
주민등록번호가 없는 재외국민	서울중앙지방법원 등기국의 등기관
법인(설치등기를 한 외국법인 포함)	주된 사무소 소재지 관할등기소의 등기관
법인 아닌 사단·재단, 국내에 영업소나 사무소의 설치등기를 하지 않은 외국법인	시장·군수·구청장(전국 어디에서나)
외국인	체류지를 관할하는 출입국관리소장
북한에 거주하는 주민	법무부장관(예규 제1547호)

OX 확인

01 등기를 신청하는 경우에는 등기권리자(새로 등기명의인이 되는 경우로 한정한다)의 주소(또는 사무소 소재지)를 증명하는 정보를 제공하여야 한다. O | X

02 소유권이전등기의 말소등기를 신청하는 경우 등기권리자와 등기의무자의 주소(또는 사무소 소재지)를 증명하는 정보를 제공하여야 한다. O | X

03 등기신청서에 첨부하는 법인등기사항증명서, 주민등록표등본·초본은 발행일부터 3개월 이내의 것이어야 한다. O | X

04 법인 아닌 사단이나 재단이 등기권리자로서 저당권설정등기를 신청할 때에는 법인 아닌 사단이나 재단의 사무소 소재지를 증명하는 정보만을 제공하면 되고, 그 대표자나 관리인의 주소를 증명하는 정보까지 제공할 필요는 없다. O | X

해설 법인 아닌 사단이나 재단이 등기권리자인 경우 법인 아닌 사단이나 재단의 사무소 소재지뿐만 아니라 대표자나 관리인의 주소를 증명하는 정보도 제공하여야 한다.

05 소유권이전등기를 공동으로 신청하는 경우에는 등기권리자 및 등기의무자의 주소(또는 사무소 소재지)를 증명하는 정보를 제공하여야 한다. O | X

06 매각이나 공매처분을 원인으로 하는 소유권이전등기 촉탁의 경우에는 등기권리자의 주소(또는 사무소 소재지)를 증명하는 정보만 제공하면 된다. O | X

07 협의분할에 의한 상속등기를 신청하는 경우에는 상속을 받지 않는 상속인들의 주소를 증명하는 정보는 제공할 필요가 없다. O | X

08 국내에 영업소나 사무소의 설치등기를 하지 아니한 외국법인의 부동산등기용등록번호는 시장, 군수 또는 구청장이 부여한다. O | X

09 주민등록번호가 없는 재외국민의 부동산등기용등록번호는 지방출입국·외국인관서의 장이 부여한다. O | X

10 상속인 중 1인이 미수복지구에 호적을 가진 자와 혼인한 사유로 제적된 사실만 나타날 뿐 혼가의 본적지 이외의 주소지나 최후 주소지를 알 수 없을 때에는 제적사유에 기재된 혼가의 본적지를 주소지로 하고, 그 제적 또는 호적 등본을 상속을 증명하는 서면과 주소를 증명하는 서면으로 하여 상속등기를 신청할 수 있다. O | X

해설 상속인 중 1인이 미수복지구에 호적을 가진 자와 혼인한 사유로 제적된 사실만 나타날 뿐 혼가의 본적지 이외의 주소지나 최후 주소지를 알 수 없을 때에는 제적사유에 기재된 혼가의 본적지를 주소지로 하고, 그 제적 또는 호적 등본을 상속을 증명하는 서면과 주소를 증명하는 서면으로 하여 상속등기를 신청할 수 있다(선례 제1-122호).

정답 | 01 ○ 02 × 03 ○ 04 × 05 ○ 06 ○ 07 ○ 08 ○ 09 × 10 ○

8. 대장정보나 그 밖에 부동산의 표시를 증명하는 정보(규칙 제46조 제1항 제7호 등)

9. 자격자대리인의 등기의무자 확인 및 자필서명 정보 제공(예규 제1745호)

(1) 목적

이 예규는 규칙 제46조 제1항 제8호에 따라 변호사나 법무사[법무법인·법무법인(유한)·법무조합 또는 법무사법인·법무사법인(유한)을 포함한다. 이하 '자격자대리인'이라 한다]가 등기소에 제공하여야 하는 정보(이하 '자필서명 정보'라 한다)에 관한 구체적인 사항을 정함을 목적으로 한다.

(2) 자필서명 정보의 제공

자격자대리인이 규칙 제46조 제1항 제8호 각 목의 등기를 신청하는 경우에는 별지 제1호 양식에 따른 자필서명 정보를 제공하여야 한다.

> **규칙 제46조 제1항 제8호 (2022.7.1. 시행)**
> 8. 변호사나 법무사[법무법인·법무법인(유한)·법무조합 또는 법무사법인·법무사법인(유한)을 포함한다. 이하 "자격자대리인"이라 한다]가 다음 각 목의 등기를 신청하는 경우, 자격자대리인(법인의 경우에는 담당 변호사·법무사를 의미한다)이 주민등록증·인감증명서·본인서명 사실확인서 등 법령에 따라 작성된 증명서의 제출이나 제시, 그 밖에 이에 준하는 확실한 방법으로 위임인이 등기의무자인지 여부를 확인하고 자필서명한 정보
> 가. 공동으로 신청하는 권리에 관한 등기
> 나. 승소한 등기의무자가 단독으로 신청하는 권리에 관한 등기

(3) 자필서명 정보의 작성 방법

1) 부동산표시의 기재

① 자필서명 정보의 부동산표시가 신청정보와 엄격히 일치하지 아니하더라도 양자 사이에 동일성을 인정할 수 있으면 그 등기신청을 수리하여도 무방하다.

② 구분건물과 대지권이 함께 등기신청의 목적인 경우에는 그 자필서명 정보에 대지권의 구체적인 표시가 없더라도 대지권이 포함된 취지의 표시는 되어 있어야 한다.

2) 등기의무자의 기재

별지 제1호 양식의 등기의무자란에는 등기가 실행되면 등기기록의 기록 형식상 권리를 상실하거나 그 밖의 불이익을 받는 자를 기재하여야 한다.

예 1. 미성년자의 법정대리인이 등기신청을 위임한 경우에는 등기기록상 명의인인 미성년자를 기재
2. 외국인으로부터 처분위임을 받은 자가 등기신청을 위임한 경우에는 등기기록상 명의인인 외국인을 기재
3. 법인의 지배인이 등기신청을 위임한 경우에는 등기기록상 명의인인 법인을 기재

3) 자필서명 방법 등

① 자필서명은 자격자대리인이 별지 제1호 양식 하단에 본인 고유의 필체로 직접 기재하는 방법으로 하여야 하고, 자필서명 이미지를 복사하여 제공하는 방식은 허용되지 아니한다.

② 자필서명 정보가 2장 이상일 때에는 자격자대리인이 앞장의 뒷면과 뒷장의 앞면을 만나게 하여 그 사이에 자필서명을 하거나 자필서명 정보에 페이지를 표시하고 각 장마다 자필서명을 하여야 한다.

(4) 자필서명 정보의 제공 방법

① 하나의 등기신청에서 등기의무자가 수인인 경우(예 공유의 부동산을 처분하는 경우)에는 별지 제1호 양식의 등기의무자란에 등기의무자를 추가하여 한 개의 첨부정보로 제공할 수 있다.

② 같은 등기소에 등기의무자와 등기의 목적이 동일한 여러 건의 등기신청을 동시에 하는 경우에는 먼저 접수되는 신청에만 자필서명 정보(이 경우 별지 제1호 양식의 등기할 부동산의 표시란에는 신청하는 부동산 전부를 기재하여야 한다)를 첨부정보로 제공하고, 다른 신청에서는 먼저 접수된 신청에 자필서명 정보를 제공하였다는 뜻을 신청정보의 내용으로 등기소에 제공함으로써 자필서명 정보의 제공을 갈음할 수 있다.

③ 전자신청의 경우 별지 제1호 양식에 따라 작성한 서면을 전자적 이미지 정보로 변환(스캐닝)하여 원본과 상위 없다는 취지의 부가정보와 규칙 제67조 제4항 제1호에 따른 자격자대리인의 개인인증서 정보를 덧붙여 등기소에 송신하여야 한다.

(5) 자필서명 정보의 제공 요부

① 관공서가 등기의무자 또는 등기권리자인 경우에도 자격자대리인이 규칙 제46조 제1항 제8호 각 목의 등기를 신청하는 때에는 자필서명 정보를 제공하여야 한다.

② 등기권리자가 등기의무자인 자격자대리인에게 등기신청을 위임하는 경우 자격자대리인은 별도로 자기에 대한 자필서명 정보를 제공할 필요가 없다.

10. 인감증명서 또는 본인서명사실확인서

(1) 인감증명을 제출하여야 하는 경우(규칙 제60조 제1항)

구분	내용
소유권 (1호)	소유권의 등기명의인이 등기의무자로서 등기를 신청하는 경우 등기의무자의 인감증명
가등기말소 (2호)	소유권에 관한 가등기명의인이 가등기말소등기를 신청하는 경우 가등기명의인의 인감증명
	그 말소를 가등기명의인의 승낙서를 첨부하여 등기상 이해관계인이 가등기말소를 신청하는 경우 가등기명의인의 인감증명(7호)
등기필정보 분실 (3호)	소유권 외의 권리의 등기명의인이 등기의무자로서 등기필정보가 없어서 신청서에 확인조서, 확인서면 또는 공증서면(법 제51조)을 제출하는 방식으로 등기를 신청하는 경우 등기의무자의 인감증명
합필등기 (4호)	토지소유자들의 확인서(규칙 제81조 제1항)를 첨부하여 토지합필등기를 신청하는 경우 그 토지소유자들의 인감증명
분필등기 (5호)	토지의 분필등기신청서에 권리자의 확인서(규칙 제74조)를 첨부하는 경우에는 그 권리자의 인감증명
협의분할 (6호)	협의분할에 의한 상속등기를 신청하는 경우에는 분할협의서에 날인한 상속인 전원의 인감증명
제3자 동의서 등 (7호)	등기신청서에 제3자의 동의 또는 승낙을 증명하는 서면을 첨부하는 경우 그 제3자의 인감증명
법인 아닌 사단이나 재단 (8호)	① 법인 아닌 사단이나 재단의 등기신청에서 대법원 예규로 정한 경우 ※ 대표자나 관리임을 증명하는 서면을 제공하거나 법인 아닌 사단이 등기의무자인 경우에는 총유물의 관리 및 처분을 위한 사원총회의 결의서를 제공하는 경우, 그 서면에는 그 사실을 확인하는 데 상당하다고 인정되는 2인 이상의 성년자가 사실과 상위 없다는 취지와 성명을 기재하고 인감을 날인하여야 하며, 날인한 인감의 인감증명을 제출하여야 한다. ② 그 대표자 또는 관리인의 인감증명(규칙 제61조 제1항)

(2) 유효기간, 용도 및 기재사항

① 유효기간: 발행일부터 3개월 이내일 것(규칙 제62조)

② 용도

㉠ 매매를 원인으로 한 소유권이전등기신청의 경우에는 반드시 부동산매도용 인감증명서를 첨부하나 그 이외의 경우에는 인감증명서상의 사용용도와 그 등기의 목적이 다르더라도 그 등기신청은 이를 수리하여야 한다.

㉡ 부동산매도용 인감증명서를 지상권설정등기신청서에 첨부하여도 그 신청을 각하하여서는 아니 된다.

③ 부동산의 매수인이 다수인 경우 인감증명서상의 매수자란 중 성명란에 "○○○외 ○명"으로 기재하고, 주민등록번호 및 주소란에 첫 번째 매수인 1인의 주소와 주민등록번호를 기재한 다음 나머지 매수인들의 인적 사항을 별지에 기재한 부동산매도용 인감증명서를 첨부한 등기신청은 이를 수리하되, 위의 경우 나머지 매수인들의 인적 사항이 별지에 기재되지 아니한 채 성명란에 "○○○외 ○명"으로만 기재된 부동산매도용 인감증명서가 첨부된 때에는 그 등기신청을 수리하여서는 아니 된다.

④ 인감증명서상 매수인 표시와 등기신청서상의 등기권리자의 표시가 불일치한 경우에는 그에 기한 등기신청은 이를 수리할 수 없다. 다만, 매도용 인감증명서상의 매수인의 주소가 주민등록표등본상의 현주소와 일치하지 아니하더라도 동일인임을 소명할 수 있다면 그 인감증명서를 첨부하여 등기신청을 할 수 있다.

(3)「본인서명사실 확인 등에 관한 법률」에 따른 등기사무 처리지침(예규 제1609호)

1) 인감증명서와의 관계

「부동산등기법」 및 「부동산등기규칙」, 「상업등기법」 및 「상업등기규칙」, 그 밖의 법령, 대법원예규에서 등기소에 제출하는 신청서 등에 「인감증명법」에 따라 신고한 인감을 날인하고 인감증명서를 첨부하여야 한다고 정한 경우, 이를 갈음하여 신청서 등에 서명을 하고 본인서명사실확인서를 첨부하거나 발급증을 첨부할 수 있다.

2) 서명방법 등

① 본인서명사실확인서와 신청서 등의 서명은 본인 고유의 필체로 자신의 성명을 기재하는 방법으로 하여야 하며, 등기관이 알아볼 수 있도록 명확하여야 한다.

② 신청서 등의 서명은 본인서명사실확인서의 서명이 한글로 기재되어 있으면 한글로, 한자로 기재되어 있으면 한자로, 영문으로 기재되어 있으면 영문으로 각각 기재하여야 한다.

③ 본인서명사실확인서의 서명이 한글이 아닌 문자로 기재되어 있다 하더라도 등기신청서의 성명은 반드시 한글로 기재하여야 한다.

3) 등기신청을 불수리하여야 하는 경우

– 중략 –

4) 전자본인서명확인서의 확인 등

① 등기관이 발급증을 제출받았을 때에는 전자본인서명확인서 발급시스템에서 전자본인서명확인서를 확인하여야 한다.

② 전자본인서명확인서 발급시스템 또는 등기시스템의 장애 등으로 등기관이 전자본인서명확인서를 확인할 수 없는 경우에는 신청인에게 인감증명서 또는 본인서명사실확인서를 등기소에 제공할 것을 요구할 수 있다. 이 경우 신청인이 인감증명서 또는 본인서명사실확인서를 제출할 때 이미 제출된 신청서 등을 그에 맞게 보정하여야 한다.

③ 등기관은 전자본인서명확인서 발급시스템에서 등기신청을 받은 등기소 외의 기관·법인 또는 단체가 전자본인서명확인서를 열람한 사실이 확인된 경우 해당 등기신청을 수리하여서는 아니 된다.

5) 주소의 확인 등

등기관은 본인서명사실확인서 또는 전자본인서명확인서상의 등기의무자의 주소가 주민등록표초본 또는 등본의 주소이동 내역에서 확인되거나 성명과 주민등록번호 등에 의하여 같은 사람임이 인정되는 경우에는 해당 등기신청을 각하하여서는 아니 된다.

6) 부동산 관련 용도란의 기재

① 본인서명사실확인서 또는 전자본인서명확인서의 부동산 관련 용도란에는 신청할 등기유형과 거래상대방의 성명·주소 및 주민등록번호(법인인 경우에는 그 명칭과 주사무소의 소재지 및 법인등록번호)가 모두 기재되어 있어야 하며, 위 기재사항이 누락된 경우 해당 등기신청을 수리하여서는 아니 된다. 다만, 거래상대방이 다음의 기관인 경우, 거래상대방란에 법인의 명칭만 기재하고 법인등록번호와 주사무소의 소재지는 기재하지 아니할 수 있다.

> ㉠ 국가나 지방자치단체, 국제기구와 외국정부
> ㉡ 「공공기관의 운영에 관한 법률」 제4조에 따른 법인·단체 또는 기관(공공기관)
> ㉢ 「지방공기업법」에 따른 지방공사 및 지방공단
> ㉣ 「은행법」에 따른 인가를 받아 설립된 은행
> ㉤ 「자본시장과 금융투자업에 관한 법률」에 따른 금융투자업자·증권금융회사·종합금융회사 및 명의개서대행회사
> ㉥ 「보험업법」에 따른 보험회사
> ㉦ 「상호저축은행법」에 따른 상호저축은행과 그 중앙회
> ㉧ 「신용협동조합법」에 따른 신용협동조합 및 그 중앙회
> ㉨ 「여신전문금융업법」에 따른 여신전문금융회사 및 겸영여신업자
> ㉩ 「농업협동조합법」에 따른 농협은행
> ㉪ 「수산업협동조합법」에 따른 수협은행

② 본인서명사실확인서 또는 전자본인서명확인서에 기재된 거래상대방과 신청서 등에 기재된 등기권리자의 인적사항이 일치하지 않는 등기신청은 수리하여서는 아니 된다.

7) 그 외의 용도란의 기재

부동산등기신청 외의 등기신청을 할 경우에는 본인서명사실확인서 또는 전자본인서명확인서의 그 외의 용도란에 신청할 등기유형이 기재되어 있지 아니한 경우 그 등기신청을 수리하여서는 아니 된다.

예 ○○ 주식회사 이사 취임등기용

8) 위임받은 사람란 등의 기재

① 대리인이 본인서명사실확인서 또는 발급증을 첨부하여 등기신청을 대리하는 경우에는 본인서명사실확인서 또는 전자본인서명확인서의 위임받은 사람란에 대리인의 성명과 주소가 기재되어 있어야 한다. 다만, 대리인이 변호사([법무법인·법무법인(유한) 및 법무조합을 포함한다]나 법무사[법무사법인·법무사법인(유한)을 포함한다]인 자격자대리인인 경우에는 성명란에 "변호사○○○" 또는 "법무사○○○"와 같이 자격자대리인의 자격명과 성명이 기재되어 있으면 자격자대리인의 주소는 기재되어 있지 않아도 된다.

② 본인서명사실확인서 또는 전자본인서명확인서의 위임받은 사람란에 기재된 사람과 위임장의 수임인은 같은 사람이어야 하며, 용도란의 기재와 위임장의 위임취지는 서로 부합하여야 한다.

9) 유효기간

본인서명사실확인서 또는 전자본인서명확인서는 발행일부터 3개월 이내의 것이어야 한다.

OX 확인

01 소유권의 등기명의인이 등기의무자로서 등기를 신청하는 경우 등기의무자의 인감증명을 제출한다. O | X

02 매매를 원인으로 한 소유권이전등기신청의 경우 반드시 부동산매도용 인감증명서를 첨부하여야 하지만 매매 이외의 경우에는 등기신청서에 첨부된 인감증명서상의 사용용도와 그 등기의 목적이 다르더라도 그 등기신청은 이를 수리하여야 한다. O | X

03 등기신청서에 제3자의 동의 또는 승낙을 증명하는 서면을 첨부하는 경우 그 제3자의 인감증명을 제출한다. O | X

04 등기신청서에 첨부하는 인감증명은 발행일로부터 6개월 이내의 것이어야 한다. O | X

해설 인감증명은 발행일로부터 3개월 이내의 것이어야 한다.

05 저당권설정등기의 말소등기를 신청할 때에 등기의무자의 등기필정보가 없어 등기의무자가 등기소에 출석하여 등기관으로부터 확인을 받은 경우에는 등기의무자인 저당권자의 인감증명을 제출할 필요가 없다. O | X

06 소유권에 관한 가등기명의인이 등기의무자가 되어 등기권리자와 공동으로 가등기의 이전등기를 신청할 때에 등기의무자의 등기필정보를 제공하였다면 등기의무자의 인감증명을 제출할 필요가 없다. O | X

07 인감증명의 제출이 필요한 경우에는 교도소에 재감 중인 자라도 위임장에 신고된 인감을 날인하여야 하고, 무인과 교도관의 확인으로 갈음할 수 없다. O | X

정답 | 01 ○ 02 ○ 03 ○ 04 × 05 × 06 ○ 07 ○

총론 제1편 해커스법원직 김미영 부동산등기법 OX 문제집

08 전세권에 대한 근저당권설정등기를 등기의무자와 등기권리자가 공동으로 신청할 때에 등기의무자의 등기필정보를 제공하였다면 등기의무자의 인감증명을 제출할 필요가 없다. O | X

09 외국인이 「출입국관리법」에 따라 외국인등록을 한 경우에는 「인감증명법」에 의한 인감증명을 발급받아 제출할 수 있다. O | X

10 채무자 표시의 변경을 원인으로 근저당권변경등기를 신청하는 경우 그 실질은 등기명의인이 단독으로 등기명의인 표시변경등기를 신청하는 경우와 다를 바 없기 때문에 등기의무자의 인감증명을 첨부할 필요가 없다. O | X

11 자격자대리인이 본인서명사실확인서를 첨부하여 등기신청을 대리하는 경우에는 수임인란에 자격자대리인의 자격명과 성명을 기재하는 것으로 충분하며, 그 주소까지 기재할 필요는 없다. O | X

12 본인서명사실확인서의 서명이 한글이 아닌 문자로 기재되어 있다면 등기신청서의 성명도 한글이 아닌 그 문자로 기재하여야 한다. O | X

13 본인서명사실확인서의 부동산 관련 용도란에는 신청할 등기유형과 거래상대방 등의 성명·주소 및 주민등록번호(법인인 경우에는 명칭과 주사무소의 소재지 및 법인등록번호)가 모두 기재되어 있어야 하며, 위 기재사항이 누락된 본인서명사실확인서가 첨부된 때에는 그 등기신청을 수리하여서는 아니 된다. O | X

14 본인서명사실확인서의 부동산 관련 용도란에는 신청할 등기유형과 거래상대방의 성명·주소 및 주민등록번호가 모두 기재되어 있어야 한다. O | X

15 본인서명사실확인서에 기재된 거래상대방과 신청서 등에 기재된 등기권리자의 인적사항이 일치되지 않는 등기신청은 수리하여서는 안 된다. O | X

정답 | 08 ○ 09 ○ 10 ○ 11 ○ 12 × 13 ○ 14 ○ 15 ○

11. 건물도면 또는 지적도

12. 부동산거래신고필증정보 및 매매목록

(1) 부동산거래신고필증

① 「부동산 거래신고 등에 관한 법률」 제3조 제1항에서 정하는 계약(부동산의 매매계약 등)을 등기원인으로 하는 소유권이전등기를 신청하는 경우에는 거래가액을 신청정보의 내용으로 등기소에 제공하고, 시장·군수 또는 구청장으로부터 제공받은 거래계약신고필증정보를 첨부정보로서 등기소에 제공하여야 한다(규칙 제124조).

② 등기원인증서와 부동산거래계약신고필증정보의 기재사항이 서로 달라 동일한 거래라고 인정할 수 없는 경우 법 제29조 제9호로 그 등기신청을 각하하여야 한다.

(2) 매매목록

1개의 신고필증정보에 2개 이상의 부동산이 기록되어 있는 경우(1개의 계약서에 의해 2개 이상의 부동산을 거래한 경우라 하더라도 관할 관청이 달라 개개의 부동산에 관하여 각각 신고한 경우에는 매매목록을 작성할 필요가 없다)에는 각 부동산별로 거래가액을 등기하지 않고 매매목록을 작성한다.

13. 첨부정보의 원용(규칙 제47조 제2항)

14. 취득세·등록면허세 등

제5장 | 등기실행절차

제1절 신청의 접수

Ⅰ 신청의 접수

대법원규칙으로 정하는 등기신청정보가 전산정보처리조직에 전자적으로 저장된 때(등기소의 접수담당자가 등기신청서를 받은 때 혹은 등기소의 접수담당자가 등기신청서에 접수인을 날인하였을 때를 의미하는 것이 아님)(법 제6조 제1항)를 말한다.

1. 본인 여부 등의 확인 및 접수절차

(1) 본인 여부 확인은 주민등록증 또는 운전면허증, 그 밖에 이에 준하는 신분증에 의하되, 허가받은 법무사 등의 사무원의 본인 여부 확인은 등기소 출입증 및 법무사 사무원증에 의한다.

(2) 전자신청의 경우에는 접수절차가 전산정보처리조직에 의하여 자동으로 처리되므로 접수담당자가 별도로 접수절차를 진행하지 않는다.

2. 동시신청과 관련된 문제

같은 부동산에 관하여 동시에 여러 개의 등기신청이 있는 경우에는 같은 접수번호를 부여하여야 한다(규칙 제65조 제2항). 동일한 접수번호가 부여된 경우 동일한 순위번호로 등기하여야 한다.

Ⅱ 접수증의 교부

등기관이 신청서를 접수하였을 때에는 신청인의 청구에 따라 그 신청서의 접수증을 발급하여야 한다(규칙 제65조 제3항).

OX 확인

01 같은 토지 위에 있는 여러 개의 구분건물에 대한 등기를 동시에 신청하는 경우에는 그 건물의 소재 및 지번에 관한 정보가 전산정보처리조직에 저장된 때 등기신청이 접수된 것으로 본다. O | X

02 처분금지가처분신청이 가압류신청보다 신청법원에 먼저 접수된 경우에는 법원으로부터 동 처분금지가처분등기촉탁서와 가압류등기촉탁서를 등기관이 동시에 받았더라도 이를 동시 접수 처리할 수 없다. O | X

해설 처분금지가처분등기의 촉탁서와 가압류등기촉탁서가 등기소에 동시에 도달하였다면 양 촉탁서는 동시 접수처리하여야 하고 그 등기의 순위는 동일 순위가 된다. 이때 가처분 또는 가압류 신청의 선후나 결정의 선후는 따지지 않는다. 이와 같이 같은 부동산에 관하여 동일 순위로 등기된 가압류와 처분금지가처분의 효력은 그 해당 채권자 간에는 처분금지적 효력을 서로 주장할 수 없다(대결 1998.10.30. 98마475).

03 등기관이 등기를 마친 경우 그 등기는 접수한 때부터 효력을 발생한다. O | X

04 전자신청의 경우 접수절차가 전산정보처리조직에 의하여 자동으로 처리되므로 접수담당자가 별도로 접수절차를 진행하지 않으며, 접수번호는 전산정보처리조직에 의하여 자동적으로 생성된 것을 부여한다. O | X

정답 | 01 ○ 02 × 03 ○ 04 ○

제2절 등기신청서의 조사

1. 형식적 심사주의

법 제29조의 11가지의 사유로만 각하할 수 있고, 그 이외의 사유로는 각하할 수 없다.

2. 범위

신청인이 제출한 신청정보 및 첨부정보에 의하여만 등기의 수리 여부를 판단하여야 하고, 그 신청이 실체법상의 권리관계와 일치하는지를 조사할 권한이나 의무가 없다.

3. 심사기준 시

등기관이 법 제29조에 의하여 등기신청의 적법 여부를 결정하는 심사의 기준시는 등기신청서류를 첨부정보로 등기소에 제공한 때가 아니라 등기부에 기록하려고 하는 때이다(대결 1989.5.29. 87마820).

OX 확인

01 원칙적으로 등기관은 등기신청에 대하여 부동산등기법상 그 등기신청에 필요한 서면이 제출되었는지 여부 및 제출된 서면이 형식적으로 진정한 것인지 여부 등 그 등기신청이 신청서 및 그 첨부서류와 등기부에 의하여 등기요건에 합당한지 여부를 심사할 형식적 심사권한을 갖는다. O | X

02 등기관은 등기신청에 대하여 실체법상의 권리관계와 일치하는지 여부를 심사할 실질적 심사권한은 없다. O | X

03 판결에 의한 등기를 하는 경우 등기관은 원칙적으로 판결주문에 나타난 등기권리자와 등기의무자 및 이행의 대상인 등기의 내용이 등기신청서와 부합하는지를 심사하는 것으로 족하다. O | X

04 「부동산등기법」 제29조의 각하사유는 예시적인 것이므로 등기관은 그 밖의 사유에 의하여도 등기신청을 각하할 수 있다. O | X

해설 법 제29조의 각하사유는 한정적인 것이므로 등기관은 그 밖의 사유로는 등기신청을 각하할 수 없다.

정답 | **01** ○ **02** ○ **03** ○ **04** ×

제3절 기입

등기관은 접수번호의 순서에 따라 등기사무를 처리하여야 한다(법 제11조 제3항).

제4절 등기신청의 보정·취하·각하

Ⅰ 보정

1. 의의

등기관은 법 제29조 각 호의 어느 하나에 해당하는 경우에만 이유를 기재한 결정으로 신청을 각하하여야 한다. 다만, 신청의 잘못된 부분이 보정될 수 있는 경우로서 신청인이 등기관이 보정을 명한 날의 다음 날까지 그 잘못된 부분을 보정하였을 때에는 그러하지 아니하다.

2. 보정의 대상 및 통지방법과 그 보정기간

(1) 보정의 대상 - 보정 가능한 흠결

(2) 통지방법

보정할 사항을 구체적으로 적시하고, 그 근거법령이나 예규, 보정기간 등을 제시하여 매건 조사완료 후 즉시 구두 또는 전화나 모사전송의 방법에 의하여 등기신청인에게 통지하여야 한다. 전자신청의 경우에는 전자우편의 방식으로도 할 수 있다.

(3) 보정기간

등기관은 신청인이 보정을 명한 날의 다음 날까지 그 잘못된 부분을 보정하였을 때에는 신청을 각하해서는 안 된다.

3. 보정방법

(1) 신청당사자 또는 대리인 본인이 직접 등기소에 출석하여 하는 것이 원칙이다. 다만, 등기신청서를 제출할 수 있도록 허가받은 변호사나 법무사의 사무원도 가능하다.

(2) 보정은 반드시 등기관의 면전에서 하여야 하며, 신청서나 그 부속서류를 신청인에게 반환할 수 없다.

(3) 전자신청의 보정은 전산정보처리조직에 의하여야 한다.

4. 등기관의 처리

등기관이 보정통지를 한 후에는 보정 없이 등기를 하여서는 안 된다.

OX 확인

01 등기관은 등기신청서류를 심사하여 흠결을 발견하였을 경우 이를 보정하도록 명령하거나 석명할 의무가 있다. O | X

02 등기관이 등기신청에 대하여 보정을 명하는 경우에는 보정할 사항을 구체적으로 적시하고 그 근거법령이나 예규, 보정기간 등을 제시하여야 한다. O | X

03 보정은 반드시 등기관의 면전에서 하여야 하며 보정을 위하여 신청서 또는 그 부속서류를 신청인에게 반환할 수 없다. O | X

04 동일 부동산에 대하여 여러 개의 등기신청이 접수된 경우 그 상호간에는 보정명령을 한 경우에도 반드시 접수 순서에 따라 처리하여야 한다. O | X

05 등기신청서를 제출할 수 있도록 허가받은 변호사나 법무사의 사무원도 보정을 할 수 있다. O | X

06 등기관은 신청정보 또는 첨부정보에 흠결이 있으면 그 등기신청의 각하사유에 해당하는지 여부에 관계없이 보정을 명하여야 한다. O | X

07 보정을 위하여 신청서나 그 부속서류를 신청인에게 반환할 수는 없다. O | X

정답 | 01 × 02 ○ 03 ○ 04 ○ 05 ○ 06 × 07 ○

Ⅱ 취하

1. 의의

신청에 따른 등기가 완료되기 전에 등기신청 의사표시를 철회하는 것

2. 취하시기

등기관이 등기를 완료하기 전 또는 등기신청을 각하하기 전에만 가능하다.

> **규칙 제51조(등기신청의 취하)**
> ① 등기신청의 취하는 등기관이 등기를 마치기 전까지 할 수 있다.
> ② 제1항의 취하는 다음 각 호의 구분에 따른 방법으로 하여야 한다.
> 1. 법 제24조 제1항 제1호에 따른 등기신청(방문신청): 신청인 또는 그 대리인이 등기소에 출석하여 취하서를 제출하는 방법
> 2. 법 제24조 제1항 제2호에 따른 등기신청(전자신청): 전산정보처리조직을 이용하여 취하정보를 전자문서로 등기소에 송신하는 방법

3. 취하할 수 있는 자

(1) 등기신청인 또는 그 대리인은 등기신청을 취하할 수 있다. 다만, 임의대리인이 취하를 할 때에는 취하에 특별수권이 있어야 한다.

(2) 공동으로 신청한 경우에는 취하도 쌍방으로 하되, 임의대리인은 쌍방으로부터 취하에 관한 특별수권이 있어야 한다.

4. 일괄신청과 일부취하

하나의 신청서로써 수개의 부동산에 관한 일괄신청을 한 경우에는 수개의 부동산 중 일부에 대해서만 취하를 할 수 있다.

OX 확인

01 등기신청인 또는 그 대리인은 등기신청을 취하할 수 있다. 다만, 등기신청대리인이 등기신청을 취하하는 경우에는 취하에 대한 특별수권이 있어야 한다. O | X

02 등기신청이 등기권리자와 등기의무자의 공동신청에 의하거나 등기권리자 및 등기의무자 쌍방으로부터 위임받은 대리인에 의한 경우에는, 등기권리자 또는 등기의무자 어느 일방만에 의하여 그 등기신청을 취하할 수는 없다. O | X

03 등기신청의 취하는 등기관이 등기를 마치기 전까지 할 수 있다. O | X

04 방문신청의 취하는 반드시 등기소에 출석하여 서면으로 하여야 한다. O | X

05 방문신청이 취하된 경우에 그 등기신청서와 부속서류를 신청인 또는 그 대리인에게 환부하며, 취하서는 신청서 그 밖의 부속서류 편철장의 취하된 등기신청서를 편철하여야 할 곳에 편철한다. O | X

정답 | 01 ○ 02 ○ 03 ○ 04 ○ 05 ○

Ⅲ 각하

1. 각하사유

(1) 사건이 그 등기소의 관할에 속하지 아니한 경우(제1호)

관할이송의 제도가 없으므로 각하하여야 하며, 간과하고 경료 된 등기는 실체관계와의 부합 여부를 불문하고 당연무효이고, 등기관은 직권말소(법 제58조), 이해관계인도 이의신청을 할 수 있다.

(2) 사건이 등기할 것이 아닌 경우(제2호)

1) 등기관이 각하하여야 함에도 이를 간과하고 등기가 마쳐진 경우 그 등기는 당연무효이고, 직권말소하여야 하며, 이해관계인도 이의신청할 수 있다.

2) 규칙 제52조

> ① 등기능력 없는 물건 또는 권리에 대한 등기를 신청한 경우
> ② 법령에 근거가 없는 특약사항의 등기를 신청한 경우
> ③ 구분건물의 전유부분과 대지사용권의 분리처분 금지에 위반한 등기를 신청한 경우
> ④ 농지를 전세권설정의 목적으로 하는 등기를 신청한 경우
> ⑤ 저당권을 피담보채권과 분리하여 양도하거나 피담보채권과 분리하여 다른 채권의 담보로 하는 등기를 신청한 경우
> ⑥ 일부지분에 대한 소유권보존등기를 신청한 경우
> ⑦ 공동상속인중 일부가 자신의 상속지분만에 대한 상속등기를 신청한 경우
> ⑧ 관공서 또는 법원의 촉탁으로 실행되어야 할 등기를 신청한 경우
> ⑨ 이미 보존등기 된 부동산에 대하여 다시 보존등기를 신청한 경우
> ⑩ 그 밖에 신청취지 자체에 의하여 법률상 허용될 수 없음이 명백한 등기를 신청한 경우
>
> > 가압류 기입등기 후 가압류가 본 압류로 이행하는 강제경매개시결정이 내려져 그 기입등기가 마쳐진 상태에서 집행법원이 가압류등기만의 말소촉탁을 하는 경우가 이에 해당한다(대결 2012.5.10. 2012마180).

3) 각종 기출문제

O	① 공유자 중 1인이 신청하는 공유자 전원명의의 소유권보존등기 ② 포괄수증자 중 1인이 신청하는 자기 지분만의 유증에 의한 소유권이전등기 ③ 수인의 가등기권리자 중 1인이 신청하는 자기 지분만의 본등기신청
×	① 공유자 중 1인이 신청하는 자기 지분만의 소유권보존등기 ② 자기 지분만의 상속등기 ③ 수인의 가등기권리자 중 1인이 신청하는 전원명의의 본등기 ④ 합유자 중 1인의 지분에 대한 가압류등기 촉탁 ⑤ 물권적 청구권 보전을 위한 가등기 ⑥ 저당권을 피담보채권과 분리하여 양도하거나, 피담보채권과 분리하여 다른 채권의 담보로 하는 등기를 신청한 경우 ⑦ 상속등기를 하지 아니한 부동산에 대한 가압류등기 촉탁

(3) 신청할 권한이 없는 자가 신청한 경우(제3호)

(4) 법 제24조 제1항 제1호에 따라 등기를 신청(방문신청)할 때 당사자나 그 대리인이 출석하지 아니한 경우(제4호) - 관공서에 의한 촉탁이나 전자신청은 예외에 해당함.

(5) 신청정보의 제공이 대법원규칙(규칙 제43조)으로 정한 방식에 맞지 아니한 경우(제5호)

(6) 신청정보의 부동산 또는 등기의 목적인 권리의 표시가 등기기록과 일치하지 아니한 경우(제6호)

(7) 신청정보의 등기의무자의 표시가 등기기록과 일치하지 아니한 경우(제7호)
(다만, 제27조에 따라 포괄승계인이 등기신청을 하는 경우는 제외)

(8) 신청정보와 등기원인을 증명하는 정보가 일치하지 아니한 경우(제8호)

(9) 등기에 필요한 첨부정보를 제공하지 아니한 경우(제9호)

(10) 취득세, 등록면허세 또는 수수료를 내지 아니하거나 등기신청과 관련하여 다른 법률에 따라 부과된 의무를 이행하지 아니한 경우(제10호)

(11) 신청정보 또는 등기기록의 부동산의 표시가 토지대장, 임야대장 또는 건축물대장과 일치하지 아니한 경우(제11호)

2. 각하결정

(1) 등기관은 등기신청이 법 제29조에 열거된 각하사유 중의 어느 하나에 해당하는 때에는 이유를 적은 결정으로 신청을 각하한다.

(2) 각하결정 후 고지할 때까지 보정을 하였다 하여 이미 내려진 각하결정을 내려지지 않은 것으로 돌릴 수는 없다.

(3) 전자신청에 대한 각하결정의 방식 및 고지방법은 서면신청과 동일한 방법으로 처리한다.

(4) 각하결정등본을 교부하거나 송달할 때에는 등기신청서 외의 첨부서류도 함께 교부하거나 송달한다. 다만, 첨부서류 중 각하사유를 증명할 서류는 복사하여 해당 등기신청서에 편철한다.

OX 확인

01 공동상속인 중 일부가 자신의 상속지분만에 대한 상속등기를 신청한 경우, 농지를 전세권설정의 목적으로 하는 등기신청, 경매절차에서 매수인이 된 자가 소유권이전등기를 신청하는 경우 '사건이 등기할 것이 아닌 경우'에 해당하므로 「부동산등기법」 제29조 제2호에 의해 각하하여야 한다.
O | X

02 일부 지분에 대한 근저당권설정등기를 신청한 경우 이는 '사건이 등기할 것이 아닌 경우'에 해당한다.
O | X

03 대지권이 등기된 구분건물에 대하여 건물만에 관한 소유권이전등기신청 또는 저당권설정등기신청은 분리처분 금지에 위반되어 각하대상이다.
O | X

04 등기원인이 신탁임에도 신탁등기만을 신청하거나 소유권이전등기만을 신청하는 경우에는 「부동산등기법」 제29조 제5호의 "신청정보의 제공이 대법원규칙으로 정한 방식에 맞지 아니한 경우"에 해당한다.
O | X

05 미등기 부동산에 대한 처분제한 등기의 촉탁에 의하여 등기관이 직권으로 소유권보존등기를 하는 경우에는 국민주택채권을 매입하지 않았다고 하여 그 촉탁을 각하할 수 없다.
O | X

06 수인의 가등기권자 중 일부가 자신의 가등기 지분만에 대하여 본등기를 신청하는 경우 이는 각하사유에 해당하지 않는다.
O | X

07 공동상속인 중 일부가 자신의 상속지분만에 대한 상속등기를 신청한 경우 이는 사건이 등기할 것이 아닌 경우에 해당한다.
O | X

08 가압류등기가 된 후 가압류가 본압류로 이행하는 강제경매개시결정등기가 마쳐진 상태에서 집행법원이 가압류등기만의 말소촉탁을 하는 경우에는 「부동산등기법」 제29조 제2의 '사건이 등기할 것이 아닌 경우'에 해당하여 각하하여야 한다. O | X

09 각하결정을 하였더라도 그 결정이 아직 고지되기 전에 보정이 되었다면 각하결정을 취소하고 신청한 등기를 하여야 한다. O | X

정답 | 01 ○ 02 × 03 ○ 04 ○ 05 ○ 06 ○ 07 ○ 08 ○ 09 ×

3. 보정·취하·각하에 관한 정리

구분	취하	보정	각하
제출해야 하는 서면	취하서	보정 통지받은 서류 등	×
등기관이 반환하는 서면 등	등기신청수수료, 신청서와 부속서류	×	부속서류

제5절 교합

등기관은 접수번호의 순서에 따라 등기사무를 처리하여야 한다(법 제11조 제3항).

제6절 등기완료 후의 절차

I 의의

등기는 등기기록에 등기사항을 기록하고 교합(등기사무를 처리한 등기관이 누구인지 알 수 있는 조치를 하는 것)을 함으로써 형식적으로 등기절차가 완료되고 그 효력을 발생한다.

II 등기필정보의 작성 및 통지

1. 등기필정보의 작성(법 제50조 제1항, 규칙 제109조, 예규 제1604호)

(1) 법 제3조 기타 법령에서 등기할 수 있는 권리로 규정하고 있는 권리를 보존, 설정, 이전하는 등기를 하는 경우
(2) 위 (1)의 권리의 설정 또는 이전청구권 보전을 위한 가등기를 하는 경우
(3) 권리자를 추가하는 경정 또는 변경등기(甲 단독소유를 甲, 乙 공유로 경정하는 경우나 합유자가 추가되는 합유명의인표시변경등기 등)를 하는 경우

2. 등기필정보의 작성방법

(1) 등기필정보는 부동산 및 등기명의인이 된 신청인별로 작성하되, 등기신청서의 접수년월일 및 접수번호가 동일한 경우에는 부동산이 다르더라도 등기명의인별로 작성할 수 있다(규칙 제106조 제2항).

(2) 작성하지 않는 경우(법 제50조 제1항, 규칙 제109조)

① 채권자대위에 의한 등기
② 등기관의 직권에 의한 보존등기
③ 승소한 등기의무자의 신청에 의한 등기
④ 관공서가 등기를 촉탁하는 경우(주의 관공서가 등기의무자인 경우에는 그 등기권리자를 위해 작성한다)

3. 등기필정보의 통지방법(규칙 제107조, 예규 제1604호)

규칙 제107조(등기필정보 통지방법)
① 등기필정보는 다음 각 호의 구분에 따른 방법으로 통지한다.
  1. 방문신청의 경우: 등기필정보를 적은 서면(이하 "등기필정보통지서"라 한다)을 교부하는 방법. 다만, 신청인이 등기신청서와 함께 대법원예규에 따라 등기필정보통지서 송부용 우편 봉투를 제출한 경우에는 등기필정보통지서를 우편으로 송부한다.
  2. 전자신청의 경우: 전산정보처리조직을 이용하여 송신하는 방법
② 제1항 제2호에도 불구하고, 관공서가 등기권리자를 위하여 등기를 촉탁한 경우 그 관공서의 신청으로 등기필정보통지서를 교부할 수 있다.
③ 제1항에 따라 등기필정보를 통지할 때에는 그 통지를 받아야 할 사람 외의 사람에게 등기필정보가 알려지지 않도록 하여야 한다.

4. 등기필정보 통지의 상대방(규칙 제108조)

규칙 제108조(등기필정보 통지의 상대방)
① 등기관은 등기를 마치면 등기필정보를 등기명의인이 된 신청인에게 통지한다. 다만, 관공서가 등기권리자를 위하여 등기를 촉탁한 경우에는 대법원예규로 정하는 바에 따라 그 관공서 또는 등기권리자에게 등기필정보를 통지한다.
② 법정대리인이 등기를 신청한 경우에는 그 법정대리인에게, 법인의 대표자나 지배인이 신청한 경우에는 그 대표자나 지배인에게, 법인 아닌 사단이나 재단의 대표자나 관리인이 신청한 경우에는 그 대표자나 관리인에게 등기필정보를 통지한다.

Ⅲ 등기완료사실의 통지

1. 등기필정보를 부여받을 사람에 대한 통지

전자신청의 경우에는 등기필정보를 송신할 때 함께 송신하고, 서면신청의 경우에는 등기필정보가 함께 기재된 등기필정보 및 등기완료통지서로 하여야 한다.

2. 등기필정보를 부여받지 않는 사람에 대한 통지

(1) 신청서에 등기완료사실의 통지를 원한다는 등기의무자의 의사표시가 기재되어 있는 경우에만 등기완료사실의 통지를 한다.

(2) 위 (1)을 제외한 신청인에 대한 통지

① 공동신청에 있어서 등기필정보를 부여받지 않는 등기권리자

② 단독신청에 있어서 신청인

③ 법 제23조 제4항에 의한 승소한 등기의무자의 등기신청에 있어서 등기의무자

④ 법 제28조에 의한 대위채권자의 등기신청에 있어서 대위자

(3) 신청인이 아닌 등기명의인 등에 대한 통지

① 법 제23조 제4항에 의한 승소한등기의무자의 등기신청에 있어서 등기권리자

② 법 제28조에 의한 대위채권자의 등기신청에 있어서 등기권리자

③ 법 제66조에 의한 소유권의 처분제한의 등기촉탁에 있어서 소유권 보존등기의 명의인

④ 법 제51조의 등기의무자

(4) 관공서에 대한 통지

전자촉탁의 경우에는 전산정보처리조직을 이용하여 송신하는 방법에 의하고, 서면촉탁의 경우에는 등기완료사실을 인터넷등기소에 게시하는 방법에 의한다.

Ⅳ 소유권변경 사실의 통지(법 제62조)

법 제62조(소유권변경 사실의 통지)

등기관이 다음 각 호의 등기를 하였을 때에는 지체 없이 그 사실을 토지의 경우에는 지적소관청에, 건물의 경우에는 건축물대장 소관청에 각각 알려야 한다.

1. 소유권의 보존 또는 이전
2. 소유권의 등기명의인표시의 변경 또는 경정
3. 소유권의 변경 또는 경정
4. 소유권의 말소 또는 말소회복

Ⅴ 과세자료의 제공(법 제63조)

법 제63조(과세자료의 제공)

등기관이 소유권의 보존 또는 이전의 등기[가등기를 포함한다]를 하였을 때에는 대법원규칙으로 정하는 바에 따라 지체 없이 그 사실을 부동산 소재지 관할 세무서장에게 통지하여야 한다.

OX 확인

01 등기관이 등기권리자의 신청에 의하여 '甲' 단독 소유를 '甲, 乙' 공유로 하는 경정등기를 완료한 경우에는 등기필정보를 작성하여야 한다. O | X

02 관공서가 등기권리자를 위해 등기를 촉탁하는 경우에 그 등기를 마쳤을 때에는 등기필정보를 작성하여야 한다. O | X

03 등기관이 대위채권자의 등기신청을 완료한 때에는 등기필정보를 작성하여 등기권리자에게 통지하여야 한다. O | X

04 가압류등기, 가처분등기 및 경매개시결정등기가 가등기에 의한 본등기 또는 매각으로 말소된 경우에는 등기관은 지체 없이 그 뜻을 집행법원에 통지하여야 한다. O | X

05 등기필정보의 통지를 제외하고는 등기관이 등기를 마친 후 등기신청인에게 등기완료의 사실을 통지하는 제도는 없다. O | X

06 서면신청의 경우 등기필정보를 부여받을 사람에 대한 등기완료사실의 통지는 등기필정보통지서와는 별개의 서면인 등기완료통지서로써 하여야 한다. O | X

07 공동신청에 있어서 등기의무자에게는 신청서에 통지를 원한다는 등기의무자의 의사표시가 기재되어 있는 경우에만 등기완료사실을 통지한다. O | X

정답 | 01 ○ 02 ○ 03 × 04 ○ 05 × 06 × 07 ○

08 승소한 등기의무자의 신청에 의하여 등기를 마친 경우에는 등기필정보를 작성하여 등기권리자에게 우편으로 통지하여야 한다. O | X

09 등기관이 소유권의 말소 또는 말소회복의 등기를 하였을 때에는 지체 없이 그 사실을 지적소관청 또는 건축물대장 소관청에 각각 알려야 한다. O | X

정답 | **08** × **09** ○

제6장 | 등기관의 처분에 대한 이의

제1절 의의

등기관의 결정 또는 처분에 이의가 있는 자는 관할 지방법원에 이의신청을 할 수 있다(법 제100조).

제2절 이의신청의 요건

Ⅰ 등기관의 결정 또는 처분의 부당

등기신청 외의 신청에 대한 처분	등기신청에 대한 처분	
	소극적 부당	적극적 부당
적극적 부당, 소극적 부당 모두 이의신청 대상	이의사유에는 특별한 제한이 없음.	실행하여서는 안 될 등기를 실행한 경우 ① 법 제29조 제1호 또는 제2호에 해당하는 각하사유가 있다고 주장하는 경우에는 해당됨. ② 법 제29조 제3조 이하의 사유는 이에 해당하지 않음(이의신청이 아닌 소로써 해결해야 함).

Ⅱ 이의신청인 및 등기상 이해관계인

1. 이의신청인

구분	효력	사유	이의신청인	
			당사자	등기상 이해관계인
등기신청을 각하한 경우		법 제29조 사유이면 제한 없음.	○	×
각하사유를 간과하고 등기가 실행된 경우	당연무효	법 제29조 제1호·제2호	○	○
	당연무효는 아님.	법 제29조 제3호 이하의 사유	×	×

2. 등기상 이해관계인의 해당 여부(예규 제1411호)

(1) 채권자가 채무자를 대위하여 마친 등기가 채무자의 신청에 의하여 말소된 경우에는 그 말소처분에 대하여 채권자는 등기상 이해관계인으로서 신청을 할 수 있다.

(2) 상속인이 아닌 자는 상속등기가 위법하다하여 이의신청을 할 수는 없다.

(3) 저당권의 이전등기에 대하여 저당권설정자는 이의신청을 할 수 있는 이해관계인이 아니다.

(4) 등기의 말소신청에 있어 「부동산등기법」 제57조 소정의 이해관계 있는 제3자의 승낙서 등 서면이 첨부되어 있지 아니하였음에도 등기관이 이를 수리하여 말소등기를 실행한 경우, 말소등기의무자는 말소처분에 대하여 이의신청을 할 수 있는 등기상 이해관계인에 해당되지 아니하여 이의신청을 할 수 없다.

제3절 이의신청의 절차와 효력

1. 이의신청절차

(1) 해당 등기관을 감독하는 지방법원(또는 지원)에 서면(이의신청서)으로써 이의신청(구술로는 이의신청을 할 수 없음)을 하여야 하나, 이의신청서는 해당 등기소에 제출하여야 한다.

(2) 이의신청서에는 이의신청인의 성명과 주소, 이의신청의 대상인 등기관의 결정 또는 처분, 이의신청의 취지와 이유, 그 밖에 대법원예규로 정하는 사항을 적고 신청인이 기명날인 또는 서명하여야 한다(규칙 제158조).

(3) 새로운 사실이나 새로운 증거방법을 근거로 이의신청을 할 수 없다(법 제102조).
그 결정 또는 처분시 주장되거나 제출되지 아니한 사실이나 증거방법으로써 이의사유를 삼을 수 없다.

(4) 이의신청은 이의의 이익이 있는 한 언제라도 이의신청이 가능하다.

2. 이의신청의 효력

등기관의 처분에 대한 이의는 집행정지의 효력이 없다(법 제104조).

제4절 이의에 대한 조치

1. 등기관의 조치

구분	신청각하에 대한 이의신청	간과한 등기에 대한 이의신청이 있는 경우	
		법 제29조 제1호·제2호	법 제29조 제3호 이하
이의가 이유 없다고 인정되는 경우	관할지방법원에 송부(이의신청서가 접수된 날로부터 3일 이내에)		
이의가 이유 있다고 인정되는 경우	등기 실행	직권말소	관할지방법원에 송부

2. 법원의 조치

이의신청서를 받은 관할지방법원은 이의에 대하여 이유를 붙여 결정을 하여야 한다.

3. 관할 지방법원의 기록명령에 의한 등기

(1) 등기절차

① 관할 지방법원은 이의신청에 대하여 결정하기 전에 등기관에게 가등기 또는 이의가 있다는 뜻의 부기등기를 명령할 수 있고(법 제106조), 이의신청을 인용하여 일정한 등기를 명한 경우 등기관은 그 명령에 따른 등기를 하여야 한다.

② 가등기 또는 부기등기는 등기관이 관할 지방법원으로부터 이의신청에 대한 기각결정(각하, 취하를 포함)의 통지를 받았을 때에 말소한다.

③ 등기관은 관할 지방법원의 명령에 따라 등기를 할 때에는 명령을 한 지방법원, 명령의 연월일, 명령에 따라 등기를 한다는 뜻과 등기의 연월일을 기록하여야 한다(법 제107조).

(2) 등기신청 각하 후 관할 지방법원의 기록명령이 있기 전에 다른 등기가 마쳐진 경우

1) 기록명령에 따른 등기를 할 수 없는 경우(규칙 제161조)

규칙 제161조(기록명령에 따른 등기를 할 수 없는 경우)

① 등기신청의 각하결정에 대한 이의신청에 따라 관할 지방법원이 그 등기의 기록명령을 하였더라도 다음 각 호의 어느 하나에 해당하는 경우에는 그 기록명령에 따른 등기를 할 수 없다.

1. 권리이전등기의 기록명령이 있었으나, 그 기록명령에 따른 등기 전에 제3자의 명의로 권리이전등기가 되어 있는 경우(⇨ 양립 불가능하므로)
2. 지상권, 지역권, 전세권 또는 임차권의 설정등기의 기록명령이 있었으나, 그 기록명령에 따른 등기 전에 동일한 부분에 지상권, 전세권 또는 임차권의 설정등기가 되어 있는 경우(⇨ 양립 불가능하므로)
3. 말소등기의 기록명령이 있었으나 그 기록명령에 따른 등기 전에 등기상 이해관계인이 발생한 경우
4. 등기관이 기록명령에 따른 등기를 하기 위하여 신청인에게 첨부정보를 다시 등기소에 제공할 것을 명령하였으나 신청인이 이에 응하지 아니한 경우(⇨ 재제출명령에 불응)

② 제1항과 같이 기록명령에 따른 등기를 할 수 없는 경우에는 그 뜻을 관할 지방법원과 이의신청인에게 통지하여야 한다.

2) 기록명령에 따른 등기를 하는데 장애가 되지 않는 경우

소유권이전등기신청의 각하결정에 대한 이의신청에 기하여 관할지방법원의 소유권이전등기 기록명령에 따른 등기 전에 제3자 명의의 근저당권설정등기(가등기)가 마쳐진 때와 같은 경우에는 기록명령에 따른 등기를 하는데 장애가 되지 아니하므로, 기록명령에 따른 등기를 하여야 한다.

OX 확인

01 등기신청의 각하결정에 대하여는 등기신청인인 등기권리자 및 등기의무자에 한하여 이의신청을 할 수 있고, 제3자는 이의신청을 할 수 없다. O | X

02 이의의 신청은 관할 지방법원에 이의신청서를 제출하는 방법으로 한다. O | X

03 관할 지방법원은 이의신청에 대하여 결정하기 전에 등기관에게 가등기 또는 이의가 있다는 뜻의 부기등기를 명령할 수 있다. O | X

04 이의에는 집행정지의 효력이 없다. O | X

05 등기신청의 각하결정에 대한 이의신청의 경우 등기관의 각하결정이 부당하다는 사유면 족하고 그 이의사유에 특별한 제한은 없다. O | X

06 저당권설정자는 저당권의 양수인과 양도인 사이의 저당권이전의 부기등기에 대하여 이의신청을 할 수 없다. O | X

07 등기관의 결정 또는 처분 시에 주장되거나 제출되지 아니한 새로운 사실이나 증거방법으로써 이의사유를 삼을 수는 없다. O | X

08 상속인이 아닌 자는 상속등기가 위법하다 하여 이의신청을 할 수는 없다. O | X

정답 | 01 ○ 02 × 03 ○ 04 ○ 05 ○ 06 ○ 07 ○ 08 ○

09 각하결정에 대한 이의신청은 결정을 송달받은 때로부터 7일 이내에 하여야 한다. O | X

해설 각하결정에 대한 이의신청은 이익이 있는 한 언제든지 할 수 있다.

10 등기관이 기록명령에 따른 등기를 하기 위하여 신청인에게 첨부정보를 다시 등기소에 제공할 것을 명하였으나 신청인이 이에 응하지 않은 경우 등기관의 각하결정에 대한 관할 지방법원의 기록명령이 있는 이상 기록명령에 따른 등기를 하여야 한다. O | X

11 전세권설정등기의 기록명령이 있었으나 그 기록명령에 따른 등기 전에 동일한 부분에 지상권, 전세권 또는 임차권설정등기가 되어 있는 경우에는 기록명령에 따른 등기를 할 수 없다. O | X

12 소유권이전등기의 기록명령이 있었으나, 그 기록명령에 따른 등기 전에 제3자 명의의 가등기가 마쳐진 경우 그 기록명령에 따른 등기를 할 수 있다. O | X

13 근저당권말소등기의 기록명령이 있었으나 그 기록명령에 따른 등기 전에 등기상 이해관계인이 발생한 경우에는 그 기록명령에 따른 등기를 할 수 없다. O | X

14 등기신청을 수리하여 이미 마쳐진 등기에 대하여는 그 등기가 「부동산등기법」 제29조 제1호 및 제2호에 해당하는 경우에 한하여 이의신청을 할 수 있고, 같은 법 제29조 제3호 이하의 사유로는 이의신청의 방법으로 그 등기의 말소를 구할 수 없다. O | X

15 등기관의 처분에 대한 이의에는 집행정지의 효력이 없고, 기간의 제한도 없으므로 이의의 이익이 있는 한 언제라도 이의신청을 할 수 있다. O | X

16 등기신청의 각하결정에 대한 이의신청으로 관할 지방법원이 권리이전등기의 기록명령을 하였더라도 그 기록명령을 하였더라도 그 기록명령에 따른 등기 전에 제3자 명의로 권리이전등기가 되어 있는 경우에는 그 기록명령에 따른 등기를 할 수 없다. O | X

17 이의신청인이 이의신청에 대한 관할 지방법원의 결정 전에 회복할 수 없는 손해가 발생할 수 있음을 소명하는 사실을 이의신청서에 기재하거나 이에 대한 자료를 제출할 경우에 한하여 관할 지방법원은 이를 심사하여 등기관에게 가등기명령을 할 수 있다. O | X

해설 관할 지방법원은 이의신청에 대하여 결정하기 전에 등기관에게 가등기 또는 이의가 있다는 뜻의 부기등기를 명령할 수 있다(법 제106조). 즉, 이의신청인이 이의신청에 대한 관할 지방법원의 결정 전에 회복할 수 없는 손해가 발생할 수 있음을 소명하는 사실을 이의신청서에 기재하거나 이에 대한 자료를 제출할 경우에 한하지는 않는다.

정답 | 09 × 10 × 11 ○ 12 ○ 13 ○ 14 ○ 15 ○ 16 ○ 17 ×

제2편 각론

제1장 | 부동산의 표시에 관한 등기

제1절 총설

토지 또는 건물의 현황을 명확히 하기 위하여 등기부의 표제부에 하는 등기이다.

제2절 토지 표시에 관한 등기

Ⅰ 대장등록의 선행

부동산의 물리적 변경이 있는 경우에는 대장의 변경등록을 먼저 한 후에 그 대장등본에 의해 부동산변경등기를 신청하여야 한다.

1. 관련법상 분할절차를 거치지 아니하고 분필의 등기가 실행되었다면 분필의 효과가 발생할 수 없으므로 이러한 분필등기는 1부동산 1등기기록주의에 반하는 등기로서 무효이다(판례).
2. 1필의 토지의 특정 일부에 관하여 소유권이전등기를 명하는 판결이 있었다 하더라도 토지대장상 토지를 분할하지 않고 분필등기만을 할 수는 없다(선례 제1-549호).

Ⅱ 토지의 분필등기와 합필등기

1. 토지의 분필등기

(1) 신청인

토지소유권의 등기명의인은 그 사실이 있는 때로부터 1개월 이내에 그 등기를 신청하여야 한다(법 제35조). 토지의 분필등기는 소유권의 등기명의인이 단독으로 신청한다(법 제23조 제5항).

(2) 신청정보

등기원인과 그 연월일	○년 ○월 ○일(토지대장에 표시된 분할일) 분할
등기의 목적	토지표시변경
변경할 사항	토지의 변경 전과 변경 후의 표시에 관한 정보(규칙 제72조 제1항)

(3) 첨부정보

등기원인증명정보	토지대장정보 또는 임야대장정보
지적도	지상권 등이 토지 일부에 존속하는 경우

(4) 등기실행

① 甲 토지를 분할하여 그 일부를 을 토지로 하여 분필등기를 할 때에는 乙 토지에 관하여 등기기록을 개설하고, 그 등기기록 중 표제부에 토지의 표시와 분할로 인하여 甲 토지의 등기기록에서 옮겨 기록한 뜻을 기록하여야 한다(규칙 제75조 제1항).

② 甲 토지의 등기기록 중 표제부에 남은 부분의 표시를 하고, 분할로 인하여 다른 부분을 乙 토지의 등기기록에 옮겨 기록한 뜻을 기록하며, 종전의 표시에 관한 등기를 말소하는 표시를 하여야 한다(규칙 제75조 제2항).

OX 확인

01 1필지의 토지 중 특정 일부에 대한 소유권이전등기를 명한 판결을 받은 경우에 등기를 신청하기 위하여서는 그 특정 부분에 대한 분필등기가 선행되어야 하며, 지분으로 표시하여 소유권이전등기를 신청할 수 없다. O | X

02 법률에 따른 분할절차를 거치지 아니하고 분필등기가 실행되었다면 분필의 효과가 발생할 수 없으므로 이러한 분필등기는 1부동산 1등기용지의 원칙에 반하는 등기로서 무효이다. O | X

03 1필의 토지의 일부에 지상권·전세권·임차권의 등기가 있는 경우에 분필등기를 신청할 때에는 권리가 존속할 토지의 표시에 관한 정보를 신청정보의 내용으로 등기소에 제공하고, 이에 관한 권리자의 확인이 있음을 증명하는 정보를 첨부정보로서 등기소에 제공하여야 한다. O | X

해설 규칙 제74조

04 토지의 분할, 합병 등 토지의 표시변경등기를 신청하는 경우에는 그 토지의 변경 전과 변경 후의 표시에 관한 정보를 신청정보의 내용으로 등기소에 제공하여야 한다. O | X

05 토지의 표시사항이 변경된 경우 소유권의 등기명의인은 그 사실이 있는 때부터 1개월 이내에 토지 표시의 변경등기를 신청하여야 한다. O | X

06 토지 표시에 관한 사항을 변경하는 등기는 부기등기로 하고, 종전의 표시에 관한 등기를 말소하는 표시를 한다. O | X

해설 토지 표시에 관한 사항을 변경하는 등기를 할 때에는 주등기로 하고(법 제52조 반대해석), 종전의 표시에 관한 등기를 말소하는 표시를 한다(규칙 제73조).

정답 | 01 ○ 02 ○ 03 ○ 04 ○ 05 ○ 06 ×

2. 토지의 합필등기

(1) 신청인

소유권의 등기명의인이 단독으로 신청한다(법 제23조 제5항).

(2) 신청정보

등기원인과 그 연월일	○년 ○월 ○일(토지대장에 표시된 합병일) 합병
등기의 목적	토지표시변경
변경할 사항	토지의 변경 전과 변경 후의 표시에 관한 정보

(3) 첨부정보(규칙 제72조 제2항)

토지의 합병을 증명하는 토지대장정보나 임야대장정보를 첨부정보로서 등기소에 제공하여야 한다.

(4) 등기실행

① 甲 토지를 乙 토지에 합병한 경우 등기관이 합필등기를 할 때에는 乙 토지의 등기기록 중 표제부에 합병 후의 토지의 표시와 합병으로 인하여 甲 토지의 등기기록에서 옮겨 기록한 뜻을 기록하고, 종전의 표시에 관한 등기를 말소하는 표시를 하여야 한다(규칙 제79조 제1항).

② 甲 토지를 乙 토지에 합병한 경우 甲 토지의 등기기록 중 표제부에 합병으로 인하여 乙 토지의 등기기록에 옮겨 기록한 뜻을 기록하고, 甲 토지의 등기기록 중 표제부의 등기를 말소하는 표시를 한 후 그 등기기록을 폐쇄한다(규칙 제79조 제2항).

③ 합필등기 후 합병된 토지의 등기기록을 폐쇄한다. 등기기록을 개설하여 합필등기를 하였다면 그 등기는 무효이다(대판 1968.2.27. 67다2309·2310).

(5) 토지합필의 제한

3. 토지의 합필 특례

구분	내용
관련법상	① 합병 대상 토지의 지번부여지역, 지목이 다른 경우 ② 합병 대상 토지의 소유자가 다른 경우(예외 합병특례) ③ 합병 대상 토지의 소유자별 공유지분이 다르거나 소유자의 주소가 서로 다른 경우 ④ 합병하려는 토지의 지적도 및 임야도의 축척이 서로 다른 경우 ⑤ 합병하려는 각 필지의 지반이 연속되지 아니한 경우 ⑥ 합병하려는 토지가 등기된 토지와 등기되지 아니한 토지인 경우
부동산등기법상 (법 제37조 제1항)	법 제37조(합필 제한) ① 합필하려는 토지에 다음 각 호의 등기 외의 권리에 관한 등기가 있는 경우에는 합필의 등기를 할 수 없다. 1. 소유권·지상권·전세권·임차권 및 승역지에 하는 지역권의 등기 2. 합필하려는 모든 토지에 있는 등기원인 및 그 연월일과 접수번호가 동일한 저당권에 관한 등기 3. 합필하려는 모든 토지에 있는 제81조 제1항 각 호의 등기사항이 동일한 신탁등기
신탁등기가 경료된 경우	① 원칙: 법 제37조 제1항의 경우 외에는 합필등기를 할 수 없다. ② 예외 ㉠ 「주택법」에 의하여 주택건설사업계획의 승인을 얻어 공동주택을 건설하는 경우와 「건축법」상 건축허가를 받아 주택 외의 시설과 동일 건축물로 하여 주택법에서 정한 호수 이상으로 건설·공급하는 경우로서 「주택법」상 입주자모집공고승인을 받고 신탁목적이 동일한 경우에 한하여 신탁 토지 상호간에 합병등기를 할 수 있다(예규). ㉡ 위탁자가 동일할 필요는 없다.

법 제38조(합필의 특례)

① 「공간정보의 구축 및 관리 등에 관한 법률」에 따른 토지합병절차를 마친 후 합필등기를 하기 전에 합병된 토지 중 어느 토지에 관하여 소유권이전등기가 된 경우라 하더라도 이해관계인의 승낙이 있으면 해당 토지의 소유권의 등기명의인들은 합필 후의 토지를 공유로 하는 합필등기를 신청할 수 있다.

② 「공간정보의 구축 및 관리 등에 관한 법률」에 따른 토지합병절차를 마친 후 합필등기를 하기 전에 합병된 토지 중 어느 토지에 관하여 제37조 제1항에서 정한 합필등기의 제한 사유에 해당하는 권리에 관한 등기가 된 경우라 하더라도 이해관계인의 승낙이 있으면 해당 토지의 소유권의 등기명의인은 그 권리의 목적물을 합필 후의 토지에 관한 지분으로 하는 합필등기를 신청할 수 있다.
다만, 요역지(요역지: 편익필요지)에 하는 지역권의 등기가 있는 경우에는 합필 후의 토지 전체를 위한 지역권으로 하는 합필등기를 신청하여야 한다.

규칙 제81조(토지합필의 특례에 따른 등기신청)

① 법 제38조에 따른 합필등기를 신청하는 경우에는 종전 토지의 소유권이 합병 후의 토지에서 차지하는 지분을 신청정보의 내용으로 등기소에 제공하고, 이에 관한 토지소유자들의 확인이 있음을 증명하는 정보를 첨부정보로서 등기소에 제공하여야 한다.

② 제1항의 경우에 이해관계인이 있을 때에는 그 이해관계인의 승낙이 있음을 증명하는 정보를 첨부정보로서 등기소에 제공하여야 한다.

규칙 제82조(토지합필의 특례에 따른 등기)

① 법 제38조에 따라 합필의 등기를 할 때에는 제79조 및 제80조에 따른 등기를 마친 후 종전 토지의 소유권의 등기를 공유지분으로 변경하는 등기를 부기로 하여야 하고, 종전 등기의 권리자에 관한 사항을 말소하는 표시를 하여야 한다.

② 제1항의 경우에 이해관계인이 있을 때에는 그 이해관계인 명의의 등기를 제1항의 공유지분 위에 존속하는 것으로 변경하는 등기를 부기로 하여야 한다.

OX 확인

01 「건축법」 제11조에 따른 건축허가를 받아 건설하는 건축물로서 「건축물의 분양에 관한 법률」에 따라 공급하는 경우에는 그 건설 대지에 신탁등기가 마쳐진 경우라도 신탁목적이 동일하고 다른 합필제한 사유가 없다면 그 토지에 대한 합필등기를 신청할 수 있다. O | X

02 토지등기기록에 요역지지역권의 등기가 있다면 그 토지에 대한 합필의 등기를 신청할 수 없는바, 이는 요역지지역권의 등기가 모든 토지의 등기기록에 있고 그 등기사항이 모두 동일하더라도 마찬가지이다. O | X

03 소유권의 등기명의인이 동일한 甲 토지와 乙 토지의 등기기록 모두에 소유권의 등기 외에 등기원인 및 그 연월일과 접수번호가 동일한 저당권에 관한 등기만 있는 경우라도 甲 토지의 저당권은 토지 전부를 목적으로 하고 있으나, 乙 토지의 저당권은 소유권의 일부 지분만을 목적으로 하고 있다면 甲 토지를 乙 토지에 합병하는 합필등기를 신청할 수 없다. O | X

04 甲 토지에 저당권설정등기가 마쳐지고 후에 동일한 채권에 대하여 乙 토지에 추가로 저당권설정등기가 마쳐져 있을 뿐 甲 토지와 乙 토지 모두에 소유권등기 외의 다른 권리에 관한 등기가 없다면 甲 토지를 乙 토지에 합병하는 합필등기를 신청할 수 있다. O | X

05 「공간정보의 구축 및 관리 등에 관한 법률」에 따른 토지합병절차를 마친 후 합필등기를 하기 전에 합병된 토지 중 어느 토지에 관하여 소유권이전등기가 된 경우에는 이해관계인의 승낙이 있어도 해당 토지의 소유권의 등기명의인들은 합필 후의 토지를 공유로 하는 합필등기를 신청할 수 없다. O | X

06 합필하고자 하는 甲과 乙 토지 중 甲 토지에 환매특약의 등기가 있는 경우에는 합필등기를 신청할 수 있다. O | X

정답 | 01 ○ 02 ○ 03 ○ 04 × 05 × 06 ×

07 甲 토지에 저당권설정등기를 한 후 동일한 채권에 대하여 乙 토지에 추가로 저당권설정등기를 한 경우에는 합필등기를 신청할 수 있다. O | X

08 甲과 乙 토지에 등기원인 및 그 연월일과 접수번호가 동일한 가압류등기 또는 가처분등기가 있는 경우에는 특별한 사정이 없는 한 합필등기를 신청할 수 없다. O | X

09 甲과 乙 토지가 대장상 합병이 된 후에 甲 토지에 대하여 소유권이전등기가 마쳐진 경우에는 이해관계인의 승낙과 상관없이 합필등기를 신청할 수 없다. O | X

10 甲과 乙 토지가 대장상 합병이 된 후에 甲 토지에 대하여 가압류가 마쳐진 경우에는 이해관계인의 승낙과 상관없이 합필등기를 신청할 수 없다. O | X

11 합필등기는 등기기록을 새로 개설하여 할 수 없으므로 새로 개설하여 합필등기를 하였다면 그 등기는 무효이다. O | X

정답 | **07** × **08** ○ **09** × **10** × **11** ○

4. 토지개발사업에 따른 등기(토지개발 등기규칙, 예규 제1658호)

(1) 의의

「도시개발법」에 따른 도시개발사업, 「농어촌정비법」에 따른 농어촌정비사업, 「주택법」에 따른 주택건설사업 등 「공간정보의 구축 및 관리 등에 관한 법률」 제86조의 규정이 적용되는 토지개발사업의 시행지역에서 환지를 수반하지 아니하는 토지의 이동으로 인하여 지적공부가 정리된 경우의 부동산등기에 관한 특례를 정한 것이다.

(2) 근거규정

「토지개발 등기규칙」 제2조(신청요건)

① 이 규칙에 따른 등기를 신청하기 위해서는 다음 각 호의 요건을 갖추어야 한다.

1. 토지개발사업의 완료에 따른 지적확정측량에 의하여 종전 토지의 지적공부가 전부 폐쇄되고 새로 조성된 토지에 대하여 지적공부가 작성될 것
2. 종전 토지의 소유권의 등기명의인이 모두 같을 것
3. 종전 토지의 등기기록에 소유권등기 외의 권리에 관한 등기가 없을 것

② 제1항 제3호에도 불구하고 다음 각 호의 어느 하나에 해당하는 경우에는 이 규칙에 따른 등기를 신청할 수 있다.

1. 종전 모든 토지의 등기기록에 「부동산등기법」 제81조 제1항 각 호의 등기사항이 같은 신탁등기가 있는 경우
2. 종전 모든 토지의 등기기록에 「주택법」 제61조 제3항의 금지사항 부기등기가 있는 경우
3. 종전 토지의 등기기록에 지상권, 전세권, 임차권 또는 승역지에 하는 지역권의 등기가 있는 경우
4. 종전 모든 토지의 등기기록에 등기원인 및 그 연월일과 접수번호가 같은 저당권 또는 근저당권의 등기가 있는 경우

제3조(신청하여야 할 등기)

① 토지개발사업의 완료에 따른 지적확정측량에 의하여 지적공부가 정리되고 이에 대한 확정시행 공고가 있는 경우 해당 토지의 소유명의인은 다음 각 호의 등기를 동시에 신청하여야 한다.

1. 종전 토지에 관한 말소등기
2. 새로 조성된 토지에 관한 소유권보존등기

② 종전 토지의 등기기록에 제2조 제2항 각 호의 어느 하나에 해당하는 등기가 있는 경우에는 제1항에 따른 등기의 신청과 동시에 그 등기를 신청하여야 한다.

③ 제2항의 경우에 제2조 제2항 제1호 또는 제2호에 해당하는 등기는 토지의 소유명의인이 단독으로 신청하고, 같은 항 제3호 또는 제4호에 해당하는 등기는 토지의 소유명의인과 해당 권리의 등기명의인이 공동으로 신청한다.

제4조(신청정보의 내용과 제공방법)

① 종전 토지에 관한 말소등기는 모든 토지에 대하여 1건의 신청정보로 일괄하여 신청하여야 하고, 토지개발사업의 시행으로 인하여 등기를 신청한다는 뜻을 신청정보의 내용으로 등기소에 제공하여야 한다.

② 제1항의 규정은 새로 조성된 토지에 관한 소유권보존등기에 준용한다.

③ 제2조 제2항 제1호 또는 제2호에 해당하는 등기는 제2항의 등기와 함께 1건의 신청정보로 일괄하여 신청하여야 한다.

④ 제2조 제2항 제3호 또는 제4호에 해당하는 등기는 제2항의 등기신청 다음에 별개의 신청정보로 신청하여야 하며, 그 등기가 여러 개 존재하는 경우에는 각각 별개의 신청정보로 종전 토지의 등기기록에 등기된 순서에 따라 신청하여야 한다. 이 경우 등기의무자의 등기필정보는 신청정보의 내용으로 등기소에 제공할 필요가 없다.

⑤ 새로 조성된 토지의 일부에 대하여 지상권, 전세권, 임차권이나 승역지에 하는 지역권의 등기가 존속하는 경우에는 해당 권리가 존속할 부분에 관한 정보를 신청정보의 내용으로 등기소에 제공하여야 한다.

제5조(첨부정보)

① 종전 토지에 관한 말소등기 및 새로 조성된 토지에 관한 소유권보존등기를 신청하는 경우 다음 각 호의 정보를 첨부정보로서 등기소에 제공하여야 한다.

1. 종전 토지의 폐쇄된 토지대장 정보
2. 새로 조성된 토지의 토지대장 정보
3. 종전 토지 및 확정 토지의 각 지번별 조서 정보
4. 지적공부 확정시행 공고를 증명하는 정보

② 제2조 제2항 제1호에 해당하는 등기를 신청하는 경우에는 「부동산등기법」 제81조 제1항 각 호의 사항을 첨부정보로서 등기소에 제공하여야 한다.

③ 제2조 제2항 각 호의 어느 하나에 해당하는 등기를 신청하는 경우에는 등기원인을 증명하는 정보를 제공할 필요가 없다.

④ 제4조 제5항의 경우에는 그 권리가 존속하는 부분을 표시한 지적도를 첨부정보로서 등기소에 제공하여야 한다.

제6조(등기방법)

① 등기관이 종전 토지에 관한 말소등기를 하는 경우 표제부에 토지개발사업의 시행으로 인하여 등기를 하였다는 뜻을 기록하고 표제부의 등기를 말소하는 표시를 한 후 그 등기기록을 폐쇄하여야 한다.

② 등기관이 새로 조성된 토지에 관한 소유권보존등기를 하는 경우 표제부에 토지개발사업의 시행으로 인하여 등기를 하였다는 뜻을 기록하여야 한다.

③ 등기관이 새로 조성된 토지의 등기기록에 제2조 제2항 제3호 또는 제4호에 해당하는 등기를 하는 경우 그 등기가 여러 개 있을 때에는 종전 토지의 등기기록에 등기된 순서에 따라 기록하여야 한다.

제7조(등기필정보)

등기관이 제4조 제2항에 따른 소유권보존등기 및 제4조 제4항 전단에 따른 등기를 마쳤을 때에는 등기필정보를 작성하여 등기명의인이 된 신청인에게 각각 통지하여야 한다.

제8조(대법원예규에의 위임)

토지개발사업으로 인하여 지적공부가 정리된 경우의 부동산등기에 관한 특례와 관련하여 필요한 사항 중 이 규칙에서 정하고 있지 아니한 사항은 대법원예규로 정한다.

[토지개발등기에 관한 업무처리지침](등기예규 제1658호)

2. 등기의 기록방법

가. 종전 토지에 관한 말소등기를 하는 경우

종전 토지에 관한 말소등기를 할 때에는 종전 토지의 등기기록 중 표제부에 접수연월일과 토지개발사업시행으로 인하여 말소한다는 뜻을 기록하고, 종전의 표시에 관한 등기를 말소하는 표시를 한 후 그 등기기록을 폐쇄하여야 한다.

나. 새로 조성된 토지에 관한 소유권보존등기를 하는 경우

(1) 새로 조성된 토지에 관한 소유권보존등기를 할 때에는 새로 조성된 토지에 관하여 등기기록을 새로 개설하고, 그 등기기록 중 표제부에 표시번호, 접수연월일, 소재지번, 지목, 면적 및 토지개발사업 시행으로 인하여 등기한다는 뜻을 기록한다.

(2) 종전 토지의 등기기록에 지상권, 전세권, 임차권, 승역지에 하는 지역권, 저당권 또는 근저당권의 등기가 있어 소유권보존등기와 함께 그 등기를 신청한 경우 등기원인 및 그 연월일은 종전 토지의 등기기록에 기록된 등기원인 및 연월일을 기록한다.

3. 등기신청수수료

등기신청인은 신청하는 등기의 목적에 따라 「등기사항증명서 등 수수료규칙」 제5조의2에서 정하고 있는 소정의 수수료액을 납부하여야 하며, 수개의 부동산에 관한 등기신청을 하나의 신청정보로 일괄하여 신청하는 경우에는 신청 대상이 되는 부동산 개수를 곱한 금액을 등기신청수수료로 납부하여야 한다.

(예시)

종전의 20필의 토지에 대한 말소등기와 새로 조성되는 5필의 토지에 대한 소유권보존등기, 신탁등기 및 그중 2필의 토지에 대하여 지상권설정등기를 신청하는 경우: (종전 토지에 관한 말소등기 3천원 × 20) + (새로 조성된 토지에 관한 소유권보존등기 1만5천원 × 5) + (지상권 설정등기 1만5천원 × 2) = 16만5천원

※ 신탁등기는 「등기사항증명서 등 수수료규칙」 제5조의2 제2항 제9호에 따라 신청수수료를 납부하지 아니함

4. 등록면허세

규칙 제3조에 따른 등기를 신청할 때에는 「지방세법」이 정하는 바에 따라 등록면허세를 납부하여야 한다. 다만, 소유권보존등기 및 소유권 외의 물권이나 임차권의 설정등기를 신청하는 경우에도 「지방세법」 제28조 제1항 제1호 가목 및 다목이 아닌 같은 호 마목(그 밖의 등기)에 따른 세율을 적용한 등록면허세(건당 6천원)를 납부한다.

(예시)

종전의 20필의 토지에 대한 말소등기와 새로 조성되는 5필의 토지에 대한 소유권보존등기, 신탁등기, 근저당권설정등기를 신청하는 경우: (종전 토지에 관한 말소등기 6천원 × 20) + (새로 조성된 토지에 관한 소유권보존등기 6천원 × 5) + (신탁등기 6천원 × 5) + (근저당권설정등기 6천원 × 5) = 21만원

5. 국민주택채권 매입

규칙 제3조에 따라 소유권보존등기, 저당권설정등기 또는 근저당권설정등기를 신청할 때에는 「주택도시기금법」 제8조에 따른 국민주택채권을 매입할 필요가 없다.

OX 확인

01 종전 토지에 관한 등기의 말소등기와 새로운 토지에 관한 소유권보존등기는 동시에 신청하여야 한다. O | X

02 종전 토지에 관한 등기의 말소등기와 새로운 토지에 관한 소유권보존등기는 소유권의 등기명의인이 신청하여야 한다. O | X

03 등기원인 및 그 연월일과 접수번호가 동일한 저당권에 관한 등기가 모든 토지의 등기기록에 있는 경우에도 종전 토지에 관한 등기의 말소등기와 새로운 토지에 관한 소유권보존등기를 신청할 수 없다. O | X

04 모든 토지의 등기기록에 「주택법」 제61조 제3항의 금지사항 부기등기가 있는 경우에는 새로운 토지에 관한 소유권보존등기와 함께 그 금지사항 부기등기를 1건의 신청정보로 일괄하여 신청하여야 한다. O | X

05 종전 토지의 등기기록에 지상권, 전세권, 임차권 및 승역지에 관하여 하는 지역권의 등기가 있는 경우에도 종전 토지에 관한 등기의 말소등기와 새로운 토지에 관한 소유권보존등기를 신청할 수 없다. O | X

06 종전 토지에 관한 등기의 말소등기를 신청할 때에는 사업지역 내의 모든 토지에 대하여 1건의 신청정보로 일괄하여 하여야 한다. O | X

07 토지개발사업은 수 개의 필지를 정리하여 1개 또는 수 개의 필지로 구획정리를 하면서, 종전 대장을 모두 폐쇄하고 새로운 대장을 개설하는 방법으로 한다. O | X

정답 | 01 ○ 02 ○ 03 × 04 ○ 05 × 06 ○ 07 ○

제3절 건물 표시에 관한 등기

Ⅰ 건물의 분할·구분·합병 등

1. 의의

건물 소유권의 등기명의인은 그 사실이 있는 때로부터 1개월 이내에 그 등기를 신청하여야 한다(법 제41조 제1항).

2. 대장등록의 선행

대장의 변경등록을 먼저 한 후에 그 대장등본에 의하여 부동산의 변경등기를 신청하여야 한다.

3. 등기기록의 개설·폐쇄 여부

구분	내용
건물의 분할	乙 건물 등기기록을 개설함(甲 건물에서 乙 건물이 분할된 경우).
건물의 합병	甲 건물 등기기록을 폐쇄함(甲 건물이 乙 건물에 합병된 경우).
건물의 분할합병	등기기록의 개설과 폐쇄가 없음.
건물의 구분 (규칙 제97조 제1항·제2항·제4항).	① 구분건물이 아닌 甲 건물을 甲 건물과 乙 건물로 구분한 경우 甲 건물과 乙 건물의 등기기록을 개설하되, 종전의 甲 건물 등기기록을 폐쇄함. ② 구분건물인 甲 건물을 구분하여 甲 건물과 乙 건물로 한 경우 甲 건물의 등기기록을 폐쇄하지 않고 乙 건물의 등기기록을 개설함.

Ⅱ 건물의 멸실등기와 토지의 멸실등기

1. 의의

1개의 부동산 전체가 물리적으로 소멸하는 경우(부동산 일부가 멸실된 경우 – 변경등기)

2. 등기신청의무

종류		신청인	의무 여부
토지멸실등기		그 토지 소유권의 등기명의인(법 제39조)	○
건물 멸실 등기	존재하는 건물	그 건물 소유권의 등기명의인(법 제43조 제1항)	○
		그 건물의 대지 소유자가 대위신청(법 제43조 제2항)	×
	존재하지 아니하는 건물	그 소유권의 등기명의인(법 제44조 제1항)	○
		그 건물대지의 소유자가 대위신청(법 제44조 제2항)	×
	구분건물	구분건물의 표시등기만 있는 건물(법 제43조 제1항, 제41조 제2항 준용): 법 제65조 각 호에 해당하는 자	○
		1동 건물 전부가 멸실된 경우: 그 구분건물의 소유권등기명의인은 다른 구분건물의 소유권 등기명의인을 대위하여 신청가능(법 제43조 제3항)	×

3. 신청정보

등기원인과 그 연월일은 대장에 표시된 멸실원인과 그 연월일을 제공한다.

4. 첨부정보

(1) 토지의 경우(규칙 제83조)

멸실증명정보로 토지대장이나 임야대장을 제공하여야 한다.

(2) 건물의 경우(규칙 제102조)

멸실이나 부존재증명정보로 건축물대장이나 그 밖의 정보를 제공하여야 한다.

5. 등기절차

(1) 등기상 이해관계인에 대한 통지(소유권 외 권리의 등기명의인에 대한 통지)

다만, 건축물대장에 건물 멸실의 뜻이 기록되어 있거나 소유권 외의 권리의 등기명의인이 멸실등기에 동의한 경우에는 그러하지 아니하다(법 제45조 제1항).

(2) 이의신청기간 경과 전의 등기사건은 그 등기신청을 수리하고 멸실등기신청은 각하한다.

(3) 등기실행

① 토지의 경우

등기기록 중 표제부에 멸실의 뜻과 그 원인을 기록하고 표제부의 등기를 말소하는 표시를 한 후 그 등기기록을 폐쇄하여야 한다(규칙 제84조 제1항).

② 건물의 경우

등기기록 중 표제부에 멸실의 뜻과 그 원인 또는 부존재의 뜻을 기록하고 표제부의 등기를 말소하는 표시를 한 후 그 등기기록을 폐쇄하여야 한다. 다만, 멸실한 건물이 구분건물인 경우에는 그 등기기록을 폐쇄하지 않는다(규칙 제103조 제1항).

Ⅲ 과태료 부과와 통지 규정 - 삭제

OX 확인

01 건물이 멸실된 경우 그 소유권의 등기명의인이 1개월 이내에 멸실등기를 신청하지 아니하면 그 건물 대지의 소유자가 건물소유권의 등기명의인을 대위하여 그 등기를 신청할 수 있다. O | X

02 등기관이 1동의 집합건물 중 일부 구분건물의 멸실등기를 신청할 때에는 표제부의 등기를 말소하는 표시를 한 후 그 등기기록을 폐쇄하여야 한다. O | X

03 소유권 외의 권리가 등기되어 있는 건물에 대한 멸실등기의 신청이 있는 경우 첨부정보로 제공된 건축물대장에 건물멸실의 뜻이 기록되어 있으면 그 권리의 등기명의인에게 멸실등기를 한다는 뜻을 알릴 필요가 없다. O | X

04 존재하지 아니하는 건물에 대한 등기가 있을 때에는 그 소유권의 등기명의인은 지체 없이 그 건물의 멸실등기를 신청하여야 한다. O | X

05 건물이 분할, 구분, 합병 및 멸실된 경우에 등기신청인이 1개월 이내에 그 등기신청을 하지 않았더라도 과태료 부과 통지를 하지 않는다. O | X

정답 | 01 ○ 02 × 03 ○ 04 ○ 05 ○

제2장 | 권리에 관한 등기

제1절 변경등기

I 총설

1. 의의

광의의 변경등기에는 협의의 변경등기와 경정등기가 있는데 그 불일치가 후발적인 경우가 협의의 변경등기이고, 원시적인 경우가 경정등기에 해당한다.

2. 종류

권리변경등기, 등기명의인표시변경등기, 부동산표시변경등기

3. 요건

(1) 등기사항의 일부에 관하여 행해질 것

(2) 등기 후에 변경사유가 발생하였을 것

(3) 변경 전후의 등기에 동일성이 인정될 것

II 권리변경등기

1. 의의

권리등기를 마친 후에 그 등기로 공시된 권리 내용(주체 ×, 객체 ×)의 일부에 변경이 생긴 경우에 하는 등기를 말한다.

2. 신청절차

(1) 신청인 - 공동신청

(2) 신청정보 - 변경할 사항을 기재

(3) 첨부정보

등기원인증명정보	권리변경계약서
등기상 이해관계 있는 제3자의 승낙서 및 그 인감증명서	① 승낙서 제출 - 부기등기 ② 승낙서 미제출 - 주등기

3. 등기실행(규칙 제112조 제1항)

등기상 이해관계인의 승낙서 첨부 시 (등기상 이해관계인이 없어도 해당됨)	부기등기	변경 전 사항을 주말(○)
등기상 이해관계인의 승낙서 미첨부 시	주등기	변경 전 사항을 주말(×)

Ⅲ 등기명의인표시변경등기

1. 의의

등기명의인의 성명·주소·주민등록번호 등이 등기 후에 변경된 경우 이를 실체관계와 부합하게 시정하는 등기를 말한다. 변경등기 전후의 명의인 사이에 인격의 동일성이 유지되어야 한다.

2. 해당 여부

○	×
① 등기명의인의 주민등록번호 등의 추가 - 현재 효력 있는 권리의 등기명의인 ② 법인 아닌 사단이나 재단이 현재 효력 있는 권리의 등기명의인이나 대표자나 관리인의 성명·주소·주민등록번호가 기재되지 않은 경우 대표자나 관리인의 추가 ③ 근저당권자인 법인의 취급지점 변경 ④ 회사의 조직변경(유한회사에서 주식회사로) ⑤ 종중 대표자의 변경, 종중대표자의 주소나 종중 자체의 사무소 소재지 변경, 종중명칭이 변경(동일성을 증명하는 서면 제출한 경우) ⑥ 재건축조합이 정비사업조합으로 된 경우(법인 아닌 사단을 법인으로 변경된 경우 예외적으로 등기명의인표시변경) ⑦ 국유재산의 관리청이 변경된 경우	① 대종중에서 소종중으로 변경(권리이전등기) ② 회사의 합병, 분할(권리이전등기) ③ 법인 아닌 사단을 법인으로(원칙적으로 권리이전등기) ④ 근저당권에서 채무자의 주소를 변경하는 경우(근저당권변경등기) ⑤ 행정구역의 폐치·분합이 있는 경우(권리이전등기) ⑥ 이미 말소된 등기명의인에 대한 표시변경

3. 등기신청의 절차

(1) 신청인

① 등기명의인이 단독으로 신청(법 제23조 제6항)

② 법원의 촉탁에 의하여 가압류등기, 가처분등기, 주택·상가건물 임차권등기가 마쳐진 후에 등기명의인의 주소, 성명, 주민등록번호 등이 변경된 경우에 그 등기명의인표시변경등기는 등기명의인의 신청에 의하여 이를 할 수 있다(예규 제1064호).

(2) 신청정보

등기원인과 연월일	주민등록표상의 전거 연월일 - 전거, 법원의 개명허가 연월일 - 개명
등기의 목적	등기명의인표시변경
변경할 사항	
신청인의 표시	현재 등기명의인의 표시

(3) 첨부정보

등기원인증명정보	시·구·읍·면의 장의 서면 또는 이를 증명할 수 있는 서면

4. 등기절차(법 제52조, 규칙 제112조 제2항)

부기등기에 의하며, 등기관은 변경 전의 등기사항을 말소하는 표시를 하여야 한다.

5. 변경등기의 생략

주소가 수차 변경된 경우	① 최후의 주소로 바로 변경 가능 ② 등기명의인의 주소가 A에서 B, C, D를 거쳐 다시 A로 변경된 경우 근저당권설정등기를 신청할 때 등기명의인표시변경등기를 선행할 필요가 없다(선례 제201811-2호).
소유권 이외의 권리의 말소등기의 경우	그 변경증명서면을 첨부하되 등기명의인표시변경등기 생략
건물멸실등기의 경우	그 변경증명서면을 첨부하되 등기명의인표시변경등기 생략
상속등기	피상속인의 등기기록상 표시가 제적등본상의 표시와 상이한 때에는 서로 동일인임을 인정할 수 있는 시·구·읍·면의 장의 서면을 첨부하거나 동일인 보증서를 첨부정보로 제공하여야 한다(선례 제5-447호).

6. 직권에 의한 변경등기

등기관이 소유권이전등기를 할 때에 등기명의인의 주소변경으로 신청정보 상의 등기의무자의 표시가 등기기록과 일치하지 아니하는 경우라도 첨부정보로서 제공된 주소를 증명하는 정보에 등기의무자의 등기기록상의 주소가 신청정보상의 주소로 변경된 사실이 명백히 나타나면 직권으로 등기명의인표시의 변경등기를 하여야 한다(규칙 제122조).

7. 국가 및 지방자치단체 등의 등기명의인 표시에 관한 사무처리지침(예규 제1655호)

1. 목적 — 생략 —
2. 국가가 등기권리자인 경우
   가. 일반적인 경우
   등기권리자의 명의는 '국'으로 하고 관리청으로 소관 중앙관서의 명칭을 덧붙여 기록하되, 부동산등기용등록번호 및 사무소 소재지는 기록하지 않는다.
   나. 국가가 체납처분으로 인한 압류등기의 권리자인 경우
   등기권리자의 명의는 '국'으로 하고 처분청으로 압류한 세무서장을 덧붙여 기록하되, 부동산등기용등록번호 및 사무소 소재지는 기록하지 않는다.
3. 지방자치단체가 등기권리자인 경우
   가. 일반적인 경우
   1) 광역지방자치단체가 등기권리자인 경우
   「지방자치법」 제2조 제1항 제1호의 특별시·광역시·특별자치시·도·특별자치도가 등기권리자인 경우에는 그 명의를 해당 지방자치단체의 명칭으로 하고 부동산등기용등록번호를 함께 기록하되, 사무소 소재지는 기록하지 않는다. 다만, 교육비특별회계 소관의 부동산에 대하여는 소관청으로 '교육감'을 덧붙여 기록한다(공유재산 및 물품 관리법 제9조 제2항 단서 참조).
   2) 기초지방자치단체가 등기권리자인 경우
   「지방자치법」 제2조 제1항 제2호의 시·군·구(구는 특별시와 광역시의 관할 구역 안의 구만을 말한다. 이하 '자치구'라 한다)가 등기권리자인 경우에는 그 명의를 해당 지방자치단체의 명칭으로 하고 부동산등기용등록번호를 함께 기록하되, 사무소 소재지는 기록하지 않는다. 다만, 동일한 명칭이 2개 이상 존재하는 시·군(예 고성군)이 등기권리자인 경우와 자치구가 등기권리자인 경우에는 등기권리자의 명의를 기록할 때에 괄호 안에 해당 지방자치단체의 상급 지방자치단체의 명칭을 덧붙여 기록한다.

3) 지방자치단체조합이 등기권리자인 경우

「지방자치법」 제159조의 지방자치단체조합이 등기권리자인 경우에는 그 명의를 해당 지방자치단체조합의 명칭으로 하고 부동산등기용등록번호를 함께 기록하되, 사무소 소재지는 기록하지 않는다.

나. 지방자치단체가 체납처분으로 인한 압류등기의 권리자인 경우

등기명의인의 표시는 가.에서 정한 바에 따르되, 지방자치단체의 장이 하부 행정기관에게 지방세의 징수사무를 위임한 때에는 처분청으로 그 행정기관의 명칭을 덧붙여 기록한다.

4. 외국정부가 등기권리자인 경우

등기권리자의 명의는 해당 외국정부의 명칭으로 하고 부동산등기용등록번호를 함께 기록하되, 외국정부의 소재지는 기록하지 않는다.

5. 국제기관이 등기권리자인 경우

등기권리자의 명의는 해당 국제기관의 명칭으로 하고 부동산등기용등록번호와 사무소 소재지를 기록한다.

OX 확인

01 국가가 소유권자인 경우에 그 명의는 '국'으로 하고 관리청으로 소관 중앙관서의 명칭을 덧붙여 기록하며, 부동산등기용등록번호는 국토교통부장관이 지정·고시한 소관 중앙관서의 번호를 기록하되, 사무소 소재지는 기록하지 않는다. O | X

02 광역지방자치단체가 소유권자인 경우에 교육비특별회계 소관의 부동산에 대하여는 그 명의를 해당 지방자치단체의 명칭으로 하고 소관청으로 '교육감'을 덧붙여 기록하며, 국토교통부장관이 지정·고시한 부동산등기용등록번호를 함께 기록하되, 사무소 소재지는 기록하지 않는다. O | X

03 특별시와 광역시의 관할구역 안의 자치구가 소유권자인 경우에 그 명의를 해당 지방자치단체의 명칭으로 하되, 그 명의를 기록할 때에 괄호 안에 해당 지방자치단체의 상급 지방자치단체의 명칭을 덧붙여 기록한다. O | X

04 지방자치단체조합이 등기권리자인 경우에는 그 명의를 해당 지방자치단체조합의 명칭으로 하고 부동산등기용등록번호를 함께 기록하되, 사무소 소재지는 기록하지 않는다. O | X

05 국유재산의 관리청이 변경되었을 때에는 새로운 관리청이 변경등기를 촉탁하여야 한다. O | X

06 비법인사단인 종중이 대표자가 등재되지 아니한 경우 대표자나 관리인임을 소명하는 자료를 첨부하여 대표자 등을 추가하는 등기명의인표시변경등기를 신청할 수 있다. O | X

07 현재 효력 있는 소유권의 등기명의인의 주민등록번호가 등기기록에 기록되어 있지 않은 경우 그 등기명의인은 주민등록번호를 추가로 기록하는 등기명의인표시변경등기를 신청할 수 있다. O | X

08 유한회사를 주식회사로 조직변경한 경우에는 유한회사 명의의 부동산에 관하여는 주식회사 명의로 권리이전등기를 하여야 한다. O | X

09 법원의 촉탁에 의하여 가압류등기, 가처분등기 및 주택임차권등기가 마쳐진 후 등기명의인의 주소, 성명 및 주민등록번호가 변경된 경우에는 그 변경등기를 등기명의인이 직접 신청할 수는 없고, 법원의 촉탁으로 변경등기를 하여야 한다. O | X

해설 법원의 촉탁에 의하여 가압류등기, 가처분등기, 주택임차권등기가 마쳐진 후 등기명의인의 주소, 성명 및 주민등록번호가 변경된 경우에는 그 등기명의인변경등기는 해당 등기명의인이 신청하여야 한다.

10 수차례의 법률개정으로 특수법인의 변경이 있었을 경우에 해당된 모든 법률에서 종전 법인의 명의는 이를 새로운 법인의 명의로 본다고 규정한 경우, 새로운 법인은 이러한 사실을 소명하여 등기명의인 표시변경등기를 신청할 수 있다. O | X

해설 수차례의 법률개정으로 특수법인의 변경이 있었을 경우에 해당된 모든 법률에서 종전 법인의 명의는 이를 새로운 법인의 명의로 본다고 규정한 경우, 새로운 법인은 이러한 사실을 소명하여 등기명의인표시변경등기를 신청할 수 있다(선례 제6-234호).

11 현재 효력 있는 소유권의 등기명의인이 법인으로서 그 부동산등기용등록번호가 등기기록에 기록되어 있지 않은 경우 그 법인은 부동산등기용등록번호를 추가로 기록하는 내용의 등기명의인표시변경등기를 신청할 수 없다. O | X

정답 | 01 × 02 ○ 03 ○ 04 ○ 05 ○ 06 ○ 07 ○ 08 × 09 × 10 ○ 11 ×

제2절 경정등기

I 총설

1. 의의

등기가 완료된 후 등기의 실행 당시부터 그 등기의 일부가 실체관계와 부합하지 아니한 것을 발견한 경우에 이를 시정하여 등기가 실체관계와 부합하게 하는 등기를 말한다.

2. 종류

권리경정등기, 부동산표시경정, 등기명의인표시경정등기

II 요건

1. 착오나 빠진 부분(유루)이 있을 것

2. 현재 효력 있는 등기에 착오나 빠진 부분이 있을 것

> 폐쇄등기기록상의 등기명의인표시 경정 또는 소유권이 이전된 후의 종전 소유권의 등기명의인표시경정 등은 허용되지 않는다.

3. 등기사항의 일부에 관한 것일 것

4. 등기와 실체관계 사이에 원시적인 불일치가 있을 것

5. 경정 전과 후 사이에 등기의 동일성이 유지될 것

III 경정등기절차에 관한 업무처리지침(예규 제1564호)

1. 원시적 착오의 존재

경정등기는 원시적 착오 또는 유루(당초의 등기절차에 신청의 착오나 등기관의 과오가 있어 등기와 실체가 불일치하는 경우)가 있는 경우에 할 수 있고, 등기완료 후에 발생한 사유에 의해서는 할 수 없다.

2. 당사자의 신청에 착오가 있는 경우

가. 부동산표시의 경정등기

(1) 부동산표시에 관한 경정등기는 등기명의인(등기명의인이 여러 명인 경우에는 그중 1인도 가능하다)이 대장 등 경정사유를 소명하는 서면을 첨부하여 단독으로 신청하며 판결서나 제3자의 허가서 등은 제출할 필요가 없다.

(2) 신청서에 기재된 경정등기의 목적이 현재의 등기와 동일성 혹은 유사성을 인정할 수 없는 정도라 하더라도, 같은 부동산에 관하여 따로 소유권보존등기가 존재하지 아니하거나 등기의 형식상 예측할 수 없는 손해를 입을 우려가 있는 이해관계인이 없는 경우, 등기관은 그 경정등기신청을 수리할 수 있다.

(3) 구분건물의 등기기록 중 1동의 건물의 표시에 관한 경정은 각 구분건물의 소유자가 단독으로 신청할 수 있다.

나. 권리에 관한 경정등기

(1) 권리 자체의 경정이나 권리자 전체를 바꾸는 경정의 불허

권리 자체를 경정(소유권이전등기를 저당권설정등기로 경정하거나 저당권설정등기를 전세권설정등기로 경정하는 경우 등)하거나 권리자 전체를 경정(권리자를 갑에서 을로 경정하거나, 갑과 을의 공동소유에서 병과 정의 공동소유로 경정하는 경우 등)하는 등기신청은 수리할 수 없다.

(2) 등기원인증서와 다른 내용의 등기에 대한 경정절차

신청서에 기재된 사항이 등기원인을 증명하는 서면과 부합하지 아니함에도 등기관이 이를 간과하고 그 신청에 따른 등기를 마친 경우, 등기신청인(단독신청에 의한 등기의 경정은 단독신청으로, 공동신청에 의한 등기의 경정은 공동신청으로 하여야 함)은 등기필증 등 등기의 착오를 증명하는 서면을 첨부하여 경정등기를 신청할 수 있다.

(3) 등기원인증서와 같은 내용의 등기에 대한 경정절차

(가) 등기원인을 증명하는 서면과 신청서에 기재된 권리의 내용이 일치하는 등 적법절차에 의하여 완료된 등기에 대해서는 경정등기를 할 수 없다. 다만, 아래 (나)의 예시와 같이 착오 또는 유루로 등기가 실체관계와 일치하지 아니하고 신청인이 그 사실을 증명하는 서면을 첨부하여 경정등기를 신청한 경우(신청서에 권리가 감축되는 자를 등기의무자로, 권리가 증가되는 자를 등기권리자로 각 기재하여야 함)에는 그러하지 아니하다.

(나) 경정등기를 할 수 있는 경우의 예시

– 중략 –

(4) 등기의 실행방법

등기상 이해관계 있는 제3자가 있고 그 제3자의 동의서나 이에 대항할 수 있는 재판의 등본을 첨부한 때 또는 등기상 이해관계 있는 제3자가 없는 경우에는 부기등기로 하고, 등기상 이해관계 있는 제3자가 있으나 그 이해관계 있는 제3자의 동의서나 이에 대항할 수 있는 재판의 등본이 없는 경우에는 주등기로 한다. 다만 경정등기의 형식으로 이루어지나 그 실질이 말소등기(일부말소 의미의)에 해당하는 경우(위 (3)(나) ①, ② 등)에는 등기상 이해관계 있는 제3자가 있는 때에 그의 승낙서 등을 첨부한 경우에는 부기등기로 하고, 이를 첨부하지 아니한 경우 등기관은 그 등기신청을 수리하여서는 아니 된다.

(5) 인감증명 첨부

소유권에 관한 경정등기를 신청하기 위해서는 그 경정등기로 인하여 소유권이 감축되는 자의 인감증명을 등기신청서에 첨부하여야 한다.

다. 등기명의인표시의 경정

(1) 등기명의인표시경정의 의의 및 한계

(가) 등기명의인표시경정의 의의

등기명의인표시경정이라 함은 등기명의인의 성명, 주소, 또는 주민등록번호 등을 경정하는 것을 말하고, 등기명의인의 수를 증감하는 것(단독소유를 공유로 하거나 공유를 단독소유로 하는 경우 등)은 등기명의인표시경정이 아니며, 이는 권리에 관한 경정으로서 위 나.의 규정에 의하여 처리한다.

(나) 인격의 동일성

법인 아닌 사단을 법인으로 경정하는 등기를 신청하는 등 동일성을 해하는 등기명의인표시경정등기신청은 수리할 수 없다.

(다) 동일성을 해하는 등기명의인표시경정등기가 된 경우

동일성을 해하는 등기명의인표시경정등기의 신청임에도 등기관이 이를 간과하여 수리한 경우, 종전 등기명의인으로의 회복등기 신청은 현재의 등기명의인이 단독으로 하거나 종전 등기명의인과 공동으로 하여야 하고, 종전 등기명의인이 단독으로 한 등기신청은 수리할 수 없다.

(2) 종전 등기명의인 또는 사망자에 대한 등기명의인표시경정의 가부

등기기록상 권리를 이전하여 현재 등기명의인이 아닌 종전 등기명의인 또는 이미 사망한 등기명의인에 대한 등기명의인표시경정등기신청은 수리할 수 없다.

– 중략 –

3. 등기관의 과오로 등기의 착오 또는 유루가 발생한 경우

가. 등기의 착오가 있는 경우

등기관의 과오로 인해 등기의 착오가 발생한 경우에는 경정 전·후의 등기의 동일성 여부를 별도로 심사하지 않고 아래의 절차에 의하여 처리한다. 단, 갑구에 하여야 할 등기를 등기관의 착오로 을구에 등기한 것(예 소유권이전등기를 하여야 할 것을 근저당권설정등기로 한 경우)과 같이 경정절차에 의하여 바로잡을 수 없는 등기는 종전 등기를 착오 발견으로 말소한 후 직권 또는 신청에 의하여 유루 발견으로 인한 등기를 하여야 한다.

(1) 직권에 의한 경정

(가) 등기관의 과오로 등기의 착오가 발생한 경우로서 등기상 이해관계 있는 제3자가 없는 경우, 그 착오를 발견한 등기관은 직권으로 경정등기를 하여야 한다. 다만, 등기상 이해관계 있는 제3자가 있는 경우에는 제3자의 승낙이 있어야 한다.

(나) 위 (가)의 등기를 마친 등기관은 경정등기를 한 취지를 지방법원장에게 보고하고, 등기권리자와 등기의무자(등기권리자 또는 등기의무자가 여러 명인 때에는 그중 1인)에게 통지하며, 채권자 대위에 의한 등기를 경정한 때에는 채권자에게도 통지하여야 한다.

(2) 신청에 의한 경정

(가) 등기완료 후 등기관의 과오로 인한 등기의 착오(신청과 다른 내용으로 등기된 경우를 말함)를 발견한 경우, 등기권리자 또는 등기의무자는 등기필증 등 그 사실을 증명하는 서면을 첨부하여 착오발견으로 인한 경정등기를 신청할 수 있으며, 이 경우 등기관이 경정등기를 한 취지를 지방법원장에게 보고할 필요는 없다.

(나) 등기권리자 또는 등기의무자 일방의 신청에 의하여 착오발견으로 인한 등기를 마친 경우 등기관은 그 경정등기의 취지를 상대방에게 통지하여야 한다.

(다) 등기상 이해관계 있는 제3자가 있고 그 제3자의 동의서 또는 이에 대항할 수 있는 재판의 등본이 신청서에 첨부되지 아니한 경우에는 주등기로 경정등기를 하여야 한다.

– 후략 –

OX 확인

01 등기권리자 또는 등기의무자 일방의 신청에 의하여 착오발견으로 인한 등기를 마친 경우 등기관은 그 경정등기의 취지를 상대방에게 통지하여야 한다. O | X

02 등기관의 과오로 등기의 착오가 발생한 경우에는 등기상 이해관계 있는 제3자의 유무와 상관없이 등기관이 직권으로 경정등기를 하여야 한다. O | X

03 채권자대위권에 의하여 마쳐진 등기에 착오가 있음을 등기관이 발견한 경우 직권으로 경정등기를 한 등기관은 그 사실을 채권자에게도 통지하여야 한다. O | X

04 등기관의 잘못으로 인해 등기의 착오가 발생한 경우 경정 전·후의 등기의 동일성 여부를 별도로 심사하여야 한다. O | X

05 등기관의 잘못으로 인한 등기의 착오 또는 유루에 대하여 경정등기를 신청하는 경우에는 그 신청수수료를 받지 아니한다. O | X

해설 예규 제1733호

06 등기관이 등기의 착오나 빠진 부분이 등기관의 잘못으로 인한 것임을 발견한 경우에는 지체 없이 그 등기를 직권으로 경정하여야 한다. 다만, 등기상 이해관계 있는 제3자가 있는 경우에는 제3자의 승낙이 있어야 한다. O | X

07 당사자가 등기원인을 증명하는 서면과 같은 내용으로 등기신청을 하여 그와 같은 내용의 등기가 완료되었다면 등기 당시부터 착오나 빠진 부분이 있다고 할 수 없다. O | X

정답 | 01 ○ 02 × 03 ○ 04 × 05 ○ 06 ○ 07 ○

08 '2010.6.24. 증여'를 등기원인으로 기재한 등기신청서에 같은 내용의 증여계약서가 첨부되어 등기된 후 일자와 내용이 전혀 다른 '2010.1.20. 매매'로 등기원인의 경정을 신청한 경우, 경정등기의 요건을 갖추었다고 할 수 없기 때문에 수리할 수 없다. O | X

09 경정등기는 '현재 효력이 있는 등기사항'에 관하여만 할 수 있으므로 소유권이전등기 후의 종전 소유권의 등기명의인의 표시경정등기는 허용되지 아니한다. O | X

10 당사자의 신청에 따라 행해진 등기에 착오가 발생한 경우에는 오직 신청에 의해서만 바로잡을 수 있고 직권으로 바로 잡을 수 없다. O | X

11 甲이 乙로 행세하며 자신이 매수한 부동산에 대해 乙 명의로 소유권이전등기를 한 경우 등기명의인 표시경정의 방법으로 바로잡을 수는 없고, 乙 명의의 소유권이전등기를 말소한 다음 甲 앞으로 다시 소유권이전등기를 하여야 한다. O | X

해설 등기명의인 표시의 경정등기에 있어서 동일성은 경정 전후의 명의인의 "인격의 동일성"을 의미한다. 따라서 甲이 乙로 행세하며 자신이 매수한 부동산에 대해 乙 명의로 소유권이전등기를 한 경우 경정 전후의 명의인의 "인격의 동일성"을 인정할 수 없으므로, 등기명의인 표시경정의 방법으로 바로잡을 수는 없고, 乙 명의의 소유권이전등기를 말소한 다음 甲 앞으로 다시 소유권이전등기를 하여야 한다.

12 등기기록상 권리를 이전하여 현재 등기명의인이 아닌 종전 등기명의인 또는 이미 사망한 등기명의인에 대한 등기명의인 표시경정등기신청은 수리할 수 없다. O | X

정답 | **08** ○ **09** ○ **10** ○ **11** ○ **12** ○

Ⅳ 일부말소 의미의 경정등기(예규 제1366호)

1. ㉮ 단독소유를 공유로 또는 공유를 단독소유로 하는 경정등기, ㉯ 전부이전을 일부 이전으로 또는 일부 이전을 전부이전으로 하는 경정등기, ㉰ 공유지분만의 경정등기 등은 경정등기라는 명칭을 사용하고는 있으나 그 실질은 말소등기(일부말소 의미의)에 해당하므로 등기를 실행함에 있어 경정등기의 방식(법 제52조 제5호)이 아닌 말소등기의 방식(법 제57조 제1항)으로 등기를 하여야 한다.
   따라서 그 등기를 함에 있어 등기상 이해관계 있는 제3자가 있는 때에는 신청서에 반드시 그 승낙서 또는 이에 대항할 수 있는 재판의 등본을 첨부하게 하여 부기등기의 방법으로 등기를 하여야 하고, 이해관계인의 승낙서 등이 첨부되어 있지 않은 경우 등기관은 그 등기신청을 수리하여서는 아니 된다.
2. 위와 같은 경정등기를 한 경우 등기관은 이해관계인 명의의 처분제한 등의 등기를 아래 구분에 따라 직권으로 말소 또는 경정하여야 한다.
   가. 이해관계인의 등기를 말소하여야 하는 경우
   甲, 乙 공유부동산 중 乙 지분에 대해서만 처분제한 또는 담보물권의 등기가 되어 있는 상태에서 갑 단독소유로 하는 경정등기(乙 지분 말소 의미의)를 하는 경우 등, 이해관계인의 등기가 경정등기로 인하여 상실되는 지분만을 목적으로 하는 경우
   나. 이해관계인의 등기를 경정하여야 하는 경우
   甲, 乙 공유부동산 전부에 대하여 처분제한 또는 담보물권의 등기가 되어 있는 상태에서 甲 단독소유로 하는 경정등기(乙 지분 말소 의미의)를 하는 경우 등, 이해관계인의 등기가 경정등기로 인하여 상실되는 지분 이외의 지분도 목적으로 하는 경우
   다. 용익물권의 등기
   부동산의 공유지분에 대해서는 용익물권(지상권 등)을 설정·존속시킬 수 없으므로 위 나.에 의해서 처분제한 등의 등기를 경정(일부말소 취지의)하는 경우에도 용익물권의 등기는 이를 전부 말소한다.
3. 가압류, 가처분 등 법원의 촉탁에 의한 처분제한의 등기를 직권으로 말소 또는 경정(일부말소 의미의)하는 경우 등기관은 지체 없이 그 뜻을 집행법원에 통지하여야 한다.

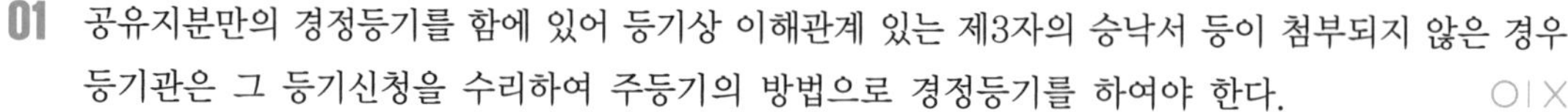

01 공유지분만의 경정등기를 함에 있어 등기상 이해관계 있는 제3자의 승낙서 등이 첨부되지 않은 경우 등기관은 그 등기신청을 수리하여 주등기의 방법으로 경정등기를 하여야 한다. O | X

02 가압류, 가처분 등 법원의 촉탁에 의한 처분제한의 등기를 직권으로 경정(일부말소 의미의)하는 경우 등기관은 지체 없이 그 뜻을 법원에 통지하여야 한다. O | X

03 甲, 乙 공유부동산 중 乙 지분에 대해서만 처분제한 또는 담보물권의 등기가 되어 있는 상태에서 甲 단독소유로 하는 경정등기를 적법하게 하는 경우 등기관은 乙 지분에 대한 위 이해관계인의 등기를 직권으로 말소한다. O | X

정답 | 01 × 02 ○ 03 ○

제3절 말소등기

Ⅰ 의의

기존등기가 원시적 또는 후발적인 사유로 인하여 등기사항의 전부에 관하여 실체관계와 부합하지 않게 된 경우에, 당해 기존등기 전부를 소멸시킬 목적으로 하는 등기를 말한다.

Ⅱ 요건

1. 현재 효력 있는 등기의 전부가 부적법할 것

① 말소등기의 말소등기는 허용되지 않고, 말소회복등기를 하여야 한다.
② 폐쇄등기기록에 기록된 등기는 현 등기기록에 이기되지 않는 한 말소할 수 없다.

2. 등기의 전부가 부적법할 것

3. 말소에 관하여 등기상 이해관계인의 승낙이 있을 것

말소에 관하여 등기상 이해관계 있는 제3자라 함은 등기기록의 형식으로 보아 등기의 말소로 인하여 손해를 받을 우려가 있다고 일반적으로 인정되는 자를 말한다.

[등기상 이해관계인인지 여부]

① 말소대상등기에 터 잡아 이루어진 권리등기명의인은 등기상 이해관계인이다.

② 가처분의 피보전채권이 말소등기청구권인 경우 가처분권리자의 신청에 의하여 그 승소판결에 따른 등기를 신청하는 때에는, 가처분권리자는 그 등기의 말소에 대하여 등기상 이해관계인임과 동시에 그 말소등기에 관한 등기권리자이므로, 당연히 등기말소에 관한 승낙이 있는 것으로 보아(가처분채권자 본인의 승낙서등을 첨부할 필요가 없음) 그 가처분의 등기를 등기관이 직권말소하고, 그 뜻을 가처분법원에 통지하여야 한다(선례 제3-769호).

주의 가처분채권자가 말소판결을 받아 말소신청을 하는 것이 아니라 수익자와 채무자가 공동으로 해당 소유권이전등기의 말소신청을 하는 때에는 가처분채권자가 말소에 대하여 등기상 이해관계 있는 제3자이므로 가처분채권자의 승낙 또는 그에 대항할 수 있는 재판이 있음을 증명하는 정보를 제공하여야 한다.

③ 소유권이전등기가 甲, 乙, 丙 순으로 경료된 경우, 甲이 乙을 상대로 원인무효로 인한 소유권이전등기 말소등기절차이행의 소를 제기하여 승소판결을 받아 乙 명의의 소유권이전등기 말소등기하고자 하는 때에는 현재의 소유명의인인 丙은 乙 명의의 소유권이전등기를 말소함에 있어 등기상 이해관계 있는 제3자가 아니다(선 말소 대상).

④ 증여를 원인으로 한 소유권이전등기와 체납처분에 의한 압류등기가 순차 마쳐진 후 위 증여계약의 해제를 원인으로 한 위 소유권이전등기의 말소등기를 신청하는 경우에는 체납처분권자의 승낙 또는 이에 대항할 수 있는 재판이 있음을 증명하는 정보를 제공하여야 하지만, 위 증여계약의 해제를 원인으로 새로운 소유권이전등기를 신청할 경우에는 위 정보를 제공할 필요가 없다(선례 제2-411호).

⑤ 甲이 乙에게 근저당권을 설정한 후 병에게 소유권을 이전해 준 상태에서 乙이 경매를 신청하여 임의경매개시결정등기가 된 경우 丙 명의 등기의 말소에 대하여 乙은 등기상 이해관계 있는 제3자에 해당한다(선례 제201208-4호).

Ⅲ 등기절차

1. 신청인

(1) 원칙 - 공동신청

1) 근저당권설정등기 후 소유권이전등기가 이루어진 경우(예 근저당권 말소등기신청)

등기의무자	근저당권자
등기권리자	설정 당시의 소유자 또는 제3취득자

2) 근저당권이전등기 후 근저당권말소등기 신청

등기의무자	근저당권양수인
등기권리자	설정 당시의 소유자

(2) 예외 - 단독신청

1) 판결에 의한 등기(법 제23조 제4항)

2) 사망 등으로 인한 권리의 소멸과 말소등기(법 제55조)

3) 가등기의 말소

법 제93조(가등기의 말소)
① 가등기명의인은 제23조 제1항에도 불구하고 단독으로 가등기의 말소를 신청할 수 있다.
② 가등기의무자 또는 가등기에 관하여 등기상 이해관계 있는 자는 제23조 제1항에도 불구하고 가등기명의인의 승낙을 받아 단독으로 가등기의 말소를 신청할 수 있다.

4) 혼동에 의한 말소

「민법」 제191조(혼동으로 인한 물권의 소멸)
① 동일한 물건에 대한 소유권과 다른 물권이 동일한 사람에게 귀속한 때에는 다른 물권은 소멸한다. 그러나 그 물권이 제삼자의 권리의 목적이 된 때에는 소멸하지 아니한다.

※ 관련선례

혼동을 원인으로 실체법상 권리가 소멸한 경우에도 당사자가 신청하지 않는 이상 등기관이 그 소멸한 권리의 등기를 직권으로 말소할 수 없다(선례 제1-505호).

5) 가처분등기 이후의 등기말소

법 제94조(가처분등기 이후의 등기의 말소)
① 「민사집행법」 제305조 제3항에 따라 권리의 이전, 말소 또는 설정등기청구권을 보전하기 위한 처분금지가처분등기가 된 후 가처분채권자가 가처분채무자를 등기의무자로 하여 권리의 이전, 말소 또는 설정의 등기를 신청하는 경우에는, 대법원규칙으로 정하는 바에 따라 그 가처분등기 이후에 된 등기로서 가처분채권자의 권리를 침해하는 등기의 말소를 단독으로 신청할 수 있다.

6) 소유권보존등기의 말소

> **법 제23조(등기신청인)**
> ② 소유권보존등기의 말소등기는 등기명의인이 단독으로 신청한다. (직권보존등기도 동일)

7) 등기의무자가 소재불명인 경우

> **법 제56조(등기의무자의 소재불명과 말소등기)**
> ① 등기권리자가 등기의무자의 소재불명으로 인하여 공동으로 등기의 말소를 신청할 수 없을 때에는 「민사소송법」에 따라 공시최고를 신청할 수 있다.
> ② 제1항의 경우에 제권판결이 있으면 등기권리자가 그 사실을 증명하여 단독으로 등기의 말소를 신청할 수 있다.

2. 신청정보

등기원인	해제, 해지
등기의 목적	○○ 말소
말소할 등기	주등기 표시(부기등기된 등기에만 말소원인이 있는 경우 - 부기등기)

3. 첨부정보

등기원인증명정보	해지증서, 판결정본 및 확정증명서
등기상 이해관계인의 승낙서 및 인감증명	법 제57조
등기의무자의 등기필증	공동신청인 경우 - 제공하여야 함.
인감증명	등기의무자가 소유권등기명의인인 경우

4. 등기실행

(1) 등기의 방식(법 제57조, 규칙 제116조 제1항)

① 등기를 말소할 때에는 말소의 등기를 한 후 해당 등기를 말소하는 표시를 하여야 한다.

② 등기의 말소를 신청하는 경우에 그 말소에 대하여 등기상 이해관계 있는 제3자가 있을 때에는 제3자의 승낙이 있어야 하고, 이와 같이 말소의 대상인 등기를 말소할 때에는 등기상 이해관계 있는 제3자 명의의 등기는 등기관이 직권으로 말소한다.

③ 원칙적으로 등기를 말소할 때에는 주등기를 말소한 후에 부기등기를 주말한다.

(2) 소유권보존등기를 말소하는 경우

① 그 보존등기말소로 인하여 등기관이 부동산의 표시등기를 말소하고 등기기록을 폐쇄하여야 한다.

② 그러나 1동에 속하는 구분건물 중 일부만에 관하여 보존등기를 말소하는 경우에는 그 등기기록을 폐쇄하지 않는다.

Ⅳ 직권말소

1. 법 제29조 제1호·제2호에 위배한 등기는 법 제58조의 절차에 의해 직권말소

2. 그 외 직권말소등기

① 가등기에 기한 본등기를 한 경우
② 토지수용으로 인한 권리이전등기와 다른 등기의 말소
③ 가처분등기 후의 등기를 말소할 경우 해당 가처분등기의 말소
④ 등기의 말소를 신청하는 경우에 그 말소에 대하여 등기상 이해관계 있는 제3자의 승낙을 받아 등기를 말소할 때 그 제3자 명의의 등기
⑤ 부동산표시의 변경등기 시 소유권 외의 권리에 대한 소멸승낙을 한 경우 그 등기의 말소
⑥ 위조 등기부의 직권말소

OX 확인

01 말소에 관하여 등기상 이해관계 있는 제3자란 말소등기를 함으로써 손해를 입을 우려가 있는 등기상의 권리자로서 그 손해를 입을 우려가 있다는 것이 등기부 기록에 의하여 형식적으로 인정되는 자이다. O | X

02 甲, 乙 부동산을 공동담보로 하는 저당권이 설정되어 있는 경우에, 甲 부동산에 대하여 후순위 저당권을 가지고 있는 자는 乙 부동산에 대한 저당권의 말소에 있어 등기상 이해관계 있는 제3자에 해당한다. O | X

해설 乙 부동산에 설정된 근저당권과 甲 부동산에 설정된 근저당권은 각각 별개의 부동산에 설정된 권리로서 어느 한쪽의 말소가 있다 하여도 서로 전혀 영향을 미치지 않을 뿐만 아니라 형식적 심사권만 가지는 등기관도 판단할 수 없다 할 것이다.

03 피담보채권이 소멸하여 실체법상 무효인 저당권등기라도 아직 말소되지 않았다면 그 명의인은 등기상 이해관계인으로 취급된다. O | X

04 증여를 원인으로 한 소유권이전등기와 체납처분에 의한 압류등기가 순차 마쳐진 후 위 증여계약의 해제를 원인으로 한 소유권이전등기의 말소등기를 하는 경우 체납처분권자는 등기상 이해관계 있는 제3자에 해당한다. O | X

05 지상권자가 생존하는 동안에만 지상권이 존속한다는 약정이 등기된 상태에서 지상권자가 사망하였다면, 소유자는 지상권자가 사망한 사실을 증명하여 단독으로 지상권설정등기의 말소등기를 신청할 수 있다. O | X

06 등기의무자의 소재불명으로 인하여 공동으로 등기의 말소를 신청할 수 없을 때에는 등기권리자가 「민사소송법」에 따른 제권판결을 받은 사실을 증명하여 단독으로 등기의 말소를 신청할 수 있다. O | X

정답 | 01 ○ 02 × 03 ○ 04 ○ 05 ○ 06 ○

07 근저당권이전의 부기등기가 된 경우 주등기인 근저당권설정등기를 말소하기 위해서는 근저당권이전의 부기등기에 대한 말소등기신청을 먼저 하여야 한다. O | X

해설 근저당권이전의 부기등기가 된 상태에서 그 말소를 신청하는 경우 근저당권설정자와 근저당권의 양수인의 공동신청에 의하여 주등기인 근저당권설정등기에 대한 말소등기가 마쳐지면 근저당권이전의 부기등기는 직권으로 말소하게 된다(선례 제5-483호). 따라서 주등기인 근저당권설정등기를 말소하기 위해서는 근저당권이전의 부기등기에 대한 말소등기신청을 할 필요는 없다.

08 등기의 말소를 신청하는 경우에 그 말소에 대하여 등기상 이해관계 있는 제3자가 있을 때에는 그 제3자의 승낙이 있어야 한다. O | X

09 소유권보존등기와 같이 성질상 단독신청에 의하여 이루어지는 등기의 말소는 그 등기명의인의 단독신청에 의한다. O | X

해설 법 제23조 제2항

10 등기의 말소에 대하여 이해관계 있는 제3자가 그 말소에 대하여 승낙을 한 경우에는 말소대상의 등기와 이해관계 있는 제3자의 등기를 등기권리자와 등기의무자의 공동신청으로 말소한다. O | X

해설 말소할 권리를 목적으로 하는 제3자의 권리에 관한 등기가 있을 때에는 등기기록 중 해당 구에 그 제3자의 권리의 표시를 하고, 어느 권리의 등기를 말소함으로 인하여 말소한다는 뜻을 기록하여야 한다(규칙 제116조 제2항). 공동신청으로 말소할 것이 아니라, 직권으로 말소된다.

정답 | 07 × 08 ○ 09 ○ 10 ×

제4절 말소회복등기

Ⅰ 의의

어떤 등기의 전부 또는 일부가 부적법하게 말소된 경우에 그 말소된 등기를 회복함으로써 말소 당시에 소급하여 말소가 되지 않았던 것과 같은 효과를 생기게 하는 등기를 말하므로, 회복등기는 말소된 종전 등기와 동일 순위를 가지게 된다(법 제59조).

Ⅱ 요건

1. 등기가 부적법하게 말소되었을 것

(1) 말소사유가 실체적 이유이건 절차적 하자이건 불문한다.

(2) 말소등기가 부적법하게 행하여진 경우라도 그것이 실체관계에 부합하는 때에는 말소회복등기를 청구할 수 없다(판례).

(3) 어떤 이유이건 당사자가 자발적으로 말소등기를 한 경우에는 말소회복등기를 할 수 없다(판례).

2. 말소된 등기 그 자체를 회복하는 것일 것

3. 회복등기로 인하여 제3자에게 예상하지 못한 손해를 줄 염려가 없을 것

Ⅲ 등기상 이해관계 있는 제3자의 승낙

1. 범위

(1) 등기상 이해관계 있는 제3자는 기존의 등기부 기록에 의하여 형식적으로 인정되는 자를 의미한다.

(2) 등기상 이해관계 있는 제3자인지 여부를 결정하는 기준시점은 회복등기 시이다.

2. 해당 여부

○	말소등기 후에 마쳐진 등기명의인 예 甲 소유 명의의 부동산에 설정된 乙 명의의 근저당권설정등기가 부적법 말소된 후에 丙 명의의 소유권이전등기가 경료된 경우, 현재 소유명의인인 丙 – 말소 당시의 소유권등기명의인인 甲과 근저당권명의인인 乙이 공동으로 신청(또는 乙이 甲을 상대로 소송제기)할 경우 현재의 소유명의인인 丙의 승낙을 증명하는 정보 등을 제공하여야 한다.
×	① 회복할 등기보다 먼저 경료된 등기명의인 예 회복되는 근저당권이 2번인 경우 1번 근저당권자 ② 회복대상인 등기와 양립 불가능한 등기 예 甲에서 乙에게로의 소유권이전등기가 부적법 말소된 후 甲에서 丙으로 소유권이전등기가 마쳐진 경우, 을의 등기를 말소회복할 경우 丙 명의의 등기

각론 제2편 해커스법원직 김미영 부동산등기법 OX 문제집

근저당권설정등기가 불법 말소(순위번호 5번)되어 그 말소회복등기를 하는 경우 위 근저당권의 말소등기 후에 등기부상 권리를 취득한 자(E)뿐만 아니라 말소등기 전에 등기부상 권리를 취득한 자(C, D)도 등기상 이해관계인에 해당한다. A는 등기상 이해관계인이 아니다.

1	근저당권설정등기(A)	×
2	근저당권설정등기(B)	×
3	전세권설정등기(C)	○
4	근저당권설정등기(D)	○
5	2번 근저당권말소	
6	근저당권설정등기(E)	○
7	2번 근저당권말소회복등기	

3. 제3자의 승낙의무와 승낙청구권자, 승낙의 효과

① 제3자의 승낙의무: 등기상 이해관계 있는 제3자가 그의 선의, 악의를 묻지 아니하고 등기권리자의 회복등기절차에 필요한 승낙을 할 의무가 있다.

② 승낙청구권자: 등기권리자에 한한다.

③ 승낙의 효과: 회복되는 등기를 부담할 뿐 그 등기가 말소되는 것은 아니다.

Ⅳ 등기신청절차

1. 말소회복등기 방식

말소등기가 신청에 의한 경우에는 그 회복등기도 당사자의 신청에 의해서, 말소등기가 집행법원 등의 촉탁에 의한 경우에는 촉탁에 의하여야 한다. 또 등기관의 직권에 의한 경우에는 그 회복등기도 직권으로 하여야 한다.

2. 말소회복등기의 당사자

(1) 공동신청

① 회복하여야 할 등기의 등기명의인이 등기권리자가 되고, 그 회복에 의하여 등기상 직접 불이익을 받는 자가 등기의무자가 된다.

② 제한물권의 등기(丙)가 말소된 후에 새로운 소유권이전등기(乙)가 있는 경우에 말소 당시의 소유자(甲)와 현 소유자 중 누가 등기의무자가 되는지에 관하여, 말소 당시 소유명의인(甲)만이 등기의무자적격이 있고 현 소유명의인(乙)은 등기상 이해관계인에 불과하다(판례).

③ 甲으로부터의 乙로의 소유권이전등기가 경료된 이후에 乙의 등기가 부적법하게 말소된 경우 그 말소회복등기는 乙이 등기권리자, 甲이 등기의무자가 되어 공동으로 신청하여야 한다.

(2) 단독신청

말소등기 자체가 단독으로 마쳐진 경우에는 말소회복도 단독으로 신청할 수 있다.

3. 신청정보

회복할 등기를 신청정보로 제공하여야 한다.

4. 첨부정보

말소회복 합의서, 확정판결정본 등의 등기원인증명정보나 그 밖의 서면을 첨부정보로 제공한다.

V 등기실행

규칙 제118조(말소회복등기)
법 제59조의 말소된 등기에 대한 회복 신청을 받아 등기관이 등기를 회복할 때에는 회복의 등기(주등기로)를 한 후 다시 말소된 등기와 같은 등기(즉, 말소되기 전의 순위번호와 같은 순위번호를 기록) 하여야 한다. 다만, 등기전체가 아닌 일부 등기사항만 말소된 것일 때에는 부기에 의하여 말소된 등기사항만 다시 등기한다.

VI 직권·촉탁에 의한 말소회복등기

1. 등기관의 직권 또는 법원의 촉탁에 의하여 부적법하게 말소된 경우에는 그 회복등기는 등기관의 직권 또는 법원의 촉탁에 의하여 회복등기를 하여야 한다.

2. 예시

(1) 가등기에 의한 소유권이전의 본등기 시에 등기관이 직권 말소한 가등기 이후의 제3자의 권리에 관한 등기는 가등기에 의한 본등기를 말소하는 경우에 있어서는 등기관이 이를 직권으로 회복한다.

(2) **토지수용의 재결실효로 인한 직권회복등기**
토지수용으로 인한 소유권이전등기 시 그 부동산의 소유권등기 및 소유권 이외의 권리에 관한 등기는 직권말소하는데, 이후 재결이 실효된 경우 수용으로 인한 소유권이전등기는 신청말소, 직권말소된 등기는 직권회복등기를 하여야 한다.

(3) 가압류, 가처분, 경매신청 등기가 촉탁으로 불법말소된 경우에 그 회복등기는 말소촉탁관서의 촉탁으로 회복등기가 가능하다.

OX 확인

01 관공서가 자발적으로 압류등기를 말소한 경우에는 그 압류등기에 대한 말소회복등기를 할 수 없다. O | X

02 불법하게 말소된 것을 이유로 한 근저당권설정등기에 대한 회복등기의 등기의무자는 말소 당시의 소유자이다. O | X

03 등기를 회복한 때에는 회복의 등기를 한 후 말소된 종전 등기와 동일한 등기를 하여야 하므로 순위번호도 종전 등기와 같은 번호를 기록한다. O | X

04 甲에서 乙에게로 마쳐진 소유권이전등기가 부적법 말소된 후 甲에서 丙으로 소유권이전등기가 마쳐진 경우 乙 명의의 소유권이전등기를 말소회복함에 있어 丙은 등기상 이해관계 있는 제3자이다. O | X

해설 회복하는 소유권이전등기와 말소등기 후 경료된 丙 명의의 소유권이전등기는 양립이 불가능하므로, 丙 명의의 소유권이전등기는 말소하지 않는 한 乙 명의의 소유권이전등기의 회복등기는 불가하다. 즉, 丙은 등기상 이해관계인이 아니라 선 말소대상에 불과하다.

05 말소회복등기는 기존등기의 전부가 부적법하게 말소된 경우에 그 말소된 기존등기의 효력을 회복시키기 위하여 행하여지는 등기로 기존등기의 일부가 말소된 경우에는 회복등기를 할 것이 아니다. O | X

해설 말소회복등기는 기존등기의 전부 또는 일부가 부적법하게 말소된 경우에 그 말소된 기존등기의 효력을 회복시키기 위하여 행하여지는 등기이다.

06 등기상 이해관계가 있는 제3자란 말소회복등기가 된다고 하면 손해를 입을 우려가 있는 사람으로서 그 손해를 입을 우려가 있다는 것이 기존의 등기부 기재에 의하여 형식적으로 인정되는 자를 의미하고, 여기서 말하는 손해를 받을 우려가 있는지 여부는 제3자의 권리취득등기시(말소등기시)가 아니라 회복등기시를 기준하여 판별한다. O | X

07 말소된 등기의 회복을 신청하는 경우에 등기상 이해관계 있는 제3자가 있을 때에는 그 제3자의 승낙이 있어야 한다. O | X

08 甲으로부터 乙 명의로 소유명의가 이전된 후 乙 명의의 소유권이전등기가 부적법하게 말소되었고 이어서 甲을 등기의무자로 하는 丙 명의의 근저당권설정등기와 丁 명의로의 소유권이전등기가 마쳐진 경우, 乙이 자신 명의의 소유권이전등기를 회복하려고 한다. 등기관이 말소회복등기의 요건이 충족되어 乙 명의의 소유권이전등기의 회복등기를 실행할 때 丙 명의의 근저당권등기를 직권으로 말소해서는 안 된다. O | X

해설 甲에서 乙 명의로 소유권이전등기가 부적법하게 말소되고 丙 명의의 근저당권등기가 마쳐진 경우, 乙이 甲을 상대로 말소된 소유권이전등기의 회복등기절차의 이행을 명하는 확정판결과 함께 그 말소회복에 대하여 이해관계 있는 제3자인 丙의 승낙을 받은 경우, 등기관이 소유권이전등기의 회복등기를 할 때에는 위 근저당권을 직권으로 말소하여야 한다(선례 제201911-1호에 의해 선례 제7-387호의 내용 변경).

09 甲으로부터 乙 명의로 소유명의가 이전된 후 乙 명의의 소유권이전등기가 부적법하게 말소되었고 이어서 甲을 등기의무자로 하는 丙 명의의 근저당권설정등기와 丁 명의로의 소유권이전등기가 마쳐진 경우, 乙이 자신 명의의 소유권이전등기를 회복하려고 한다. 丁은 乙 명의의 소유권이전등기의 말소회복등기에 대한 등기상 이해관계 있는 제3자에 해당하지 않지만, 乙 명의의 소유권이전등기의 회복등기를 실행하기 위해서는 선행하여 말소되어야 한다. O | X

정답 | 01 ○ 02 ○ 03 ○ 04 × 05 × 06 ○ 07 ○ 08 × 09 ○

제3장 | 부동산등기제도

제1절 소유권보존등기

Ⅰ 의의

새로이 등기용지를 개설하여 표제부에는 '부동산에 관한 사항'을, 갑구에는 '소유권에 관한 사항'을 기록하는 방법으로 행한다.

Ⅱ 소유권보존등기신청절차

1. 신청인(법 제65조) - 단독신청(법 제23조 제2항)

(1) 토지대장, 임야대장 또는 건축물대장에 최초의 소유자로 등록되어 있는 자 또는 그 상속인, 그 밖의 포괄승계인

1) 대장등본에 최초의 소유자로 등록된 자

2) 최초 소유자로 등록된 자의 승계인(상속, 법인의 합병·분할, 포괄적 유증 등)

① 상속인에 의한 보존등기: 최후의 상속인 명의로 보존등기를 할 수 있다.

② 합병: 합병 후 존속하는 회사가 자기 앞으로 소유권보존등기를 할 수 있다.

③ 분할

㉠ 소멸분할(분할로 인하여 분할 전 법인이 소멸하는 경우)의 경우 법인등기사항증명서와 분할계획서를 첨부하여 그 분할된 회사 명의로 바로 보존등기를 할 수 있다.

㉡ 존속분할의 경우에는 분할 전 회사는 여전히 존속하므로, 분할 전 회사 명의로 소유권보존등기 후에 분할 후 회사 명의로 소유권이전등기를 하여야 한다.

④ 포괄적 수증자: 유증의 목적 부동산이 미등기인 경우에는 토지대장·임야대장 또는 건축물대장에 최초의 소유자로 등록되어 있는 자 또는 그 상속인의 포괄적 수증자가 단독으로 소유권보존등기를 신청할 수 있다(특정적 수증자의 경우 유언집행자가 상속인 명의로 소유권보존등기를 한 후에 유증을 원인으로 한 소유권이전등기를 신청하여야 한다).

⑤ 이전등록을 받은 자

㉠ 원칙: 이전등록을 받은 자 또는 그 상속인은 자기 앞으로 보존등기를 신청할 수 없고, 대장상 최초의 소유명의인 앞으로 보존등기를 한 다음 이전등기를 하여야 한다.

㉡ 예외: 미등기토지의 지적공부상 '국'으로부터 소유권이전등록을 받은 경우(토지만)

(2) 확정판결에 의하여 자기의 소유권을 증명하는 자

1) 판결의 의미

보존등기신청인의 소유임을 확정하는 내용의 것으로, 확인·이행·형성판결을 불문, 조정조서·화해조서(제소 전 화해조서도 포함) 등 확정판결에 준하는 것도 포함한다.

> 판결에 해당하지 않는 경우
> ① 일부 지분만에 대한 소유권확인판결에 의한 부동산 전부에 대한 소유권보존등기
> ② 건물에 대하여 국가를 상대로 한 소유권확인판결
> ③ 건물에 대하여 건축허가명의인(또는 건축주)을 상대로 한 소유권확인판결

2) 판결의 상대방

① 보존등기의 명의인: 이미 보존등기가 마쳐진 토지에 관하여 그 명의인을 상대로 말소판결을 얻은 경우 그 판결에 신청인의 소유임을 확인하는 내용이 들어 있다면 그 판결에 의해 보존등기를 말소한 후 자기 명의로 새로이 보존등기를 신청할 수 있다.

② 미등기 토지에 대한 공유물분할판결인 경우 다른 공유자: 다만, 이 경우에는 공유물분할의 판결에 따라 토지의 분필절차를 먼저 거친 후에 보존등기를 신청하여야 한다.

③ 토지·건축물대장상에 자기 또는 피상속인이 최초의 소유자로 등록되어 있는 자(이전 등록된 자 ×)

④ 대장상 등록명의자가 없거나 누구인지 모르는 경우

㉠ 토지의 경우: 국가를 상대로 소유권확인판결을 얻어야 한다.

㉡ 건물의 경우: 건축물대장에 등록된 소유자 또는 대장소관청인 특별자치도지사·시장·군수·구청장을 상대로 소유권확인판결을 받은 경우 판결과 함께 건축물 대장정보를 첨부하여야 소유권보존등기를 신청할 수 있다.

⑤ 특별자치도지사·시장·군수·구청장을 상대로 한 확인판결에 의하여 건물보존등기를 할 수 있는 것은 해당 건물에 대한 건축물대장이 작성된 경우에 한한다(판례).

(3) 수용으로 인하여 소유권을 취득하였음을 증명하는 자

미등기 부동산	등기된 부동산
직접 사업시행자 명의로	실무상 이전등기

(4) 특별자치도지사·시장·군수 또는 구청장(자치구의 구청장을 말한다)의 확인에 의하여 자기의 소유권임을 증명하는 자(건물의 경우로 한정)

특별자치도지사·시장·군수 또는 구청장의 확인서(① 건물의 소재와 지번, 건물의 종류, 구조 및 면적 등 건물의 표시 및 ② 건물의 소유자의 성명이나 명칭과 주소나 사무소의 소재지 표시의 요건을 갖출 것)를 제출하여야 한다.

(5) 미등기 토지가 공유인 경우

① 공유자 전원이 또는 각 공유자가 단독으로 공유자 모두를 위해 소유권보존등기를 신청할 수 있다.

② 공유자 중 1인이 자기 지분만의 보존등기는 허용되지 않는다.

③ 미등기 토지의 일부 지분만에 대한 소유권확인의 확정판결만에 의해서는 보존등기를 신청할 수 없다(선례 제5-226호).

(6) 구분건물의 소유권보존등기

> **법 제46조(구분건물의 표시에 관한 등기)**
> ① 1동의 건물에 속하는 구분건물 중 일부만에 관하여 소유권보존등기를 신청하는 경우에는 나머지 구분건물의 표시에 관한 등기를 동시에 신청하여야 한다.
> ② 제1항의 경우에 구분건물의 소유자는 1동에 속하는 다른 구분건물의 소유자를 대위하여 그 건물의 표시에 관한 등기를 신청할 수 있다.
> ③ 구분건물이 아닌 건물로 등기된 건물에 접속하여 구분건물을 신축한 경우에 그 신축건물의 소유권보존등기를 신청할 때에는 구분건물이 아닌 건물을 구분건물로 변경하는 건물의 표시변경등기를 동시에 신청하여야 한다. 이 경우 제2항을 준용한다.

2. 신청정보(규칙 제43조 및 제121조 제1항)

신청근거규정	「부동산등기법」 제65조 제○호
등기의 목적	소유권보존
등기원인 및 그 연월일	×(판결에 의한 등기신청이라도 마찬가지)
국민주택채권매입번호	① 토지: 제공 ② 건물: 제공하지 않음(이미 건축허가 시 제공)

3. 첨부정보(규칙 제46조 및 제121조 제2항 등)

(1) 등기원인증명정보(법 제65조)

제1호	각종 대장등본, 상속증명서면, 포괄승계증명서면 등
제2호	판결정본 및 확정증명서
제3호	재결수용 - 재결서 등본 및 보상금증명서면 협의성립확인 - 협의성립확인서 또는 협의성립공정증서와 그 수리증명서 및 보상금증명서면
제4호	특별자치도지사, 시장, 군수, 구청장의 확인서(읍·면장 ×)

(2) 주소증명정보 및 주민등록번호증명정보 - 보존등기명의인의 주민등록등·초본 등

(3) 부동산표시증명정보

① 토지의 표시를 증명하는 토지 대장정보나 임야 대장정보 또는 건물의 표시를 증명하는 건축물 대장정보나 그 밖의 정보를 첨부정보로서 등기소에 제공하여야 한다.

부동산	대장정보	그 밖의 정보
토지·임야	○	×
건축물	○	○

② 건물의 소유권보존등기를 신청하는 경우에 그 대지 위에 여러 개의 건물이 있을 때에는 그 대지 위에 있는 건물의 소재도를 첨부정보로서 등기소에 제공하여야 한다. 다만, 건물의 표시를 증명하는 정보로서 건축물 대장정보를 등기소에 제공한 경우에는 그러하지 아니하다.

③ 구분건물에 대한 소유권보존등기를 신청하는 경우에는 1동의 건물의 소재도, 각 층의 평면도와 전유부분의 평면도를 첨부정보로서 등기소에 제공하여야 한다. 이 경우 위 ②의 단서를 준용한다.

(4) **제공할 필요가 없는 정보 - 등기의무자의 등기필정보, 등기원인에 대한 제3자의 허가·동의·승낙을 증명하는 정보**

Ⅲ 등기실행

새로운 등기부를 개설하여 표제부와 갑구의 사항을 기록한다. 다만 등기원인과 그 연월일은 기재하지 아니한다(법 제64조).

OX 확인

01 미등기토지의 토지대장상 국(國)으로부터 소유권이전등록을 받은 자는 바로 자기 앞으로 소유권보존등기를 신청할 수 있다. O | X

02 판결에 의하여 보존등기를 신청하는 경우 그 판결이 반드시 확인판결이어야 할 필요는 없고 형성판결, 이행판결도 가능하다. O | X

03 유증의 목적 부동산이 미등기인 경우에는 토지대장, 임야대장 또는 건축물대장에 최초의 소유자로 등록되어 있는 자의 포괄적 수증자가 단독으로 소유권보존등기를 신청할 수 없다. O | X

04 미등기토지가 공유인 경우에는 각 공유자가 단독으로 공유자 전원을 위하여 소유권보존등기를 신청할 수 있다. O | X

05 등기부상 소유자를 상대로 소유권보존등기의 말소를 명한 판결을 받은 자는 자기 명의로 소유권보존등기를 할 수 있다. O | X

06 토지대장상의 소유자 표시란이 공란으로 되어 있는 경우에는 국가를 상대로 소유권확인판결을 얻어야 한다. O | X

07 ~~수용~~을 원인으로 미등기 토지의 소유권을 취득한 자는 자기 명의로 소유권보존등기를 신청할 수 있다. O | X

08 미등기 건물의 양수인은 대장에 자기명의로 소유권이전등록이 되어있는 경우에만 직접 소유권보존등기를 신청할 수 있다. O | X

09 건축물대장에 지분표시가 되지 않은 채 여러 명의 공유로 등재된 경우에도 소유권보존등기를 할 수 있다. O | X

해설 건축물대장상으로는 공유지분의 기재가 없는 경우 균등하게 소유권보존등기를 신청하거나 공유자 전원 사이에 작성된 실제의 지분비율을 증명하는 서면을 첨부하여 실제 지분에 따라 소유권보존등기신청을 할 수 있다. 다만, 실제의 지분이 균등하게 산정한 지분보다 적은 자의 인감증명을 제출하여야 한다(등기예규 제724호).

10 건축물대장의 소유자표시란이 공란인 경우 그 미등기 건물에 관하여 국가를 상대로 소유권확인판결을 받은 자는 소유권보존등기를 신청할 수 있다. O | X

11 확정판결에 의하여 자기의 소유권을 증명하는 자는 소유권보존등기를 신청할 수 있는데, 형성판결이나 이행판결이라도 그 이유 중에서 보존등기신청인의 소유임을 확정하는 내용의 것이라면 이에 해당한다. O | X

12 건축물대장이 생성되어 있지 않은 건물에 대하여도 소유권확인판결을 받으면 그 판결을 근거로 소유권보존등기를 신청할 수 있다. O | X

13 건물의 소유권보존등기를 신청하는 경우 그 대지 위에 여러 개의 건물이 있을 때에도 건물의 표시를 증명하는 정보로서 건축물대장 정보를 등기소에 제공한 경우에는 그 대지 위에 있는 건물의 소재도를 제공할 필요가 없다. O | X

14 건물 대지에 이미 제3자 명의의 지상권설정등기가 마쳐져 있는 경우에는 그 등기를 말소하거나 지상권자의 승낙을 받아야 소유권보존등기를 신청할 수 있다. O | X

해설 지상권이 설정되어 있는 토지 위에 지상권자 아닌 제3자가 건물을 신축한 후 동 건물에 대한 소유권보존등기를 신청함에 있어서, 사전에 그 지상권을 말소하여야 하거나 소유권보존등기신청서에 지상권자의 승낙서를 첨부할 필요는 없다(선례 제2-238호).

정답 | 01 ○ 02 ○ 03 × 04 ○ 05 ○ 06 ○ 07 ○ 08 × 09 ○ 10 × 11 ○ 12 × 13 ○ 14 ×

15 등기관이 건물의 소유권보존등기를 할 때에는 등기원인과 그 연월일을 기록하지 아니한다. O | X

16 건축주가 이미 사망하였음에도 그의 명의로 건물의 사용승인을 받아 건축물대장에 사망한 자가 최초의 소유명의인으로 등록이 되었다 하더라도 그의 상속인은 위 대장 등본과 상속을 증명하는 서면을 첨부하여 상속인 명의로 소유권보존등기신청을 할 수 있다. O | X

17 부속건물을 독립건물로 소유권보존등기를 신청하기 위해서는 주된 건물과 부속건물의 건축물대장이 별도로 작성되어 있어야 한다. O | X

정답 | 15 O 16 O 17 O

Ⅳ 직권에 의한 소유권보존등기(법 제66조)

1. 서설

미등기 부동산에 관하여 법원으로부터 소유권의 처분제한의 등기촉탁이 있는 경우에 등기관은 그 등기를 하기 위하여 전제되는 소유권보존등기를 직권으로 실행하여야 한다. 즉, 소유권보존등기는 직권, 처분제한등기는 촉탁으로 한다.

2. 요건

요건	내용	
'법원'의 처분제한등기의 촉탁이 있을 것	**해당 O**	**해당 ×**
	① 경매개시결정등기 ② 가압류등기·가처분등기 ③ 회생정리절차개시결정·파산선고(보전처분 포함)의 기입등기 ④ 주택임차권등기촉탁	① 세무서의 체납처분에 의한 압류등기의 촉탁(세무서장이 대위로 보존등기 촉탁) ② 가등기가처분
처분제한의 대상이 되는 미등기부동산은 '등기능력'이 있을 것		
그 촉탁이 '소유권'에 관한 것일 것	① 소유권의 일부에 대하여 처분제한의 등기촉탁이 있는 경우 직권 보존등기 할 수 없음. (공유인 미등기부동산에 대하여 일부 지분에 관하여만 처분제한등기의 촉탁이 있는 경우 지분만에 관한 보존등기를 할 수 없으므로 결국 그 촉탁은 각하되어야 한다는 것이 선례임) ② 해당하지 않는 경우: 소유권 이외의 권리에 대한 처분제한 등기	

3. 첨부정보(집행력 있는 정보 포함)

첨부정보	구분	내용
채무자의 소유명의로 등기할 수 있음을 증명하는 서면	**토지**	법 제65조의 서면(토지·임야대장 정보, 소유권확인판결 등)
	건물	① 법 제65조의 서면 적용 배제(건축물대장, 소유권확인판결, 수용을 증명하는 서면, 특별자치도지사·시장· 군수 또는 구청장의 서면) ② 집행법원에서 채무자의 소유임을 인정할 수 있는 서면
부동산표시증명서면		
소유자의 주소 및 주민등록번호 증명서면	주민등록표등(초)본 등	
취득세, 국민주택채권, 등기신청수수료 등	① 소유권보존등기: 취득세, 채권매입 등 불요(직권등기이므로) ② 처분제한등기: 등록면허세 등(채권자가 부담)	

4. 등기의 실행(법 제66조 등)

(1) 등기관이 미등기부동산에 대하여 법원의 촉탁에 따라 소유권의 처분제한의 등기를 할 때에는 직권으로 소유권보존등기를 하고, 처분제한의 등기를 명하는 법원의 재판에 따라 소유권의 등기를 한다는 뜻을 기록하여야 한다.

(2) 등기관이 위 (1)에 따라 건물에 대한 소유권보존등기를 하는 경우에는 법 제65조를 적용하지 아니한다. 다만, 그 건물이 건축법상 사용승인을 받아야 할 건물임에도 사용승인을 받지 아니하였다면 그 사실을 표제부에 기록하여야 한다.

(3) 위 (2)의 단서에 따라 등기된 건물에 대하여 사용승인이 이루어진 경우에는 건물 소유권의 등기명의인은 1개월 이내에 그 기록에 대한 말소등기를 신청하여야 한다.

(4) 1동의 건물의 일부 구분건물에 대하여 처분제한의 등기촉탁이 있는 경우 등기관은 구분건물의 소유권보존등기와 나머지 구분건물의 표시에 관한 등기(전유부분의 표제부만 생성)를 하여야 한다.

5. 등기완료 후의 절차

(1) 등기필정보의 작성 없이 보존등기명의인에게 등기완료통지를 하여야 한다(규칙 제109조).

(2) 취득세 미납사실을 통지하여야 한다.

(3) 법원의 소유권 제한의 등기촉탁에 의하여 경료 된 소유권보존등기는 소유자의 자발적 말소신청이나 말소등기의 이행을 명하는 판결에 의하여서만 말소가 가능하다.

OX 확인

01 세무서장이 미등기 부동산에 대하여 체납처분에 따른 압류등기를 촉탁한 경우 등기관은 그 촉탁을 각하하여야 한다. O | X

02 「건축법」상 사용승인을 받지 않은 건물도 직권보존등기의 대상이 될 수 있다. O | X

03 등기관이 직권으로 보존등기를 한 때에는 등기명의인에게 등기필정보 및 등기완료통지서를 발송하여야 한다. O | X

04 1동 건물의 일부 구분건물에 대하여 처분제한등기의 촉탁이 있는 경우 등기관은 직권으로 처분제한의 목적물인 구분건물의 소유권보존등기와 나머지 구분건물의 표시에 관한 등기를 하여야 한다. O | X

05 건축물대장이 작성되지 않은 건물도 직권보존의 대상이 될 수 있다. O | X

06 토지대장이 작성되지 않은 토지에 대하여는 직권보존을 할 수 없으므로 그 촉탁을 각하하여야 한다. O | X

07 처분제한의 등기촉탁으로 건물에 관한 직권보존등기가 이루어진 후 그 처분제한의 등기를 말소할 경우 등기관은 직권으로 소유권보존등기를 말소하여야 한다. O | X

08 등기관이 미등기부동산에 대하여 법원의 촉탁에 따라 소유권의 처분제한의 등기를 할 때에는 직권으로 소유권보존등기를 하는바, 이 경우 소유자의 주소를 증명하는 정보를 첨부정보로서 제공되어야 한다. O | X

정답 | 01 ○ 02 ○ 03 × 04 ○ 05 ○ 06 ○ 07 × 08 ○

제2절 소유권이전등기

I 소유권 또는 부동산의 일부 이전

1. 소유권의 일부이전등기

(1) 의의

소유권의 일부이전등기를 신청하는 경우에는 이전되는 지분을 제공하고, 등기원인에 「민법」 제268조 제1항 단서의 약정이 있을 때에는 그 약정에 관한 사항도 제공하여야 한다.

(2) 공유물의 소유권보존등기

① 공유자 전원이 신청하거나 공유자 중 1인이 단독으로 공유자 전원을 위하여 그 전원 명의로 소유권보존등기를 신청할 수 있다.

② 공유자 중 1인이 또는 수인이 각자의 지분에 대하여 소유권보존등기를 신청할 수 없다.

(3) 수인의 공유자가 수인에게 지분 전부 또는 일부 이전

수인의 공유자가 수인에게 등기의무자별로 혹은 등기권리자별로 등기신청서를 작성하여야 한다.

(4) 공유물분할을 원인으로 한 소유권이전등기(민법 제268조 제1항)

1) 의의

공유자는 분할금지약정이 없는 한 언제든지 공유물의 분할을 청구할 수 있다.

2) 분할의 절차

협의분할 (원칙)	① 공유물분할은 우선 공유자 간의 협의에 의하며, 공유자 전원이 참가해야 한다. 공유자의 일부를 제외하고 분할절차를 진행하면 그 분할은 효력이 없으며, 공유자 이외의 자는 공유물분할에 참가할 수 없다. ② 반드시 공유자의 지분비율에 구애됨이 없이 공유물분할을 하고 이에 따른 등기신청을 할 수 있다. ③ 물권변동의 시점은 분할된 부분에 대한 등기가 경료된 때이다(민법 제186조).
재판상 분할	① 공유자 전원이 참가해야 하는 필수적 공동소송이며, 판례는 공유물분할청구권을 형성권으로, 공유물분할의 소를 형식적 형성의 소로 보고 있다. ② 법원은 공유물분할을 청구하는 자가 구하는 방법에 구애받지 아니하고 자유로운 재량에 따라 합리적인 방법으로 공유물을 분할할 수 있다. ③ 물권변동의 시점은 공유물분할의 판결이 확정되면 등기 없이 공유자는 단독소유권을 취득한다(민법 제187조).

3) 등기절차

① **분필등기, 동시신청의 요부:** 수인이 공유하던 토지를 분할할 경우에는 먼저 분필등기절차를 밟고 나서 공유물분할을 원인으로 한 소유권이전등기(지분이전등기)를 신청하여야 한다. 다만, 그 소유권이전등기는 동시에 하지 않고 각 분필등기 된 부동산별로 각각 독립하여 공동신청할 수 있다.

② 등기신청절차

㉠ 신청인

협의분할	공동신청
재판상 분할	단독신청(등기권리자 또는 등기의무자는 원·피고에 관계없이 신청 가능)

㉡ 신청정보

구분	협의분할	재판상분할
등기원인 및 그 연월일	공유물분할, 협의일	공유물분할, 판결확정일
등기의 목적	○번 갑 지분 전부 이전	

㉢ 첨부정보

등기원인증명정보	공유물분할계약서 또는 판결정본과 그 확정증명서(검인을 요함)
부동산표시증명정보	분할 등록된 대장등본

③ 등기완료 후 조치

㉠ 등기관이 공유물분할등기를 하였을 때에는 등기필정보를 작성하여 등기권리자에게 통지하여야 한다.

㉡ 이후 그 등기권리자가 소유권이전등기의 등기의무자로서 등기를 신청하는 경우에는 종전 공유자로서 등기할 때에 통지받은 등기필정보와 함께 이 등기필정보도 제공하여야 한다.

(5) 구분소유적 공유관계의 등기

① 부동산의 위치와 면적을 특정하여 2인 이상이 구분소유하기로 약정을 하고 그 구분소유자를 공유로 등기하는 것을 구분소유적 공유관계 또는 상호명의신탁등기라고 하며, 이러한 부동산에 관하여 각 구분소유자가 취득한 특정부분을 단독소유 하도록 하는 등기를 상호명의신탁해지를 원인으로 한 소유권이전등기라 한다.

② 「부동산 실권리자명의 등기에 관한 법률」에서 유효성을 예외적으로 인정하고 있다.

③ 상호명의신탁관계가 성립한 경우에는 공유자임을 전제로 공유물분할청구를 할 수 없다(판례).

④ 그 특정부분대로 분할하여 분필등기를 한 후 상호명의신탁해지를 원인으로 지분이전등기를 공동으로 신청하면 된다.

OX 확인

01 공유물분할판결은 이행판결이 아니므로 등기권리자가 단독으로 그 판결에 따른 소유권(지분)이전등기를 신청할 수 없다. O | X

02 공유물분할판결이 확정되면 원고는 그 확정판결을 첨부하여 공유물분할을 원인으로 하는 소유권(지분)이전등기를 신청할 수 있으나 피고는 그 판결을 가지고 단독으로 소유권(지분)이전등기를 신청할 수 없다. O | X

03 공유물분할판결의 변론종결 후 그 판결에 따른 등기신청 전에 일부 공유자의 지분이 제3자에게 이전된 경우, 다른 공유자가 공유물분할판결에 따른 등기신청을 하기 위해서는 그 제3자에 대한 승계집행문을 부여받아야 한다. O | X

04 공유물분할판결에 따른 등기를 할 경우 등기원인일자는 판결선고일이다. O | X

05 공유물분할의 소송절차에서 공유토지의 분할에 대하여 조정이 성립된 경우에는 분할된 부분에 대하여 소유권이전등기를 마쳐야만 소유권을 취득한다. O | X

06 공유물분할 대상 부동산이 농지인 경우에는 취득하는 면적이 공유지분비율에 의한 면적 이상이면 농지취득자격증명을 첨부하여야 한다. O | X

07 공유물분할의 판결이 확정되면 등기하지 않아도 분할된 부분에 대하여 공유자는 단독 소유권을 취득한다. O | X

08 공유물분할을 원인으로 한 소유권이전등기는 각 분필 등기된 부동산 전부에 대하여 동시에 신청하여야 한다. O | X

09 공유물분할소송에서 강제조정이 확정된 경우에 그 소송의 당사자는 원·피고에 관계없이 등기권리자 단독으로 공유물분할을 원인으로 한 지분이전등기를 신청할 수 있다. O | X

해설 선례 제7-234호

정답 | 01 × 02 × 03 ○ 04 × 05 ○ 06 × 07 ○ 08 × 09 ○

2. 부동산의 일부이전등기

(1) 분필등기의 선행

(2) 관련 선례

① 1필지의 토지의 특정된 일부에 대하여 소유권이전등기의 말소를 명하는 판결을 받은 권리자는 그 판결에 따로 토지의 분할을 명하는 주문기재가 없더라도 그 판결에 기하여 등기의무자를 대위하여 그 특정된 일부에 대한 분필등기절차를 마친 후 소유권이전등기를 말소할 수 있다.

② 1필지의 토지 중 그 일부를 특정하여 소유권이전등기를 명한 판결이 확정되어 그 판결에 따른 소유권이전등기를 신청하기 위하여는 먼저 그 부분을 토지대장상 분할하여 분필등기를 해야 하고, 지적법(현행 공간정보의 구축 및 관리 등에 관한 법률)상 지적분할이 불가능하다고 하여 전체면적에 대한 특정부분의 면적비율에 상응하는 공유지분의 이전등기를 신청할 수 없다.

OX 확인

01 1필의 토지의 특정 일부에 대하여 소유권이전등기절차의 이행을 명하면서 따로 토지의 분할을 명하는 주문의 기재가 없다면 그 판결은 집행불능의 판결에 해당한다. O | X

해설 1필지의 토지의 특정된 일부에 대하여 소유권이전등기의 말소를 명하는 판결을 받은 등기권리자는 그 판결에 따로 토지의 분할을 명하는 주문기재가 없더라도 그 판결에 기하여 등기의무자를 대위하여 그 특정된 일부에 대한 분필등기절차를 마친 후 소유권이전등기를 말소할 수 있으므로 토지의 분할을 명함이 없이 1필지의 토지의 일부에 관하여 소유권이전등기의 말소를 명한 판결을 집행불능의 판결이라 할 수 없다(등기예규 제639호).

02 토지의 특정 일부를 매수하고도 소유권의 지분이전등기를 한 경우에 등기기록상 각 공유자는 분필등기를 한 후 각자의 권리부분에 대한 상호명의신탁해지를 원인으로 한 지분소유권이전등기를 경료할 수 있다. O | X

03 토지의 특정 일부를 매수한 후 당사자 사이의 합의로 소유권의 지분이전등기를 한 경우 구분소유적 공유관계가 성립하므로, 이를 해소하기 위해서는 공유물분할판결을 얻어야 한다. O | X

04 부동산의 특정 일부에 대하여 이전등기를 명하는 이행판결을 받았으나 지적관계법상 토지 분할이 불가능할 경우 분필절차를 거치지 않고 전체 면적에 대하여 특정 부분의 면적 비율에 따라 지분이전등기를 할 수 있다. O | X

정답 | 01 × 02 ○ 03 × 04 ×

3. 합유에 관한 등기

(1) 의의

법률의 규정 또는 계약에 의하여 수인이 조합체로서 물건을 소유하는 공동소유형태를 말한다.

(2) 합유등기

① 등기권리자가 2인 이상인 경우 그 권리가 합유인 때에는 그 뜻을 기재해야 하고, 등기기록상 각 합유자의 지분을 표시하지 아니하고 "합유자"로만 기재한다.

② **합유물의 처분**: 합유물의 처분 또는 변경하기 위해서는 합유자 전원의 동의가 있어야 한다. 합유자는 합유물의 분할을 청구하지 못하지만, 이는 특약에 의해 분할을 청구할 수 있다.

③ **합유지분의 처분등기**: 합유자가 자신의 지분을 처분하기 위해서는 합유자 전원의 동의가 필요하다. 다만, 지분이전등기를 초래하는 지분에 대한 소유권이전청구권가등기, 저당권설정등기, 가압류 등은 할 수 없다.

(3) 합유자의 변경

<table>
<tr><th colspan="2">사유</th><th>신청인</th><th>인감증명</th><th>등기원인</th><th>기타</th></tr>
<tr><td colspan="2">일부 교체</td><td>처분한 합유자와
취득한 합유자 및
잔존 합유자</td><td>처분한 합유자</td><td>합유자 변경</td><td>합유명의인변경등기</td></tr>
<tr><td rowspan="2">일부 탈퇴</td><td>잔존 합유자가 수인</td><td rowspan="2">탈퇴한 합유자와
잔존 합유자</td><td rowspan="2">탈퇴한 합유자</td><td rowspan="2">합유자 ○○○ 탈퇴</td><td>잔존 합유자의
합유로 하는
합유명의인변경등기</td></tr>
<tr><td>잔존 합유자가 1인</td><td>잔존 합유자의
단독소유로 하는
합유명의인변경등기</td></tr>
<tr><td colspan="2">추가</td><td>기존 합유자와
새로 가입하는
합유자</td><td>기존 합유자</td><td>합유자 ○○○ 가입</td><td>합유명의인변경등기</td></tr>
</table>

(4) 합유지분의 상속등기

1) 합유자 중 일부가 사망한 경우 합유지분은 잔존 합유자에게 귀속되는 것이 원칙이다. 그러나 상속을 인정한다는 특별한 약정이 있는 경우 또는 그러한 약정이 없는 경우라도 합유지분에 대한 상속등기가 이미 경료된 경우는 법 제29조 제2호의 규정에 위배되지 않으므로(법 제29조 제5호에 해당됨) 직권으로 말소할 것이 아니라 쌍방 당사자가 공동으로 말소등기 신청을 하거나 소로써 말소를 구하여야 한다.

2) 합유자 중 일부가 사망한 경우

사유	신청인	등기원인	기타
① 합유자 3인 중 1인 사망	잔존 합유자	합유자 ○○○ 사망	잔존 합유자의 합유로 하는 합유명의인변경등기
①을 하지 않고 있는 사이 다시 잔존 합유자 중 일부가 사망	현재 잔존 합유자	합유자 ○○○ 사망 합유자 *** 사망	현재 잔존 합유자로 변경하는 합유명의인변경등기 (잔존 합유자가 1인이면 단독소유로 하는 등기)
② 합유자 2인 중 1인 사망	잔존 합유자	합유자 ○○○ 사망	잔존 합유자의 단독소유로 하는 합유명의인변경등기
②를 하지 않고 있는 사이 다시 잔존 합유자가 사망	그 잔존 합유자의 상속인	합유자 ○○○ 사망 합유자 *** 사망	바로 상속인 앞으로 하는 상속등기

4. 소유 형태의 변경에 따른 등기

공유 → 합유, 합유 → 공유	소유권변경등기
단독소유 → 합유	소유권이전등기
총유(비법인사단) → 공유, 합유	소유권이전등기
합유 → 총유(비법인사단)	소유권이전등기

OX 확인

01 합유자 중 일부가 탈퇴하여 잔존 합유자가 1인만 남은 경우에는 탈퇴한 합유자와 잔존 합유자의 공동신청으로 잔존 합유자의 단독소유로 하는 변경등기를 하여야 한다. O | X

02 각 합유자의 지분에 대한 소유권이전청구권가등기를 신청할 수 없으며, 합유자 중 1인에 대한 가압류등기촉탁도 할 수 없다. O | X

03 합유등기에 있어서는 등기기록상 각 합유자의 지분을 표시하지 않는다. O | X

04 합유자가 2인인 경우 그중 1인이 사망한 때에는 특별한 약정이 없다면 잔존 합유자는 자기의 단독소유로 하는 합유명의인 변경등기를 신청할 수 있다. O | X

05 3인 이상의 합유자 중 1인이 사망한 때에는 잔존 합유자는 해당 부동산에 대해서 사망한 합유자의 사망사실을 증명하는 서면을 첨부하여 해당 부동산을 잔존 합유자의 합유로 하는 합유명의인 변경등기신청을 할 수 있다. O | X

06 수인의 합유자 명의로 등기되어 있는 부동산도 합유자 전원의 합의에 의하여 수인의 공유지분의 소유 형태로 소유권변경등기를 할 수 있다. O | X

07 사망한 합유자의 상속인들 중 일부가 다른 상속인을 상대로 상속지분이전등기절차의 이행을 명하는 판결을 받은 경우에 이 판결에 의해 소유권이전등기를 신청할 수 있다. O | X

08 합유물 전체에 대하여 경매개시결정이 있는 경우에는 그에 따른 경매개시결정의 기입등기를 할 수 있다. O | X

09 합유물인 부동산에 관하여 근저당권설정등기를 신청하기 위해서는 합유자 전원이 등기의무자가 되어야 한다. O | X

10 수인의 합유자 명의로 등기된 부동산을 합유자 전원이 공유하는 것으로 할 경우 소유권변경등기를 신청한다. O | X

11 단독소유를 수인의 합유로 하는 경우, 단독소유자와 합유자들의 공동신청으로 소유권변경등기를 신청한다. O | X

12 합유자 중 일부가 교체되는 경우 합유지분을 처분할 합유자와 합유지분을 취득한 합유자의 공동신청으로 합유명의인변경등기를 신청하여야 한다. O | X

해설 합유자 중 일부가 나머지 합유자들 전원의 동의를 얻어 그의 합유지분을 타에 매도 기타 처분하여 종전의 합유자 중 일부가 교체되는 경우에는 합유지분을 처분한 합유자와 합유지분을 취득한 합유자 및 잔존 합유자의 공동신청으로 「○년 ○월 ○일 합유자 변경」을 원인으로 한 잔존 합유자 및 합유지분을 취득한 합유자의 합유로 하는 합유명의인 변경등기신청을 하여야 하고, 이 경우 합유지분을 처분한 합유자의 인감증명을 첨부하여야 한다(등기예규 제911호).

정답 | 01 ○ 02 ○ 03 ○ 04 ○ 05 ○ 06 ○ 07 × 08 ○ 09 ○ 10 ○ 11 × 12 ×

Ⅱ 매매 등 법률행위를 원인으로 한 소유권이전등기 일반

1. 법률행위의 종류

소유권이전등기의 원인이 되는 법률행위로는 매매, 증여, 사인증여, 재산분할, 양도담보, 교환, 계약의 해제, 현물출자나 대물변제 등이 있다.

2. 신청절차

(1) 등기원인의 연월일은 법률행위가 성립한 날이다. 다만 사인증여는 등기원인을 "증여"로 하면서도 등기원인일자는 "증여자의 사망일"로 한다.

(2) 사인증여의 경우 증여자의 상속인이 등기의무자이므로 증여자의 사망사실을 증명하는 정보와 등기의무자로서 등기신청을 하는 자가 증여자의 상속인임을 증명하는 정보를 제공하여야 한다.

(3) 이혼에 따른 재산분할의 경우 분할의 대상이 농지라면 검인을 받아야 하나, 농지취득자격증명·토지거래계약허가서 등은 제공할 필요가 없다.

(4) 양도담보의 경우 「부동산 실권리자명의 등기에 관한 법률」 제3조 제2항에 규정된 채무자, 채권금액 및 채무변제를 위한 담보라는 뜻이 기재된 서면의 제출 여부를 확인하여야 한다. 양도담보계약에 의하여 소유권이전등기를 신청하는 경우 검인을 받아야 하며, 해당 부동산이 토지거래허가구역 내의 허가 대상 토지인 경우에는 토지거래허가를 받아야 한다.

3. 거래가액등기

(1) 대상

1) 원칙

거래가액은 2006. 1. 1. 이후 작성된 매매계약서를 등기원인증서로 하여 소유권이전등기를 신청하는 경우에 한다.

> **거래가액 등기를 하지 않는 경우**
> ① 2006. 1. 1. 이전에 작성된 매매계약서에 의한 등기신청을 하는 때
> ② 등기원인이 매매라 하더라도 등기원인증서가 판결, 조정조서 등 매매계약서가 아닌 때
> ③ 매매계약서를 등기원인증서로 제출하면서 소유권이전등기가 아닌 소유권이전청구권가등기를 신청하는 때

2) 소유권이전청구권가등기에 의한 본등기를 신청하는 경우

매매예약을 원인으로 한 소유권이전청구권가등기에 의한 본등기를 신청하는 때에는 매매계약서를 등기원인증서로 제출하지 않는다 하더라도 거래가액을 등기한다.

3) 분양계약의 경우

① 최초의 피분양자가 등기권리자가 된 경우: 분양계약서와 함께 거래신고필증이 첨부된 경우 거래가액 등기를 하지만 검인받은 분양계약서만 첨부하는 경우 거래가액을 등기하지 아니한다.

② 최초의 피분양자로부터 그 지위를 이전받은 자가 등기권리자가 된 경우
㉠ 지위이전계약이 거래계약신고대상(매매계약)이 되는 경우 그 거래가액을 등기한다.
㉡ 지위이전계약이 증여인 경우에는 거래가액을 등기하지 아니한다.

(2) 매매목록을 제공하는 경우

① 1개의 신고필증에 2개 이상의 부동산이 기재되어 있는 경우(1개의 계약서에 의해 2개 이상의 부동산을 거래한 경우라 하더라도, 관할 관청이 달라 개개의 부동산에 관하여 각각 신고한 경우에는 매매목록을 작성할 필요가 없다)

② 신고필증에 기재되어 있는 부동산이 1개라 하더라도 수인과 수인 사이의 매매인 경우

(3) 거래가액의 등기방법

규칙 제125조(거래가액의 등기방법)
등기관이 거래가액을 등기할 때에는 다음 각 호의 구분에 따른 방법으로 한다.

1. 매매목록의 제공이 필요 없는 경우: 등기기록 중 갑구의 권리자 및 기타사항란에 거래가액을 기록하는 방법
2. 매매목록이 제공된 경우: 거래가액과 부동산의 표시를 기록한 매매목록을 전자적으로 작성하여 번호를 부여하고 등기기록 중 갑구의 권리자 및 기타사항란에 그 매매목록의 번호를 기록하는 방법

OX 확인

01 매매계약 해제로 인한 원상회복 방법으로 당사자가 계약해제를 원인으로 한 소유권이전등기신청을 한 경우 등기관은 이를 수리하여서는 아니 된다. O | X

02 재산분할의 판결에 의하여 이혼 당사자 중 일방이 그의 지분에 대한 농지의 소유권이전등기를 신청할 경우 농지취득자격증명을 첨부할 필요가 없다. O | X

03 증여·교환 등 매매 이외의 원인으로 인한 소유권이전등기신청의 경우에는 부동산매도용 인감증명서를 첨부할 필요가 없다. O | X

04 망인이 생전에 특정 부동산을 상속인 중 특정인에게 증여하기로 하는 사인증여계약서를 작성한 후 사망한 경우 상속인들은 망인 명의의 부동산을 직접 수증인 명의로 이전등기를 할 수 있다. O | X

05 이혼에 따른 재산분할판결의 경우, 분할의 대상 부동산이 농지인 경우에는 검인을 받아야 하나 농지취득자격증명, 토지거래허가서 등은 첨부할 필요가 없다. O | X

06 등기원인이 사인증여인 경우에는 증여자의 상속인이 등기의무자로서 등기신청을 한다. 이 경우 증여자의 사망사실을 증명하는 서면과 등기의무자가 상속인임을 증명하는 서면을 첨부하여야 하고, 이는 수증자가 상속인 중의 1인인 경우에도 동일하다. O | X

07 양도담보계약에 의하여 소유권이전등기신청을 할 때에도 「부동산등기 특별조치법」 상의 검인을 받아야 한다. O | X

08 사인증여를 원인으로 소유권이전등기를 신청할 때에는 등기의무자의 증여자가 사망한 상태이므로 증여자의 상속인이 등기의무자로서 등기권리자인 수증자와 공동으로 신청하게 된다. O | X

정답 | 01 × 02 ○ 03 ○ 04 ○ 05 ○ 06 ○ 07 ○ 08 ○

Ⅲ 공익사업을 위한 토지 등의 취득으로 인한 이전

1. 공공용지 협의취득으로 인한 소유권이전등기(사법상 계약에 해당)

(1) 신청인(공동신청)

등기의무자	등기기록상 소유명의인 ※ 미등기 토지 등의 대장상 최초의 소유명의인과 협의가 성립된 경우에는 먼저 그 대장상 소유명의인 앞으로 소유권보존등기를 한 후 사업시행자 명의로 소유권이전등기를 하여야 한다.
등기권리자	사업시행자

(2) 신청정보

등기원인	공공용지의 협의취득
등기원인일자	보상금지급일자(또는 공탁증명서에 기재된 공탁일자)

(3) 첨부정보

등기원인증명정보	공공용지의 취득협의서
등기의무자의 인감증명	○(부동산 매도용일 필요는 없음)
보상금지급증명서면	×

(4) 등기실행

사업시행자 명의로의 소유권이전등기를 실행한다.

2. 수용으로 인한 소유권이전등기(법률에 의한 강제취득 – 협의성립, 재결)

(1) 등기신청절차

1) 단독신청

① 사업시행자의 단독신청이 인정되고, 사업시행자가 관공서인 경우에는 그 등기를 촉탁하여야 하나, 사업시행자와 등기의무자가 공동신청을 할 경우 이를 수리하여도 무방하다.

② 사업시행자가 소유권이전등기를 신청함에 있어 필요한 때에는 등기명의인 또는 상속인을 갈음하여 부동산의 표시 또는 등기명의인의 표시변경이나 경정, 상속으로 인한 소유권이전등기를 법 제28조에 의하여 대위신청 할 수 있다(법 제99조 제2항).

③ 토지수용위원회의 수용재결이 있은 후 사업시행자가 변경되어 새로운 사업시행자가 수용의 개시일까지 보상금을 공탁소에 공탁하거나 소유자에게 직접 지급하였다면 그 사업시행자는 일반적인 첨부정보 외에 재결서 등본, 보상금을 지급하였음을 증명하는 정보 및 사업시행자의 변경을 증명하는 정보를 첨부정보로서 제공하여 수용을 원인으로 한 소유권이전등기를 단독으로 신청할 수 있다. 수용재결 후 사업시행자의 변경은 재결의 경정사유에 해당하지 않으므로 경정된 재결서 등본을 첨부정보로 제공할 필요는 없다(선례 제201803-7호).

④ 주택건설촉진법, 「택지개발촉진법」, 도시계획법상의 사업시행자라도 대상 토지에 대하여 토지소유자와 그 소유권이전에 대한 협의가 이루어지거나 또는 수용의 효력이 발생하기 전까지는 위 대위원인이 있다고 볼 수 없을 것이며 따라서 토지소유자를 대위하여 토지표시변경등기를 신청할 권한이 없다(선례 제4-264호).

2) 신청정보

등기원인 및 그 연월일	수용개시일 및 토지수용
등기의 목적	소유권이전
토지수용위원회의 재결에 의하여 존속이 인정된 권리가 있는 때, 그 부동산을 위해 존재하는 지역권등기	

3) 첨부정보

구분	협의성립의 경우	재결한 경우
등기원인증명서면	① 협의성립확인서, 협의성립의 공정증서와 그 수리증명서 ② 협의서만 첨부한 경우에는 협의성립확인서를 첨부하도록 보정을 명하고, 이를 제출하지 않는 경우에는 등기신청을 수리하여서는 아니 된다.	재결서등본
보상금수령증	○(보상금수령인의 인감증명 ×)	
등기원인에 대한 제3자의 허가서 등	농지취득자격증명(×), 토지거래허가서(×), 주무관청의 허가서(×)	

(2) 등기의 실행

1) 직권말소의 대상인 등기

토지수용으로 인한 소유권이전등기를 하는 경우에 그 부동산의 등기기록 중 소유권 또는 소유권 외의 권리에 관한 등기가 있는 때에는 그 등기를 말소하되, 그 부동산을 위하여 존재하는 지역권의 등기 또는 토지수용위원회의 재결로써 존속이 인정된 권리는 말소하지 않는다.

직권말소 대상인 등기	직권말소 대상이 아닌 등기
① 수용개시일 이후에 경료된 소유권이전등기 ② 소유권 이외의 권리 ③ 가등기, 가압류, 처분금지가처분, 압류, 예고등기	① 수용개시일 이전에 경료된 소유권이전등기 ② 수용개시일 이전의 상속을 원인으로 한 소유권이전등기 ③ 수용되는 부동산을 위하여 존재하는 지역권등기 ④ 재결로써 존속이 인정된 권리

2) 직권말소 후 통지

직권말소 후 말소통지서에 의하여 등기권리자에게 등기를 말소한 취지를 통지하여야 한다. 말소한 등기가 채권자 대위에 의한 것인 경우에는 채권자에게도 통지하여야 한다.

(3) 사업인정 고시 후 소유자의 승계(재결서 - 재결 당시의 소유자가 기재될 것!!)

1) 사업인정 고시 후 재결 전에 소유권의 변동이 있는 경우

사업인정 당시의 소유자를 피수용자로 하여 재결하고 그에게 보상금을 지급한 후 소유권이전등기를 신청한 경우에는 그 등기신청을 수리하여서는 아니 되며, 재결 당시의 소유자로 재결서상의 피수용자 명의를 경정재결을 하고 경정재결된 재결서상의 피수용자에게 보상금을 지급(공탁)한 후 소유권이전등기를 신청하여야 한다.

2) 사업인정 고시 후 재결 전에 등기기록상 소유자가 사망한 경우

① 사업인정 고시 후 재결절차 진행 중에 등기기록상 소유자가 사망하여 상속등기가 경료되었으나 이를 간과하고 사망자를 피수용자로 하는 수용재결을 하고 그 사망자에게 보상금을 공탁하였으나 그 공탁금을 상속인들이 수령한 경우(또는 그 상속인에게 보상금을 지급한 경우)에는 재결서

상의 피수용자를 상속인으로 하는 경정재결을 받을 필요 없이 수용에 의한 소유권이전등기를 신청할 수 있다.

② 다만, 상속등기가 경료되지 않은 채 피상속인의 소유명의로 등기가 되어 있는 경우에는 사업시행자는 대위에 의한 상속등기를 먼저 거친 후 소유권이전등기를 신청하여야 한다.

3) 재결 후 수용 개시일 전에 소유권이 변동이 있는 경우

① 원칙적으로 등기원인증서(재결서), 등기기록상의 등기의무자(수용 개시일 당시 소유명의인) 및 신청서상의 등기의무자가 일치하여야 한다.

② 다만, 재결 후 수용 개시일 전에 소유권이 변동된 경우는 그러하지 않아도 된다. 예컨대, 토지 소유자인 甲을 피수용자로 하는 수용재결을 하고 甲에게 보상금을 지급(공탁)하였으나 수용의 개시일 전에 甲에서 乙로의 소유권이전등기가 경료된 경우에는 사업시행자는 재결서를 경정할 필요 없이 乙을 등기의무자로 하고 위 재결서의 등본과 보상금지급증명서(공탁서 원본)를 첨부하여 토지수용을 원인으로 하는 소유권이전등기를 촉탁할 수 있는 것이다.

4) 수용의 개시일 이후에 소유권의 변동이 있는 경우

수용 개시일 이후에 등기기록상 소유권이전등기가 경료된 경우 등기관은 그 소유권이전등기를 직권말소하게 된다.

(4) 재결이 실효된 경우

① 토지수용을 원인으로 소유권이전등기를 마친 부동산에 대하여 사업시행에 불필요한 토지임을 이유로 사업시행계획이 변경되었더라도 재결이 실효되지 않는 한 소유권이전등기의 말소등기를 신청할 수 없다(선례 제7-174호).

② 수용재결로 인한 소유권이전등기가 경료되어 있으나 그 후 토지수용의 재결이 실효된 경우에는 그 소유권이전등기는 재결의 실효를 원인으로 하여 말소하여야 하는바, 이 말소등기는 공동신청에 의하여야 한다.

③ 등기관은 수용으로 인한 소유권이전등기를 경료하면서 직권말소한 등기를 다시 직권으로 회복하여야 한다.

OX 확인

01 수용으로 인한 토지소유권이전등기를 신청할 때에 등기원인은 "토지수용"으로, 등기원인일자는 "수용의 개시일"로 하여야 한다. O | X

02 토지수용위원회의 수용재결이 있은 후 사업시행자가 변경되어 새로운 사업시행자가 수용의 개시일까지 보상금을 공탁소에 공탁하거나 소유자에게 직접 지급하였다면 그 사업시행자는 수용을 원인으로 한 소유권이전등기를 단독으로 신청할 수 있는바, 수용재결 후 사업시행자의 변경은 재결의 경정사유에 해당하므로 경정된 재결서 등본을 첨부정보로서 제공하여야 한다. O | X

해설 수용재결 후 사업시행자의 변경이나 소유권의 변동은 재결경정사유에 해당하지 않으므로, 재결서를 경정할 필요가 없다.

03 토지수용을 원인으로 한 소유권이전등기를 마친 부동산에 대하여 사업의 시행에 불필요한 토지임을 이유로 사업시행계획이 변경되었더라도 위 토지수용의 재결이 실효되지 않는 한 그 소유권이전등기의 말소등기를 신청할 수 없다. O | X

04 수용으로 인한 소유권이전등기를 할 때에 수용의 개시일 이전의 상속을 원인으로 하여 마쳐진 소유권이전등기는 등기관이 직권으로 말소하지 않는다. O | X

05 사업인정고시 후 재결 전에 甲이 사망하였으나 상속등기가 경료되지 않은 경우에는 사업시행자는 대위에 의한 상속등기를 먼저 거친 후 소유권이전등기를 신청하여야 한다. O | X

06 甲 소유의 토지가 농지인 경우에도 사업시행자가 수용으로 인한 등기신청 시 농지취득자격증명을 첨부할 필요가 없다. O | X

07 수용재결로 소유권이전등기를 할 때 수용개시일 이전에 甲이 사망하여 그 상속을 원인으로 한 소유권이전등기가 이루어져 있다면 그 등기는 등기관이 직권으로 말소할 등기가 아니다. O | X

08 수용재결로 소유권이전등기가 된 후 그 재결이 실효된 경우에는 사업시행자가 단독으로 그 소유권이전등기의 말소등기를 신청하여야 한다. O | X

해설 토지수용의 재결의 실효를 원인으로 하는 토지수용으로 인한 소유권이전등기의 말소신청은 등기의무자와 등기권리자가 공동으로 신청하여야 한다(등기예규 제1388호).

09 등기원인을 증명하는 정보로 재결에 의한 수용일 때에는 토지수용위원회의 재결서등본을, 협의성립에 의한 수용일 때에는 토지수용위원회의 협의성립확인서 또는 협의성립의 공정증서와 그 수리증명서를 첨부한다. O | X

10 사업인정고시 후 재결 전에 소유권의 변동이 있었음에도 사업인정 당시의 소유자를 피수용자로 하여 재결을 한 경우에는 그 재결에 의하여 소유권이전등기를 신청할 수 없다. O | X

해설 사업인정고시 후 재결 전에 소유권의 변동이 있었음에도 사업인정 당시의 소유자를 피수용자로 하여 재결하고 그에게 보상금을 지급(공탁)한 후 소유권이전등기를 신청한 경우에는 재결 당시의 소유자로 경정재결하지 않는 한 등기신청을 수리하여서는 아니 된다(등기예규 제1388호).

정답 | 01 ○ 02 × 03 ○ 04 ○ 05 ○ 06 ○ 07 ○ 08 × 09 ○ 10 ○

Ⅳ 상속으로 인한 소유권이전등기

1. 서설

(1) 의의

① 피상속인의 사망으로 피상속인에게 속하였던 부동산의 권리가 상속인에게 승계되는 것을 공시하는 등기(법 제23조 제3항 등)를 말한다.

② 상속등기는 법정상속등기와 상속재산분할협의에 의한 상속등기로 나누어진다.

(2) 상속재산의 협의분할

① 공동상속인은 피상속인의 분할금지의 유언이 없는 한 언제든지 협의분할을 할 수 있고, 협의가 성립하면 그에 따라 분할하게 된다.

② 상속재산 협의분할서의 작성은 상속인 전원이 참석하여 그 협의서에 연명으로 날인하는 것이 바람직하나, 공동상속인의 주소가 상이하여 동일한 협의분할서를 수통 작성하여 각각 날인하였더라도 결과적으로 공동상속인 전원이 분할협의에 참석하여 합의한 것으로 볼 수 있다면 그 소유권이전등기신청을 수리할 수 있다.

③ 상속재산 협의분할서가 여러 장인 경우 상속인 전원이 간인하여야 한다.

④ 상속재산 분할협의는 대리인에게 위임하여 할 수 있으며, 이 경우 본인이 미성년자가 아닌 한 그 공동상속인 중 한 사람을 대리인으로 선임하여도 무방하다.

2. 신청인(단독신청 - 해당 상속재산을 취득하는 상속인만)

① 상속인 중 1인이 자기 지분만에 대하여 상속등기를 신청할 수 없다(법 제29조 제2호).
② 상속인 중 1인은 공유물보존행위에 준하여 전원을 위한 상속등기를 신청할 수 있다.
③ 상속포기자는 상속인을 위하여 상속등기를 신청할 수 없다.
④ 외국인 혹은 외국국적취득자, 타가에 입양한자도 상속을 포기하지 않는 한 상속을 받을 수 있다.
⑤ 피상속인의 배우자는 피상속인의 직계비속과 동순위로 공동상속인이 되고, 그 직계비속이 없는 경우에는 피상속인의 직계존속과 동순위로 공동상속인이 되는바, 피상속인의 직계비속이 모두 상속을 포기한 경우, 피상속인의 배우자는 피상속인의 직계존속과 동순위로 공동상속인이 된다(선례 제7-197호).
⑥ 남편 사망 후 재혼한 처는 전남편의 순위에 갈음하는 대습상속인이 될 수 없다(예규 제694호).
⑦ 수인의 공동상속인 중 일부가 상속을 포기한 경우에 그 상속분은 다른 공동상속인에게 상속분의 비율대로 귀속하는 것이지 포기한 상속인의 직계비속 또는 형제자매가 그 상속재산을 대습상속하는 것이 아니다(선례 제201211-4호).

3. 신청정보

항목	구분	법정상속등기	협의분할을 원인으로 한 소유권이전등기	조정분할(심판분할)에 의한 소유권이전등기
등기원인 및 그 연월일	등기원인	상속	협의분할에 의한 상속	조정분할(심판분할)에 의한 상속
	원인일자	피상속인의 사망일		
등기의 목적	소유권이전			
등기권리자	상속인인 등기권리자의 성명·주소·주민등록번호(상속인이 수인이면 지분 기재)			

4. 첨부정보

등기원인 증명정보	구분 / 2008. 1. 1. 이후 사망 피상속인 서면: 기본증명서, 가족관계증명서, 친양자입양관계증명서, 제적등본 상속인 서면: 기본증명서, 가족관계증명서
등기원인에 대한 제3자의 허가·동의·승낙 등	토지거래허가(×), 농지취득자격증명(×)
주소증명서면	① 피상속인의 주소증명서면 제공: 원칙 ×, 예외 동일인증명서면으로 제공 ② 상속인의 전원(또는 협의에 의해 상속재산을 취득하는 상속인) 제공 ③ 상속포기자의 주소증명서면(×)
상속재산 분할협의서 및 상속인 전원의 인감증명서 (규칙 제60조 제1항 제6호)	① 공동상속인 간에 상속재산분할협의가 성립한 때에는 상속재산분할협의서를 첨부하여야 하며, 분할협의서에 날인한 상속인 전원의 인감증명도 함께 첨부하여야 한다 ② 상속인이 재외국민인 경우: 상속재산분할협의서상의 서명 또는 날인이 본인의 것임을 증명하는 재외공관의 확인서 또는 이에 관한 공정증서로 대신할 수 있다.
위임장	① 등기신청위임장 ② 분할협의를 대리인에게 위임한 경우 ㉠ 협의분할에 의한 상속등기를 함에 있어 분할협의는 대리인에게 위임하여 할 수 있으며, 이 경우 본인이 미성년자가 아닌 한 그 공동상속인 중 한 사람을 위 분할협의에 관한 대리인으로 선임하여도 무방하다(선례 제4-26호). ㉡ 재외국민이 입국할 수 없는 경우에는 국내에 거주하는 공동상속인에게 이를 위임할 수 있다(선례 제201805-9호).
등기의무자의 등기필정보 및 인감증명	×(cf 포괄승계인에 의한 등기신청과 구별)

5. 상속을 원인으로 한 소유권이전등기의 경정

(1) 상속등기 후 상속재산의 협의분할 가부

① 상속재산분할협의는 언제든지 가능하다.

② 피상속인의 사망으로 그 소유 부동산에 관하여 법정상속지분에 의한 등기가 경료된 후 공동상속인(갑, 을, 병) 중 1인(갑)이 사망하였다면 그 공동상속등기에 대해서는 상속재산분할협의서에 의한 소유권경정등기를 할 수 없는바, 을, 병과 갑의 상속인 사이에 상속재산협의분할을 원인으로 한 지분이전등기절차의 이행을 명하는 조정에 갈음하는 결정이 확정된 경우에도 할 수 없다(선례 제8-197호).

③ 다만, 갑이 사망한 경우에도 법정지분에 의한 상속등기가 경료되지 아니한 경우라면, 갑의 상속인과 을, 병 등이 상속재산협의분할계약을 체결하고 그에 따른 상속등기를 신청할 수 있다(선례 제7-178호).

④ 상속인 간에 상속재산협의분할이 이루어지지 않아 법원이 상속재산의 경매분할을 명한 경우, 동 심판은 상속재산의 현물분할을 명한 것이 아니므로 동 심판에 따른 협의분할상속등기를 할 수 없고, 동 심판에 따른 경매신청을 하기 위하여서는 법정상속등기가 선행되어야 하며, 법정상속등기가 이미 경료된 등기를 동 심판서의 주문에 기재된 상속비율로 경정등기신청을 할 수 없다(선례 제8-191호).

⑤ 공동상속인(A, B, C, D, E)의 명의로 법정상속등기가 마쳐진 이후 경매절차에 의하여 공동상속인 중 1인(A)의 지분이 나머지 공동상속인 중 1인(B)에게 이전되었다면, 종전 공동상속인 전원(또는 A를 제외한 상속인들 전원)이 협의분할을 등기원인으로 하여 소유권경정등기를 신청하더라도 등기관은 이를 수리할 수 없다(선례 제202108-2호).

(2) 신청정보

① 법정상속분에 따라 상속등기를 마친 후에 상속재산 협의분할 등이 있는 경우

㉠ 등기원인 및 그 연월일: 법정상속분에 따라 여러 명의 공동상속인들을 등기명의인으로 하는 상속등기를 마친 후에 그 공동상속인들 중 일부에게 해당 부동산을 상속하게 하는 등의 상속재산 협의분할, 상속재산 조정분할 또는 상속재산 심판분할이 있어 이를 원인으로 상속등기의 경정등기를 신청할 때에는 등기원인을 각각 '협의분할', '조정분할' 또는 '심판분할'로, 그 연월일을 각각 협의가 성립한 날, 조정조서 기재일 또는 심판의 확정일로 한다.

㉡ 경정할 사항: 경정 전의 등기원인인 '상속'을 '협의분할에 의한 상속', '조정분할에 의한 상속' 또는 '심판분할에 의한 상속'으로, 경정 전의 등기명의인을 협의분할, 조정분할 또는 심판분할에 따라 해당 부동산을 취득한 상속인으로 경정한다는 뜻을 신청정보의 내용으로 제공한다.

② 상속재산 협의분할에 따라 상속등기를 마친 후에 그 협의를 해제한 경우

㉠ 등기원인 및 그 연월일: 상속재산 협의분할에 따라 상속등기를 마친 후에 공동상속인들이 그 협의를 전원의 합의에 의하여 해제하고 이를 원인으로 상속등기의 경정등기를 신청할 때에는 등기원인을 '협의분할해제'로, 그 연월일을 협의를 해제한 날로 한다.

㉡ 경정할 사항: 경정 전의 등기원인인 '협의분할에 의한 상속'을 '상속'으로, 경정 전의 등기명의인을 법정상속분에 따라 해당 부동산을 취득한 상속인으로 경정한다는 뜻을 신청정보의 내용으로 제공한다.

③ 상속재산 협의분할에 따라 상속등기를 마친 후에 그 협의를 해제하고 다시 새로운 협의분할을 한 경우

㉠ 상속인 일부만이 교체되는 경우

ⓐ 등기원인 및 그 연월일: 상속재산 협의분할에 따라 상속등기를 마친 후에 공동상속인들이 그 협의를 전원의 합의에 의하여 해제한 후 다시 새로운 협의분할을 하고 이를 원인으로 상속등기의 경정등기를 신청할 때에는 등기원인을 '재협의분할'로, 그 연월일을 재협의가 성립한 날로 한다.

ⓑ 경정할 사항: 경정 전의 등기명의인을 재협의분할에 따라 해당 부동산을 취득한 상속인으로 경정한다는 뜻을 신청정보의 내용으로 제공한다.

㉡ 상속인 전부가 교체되는 경우

ⓐ 경정등기의 가부: 상속재산 협의분할에 따라 갑과 을을 등기명의인으로 하는 상속등기가 마쳐진 후에 공동상속인들이 그 협의를 전원의 합의에 의하여 해제하고 병을 상속인으로 하는 새로운 협의분할을 한 경우와 같이 재협의분할로 인하여 상속인 전부가 교체될 때에는 상속등기의 경정등기를 신청할 수 없다.

ⓑ 상속등기의 신청방법

ⅰ) 기존 상속등기의 말소등기 및 새로운 상속등기의 신청: 위 ⓐ의 경우에는 기존 상속등기의 명의인을 등기의무자로, 재협의분할에 따라 해당 부동산을 취득한 상속인을 등기권리자로 하여 기존 상속등기의 말소등기를 공동으로 신청하고, 재협의분할에 따라 해당 부동산을 취득한 상속인이 상속등기를 단독으로 신청한다.

ⅱ) 등기원인 및 그 연월일: 위 ⅰ)에 따라 기존 상속등기의 말소등기를 신청할 때에는 등기원인을 '재협의분할'로, 그 연월일을 재협의가 성립한 날로 하고, 새로운 상속등기를 신청할 때에는 등기원인을 '협의분할에 의한 상속'으로, 그 연월일을 피상속인이 사망한 날로 한다.

OX 확인

01 공동상속인인 친권자와 미성년인 수인의 자 사이에 상속재산 분할협의를 하는 경우에는 미성년자 각자마다 특별대리인을 선임하여야 한다. O | X

02 피상속인의 사망으로 상속인들이 협의분할에 의한 상속등기를 신청할 경우에는 등기원인은 '협의분할에 의한 상속'이고, 등기원인일자는 '피상속인이 사망한 날'이다. O | X

03 상속이 개시된 후 상속등기를 하지 아니한 상태에서 공동상속인 중 1인이 사망한 경우에는 나머지 상속인들과 사망한 공동상속인의 상속인들이 피상속인의 재산에 대하여 협의분할을 할 수 있다. O | X

04 협의분할에 따른 상속등기가 마쳐진 후에는 협의해제를 원인으로 하여 다시 법정상속분대로의 소유권경정등기를 할 수 없다. O | X

05 수인의 공동상속인 중 일부가 상속을 포기한 경우에 포기한 상속인의 직계비속 또는 형제자매가 있는 경우에는 이들이 그 상속재산을 대습상속한다. O | X

해설 상속인이 수인인 경우에 어느 상속인이 상속을 포기한 때에는 그 상속분은 다른 공동상속인의 상속분의 비율로 그 상속인에게 귀속한다(민법 제1043조). 따라서 수인의 공동상속인 중 일부가 상속을 포기한 경우에 포기한 상속인의 직계비속 또는 형제자매가 있는 경우에는 이들이 그 상속재산을 대습상속하는 것은 아니다(선례 제201211-4호).

06 피상속인의 배우자는 피상속인의 직계비속이 있으면 그들과 동 순위로 공동상속인이 되고, 피상속인의 직계비속이 없고 직계존속이 있는 경우에는 직계존속보다 우선하여 상속인이 된다. O | X

정답 | 01 ○ 02 ○ 03 ○ 04 × 05 × 06 ×

07 법원이 상속재산의 경매분할을 명한 경우에는 분할심판에 따른 경매신청을 하기 위해서는 법정상속등기를 먼저 해야 한다. O | X

08 협의분할에 의한 상속등기를 신청하는 경우에 제공하는 첨부정보인 상속재산 분할협의서가 여러 장일 때에는 공동상속인 전원이 간인을 하여야 한다. O | X

09 피상속인의 사망으로 그 공동상속인들이 협의에 의하여 상속재산을 분할하는 경우에 공동상속인 중 1인이 외국에 거주하고 있어 직접 분할협의에 참가할 수 없다면 이러한 분할협의를 대리인에게 위임하여 할 수 있는바, 다만 그 공동상속인 중 한 사람을 위 분할협의에 관한 대리인으로 선임할 수는 없다. O | X

10 공동상속인 중에 피상속인으로부터 자기의 상속분을 초과하여 증여를 받은 특별수익자가 있는 경우, 그 특별수익자에게는 상속분이 없음을 증명하는 정보를 첨부정보로 제공하여 그 특별수익자를 제외한 나머지 공동상속인들이 그들 명의로 상속등기를 신청할 수 있다. O | X

해설 공동상속인 중에 피상속인으로부터 자기의 상속분을 초과하여 증여를 받은 특별수익자가 있는 경우, 그 특별수익자에게는 상속분이 없음을 증명하는 정보(판결 또는 위 특별수익자가 작성하고 그의 인감증명서를 첨부한 확인서)를 첨부정보로 제공하여 그 특별수익자를 제외한 나머지 공동상속인들이 그들 명의로 상속등기를 신청할 수 있는바, 위 판결의 이유 중에 망인으로부터 피고들이 생전증여로 받은 특별수익으로 인해 상속개시 시에 피고들에게는 상속분이 없음이 명시되어 있는 경우라면 이러한 판결은 피고들에게 상속분이 없음을 증명하는 정보가 될 수 있다(선례 제201803-4호).

11 공동상속인 중 1인이 공유물의 보존행위로서 공동상속인 전원 명의의 상속등기를 신청할 때에 재외국민인 다른 공동상속인들이 상속등기에 협력하지 아니하여 그들의 현 주소를 알 수 없는 경우에는 그들이 주민등록을 한 사실이 없다면 가족관계등록부상의 등록기준지를 주소로 제공할 수 있다. O | X

12 공동상속의 경우 상속인 중 1인이 법정상속분에 의하여 나머지 상속인들의 상속등기를 신청할 수 있다. O | X

13 공동상속인 중 일부가 상속을 포기한 경우에는 그 포기자가 다른 상속인을 위하여 상속등기를 신청할 수는 없다. O | X

14 협의분할에 의한 상속등기를 신청하는 경우 등기명의인이 아닌 상속인이라 하더라도 상속인 전원의 인감증명 및 주소증명서면을 첨부정보로 제공하여야 한다. O | X

해설 협의분할에 의한 상속등기를 신청하는 때에는 상속재산 분할협의서에 날인한 상속인 전원의 인감증명을 제출하여야 하지만, 재산상속을 받지 않는 나머지 상속인들의 주소증명서면은 제출할 필요가 없다(선례 제7-76호).

15 법정상속분에 따라 여러 명의 공동상속인들을 등기명의인으로 하고 상속을 원인으로 한 소유권이전등기를 마친 후에 그 공동상속인들 중 일부에게 해당 부동산을 상속하게 하는 상속재산 협의분할이 있어 이를 원인으로 상속등기의 경정등기를 신청할 때에는 등기원인을 '협의분할'로, 그 연월일은 피상속인이 사망한 날로 한다. O | X

해설 법정상속분에 따라 여러 명의 공동상속인들을 등기명의인으로 하는 상속등기를 마친 후에 그 공동상속인들 중 일부에게 해당 부동산을 상속하게 하는 등의 상속재산 협의분할, 상속재산 조정분할 또는 상속재산 심판분할이 있어 이를 원인으로 상속등기의 경정등기를 신청할 때에는 등기원인을 각각 '협의분할', '조정분할' 또는 '심판분할'로, 그 연월일을 각각 협의가 성립한 날, 조정조서 기재일 또는 심판의 확정일로 한다(예규 제1675호). 즉, 그 연월일은 피상속인이 사망한 날은 아니다.

16 상속재산 협의분할에 따라 甲과 乙을 등기명의인으로 하는 상속등기가 마쳐진 후에 공동상속인들이 그 협의를 전원의 합의에 의하여 해제하고 丙을 상속인으로 하는 새로운 협의분할을 한 경우에는 甲·乙과 丙은 기존 상속등기의 말소등기를 공동으로 신청하고 재협의분할을 원인으로 새로운 상속등기를 丙 단독으로 신청한다. O | X

해설 상속재산 협의분할에 따라 甲과 乙을 등기명의인으로 하는 상속등기가 마쳐진 후에 공동상속인들이 그 협의를 전원의 합의에 의하여 해제하고 丙을 상속인으로 하는 새로운 협의분할을 한 경우와 같이 재협의분할로 인하여 상속인 전부가 교체될 때에는 상속등기의 경정등기를 신청할 수 없다. 기존 상속등기의 명의인을 등기의무자(甲과 乙)로, 재협의분할에 따라 해당 부동산을 취득한 상속인(丙)을 등기권리자로 하여 기존 상속등기의 말소등기를 공동으로 신청하고, 재협의분할에 따라 해당 부동산을 취득한 상속인(丙)이 상속등기를 단독으로 신청한다(예규 제1675호).

정답 | 07 ○ 08 ○ 09 × 10 ○ 11 ○ 12 ○ 13 ○ 14 × 15 × 16 ○

V 유증으로 인한 소유권이전등기

1. 의의

유증이란 유언자의 유언에 의하여 유언자의 재산 전부 또는 일부를 특정인에게 증여하는 것이다.

2. 유증의 효력발생시기

유언은 유언자가 사망한 때로부터 그 효력을 발생하므로 유증의 효력발생시기는 유언자가 사망한 때이다. 다만, 유언에 정지조건이 있는 경우에 그 조건이 유언자의 사망 후에 성취한 때에는 그 조건성취한 때로부터 유언의 효력이 생긴다(민법 제1073조).

3. 관련 선례

① 유증을 원인으로 한 소유권이전등기는 포괄유증이든 특정유증이든 가리지 않고 모두 상속등기를 거치지 않고 직접 수증자 명의로 등기를 신청하여야 한다.
② 상속등기가 이미 경료된 경우도 상속등기를 말소함이 없이 상속인으로부터 유증을 원인으로 한 소유권이전등기를 신청할 수 있다.(등기의무자: 유언집행자)
③ 상속등기가 경료되고 타인에게 소유권이 이미 이전된 경우에는 타인 명의의 등기를 먼저 말소해야 유증으로 인한 소유권이전등기를 신청할 수 있다.
④ 미등기부동산의 경우 포괄유증의 경우에는 직접 수증자 명의로 보존등기를 신청할 수 있으나, 특정유증의 경우에는 유언집행자가 상속인 명의로 보존등기를 한 다음 유증으로 인한 소유권이전등기를 신청할 수 있다.
⑤ 1필의 토지의 특정 일부만을 유증한다는 취지의 유언이 있는 경우, 유언집행자는 유증할 부분을 특정하여 분할등기를 한 다음 수증자 명의로 소유권이전등기를 하여야 한다.
⑥ 유증으로 인한 소유권이전등기청구권보전의 가등기는 유언자가 사망한 후인 경우에는 이를 수리하고, 유언자가 생존 중인 경우에는 이를 수리하여서는 아니 된다.
⑦ 유언자의 사망 전에 수증자가 먼저 사망한 때에는 유증의 효력이 생기지 않는다.
⑧ 수증자가 여럿인 특정유증의 경우, 수증자 중 일부는 유언집행자와 공동으로 자기 지분만에 대하여 소유권이전등기를 신청할 수 있다(선례 제202205-1호).
⑨ 망 甲의 채권자인 A의 대위신청에 의하여 乙, 丙, 丁을 등기명의인으로 하는 상속으로 인한 소유권이전등기가 마쳐진 경우에는 상속등기를 말소하지 않은 채로 상속인으로부터 수증자에게로 유증을 원인으로 한 소유권이전등기를 신청할 수 있고, 만일 과반수 이상(乙, 丙)이 수증자 명의의 소유권이전등기절차에 동의하는 경우에는 등기신청서의 등기의무자란에는 "乙, 丙, 丁, 유증자 망 甲의 유언집행자 乙, 丙"을 표시하고 각 그들의 주소 등을 기재하면 될 것이다(선례 제202203-1호).
⑩ 유증을 등기원인으로 하여 소유권이전등기를 신청하는 경우, 유언집행자(지정되지 않은 경우에는 상속인이 유언집행자)가 여럿인 경우에는 그 과반수 이상이 수증자 명의의 소유권이전등기절차에 동의하면 그 등기를 신청할 수 있으며(민법 제1102조, 등기예규 제1512호, 등기선례 제5-329호), 이 경우 유증자의 등기필정보를 신청정보의 내용으로 등기소에 제공하여야 한다(법 제50조 제2항, 등기예규 제1512호). 멸실 등의 사유로 이러한 등기필정보를 제공할 수 없는 경우, 그 등기신청을 위임받은 자격자 대리인은 신청서에 등기의무자로 기재된 유언집행자로부터 등기신청을 위임받았음을 확인하고 그 확인한 사실을 증명하는 정보(확인서면 등의 확인정보)를 첨부정보로서 등기소에 제공할 수 있으며(법 제51조, 규칙 제111조), 만일 유언집행자 전원(A, B, C, D, E) 중 과반수인 3인(A, B, C)이 소유권이전등기를 신청하는 경우 신청서에 첨부된 확인정보는 유언집행자의 과반수 이상(A, B, C)의 것이면 충분하고 반드시 유언집행자 전원(A, B, C, D, E)의 것이 첨부될 필요는 없다(등기선례 제5-334호 참고)(선례 제202202-3호).

4. 등기신청절차

(1) 신청인

등기의무자	① 특정적 유증·포괄적 유증을 불문하고 유언집행자 또는 상속인 ② 무능력자 또는 파산자가 아닌 한 유언집행자가 될 수 있는 것이므로, 수증자도 유언집행자도 될 수 있다. ③ 유언집행자가 수인인 경우 유언집행자의 과반수가 동의
등기권리자	① 수증자(법인도 가능) ② 수증자가 수인인 경우 포괄 유증의 경우에는 ㉠ 전원이 공동으로 하거나 ㉡ 각자가 자기 지분만에 대하여 신청할 수 있다.

(2) 신청정보

등기원인 및 그 연월일	○년 ○월 ○일(유증자가 사망한 날) 유증
등기의 목적	소유권이전
국민주택채권발행번호	기재
등기의무자의 등기필정보	기재(상속등기와 구별)

(3) 첨부정보

<table>
<tr><td>유언집행자 자격증명서면</td><td>유언증서 등</td></tr>
<tr><td>유언증서</td><td>① 검인을 받았음을 증명하는 정보와 함께 제공할 것
② 유언증서의 요건을 갖출 것이 요구됨(수증자가 특정되어 있을 것)</td></tr>
<tr><td>유언자의 사망증명정보</td><td>유언자의 기본증명서나 제적등본 등</td></tr>
<tr><td>유언집행자의 인감증명</td><td>등기의무자가 유언집행자이므로 유언집행자의 인감증명을 제공한다.</td></tr>
<tr><td>상속인들의 진술서</td><td>① 검인기일에 출석한 상속인들이 "유언자의 자필이 아니고 날인도 유언자의 사용인이 아니라고 생각한다."라는 등의 다툼 있는 사실이 기재되어 있는 검인조서를 첨부한 경우에는 유언 내용에 따른 등기신청에 이의가 없다는 위 상속인들의 진술서(인감증명)를 첨부하여야 한다.
② 유언검인조서에 "이 유언증서상 내용의 진위 여부는 어떻게 아느냐".라는 상속인의 진술이 기재된 경우에도 마찬가지이다.</td></tr>
<tr><td>신청인의 주소 또는 주민등록번호를 증명하는 정보</td><td>주민등록등(초)본</td></tr>
<tr><td>기타</td><td>① 농지취득자격증명
<table>
<tr><th>수증자</th><th>포괄유증</th><th>특정유증</th></tr>
<tr><td>상속인</td><td>×</td><td>×</td></tr>
<tr><td>제3자</td><td>×</td><td>○</td></tr>
</table>
② 토지거래허가 ×
③ 유증을 원인으로 하는 소유권이전등기의 경우에도 유증은 계약이 아닌 상대방 없는 단독행위이므로 시장·군수·구청장의 검인을 받을 필요가 없다.</td></tr>
</table>

5. 등기실행

(1) 등기관의 심사

① 서면에 기재되지 않은 부동산에 대한 소유권이전등기신청이 있는 경우 형식적 심사권밖에 없는 등기관은 등기신청을 수리할 수 없다(선례 제8-211호).
② 유언자 갑이 A토지에 대하여 공정증서에 의한 유언을 한 후 A토지에서 B, C, D, E 토지가 분할되고 그중 A, C, D, E 토지는 제3자에게 소유권이전등기가 경료되고, B토지는 F토지에 합병된 다음 갑이 사망한 경우, 유언공정증서의 부동산의 표시가 등기부와 저촉되므로 신청서 및 그 첨부서류와 등기부에 의하여 등기요건에 합당하는 여부를 심사할 형식적 심사권한밖에 없는 등기관으로서는 위 유언공정증서에 의하여서는 유증으로 인한 소유권이전등기를 수리할 수 없다(선례 제7-214호).
③ 유증으로 인한 소유권이전등기신청이 상속인의 유류분을 침해하는 내용이라 하더라도 등기관은 이를 수리하여야 한다(선례 제2-329호).

(2) 유증의 종류를 불문하고 모두 상속등기를 거치지 않고 바로 수증자 명의로 소유권이전등기를 실행한다.

OX 확인

01 유증의 목적 부동산이 미등기인 경우라도 특정유증을 받은 자는 소유권보존등기를 신청할 수 없고, 상속인 명의로 소유권보존등기를 마친 후에 유증을 원인으로 한 소유권이전등기를 신청하여야 한다. O | X

02 유증으로 인한 소유권이전등기신청이 상속인의 유류분을 침해하는 내용이라 하더라도 등기관은 이를 수리하여야 한다. O | X

03 유증을 원인으로 소유권이전등기를 유언집행자와 수증자가 공동으로 신청할 때에 유언집행자에게는 등기필정보가 없으므로 등기의무자의 등기필정보는 제공할 필요가 없다. O | X

04 유증을 원인으로 한 소유권이전등기청구권보전의 가등기는 유언자가 사망한 후인 경우에는 이를 수리하되, 유언자가 생존 중인 경우에는 이를 수리하여서는 아니 된다. O | X

05 수증자가 여럿인 포괄유증의 경우에는 수증자 전원이 공동으로 신청하거나 각자가 자기 지분만에 대하여 소유권이전등기를 신청할 수 있다. O | X

06 포괄유증이나 특정유증을 불문하고 수증자를 등기권리자, 유언집행자 또는 상속인을 등기의무자로 하여 공동으로 신청하여야 한다. O | X

07 유증을 원인으로 한 소유권이전등기는 포괄유증이든 특정유증이든 모두 상속등기를 거친 후 신청하여야 한다. O | X

08 유언집행자가 수인인 경우 그 과반수 이상의 유언집행자들이 수증자 명의의 소유권이전등기절차에 동의하면 그 등기를 신청할 수 있다. O | X

정답 | 01 ○ 02 ○ 03 × 04 ○ 05 ○ 06 ○ 07 × 08 ○

Ⅵ 진정명의회복을 등기원인으로 하는 소유권이전등기

1. 관련 판례 및 선례

① 말소등기에 갈음하여 허용되는 진정명의회복을 원인으로 한 소유권이전등기청구권과 무효등기의 말소청구권은 어느 것이나 진정한 소유자의 등기명의를 회복하기 위한 것으로서 실질적으로 그 목적이 동일하고, 두 청구권 모두 소유권에 기한 방해배제청구권으로서 그 법적 근거와 성질이 동일하므로, 비록 전자는 이전등기, 후자는 말소등기의 형식을 취하고 있다고 하더라도 그 소송물은 실질상 동일한 것으로 보아야 하고, 따라서 소유권이전등기 말소청구소송에서 패소확정판결을 받았다면 그 기판력은 그 후 제기된 진정명의회복을 원인으로 한 소유권이전등기청구소송에도 미친다(대판 2001.9.20. 99다37894 전합).

② 갑·을 간의 진정명의회복을 위한 소유권이전등기청구소송에서 승소확정판결을 받은 갑은 위 확정판결에 의하여 현재의 등기명의인인 을의 소유권이전등기에 대하여 말소등기신청은 할 수 없다(선례 제7-226호).

2. 신청인

단독신청	이미 자기 앞으로 소유권을 표상하는 등기가 되어 있거나, 법률의 규정에 의하여 소유권을 취득한 자(원고)가 현재의 등기명의인(피고)을 상대로 판결을 받은 경우
공동신청	이미 자기 앞으로 소유권을 표상하는 등기가 되어 있었던 자 또는 지적공부상 소유자로 등록되어 있던 자로서 소유권보존등기를 신청할 수 있는 자(등기권리자)가 현재의 등기명의인(등기의무자)과 공동으로 신청하는 경우

3. 신청정보(규칙 제43조)

등기원인 및 그 연월일	진정명의회복(원인일자는 기재하지 않음. 판결을 받은 경우도 마찬가지)
국민주택채권발행번호	기재

4. 첨부정보(규칙 제46조)

등기원인증명정보	판결정본(검인 ×) 및 확정증명서 등
등기원인에 대한 제3자 허가·동의 또는 승낙서	토지거래허가, 농지취득자격증명, 주무관청 허가 - ×
등기의무자의 인감증명, 등기의무자의 등기필정보	공동신청일 경우

OX 확인

01 진정명의의 회복을 위한 소유권이전등기신청은 판결을 얻은 경우에만 할 수 있다. O | X

02 진정명의의 회복을 위한 소유권이전등기신청을 할 때 등기원인일자를 신청정보의 내용으로 할 필요가 없다. O | X

03 등기기록에 소유명의인으로 등기되었던 자가 아닌 경우에도 진정명의의 회복을 위한 소유권이전등기를 등기권리자로서 신청할 수 있다. O | X

04 진정명의회복을 등기원인으로 하여 소유권이전등기를 신청하는 경우 토지거래계약허가증이나 농지취득자격증명을 제출할 필요가 없다. O | X

05 진정명의회복을 등기원인으로 하는 소유권이전등기를 신청하는 경우 국민주택채권을 매입하여야 한다. O | X

정답 | 01 × 02 ○ 03 ○ 04 ○ 05 ○

Ⅶ 법인의 분할·합병 등

조직변경	법인의 합병	회사분할	
		존속분할	소멸분할
단독신청 등기명의인 변경등기신청	① 단독신청(합병 후 존속하는 또는 설립되는 회사) ② 존속(또는 설립)하는 회사 명의로 소유권이전등기를 한다. ③ 회사합병이 순차로 이루어진 경우에는 최초의 합병으로 인하여 소멸된 회사 명의의 부동산에 대하여 최후의 합병 후 존속한 회사 또는 합병으로 설립된 회사 명의로 바로 소유권이전등기를 경료할 수 있다.	공동신청 권리이전등기 신청	단독신청 권리이전등기 신청

Ⅷ 시효취득으로 인한 소유권이전등기

1. 신청절차

(1) 공동신청이 원칙

등기의무자	현재 등기기록상 소유자
등기권리자	시효취득한 자

(2) 신청정보

등기원인과 그 연월일	○년 ○월 ○일(점유개시일) 시효취득
등기의 목적	소유권이전

(3) 첨부정보

등기원인증명정보	시효취득을 증명하는 서면이면 충분(판결정본 외)
등기의무자의 등기필정보	공동신청의 경우 제공
등기원인에 대한 제3자 허가서	농지취득자격증명(×), 토지거래허가(×), 주무관청의 허가(×)

2. 미등기토지에 관하여 시효취득을 원인으로 소유권이전판결을 얻은 경우

원고는 최초 소유자를 대위하여 그 명의로 소유권보존등기를 한 다음 자기 명의로 이전등기를 한다.

제3절 특약사항에 관한 등기

I 환매에 관한 등기

1. 환매특약등기

(1) 특수성

① 매매의 목적물이 부동산인 경우 환매권 유보의 특약이 있다면 매매로 인한 소유권이전등기신청과 동시에 환매특약등기를 신청하여야 한다. 별개의 신청서로 작성하여 그 순서대로 제출하며, 이에는 동일한 접수번호가 부여된다.

② 한 필지 전부를 매매의 목적물로 하여 매매계약을 체결함과 동시에 그 목적물 소유권의 일부 지분에 대한 환매권을 보류하는 약정은 「민법」상 환매특약에 해당하지 않으므로 이러한 환매특약등기 신청은 할 수 없다.

③ 소유권이전등기신청을 각하하는 경우에는 환매특약등기신청도 각하하여야 하나, 환매특약의 등기신청을 각하하는 경우에는 별도의 특약이 없다면 소유권이전등기신청 자체에 각하사유가 없는 한 소유권이전등기신청을 수리할 수밖에 없다.

(2) 등기신청절차

1) 신청인

등기의무자	매수인
등기권리자	환매권리자(매도인에 국한, 제3자는 ×)

2) 신청정보

필요적 기재사항	매수인이 지급한 대금	현실적으로 지급한 대금
	매매비용	매매비용이 없는 경우 그 취지 기재
임의적 기재사항	환매기간	5년을 경과하는 약정한 경우 - 각하
등기원인과 그 연월일		○년 ○월 ○일(매매계약을 체결한 날) 특약
등기의 목적		환매특약
등기의무자의 등기필정보		×

3) 첨부정보

등기원인증명정보	환매특약의 계약서
등기의무자의 인감증명	×

(3) 등기의 실행

환매특약부 매매를 원인으로 한 소유권이전등기에 부기하며, 환매특약부 매매로 인한 소유권이전등기와 동시에 신청되었으므로 접수년월일 및 접수번호는 동일하게 부여된다.

(4) 환매특약등기의 효력

① 대항력 취득

② 처분금지의 효력은 없다.

2. 환매특약등기의 말소

① 신청말소: 공동신청(환매특약의 해제·무효·취소, 환매기간의 경과 등)과 단독신청(혼동 등)

② 직권말소(규칙 제114조 제1항): 환매권자가 환매에 따른 권리취득의 등기를 하였을 때에는 등기관은 환매특약의 등기를 직권말소한다.

3. 환매권실행으로 등기

(1) 소유권이전등기의 실행

1) 신청인

구분	내용
등기의무자	① 매수인 ② 부동산이 환매특약등기 후 양도된 경우 그 전득자(현재 소유명의인)
등기권리자	① 매도인 ② 환매권을 양도한 경우 그 양수인

2) 신청정보

구분	내용
등기원인 및 그 연월일	○년 ○월 ○일(환매의 의사표시가 상대방에게 도달한 날) 환매
등기목적	소유권이전

3) 첨부정보

환매권에 가압류, 가처분 등의 부기등기가 되어 있는 경우에는 그 등기명의인의 승낙서를 첨부정보로 제공하여야 직권말소 할 수 있다.

(2) 환매특약등기 이후에 마쳐진 소유권 외의 권리에 관한 등기의 말소

환매특약등기 후에 저당권설정등기가 이루어진 경우 그 등기는 저당권자와 환매권자(환매권 행사로 소유자가 된 자)의 공동신청으로 말소한다.

(3) 환매특약등기의 직권말소(규칙 제114조)

① 환매권의 실행에 따라 환매권자 명의로 이전등기를 마쳤으면 환매특약등기는 등기관이 직권으로 말소한다.

② 환매권에 가압류, 가처분, 가등기 등의 부기등기가 마쳐진 경우에는 그 명의인의 승낙서를 첨부하여야 환매특약등기를 말소할 수 있고, 첨부하지 아니하면 환매특약의 등기를 말소할 수 없고, 더불어 환매권행사로 인한 소유권이전등기를 할 수 없다.

Ⅱ 권리소멸약정의 등기

1. 등기원인인 법률행위에 붙인 해제조건 또는 종기를 권리소멸의 약정이라고 한다.

2. 등기원인행위인 계약에서 부가되어야 한다. 별개로 체결한 약정은 여기에서의 등기 대상이 아니다.

3. 신청인은 그 약정에 관한 등기를 신청할 수 있다고 규정하므로(법 제54조), 그러한 약정이 있다고 해서 반드시 등기를 해야 하는 것은 아니다.

4. 권리소멸약정의 등기는 권리취득등기에 부기하며(법 제52조 제7호), 그 권리가 소멸하여 권리취득등기를 말소할 때에는 직권말소한다(규칙 제114조 제2항).

OX 확인

01 환매특약의 등기신청은 매매로 인한 권리이전등기와는 별개로 신청하나 반드시 동시에 신청하여야 한다. O | X

02 환매권자는 매도인에 국한되므로 제3자를 환매권자로 하는 환매특약등기는 할 수 없다. O | X

03 환매특약의 등기를 할 때에는 매수인이 지급한 대금, 매매비용 및 환매기간을 반드시 기록하여야 한다. O | X

해설 환매특약의 등기를 할 때에는 매수인이 지급한 대금, 매매비용은 필수적 기재사항이지만, 환매기간은 등기원인에 사항이 기재된 경우만 기록하는 임의적 기재사항에 불과하다(법 제53조).

04 환매권은 독립된 권리로 볼 수 없으므로 권리이전등기에 부기로 등기하고 압류의 대상도 되지 않는다. O | X

해설 환매권은 독립된 권리로 환매권의 이전등기, 환매권에 대한 압류등기 등이 부기등기로 실행된다.

05 1필지 전부를 매도하면서 그 일부 지분에 대해서만 환매권을 보류하는 환매특약등기신청은 할 수 없다는 것이 등기실무이다. O | X

06 환매권을 행사한 경우에는 환매특약부 매매로 인한 종전의 소유권이전등기를 말소하는 것이 아니고 매도인 명의로 소유권이전등기를 한다. O | X

07 환매권부매매의 매도인이 등기권리자, 환매권부매매의 매수인이 등기의무자가 되어 환매권 행사로 인한 소유권이전등기를 공동으로 신청한다. O | X

08 등기관은 환매권의 행사로 인한 소유권이전등기를 할 때에는 직권으로 환매특약의 등기를 말소하여야 한다. O | X

09 환매권행사로 인한 소유권이전등기를 한 경우, 환매특약의 등기 이후 환매권 행사 전에 마쳐진 제3자 명의의 저당권설정등기에 관한 말소등기는 등기관이 직권으로 할 수 없고, 일반원칙에 따라 공동신청에 의하여야 한다. O | X

10 환매권부매매의 매도인으로부터 환매권을 양수한 자가 있는 경우에는 그 양수인이 등기권리자가 되고, 환매권부매매의 목적부동산이 환매특약의 등기 후 양도된 경우에는 그 전득자 즉 현재 등기기록상 소유명의인이 등기의무자가 된다. O | X

11 권리소멸의 약정이란 등기의 원인이 법률행위에 해제조건 또는 종기 등을 붙인 것을 말하므로, 이는 등기원인행위와 동일한 계약에서 부가되어야 하고 별개의 계약에 의한 권리소멸의 약정은 여기서의 대상이 아니다. O | X

12 소유권이전등기신청서에 권리소멸의 약정사항을 기재하여 권리소멸의 약정등기를 신청하는 경우에도 이와 동시에 별개의 신청서에 의해 환매특약의 등기를 신청할 수도 있다. O | X

해설 선례 제201412-1호

13 권리소멸의 약정이 등기되어 있는 경우에 그 약정에 따라 해당 권리가 소멸하였을 때에는 그 권리의 등기에 대한 말소등기는 모두 등기권리자가 단독으로 신청할 수 있다. O | X

해설 권리소멸약정의 등기는 권리취득등기에 이를 부기하며(법 제52조 제7호), 그 부기등기는 그 권리취득등기를 말소할 때에 직권으로 말소한다(규칙 제114조 제2항).

정답 | 01 ○ 02 ○ 03 × 04 × 05 ○ 06 ○ 07 ○ 08 ○ 09 ○ 10 ○ 11 ○ 12 ○ 13 ×

제4장 | 용익권에 관한 등기절차

부동산 일부	O	① 1필의 토지 전부에 할 수 있을 뿐만 아니라 토지의 일부에 대하여 설정할 수 있고 이러한 경우에는 지적도를 제출하여야 한다. ② 다만, 지역권의 경우 승역지는 토지의 일부에도 설정이 가능하나, 요역지는 1필지의 토지 전부여야 한다. ③ 지붕이나 옥상의 일부에 대해서만 임차권설정등기를 신청할 때에는 그 부분을 표시한 도면을 첨부정보로서 제공하여야 한다. ④ 건축물대장에 등재된 건축물에 대하여 건물로서 등기능력이 인정되어 소유권보존등기를 마친 경우라면 그 건물의 일부인 옥상에 대하여 그 전부 또는 일부를 사용하기 위한 전세권설정등기를 신청할 수 있다.
	×	집합건물의 옥상은 구조상 공용부분으로서 등기능력이 없어 이에 대한 등기기록이 개설될 수는 없으므로, 이를 사용하기 위한 전세권설정등기는 신청할 수 없다.
공유지분 (권리 일부)	×	① 토지의 전부에 관하여 지상권설정등기가 경료된 후 그 토지의 일부 지분에 대한 지상권설정등기의 말소를 명하는 승소확정판결에 따라 지상권말소등기를 신청한 경우에는 그 지상권등기 전부를 말소해야 한다. ② 대지권등기가 경료된 집합건물에 대하여는 구분건물의 전유부분과 그 대지권을 함께 전세권의 목적으로 하는 전세권설정등기는 할 수 없다.
동일한 용익물권 (동일범위)	×	① 원칙적으로 동일한 용익물권은 중복하여 설정할 수 없다. 가령 전세권이 설정된 동일한 토지 위에 지상권설정등기는 할 수 없다. ② 지상권 또는 전세권의 경우에는 등기기록상 이미 존속기간이 만료된 경우에는 이를 말소하지 아니하고는 동일한 범위에 다시 지상권이나 전세권, 주택임차권등기는 할 수 없다.
	O	① 이미 전세권설정등기가 경료된 주택에 대하여도 동일인을 권리자로 하는 법원의 주택임차권등기명령에 따른 촉탁등기는 이를 수리할 수 있다. ② 지역권의 경우에는 편익의 종류를 달리하거나 요역지가 서로 상이하다면 할 수 있다.
농지	×	전세권설정은 금지
	O	도시지역(녹지지역의 농지에 대하여는 도시·군계획시설사업에 필요한 농지에 한함) 내의 농지에는 전세권설정 가능(토지이용계획확인서를 첨부정보로 제공할 것)
토지와 건물	O	지상에 건물이 건립되어 있는 토지도 가능

제1절 지상권에 관한 등기

Ⅰ 의의

타인의 토지에 건물 기타 공작물이나 수목을 소유하기 위하여 그 토지를 사용하는 물권인 지상권을 공시하는 등기를 말한다.

Ⅱ 지상권설정등기

1. 신청인 - 공동신청

등기의무자	토지소유자
등기권리자	지상권을 취득하는 자

2. 신청정보(법 제69조 등)

<table>
<tr><th>등기원인</th><td colspan="2">설정계약</td></tr>
<tr><th>등기의 목적</th><td colspan="2">지상권설정</td></tr>
<tr><th>필요적 기재사항</th><td colspan="2">목적과 범위, 공동신청인 경우 등기필정보</td></tr>
<tr><th rowspan="3">임의적 기재사항
(등기원인에 약정이 있는 경우에만)</th><th>존속기간</th><td>① 「민법」 제280조 제1항 각 호의 기간보다 단축한 기간을 기재(○)
② 철탑존속기간(○) 100년
③ 120년의 지상권등기신청(○)</td></tr>
<tr><th>지료</th><td>"장래에 있어 지료를 증액하지 않는다."라는 약정(○)</td></tr>
<tr><th>지급시기</th><td>매월 말일 또는 12월 말일 등</td></tr>
</table>

3. 첨부정보

등기원인증명정보	지상권설정계약서
토지거래허가서	지료약정이 있는 경우
지적도	토지 일부에 설정하는 경우

4. 등기실행 - 을구

Ⅲ 구분지상권설정등기

1. 의의

타인 소유 토지의 지하 또는 지상의 공간에 상하의 범위를 정하여 건물 기타 공작물(수목 ×)을 소유하기 위한 지상권을 공시하는 등기를 말한다.

2. 문제되는 경우

(1) 동일 토지에 지상권이 미치는 범위가 다르다면 2개 이상의 구분지상권을 그 토지에 할 수 있다.

(2) 계층적 구분건물 중 특정계층(2층만)의 구분소유를 목적으로 하는 설정은 할 수 없다.

3. 신청절차

(1) 신청정보(법 제69조 등)

설정의 목적	"지하철도 소유 또는 고가철도 소유"라고 기재
설정의 범위	"토지 전부" 등
토지이용의 제한의 약정	소유자의 토지이용을 제한하는 약정을 한 때
기타	존속기간, 지료, 지급시기는 통상의 지상권설정등기와 동일

(2) 첨부정보

등기원인증명정보, 등기의무자의 등기필정보	구분지상권설정계약서 등
제3자의 승낙서 등과 인감증명정보	토지의 등기기록에 그 토지를 사용하는 권리에 관한 등기와 그 권리를 목적으로 하는 권리에 관한 등기가 있는 때에는 신청서에 이들의 승낙서를 첨부하여야 한다.(지상권, 전세권, 임차권, 지상권 · 전세권 목적으로 하는 저당권자 혹은 처분제한의 등기명의인) 첨부하지 아니하면 그 신청은 수리할 수 없다.

4. 등기의 실행 - 을구

5. 통상의 지상권과 구분지상권의 상호변경

통상의 지상권을 구분지상권으로 또는 구분지상권을 통상의 지상권으로 변경하는 등기는 등기상 이해관계인이 없거나, 이해관계인이 있더라도 그의 승낙서 등을 제출한 때에 한하여 부기등기에 의하여 그 변경등기를 할 수 있다.

Ⅳ 「도시철도법」 등에 의한 구분지상권설정

1. 「도시철도법 등에 의한 구분지상권 등기규칙」

제2조(수용·사용의 재결에 의한 구분지상권설정등기)

① 「도시철도법」 제2조 제7호의 도시철도건설자(이하 "도시철도건설자"라 한다), 「도로법」 제2조 제5호의 도로관리청(이하 "도로관리청"이라 한다), 「전기사업법」 제2조 제2호의 전기사업자(이하 "전기사업자"라 한다), 「농어촌정비법」 제10조의 농업생산기반 정비사업 시행자(이하 "농업생산기반 정비사업 시행자"라 한다), 「철도의 건설 및 철도시설 유지관리에 관한 법률」 제8조의 철도건설사업의 시행자(이하 "철도건설사업 시행자"라 한다), 「지역 개발 및 지원에 관한 법률」 제19조의 지역개발사업을 시행할 사업시행자(이하 "지역개발사업 시행자"라 한다), 「수도법」 제3조 제21호의 수도사업자(이하 "수도사업자"라 한다), 「전원개발촉진법」 제3조의 전원개발사업자(이하 "전원개발사업자"라 한다) 및 「하수도법」 제10조의3의 공공하수도를 설치하려는 자(이하 "공공하수도를 설치하려는 자"라 한다)가 「공익사업을 위한 토지 등의 취득 및 보상에 관한 법률」에 따라 구분지상권의 설정을 내용으로 하는 수용·사용의 재결을 받은 경우 그 재결서와 보상 또는 공탁을 증명하는 정보를 첨부정보로서 제공하여 단독으로 권리수용이나 토지사용을 원인으로 하는 구분지상권설정등기를 신청할 수 있다.

② 제1항의 구분지상권설정등기를 하고자 하는 토지의 등기기록에 그 토지를 사용·수익하는 권리에 관한 등기 또는 그 권리를 목적으로 하는 권리에 관한 등기가 있는 경우에도 그 권리자들의 승낙을 받지 아니하고 구분지상권설정등기를 신청할 수 있다.

제3조(수용재결에 의한 구분지상권이전등기)

① 도시철도건설자, 도로관리청, 전기사업자, 농업생산기반 정비사업 시행자, 철도건설사업 시행자, 지역개발사업 시행자, 수도사업자, 전원개발사업자 및 공공하수도를 설치하려는 자가 「공익사업을 위한 토지 등의 취득 및 보상에 관한 법률」에 따라 이미 등기되어 있는 구분지상권을 수용하는 내용의 재결을 받은 경우 그 재결서와 보상 또는 공탁을 증명하는 정보를 첨부정보로서 제공하여 단독으로 권리수용을 원인으로 하는 구분지상권이전등기를 신청할 수 있다.

② 제1항의 구분지상권이전등기 신청이 있는 경우 수용의 대상이 된 구분지상권을 목적으로 하는 권리에 관한 등기가 있거나 수용의 개시일 이후에 그 구분지상권에 관하여 제3자 명의의 이전등기가 있을 때에는 직권으로 그 등기를 말소하여야 한다.

제4조(강제집행 등과의 관계)

제2조에 따라 마친 구분지상권설정등기 또는 제3조의 수용의 대상이 된 구분지상권설정등기(이하 "구분지상권설정등기"라 한다)는 다음 각 호의 경우에도 말소할 수 없다.

1. 구분지상권설정등기보다 먼저 마친 강제경매개시결정의 등기, 근저당권 등 담보물권의 설정등기, 압류등기 또는 가압류등기 등에 기하여 경매 또는 공매로 인한 소유권이전등기를 촉탁한 경우
2. 구분지상권설정등기보다 먼저 가처분등기를 마친 가처분채권자가 가처분채무자를 등기의무자로 하여 소유권이전등기, 소유권이전등기말소등기, 소유권보존등기말소등기 또는 지상권·전세권·임차권설정등기를 신청한 경우
3. 구분지상권설정등기보다 먼저 마친 가등기에 의하여 소유권이전의 본등기 또는 지상권·전세권·임차권설정의 본등기를 신청한 경우

OX 확인

01 지상권설정등기를 신청할 때에는 지상권설정의 목적과 범위를 신청정보의 내용으로 반드시 제공하여야 한다. O | X

02 토지 위에 등기된 건물이 있다 하더라도 해당 토지의 등기기록상 지상권과 양립할 수 없는 용익물권이 존재하지 않는다면 그 토지에 대하여 지상권설정등기를 신청할 수 있다. O | X

03 지상권설정의 목적을 수목의 소유로 하고, 존속기간을 10년으로 하여 지상권설정등기를 신청한 경우라도 등기관은 그 신청을 수리하여야 한다. O | X

04 토지의 일부에 지역권이 설정되어 있다면 후순위로 토지 전부에 대하여 철근콘크리트조 건물의 소유를 위한 지상권설정등기를 신청할 수 없다. O | X

05 기존 지상권설정등기의 말소를 조건으로 하는 정지조건부 지상권설정등기청구권 보전의 가등기는 신청할 수 있고 그 가등기에 기한 지상권설정의 본등기는 기존의 지상권설정등기가 말소되기 전에는 신청할 수 없다. O | X

06 각각의 구분지상권의 효력이 미치는 범위가 다르다면 동일토지의 등기기록에 각각 따로 구분지상권설정등기를 할 수 있다. O | X

07 구분지상권이 설정되어 있는 토지에 대하여도 기존 구분지상권자의 승낙을 증명하는 정보를 첨부정보로서 제공하여 통상의 지상권설정등기를 신청할 수 있다. O | X

08 타인의 토지위에 2층은 주택, 1층은 점포인 1동의 건물을 층별로 구분소유 하는 경우에 2층만의 구분소유를 목적으로 하는 구분지상권을 설정할 수 있다. O | X

09 통상의 지상권을 구분지상권으로 변경하는 변경등기는 등기상 이해관계 있는 제3자가 없거나, 있더라도 그의 승낙서 또는 이에 대항할 수 있는 재판의 등본을 제공한 때에 한하여 부기등기로 할 수 있다. O | X

10 「전기사업법」 제2조 제2호의 전기사업자가 수용·사용의 재결을 받아 구분지상권설정등기를 하고자 하는 토지의 등기기록에 그 토지를 사용·수익하는 권리에 관한 등기 또는 그 권리를 목적으로 하는 권리에 관한 등기가 있는 경우에는 그 권리자의 승낙을 받거나 그에 대항할 수 있는 판결서 등의 서면을 첨부하여야 한다. O | X

11 「도시철도법」 제2조 제7호의 도시철도건설자가 토지사용의 재결을 받아 구분지상권설정등기를 마쳤으나 위 등기보다 먼저 마친 가등기에 의하여 소유권 이전의 본등기를 실행하는 경우에는 등기관은 구분지상권설정등기를 직권으로 말소하여야 한다. O | X

정답 | **01** ○ **02** ○ **03** ○ **04** × **05** ○ **06** ○ **07** ○ **08** × **09** ○ **10** × **11** ×

제2절 지역권에 관한 등기

Ⅰ 의의

일정한 목적을 위하여 타인의 토지를 자기 토지의 편익에 이용하는 권리를 말하며, 편익을 주는 토지를 승역지, 편익을 받는 토지를 요역지라고 한다(민법 제291조).

Ⅱ 성질

① 승역지는 1필의 토지의 일부여도 가능하나, 요역지는 1필의 토지 전부이어야 한다.
② 양 토지는 반드시 인접하여야 하는 것은 아니다.
③ 반드시 승역지와 요역지의 소유자 사이에서만 성립되는 것은 아니므로, 승역지의 지상권자도 자기가 가진 권리 범위 내에서 설정이 가능하다.
④ 지역권은 지분에는 설정하지 못한다.
⑤ 지역권은 서로 양립 가능하므로 동일한 토지에 대하여 여러 개의 지역권설정이 가능하다.
⑥ 지역권은 요역지로부터 분리하여 이를 양도하거나 또는 다른 권리의 목적으로 하지 못한다(민법 제292조 제2항). 지역권은 요역지소유권에 대한 수반성을 가진다. 이러한 수반성을 배제하는 특약도 가능하다.

Ⅲ 지역권설정등기

1. 관할등기소

승역지를 관할하는 등기소에 하여야 한다(cf 요역지의 시가표준액이 등록면허세 기준).

2. 신청인

등기의무자	승역지 소유자·지상권자·전세권자·임차권자
등기권리자	요역지 소유자·지상권자·전세권자·임차권자

3. 신청정보(법 제70조 등)

필요적 기재사항	요역지의 표시, 목적(편익의 종류), 범위
임의적 기재사항	부종성 배제 특약, 비용부담 약정 등(지료약정, 존속기간에 관한 약정 - ×)
기타	1개의 요역지에 소유자를 달리하는 수개의 승역지가 있는 경우에 지역권설정등기는 소유자별로(승역지별로) 신청하여야 하고 이 경우 등록면허세(요역지 시가표준액이 과세표준액)도 승역지별로 납부하여야 한다.

4. 첨부정보

등기원인증명정보	지역권설정계약서, 판결정본 및 확정증명
지역권자의 주민등록번호증명정보	×(지역권자는 새로 등기명의인이 되는 자가 아니므로)
지역권자의 주소증명정보	
등기의무자의 등기필증(등기필정보)	○

5. 등기의 실행(법 제71조 등, 승역지 등기기록에 기록한 후 요역지 등기기록에 기록)

(1) 승역지의 지역권등기

신청에 의한 등기로, 요역지의 표시는 소재·지번만을 기재하며, 지역권자의 표시는 하지 않는다(지역권이전등기 ×).

(2) 요역지의 등기

① 승역지와 요역지가 동일한 등기소 관할인 경우에는 승역지의 지역권등기 후 직권으로 요역지의 지역권등기를 한다.

② 승역지와 요역지가 다른 등기소 관할인 경우에는 승역지 등기관은 요역지 등기소에 통지하여야 하고, 요역지 등기관은 기록하여야 한다.

Ⅳ 지역권이전등기

현재는 지역권자가 등기기록의 기록사항이 아니므로 지역권이전등기를 별도로 할 필요가 없다.

OX 확인

01 지역권설정자는 승역지의 소유자는 물론 지상권자, 전세권자 또는 등기한 임차권자도 될 수 있다. O | X

02 A토지의 공유자 중 일부가 B토지를 소유하는 경우에 B토지의 소유자들은 A토지를 B토지의 편익에 이용하기 위하여 지역권을 설정하는 등기를 신청할 수 없다. O | X

03 요역지와 승역지를 관할하는 등기소가 다른 경우에 지역권설정등기의 신청은 요역지를 관할하는 등기소에 하여야 한다. O | X

04 지역권설정등기를 할 때에는 다른 권리의 등기와 달리 권리자를 기록하지 않는다. O | X

05 요역지의 소유자뿐만 아니라 요역지의 지상권자, 전세권자 또는 임차권자도 지역권설정등기의 등기권리자가 될 수 있다. O | X

06 당사자 사이에 다른 약정이 없으면 지역권은 요역지 소유권이 이전되면 당연히 이전되므로 지역권의 이전등기는 할 필요가 없다. O | X

07 1개의 토지를 요역지로 하고 소유자를 달리하는 여러 개의 토지를 승역지로 할 경우에 그 여러 개의 토지를 일괄하여 지역권설정등기를 신청할 수 있다. O | X

해설 1개의 토지를 요역지로 하고 소유자를 달리하는 여러 개의 토지를 승역지로 할 경우의 지역권설정등기는 각 소유자별로 신청하여야 한다(등기예규 제192호).

08 원고에게 통행권이 있음(주위토지통행권)을 확인하는 확정판결을 받았다고 하더라도 이 판결에 의해서는 지역권설정등기를 신청할 수 없다. O | X

09 지역권설정등기를 신청할 때에는 지역권설정의 목적, 범위 및 요역지를 반드시 신청정보의 내용으로 제공하여야 한다. O | X

10 등기관이 승역지의 등기기록에 지역권설정의 등기를 할 때에는 지역권설정의 목적, 범위 및 요역지를 반드시 기록하여야 한다. O | X

정답 | 01 ○ 02 ○ 03 × 04 ○ 05 ○ 06 ○ 07 × 08 ○ 09 ○ 10 ○

제3절 전세권에 관한 등기

I 의의

전세권은 전세금을 지급하고 타인의 부동산(농경지는 제외)을 점유하여 그 부동산의 용도에 따라 사용·수익하며 그 부동산 전부에 대하여 후순위권리자나 그 밖의 채권자보다 전세금을 우선변제 받을 수 있고 전세금의 반환이 지체되면 경매를 청구할 수 있는 권리로서, 용익권과 담보권의 성질을 겸유하는 권리를 말하고 이를 공시하는 등기가 전세권등기이다.

II 전세권설정등기

1. 등기신청절차

(1) 신청인 - 전세권설정자(등기의무자)와 전세권자(등기권리자)가 공동으로 신청

(2) 신청정보(법 제72조 등)

필요적 기재사항	전세금	반드시 제공하여야 함. 전세금을 지급하지 않는다는 특약(×)
	범위	"토지의 전부", "1층 전부"
임의적 기재사항	① 존속기간: 존속기간의 시작일이 등기신청 접수일자 이전이라 하더라도 무방하다. ② 위약금 또는 배상금 약정 ③ 전세권의 양도금지 또는 임대금지의 특약(민법 제306조 단서)	

(3) 첨부정보

등기원인증명정보	전세권설정계약서, 판결정본 및 확정증명서
전세권자의 주민등록번호 및 주소를 증명정보	주민등록등초본
전세권설정자의 인감증명	설정자가 소유자인 경우
도면	범위가 부동산의 일부인 경우

2. 등기의 실행 - 을구

III 전세권이전등기

1. 의의

전세권자는 설정행위로 금지하지 않는 한 전세권을 설정자의 동의 없이 타인에게 양도하거나 담보로 제공할 수 있고, 제3자에게 전세권의 일부를 양도하는 전세권일부이전도 허용된다(선례 제6-320호).

2. 전세권이전등기 가능 여부

존속기간이 만료하였으나 전세금을 못 받은 경우	O	전세금 반환과 전세권설정등기 말소 및 전세권목적물 인도는 동시이행관계이므로(민법 제317조), 해당 전세권설정등기는 전세금을 담보하는 범위 내에서는 유효한 것이므로, 설정행위로 금지하지 않는 한 가능하다.
존속기간이 만료되었으나 전세금반환채권을 일부 양도한 경우	O	법 제73조, 규칙 제129조

3. 등기신청절차

전세권 양도인과 양수인이 공동으로 신청

4. 신청정보

등기의 목적	○번 전세권 이전
이전할 전세권	그 접수연월일과 접수번호
등기의무자의 등기필정보	등기의무자가 전세권 취득당시 교부받은 것

5. 전세권일부이전등기

(1) 전세금반환채권만을 전세권과 분리하여 양도하는 것은 원칙적으로 불가능하다. 하지만 판례는 존속기간의 만료 등으로 전세권이 소멸한 경우, 해당 전세권은 전세금반환채권을 담보하는 범위 내에서 유효한 것이고 이때에는 전세금반환채권의 전부는 물론 일부에 대한 양도를 인정한다.

(2) 신청인

전세금반환채권의 일부 양도인과 양수인이 공동으로 신청

(3) 신청정보

등기원인	전세금반환채권 일부양도
등기의 목적	○번 전세권일부이전
양도액	cf 전세권의 지분을 양도하는 경우에는 양도액을 기재하지 않음
이전할 전세권	그 접수연월일과 접수번호
등기의무자의 등기필정보	제공

(4) 첨부정보(규칙 제129조 등)

등기원인증명정보	전세금반환채권일부양도계약서
전세권소멸증명정보	전세권의 소멸청구나 소멸통고 등
등기의무자의 인감증명서	×(등기필정보를 제공하지 못하는 경우 제외)
채권양수인의 주민등록번호증명정보	주민등록등초본
채권양수인의 주소증명정보	

(5) 등기의 실행

이전하고자 하는 전세권등기에 부기등기로 실행하되, 양도액을 기록한다.

Ⅳ 전세권의 변경등기

1. 의의

전세권의 등기사항, 즉 전세금, 존속기간, 범위 등에 변경이 발생한 때에는 이를 등기하여야 제3자에게 대항할 수 있다.

2. 허용 여부

목적물의 동일성이 없는 경우	×	건물의 일부(17층 북쪽 100m^2)로 설정된 것을 건물의 3층 동쪽 100m^{2}로 전세권의 범위를 변경하는 것은 변경등기가 아니라 별개의 전세권설정등기를 하여야 한다.
존속기간이 만료된 경우	×	존속기간의 연장, 전전세등기, 전세권에 대한 근저당권설정등기
건물전세권이 법정갱신된 경우 (선행적 또는 동시에 존속기간을 연장하는 변경등기를 신청)	○	존속기간의 연장, 전세금 등에 대한 변경등기, 전전세등기, 전세권에 대한 근저당권설정등기

3. 신청절차

(1) 전세권자와 전세권설정자(제3취득자)의 공동신청에 의한다.

등기원인	등기의무자	등기권리자
전세금의 증액 또는 존속기간 연장	전세권설정자	전세권자
전세금의 감액 또는 존속기간 단축	전세권자	전세권설정자

(2) 등기상 이해관계인이 있는 경우 그 승낙서 및 그 인감증명서를 제공하여야 한다.

4. 등기실행

① 등기상 이해관계인의 승낙서 첨부 ○: 부기등기
② 등기상 이해관계인의 승낙서 첨부 ×: 주등기

5. 등기상 이해관계인인지 여부

원인	여부
전세금의 증액을 원인으로 하는 전세권변경등기 시 후순위저당권자	○
전세금의 감액을 원인으로 하는 전세권변경등기 시 가압류채권자(cf 전세권가압류)	×
존속기간 연장과 전세금 감액을 원인으로 하는 전세권변경등기 시 후순위저당권자	○
4층 근린생활시설 건물 중 1층 전부 및 2층 일부에 대하여 甲 명의의 전세권설정등기가 경료되고, 이어 4층 전부에 대하여 乙 명의의 전세권설정등기가 경료된 상태에서, 甲 명의의 전세권설정등기의 존속기간 연장을 위한 변경등기 시 乙	○

6. 전세권변경등기 등의 기록방법에 관한 사무처리지침(예규 제1671호)

1. 목적

이 예규는 전세금을 증액 또는 감액하는 변경등기, 전세권의 이전등기 그리고 전세권을 목적으로 한 근저당권의 설정등기를 하는 경우의 기록방법을 규정함을 목적으로 한다.

2. 전세금을 증액 또는 감액하는 변경등기를 하는 경우

가. 전세권을 목적으로 하는 권리에 관한 등기 또는 전세권에 대한 처분제한의 등기가 없는 경우

1) 전세금 증액의 변경등기

전세권설정등기 후 근저당권설정등기와 주등기로 마쳐진 전세금 증액의 변경등기가 있는 상태에서 다시 그 전세금을 증액하는 변경등기를 하는 경우, 그 변경등기는 종전 전세금 증액의 변경등기에 부기로 한다. 다만, 주등기로 마쳐진 전세금 증액의 변경등기 이후 등기상 이해관계 있는 제3자(후순위 근저당권자 등)가 있는 때에는 그의 승낙이 있으면 종전 전세금 증액의 변경등기에 부기로 그 변경등기를 하고, 그의 승낙이 없으면 주등기로 그 변경등기를 한다.

2) 전세금 감액의 변경등기

가) 원래의 전세금보다 많은 금액으로 전세금을 감액하는 경우

전세권설정등기 후 근저당권설정등기와 주등기로 마쳐진 전세금 증액의 변경등기가 있는 상태에서 원래의 전세금보다 많은 금액으로 전세금을 감액하는 변경등기를 하는 경우, 그 변경등기는 종전 전세금 증액의 변경등기에 부기로 한다.

나) 원래의 전세금보다 적거나 같은 금액으로 전세금을 감액하는 경우

전세권설정등기 후 근저당권설정등기와 주등기로 마쳐진 전세금 증액의 변경등기가 있는 상태에서 원래의 전세금보다 적거나 같은 금액으로 전세금을 감액하는 변경등기를 하는 경우, 그 변경등기는 전세권설정등기에 부기로 하되, 종전의 전세금 증액의 변경등기는 직권으로 말소한다.

나. 전세권을 목적으로 하는 권리에 관한 등기 또는 전세권에 대한 처분제한의 등기가 있는 경우

1) 전세금 증액의 변경등기

전세권설정등기 후 그 전세권을 목적으로 하는 근저당권설정등기 또는 그 전세권에 대한 가압류등기 등이 있는 상태에서 전세금을 증액하는 변경등기를 하는 때에 그 근저당권자 또는 가압류권자 등은 등기상 이해관계 있는 제3자가 아니므로 그의 승낙 여부에 관계없이 그 변경등기는 전세권설정등기에 부기로 한다.

2) 전세금 감액의 변경등기

전세권설정등기 후 그 전세권을 목적으로 하는 근저당권설정등기 또는 그 전세권에 대한 가압류등기 등이 있는 상태에서 전세금을 감액하는 변경등기를 하는 때에 그 근저당권자 또는 가압류권자 등은 등기상 이해관계 있는 제3자에 해당하므로 그의 승낙이 있으면 그 변경등기를 전세권설정등기에 부기로 하고, 그의 승낙이 없으면 그 변경등기를 할 수 없다.

3. 전세권이전등기를 하는 경우

소유권 외의 권리의 이전등기는 해당 권리에 관한 등기에 부기로 하여야 하므로(법 제52조 제2호), 전세금 증액의 변경등기가 주등기로 마쳐진 경우라도 그 전세권을 이전하는 등기는 전세권설정등기에 부기로 한다.

4. 전세권근저당권설정등기를 하는 경우

소유권 외의 권리를 목적으로 하는 권리에 관한 등기는 해당 권리에 관한 등기에 부기로 하여야 하므로(법 제52조 제3호), 전세금 증액의 변경등기가 주등기로 마쳐진 경우라도 그 전세권에 근저당권을 설정하는 등기는 전세권설정등기에 부기로 한다.

7. 건물전세권이 법정갱신된 경우의 등기절차(선례 제201805-6호)

건물전세권이 법정갱신된 경우 이는 법률규정에 의한 물권변동에 해당하여 전세권갱신에 관한 등기를 하지 아니하고도 전세권 설정자나 그 목적물을 취득한 제3자에 대하여 그 권리를 주장할 수 있으나, 등기를 하지 아니하면 이를 처분하지 못하므로, 갱신된 전세권을 다른 사람에게 이전하기 위해서는 먼저 전세권의 존속기간을 변경하는 등기를 하여야 한다.

전세권이 법정갱신되면 그 존속기간은 정함이 없는 것이므로, 등기관이 법정갱신을 원인으로 전세권변경등기를 할 때에는 존속기간을 기록하지 않고 종전의 존속기간을 말소하는 표시만을 하게 된다.

따라서 전세권변경등기를 신청할 때에 신청정보 중 변경할 사항으로는 변경하고자 하는 전세권을 특정하여 그 등기사항 중 존속기간을 말소한다는 뜻을 제공하고(예 2016년 3월 10일 접수 제1000호로 마친 전세권 등기사항 중 존속기간을 말소함), 등기원인은 '법정갱신'으로, 그 연월일은 '등기된 존속기간 만료일의 다음 날'로 제공하여야 한다.

다만, 등기상 이해관계 있는 제3자가 있으나 그의 승낙이 없어 변경등기를 주등기로 하는 경우에는 등기관이 종전의 존속기간을 말소하는 표시를 하지 않으므로, 변경할 사항이 없다는 뜻을 신청정보의 내용으로 등기소에 제공하여야 한다.

법정갱신을 원인으로 전세권변경등기를 신청할 때에는 일반적인 첨부정보 외에 등기원인을 증명하는 정보로서 건물의 전세권설정자가 갱신거절의 통지 등을 하지 않아 법정갱신되었음을 소명하는 정보(예 전세권설정자가 작성한 확인서)를 제공하여야 한다.

OX 확인

01 지상권설정등기가 마쳐진 토지에 대하여는 전세권설정등기를 할 수 없다. O | X

02 전세권의 존속기간의 시작일이 등기신청서 접수일 이전이라도 등기관은 그 전세권설정등기신청을 수리하여야 한다. O | X

03 존속기간이 만료된 전세권에 관하여 전세금반환채권에 대한 압류 및 전부명령에 기한 전세권이전등기의 촉탁이 있는 경우 등기관은 이를 각하하여야 한다. O | X

해설 존속기간이 만료된 전세권은 전세금반환채권을 담보하는 범위 내에서 유효하며, 그러한 전세금반환채권에 대하여 압류 및 전부명령에 기한 전세권이전등기의 촉탁은 수리하여야 한다.

04 전세금은 전세권의 성립요소이므로 반드시 신청정보의 내용이 되어야 하지만 전세권의 존속기간은 이에 관한 약정이 있을 경우에만 신청정보로 제공한다. O | X

05 집합건물의 전유부분과 공유지분인 대지권을 동일한 전세권의 목적으로 하는 전세권설정등기의 신청이 있는 경우 등기관은 그 신청을 각하하여야 한다. O | X

06 건물의 특정 부분이 아닌 공유지분에 대한 전세권은 등기할 수 없다. O | X

07 토지의 일부에 이미 전세권이 설정된 경우에도 그 토지 부분과 중복되지 않는 다른 토지 부분에 대하여 전세권설정등기를 할 수 있다. O | X

08 건물 전부에 대한 전세권설정등기가 마쳐진 경우에도 그 대지에 대하여 별도로 전세권설정등기를 신청할 수 있다. O | X

정답 | **01** ○ **02** ○ **03** × **04** ○ **05** ○ **06** ○ **07** ○ **08** ○

09 여러 개의 부동산에 관한 권리를 목적으로 하는 전세권설정의 등기를 하는 경우에는 각 부동산의 등기기록에 그 부동산에 관한 권리가 다른 부동산에 관한 권리와 함께 전세권의 목적으로 제공된 뜻을 기록하여야 한다. O | X

해설 법 제72조 제2항, 제78조 준용

10 건축물대장에 등재된 건축물에 대하여 건물로서 등기능력이 인정되어 소유권보존등기를 마친 경우라면 그 건물의 일부인 옥상에 대하여 그 전부 또는 일부를 사용하기 위한 전세권설정등기를 신청할 수 있다. O | X

11 전세권을 여러 명이 준공유하는 경우에는 전세권자별 지분을 기록하여야 하는데 착오로 이를 누락하였다면 공동전세권자들은 자신들의 각 지분을 추가 기록하는 경정등기를 신청할 수 있는바, 다만 그 전세권의 존속기간이 만료된 경우에는 이 경정등기를 신청할 수 없다. O | X

12 전세권이 법정갱신되면 그 존속기간은 정함이 없는 것이므로, 등기관이 법정갱신을 원인으로 전세권변경등기를 할 때에는 존속기간을 기록하지 않고 종전의 존속기간을 말소하는 표시만 하면 된다. O | X

13 등기기록상 존속기간이 만료되었으나 법정갱신된 전세권에 대하여 전세권이전등기나 전세권에 대한 저당권설정등기를 하기 위해서는 먼저 존속기간을 연장하는 전세권변경등기를 하여야 한다. O | X

14 존속기간이 만료되고 전세금의 반환시기가 지난 전세권의 이전등기도 설정행위로 금지하지 않는 한 가능하다. O | X

15 4층 근린생활시설 건물 중 1층 전부 및 2층 일부에 대하여 甲명의의 전세권설정등기가 마쳐지고 이어 4층 전부에 대하여 乙 명의의 전세권설정등기가 마쳐진 상태에서, 甲 명의의 전세권설정등기의 존속기간 연장을 위한 변경등기를 할 경우 乙은 등기상 이해관계 있는 제3자이다. O | X

16 「민법」 제312조 제4항에 따라 법정갱신된 건물전세권에 대하여 전세권이전등기나 전세권에 대한 저당권을 설정하기 위해서는 존속기간을 연장하는 변경등기의 신청을 선행하거나 동시에 할 필요가 없다. 건물전세권의 법정갱신된 법률의 규정에 의한 물권변동이기 때문이다. O | X

17 전세금반환채권의 일부양도 또는 전세권의 일부 지분을 양도하고 전세권 일부이전등기를 신청할 때에는 양도액을 신청정보의 내용으로 등기소에 제공하여야 한다. O | X

18 전세금반환채권의 일부양도를 원인으로 전세권일부이전등기를 신청하는 경우 등기의 목적은 "전세권일부이전", 등기원인은 "전세금반환채권 일부양도"로 표시한다. O | X

19 전세금반환채권의 일부양도를 원인으로 한 전세권 일부이전등기의 신청은 전세권이 소멸한 경우에는 할 수 없다. O | X

20 전세권설정등기 후 목적부동산의 소유권이 제3자에게 이전된 경우, 그 소유권을 이전받은 제3취득자는 전세권설정자의 지위까지 승계하였다고 할 것이므로, 그 존속기간을 단축하거나 연장하기 위한 전세권변경등기신청은 전세권자와 제3취득자가 공동으로 신청하여야 한다. O | X

21 전세권설정등기 후 그 전세권을 목적으로 하는 근저당권설정등기가 있는 상태에서 전세금을 감액하는 변경등기를 하는 때에 그 근저당권자의 승낙이 있으면 그 변경등기를 전세권설정등기에 부기로 하고, 그의 승낙이 없으면 주등기로 이를 실행한다. O | X

22 전세권설정등기(순위번호 1번) 및 근저당권설정등기(순위번호 2번)가 차례로 마쳐지고 이어서 전세금 증액을 원인으로 한 전세권변경등기가 2번 근저당권자의 승낙을 얻지 못하여 주등기(순위번호 3번)로 이루어진 상태에서 위 전세권을 목적으로 하는 근저당권설정등기신청이 있는 경우에 등기관은 순위번호 1번의 전세권등기에 부기등기로 전세권근저당권설정등기를 실행해야 한다. O | X

정답 | 09 ○ 10 ○ 11 × 12 ○ 13 ○ 14 ○ 15 ○ 16 × 17 ○ 18 ○ 19 × 20 ○ 21 × 22 ○

제4절 임차권에 관한 등기

I 총설

1. 의의

당사자의 일방이 상대방에 대하여 목적물을 사용·수익하게 할 것을 약정하고 상대방이 이에 대하여 차임을 지급할 것을 약정함으로써 성립한 임차권을 공시하고자 하는 등기이다. 임차권은 채권이나 부동산임차권은 등기함으로써 제3자에게 대항할 수 있다.

2. 임차권등기의 유형

종류	등기의 목적
「민법」 제621조에 의한 임차권설정등기	임차권설정
주택임차권등기명령에 의한 임차권등기	주택임차권
「주택임대차보호법」상의 임차권설정등기	주택임차권설정

II 「민법」 제621조에 의한 임차권설정등기

1. 신청인

등기의무자	임차권설정자(소유자, 지상권자, 전세권자)
등기권리자	임차권자

2. 신청정보

필요적 신청정보	차임	차임 없이 보증금의 지급만을 내용으로 하는 경우 임대차보증금 기재 차임을 가변적인 비율(예 연매출이 400억 원 미만일 경우: 차임 없음, 연매출이 400억 원 이상 500억 원 미만일 경우: 연매출의 2.0%, …, 연매출이 1,000억 원 이상일 경우: 연매출의 4.2%)로 하는 임차권설정등기신청은 수리할 수 있다.
	범위	3층 주택 중 1층 전부(구분임차권은 현행법상 불허)
임의적 신청정보	차임지급시기	매월 말일
	존속기간	① 최단 존속기간에 대하여서는 원칙적으로 제한이 없다. ② 불확정기간으로 하는 것도 허용된다(예 '송전선이 존속하는 기간'). ③ 지상권자가 임차권설정등기를 신청하는 경우 그 임차권의 존속기간은 지상권의 존속기간 내이어야 한다.
	임차보증금	보증금의 약정이 있는 경우에 한하여 제공
	임대인의 동의	임차권의 양도 또는 임차물의 전대에 대한 임대인의 동의

3. 첨부정보

등기원인증명정보	설정계약서, 판결정본 및 확정증명서
임차권자의 주소 및 주민등록번호를 증명하는 정보	임차권자의 주민등록표등(초)본
임차권설정자의 인감증명	설정자가 소유자인 경우
임차권설정자의 등기필증	공동신청의 경우

4. 임차권등기의 실행

을구의 주등기로 기록하며, 지상권을 목적으로 하는 임차권설정등기는 부기등기로 한다.

Ⅲ 「주택임대차보호법」에 의한 임차권설정등기

1. 신청절차

(1) 신청인

임차권설정자와 임차권자가 공동으로 신청

(2) 신청정보

등기의 목적	주택임차권설정
주민등록일자, 점유개시일자	대항력 취득
확정일자	우선변제력 확보
임차권자	성명, 주소, 주민등록번호 기재

(3) 첨부정보

임차주택을 점유하기 시작한 날 증명서면	임대인이 작성한 점유사실확인서
주민등록을 마친 날 증명서면	임차인의 주민등록등(초)본

Ⅳ 「주택임대차보호법」에 의한 주택임차권등기명령에 의한 임차권등기

1. 의의

임대차가 종료된 후 보증금을 반환받지 못한 임차인은 임차주택의 소재지를 관할하는 지방법원, 지방법원지원 또는 시·군 법원에 임차권등기명령을 신청할 수 있다.

2. 임차권등기명령의 촉탁

임차권등기명령이 판결로 선고되거나 결정으로 고지되어 효력이 발생하면 법원사무관 등은 촉탁서에 재판서 등본을 첨부하여 임차주택의 소재지를 관할하는 등기소에 임차권등기의 기입을 촉탁하여야 한다.

3. 등기관의 조치

(1) 수리 여부

1) 주택임차권등기명령의 결정 후 주택의 소유권이 이전된 경우, 등기촉탁서에 전 소유자를 등기의무자로 기재하여 임차권등기의 기입을 촉탁한때에는 촉탁서에 기재된 등기의무자의 표시가 등기부와 부합하지 아니하므로 각하하여야 한다(법 제29조 제7호).

2) 이미 전세권설정등기가 마쳐진 주택을 대상으로 임차권등기의 기입이 촉탁된 경우 등기관이 당해 등기촉탁을 수리할 수 있는지 여부(일부 선례 변경)(선례 제202210-2호)

이미 전세권설정등기가 마쳐진 주택에 대하여 전세권자와 동일인이 아닌 자를 등기명의인으로 하는 주택임차권등기명령에 따른 등기의 촉탁이 있는 경우 등기관이 당해 등기촉탁을 수리할 수 있는지 여부와 관련하여, ① 임대차는 그 등기가 없는 경우에도 임차인이 주택의 인도와 주민등록을 마친 때에는 그 다음 날부터 제3자에 대하여 효력이 생기고(「주택임대차보호법」 제3조 제1항), 그 주택에 임차권등기명령의 집행에 따라 임차권등기가 마쳐지면 그 대항력이나 우선변제권은 그대로 유지된다는 점(같은 법 제3조의3 제5항), ② 위 임차권등기는 이러한 대항력이나 우선변제권을 유지하도록 해 주는 담보적 기능만을 주목적으로 하는 점(대판 2005.6.9. 2005다4529) 및 ③ 임차인의 권익보호에 충실을 기하기 위하여 도입된 임차권등기명령제도의 취지 등을 볼 때, 주택임차인이 대항력을 취득한 날이 전세권설정등기의 접수일자보다 선일(선일)이라면, 기존 전세권의 등기명의인과 임차권의 등기명의인으로 되려는 자가 동일한지 여부와는 상관없이 주택임차권등기명령에 따른 등기의 촉탁이 있는 경우 등기관은 그 촉탁에 따른 등기를 수리할 수 있을 것이다.

주) 이 선례에 의하여 등기선례(7-281)는 그 내용이 일부 변경됨

> 이미 전세권설정등기가 경료되어 있는 주택의 일부분에 관하여 그 주택의 소재지를 관할하는 법원이 임차권등기명령에 의하여 동일 범위를 목적으로 하는 주택임차권등기를 촉탁하는 경우, 이는 기존 전세권설정등기와 양립할 수 없는 등기의 촉탁으로서 등기관은 「부동산등기법」 제29조 제2호에 의하여 각하하여야 한다(선례 7-281).

주) 이 선례에 의하여 등기선례(9-300)는 그 내용이 일부 변경됨

> 이미 전세권설정등기가 경료된 주택에 대하여 동일인을 권리자로 하는 법원의 주택임차권등기명령에 따른 촉탁등기는 이를 수리할 수 있을 것이다(선례 9-300).

3) 이미 전세권설정등기가 경료된 주택에 대하여 동일인을 권리자로 하는 법원의 주택임차권등기명령에 따른 촉탁등기는 이를 수리할 수 있을 것이다(선례 제201510-1호).

(2) 미등기 부동산에 대한 경우

직권 소유권보존등기 후 임차권등기(을구)를 하여야 한다.

(3) 등기된 부동산에 대한 경우

1) 등기관은 아래의 내용을 기록하여야 한다.

등기원인과 그 연월일	○년 ○월 ○일 ○○법원의 임차권등기명령(사건번호)
등기의 목적	주택임차권
임차보증금, 차임, 범위	반환받지 못한 보증금 기재
임대차계약일자	"○년 ○월 ○일"
주민등록일자, 점유개시일자	대항력 취득
확정일자	우선변제력 확보
임차권자	성명, 주소, 주민등록번호 기재

2) 임차주택의 점유를 이미 상실하였거나 전입신고 또는 확정일자 미비 등의 사유가 있어 촉탁서에 주택점유하기 시작한 날, 주민등록을 마친 날, 임대차계약서상의 확정일자를 받은 날의 전부 또는 일부가 기재되지 않은 경우에는 이러한 사항들을 기록하지 않고 주택임차권등기를 한다.

(4) 등기완료 후 조치

등기관은 임차권등기명령에 의하여 임차권등기를 경료한 경우에는 등기완료통지서를 작성하여 촉탁법원에 송부하여야 한다.

(5) 등기의 효력

법원의 임차권등기촉탁에 의하여 임차권등기가 경료되면 대항력과 우선변제권을 취득하며, 이미 대항력과 우선변제권을 취득하였을 경우는 종전의 대항력과 우선변제권을 그대로 유지된다.

(6) 임차권등기명령에 의하여 경료된 임차권등기의 말소

가압류명령절차가 준용되므로, 임차권등기명령에 의한 임차권등기는 임차인이 법원에 집행취소(해지) 신청을 하면 법원의 촉탁에 의하여 말소된다.

V 임차권의 이전 또는 임차물 전대의 등기

1. 임차권 존속기간 중에 가능

임차인의 존속기간이 만료되거나 임차권등기명령에 의한 주택임차권 및 상가임차권등기가 경료된 경우에는 그 등기에 기초한 임차권이전등기나 임차물전대등기를 할 수 없다.

2. 임대인의 동의

임차권의 양도 또는 임차물의 전대에 대한 임대인의 동의가 있는 뜻의 등기가 없는 경우에 임차권의 이전 또는 임차물의 전대의 등기를 신청하는 때에는 신청서에 임대인의 동의서를 첨부정보로서 등기소에 제공하여야 한다(규칙 제130조 제2항).

OX 확인

01 건물의 일부에 대해서 임차권설정등기를 할 수 있으므로, 건물의 일부에 해당하는 지붕이나 옥상에 대하여도 임차권설정등기를 신청할 수 있다. O | X

02 임대차의 존속기간이 만료된 경우에도 그 등기에 기초한 임차권이전등기를 할 수 있다. O | X

03 부동산의 일부에 대한 임차권설정등기를 신청할 때에는 그 도면을 첨부정보로서 제공하여야 하는바, 다만 임차권의 목적인 범위가 건물의 일부로서 특정층 전부인 때에는 그 도면을 제공할 필요가 없다. O | X

04 미등기주택에 대한 임차권등기명령의 촉탁이 있는 경우에는 등기관이 직권으로 소유권보존등기를 한 후에 주택임차권등기를 하여야 한다. O | X

05 주택임차권등기를 하는 경우에는 임대차계약을 체결한 날 및 임차보증금액, 임차주택을 점유하기 시작한 날, 주민등록을 마친 날, 임대차계약증서상의 확정일자를 받은 날을 등기기록에 기록하여야 한다. O | X

06 임차권등기명령에 의한 주택임차권등기가 마쳐진 경우에도 그 등기에 기초한 임차권이전등기나 임차물전대등기를 할 수 있다. O | X

07 차임에 대하여 임차인의 연매출의 일정비율과 같이 가변적인 비율로 하는 임차권설정등기도 신청할 수 있다. O | X

08 토지의 지하공간에 상하의 범위를 정하여 송수관을 매설하기 위한 구분임차권등기도 신청할 수 있다. O | X

09 「주택임대차보호법」이 적용되는 주거용건물의 임대차에 있어서는 등기를 하지 않더라도 임차인이 주택을 인도받고 주민등록을 마친 때에는 그 다음 날부터 제3자에 대한 대항력이 생긴다. O | X

10 주택임차권등기명령의 결정 후 주택의 소유권이 이전된 경우 전 소유자를 등기의무자로 표시해 임차권등기를 촉탁한 때에는 촉탁서상 등기의무자의 표시가 등기기록과 일치하지 아니하므로 등기관은 그 등기촉탁을 각하하여야 한다. O | X

11 차임을 정하지 아니하고 보증금의 지급만을 내용으로 하는 임대차, 즉 채권적 전세의 경우에는 차임 대신 임차보증금을 기재한다. O | X

12 주택임차권등기명령에 의하여 주택임차권등기를 하는 경우 등기기록의 등기목적란에 '주택임차권' 이라고 기록한다. O | X

정답 | 01 ○ 02 ○ 03 ○ 04 ○ 05 ○ 06 × 07 ○ 08 × 09 ○ 10 ○ 11 ○ 12 ○

제5장 | 담보권에 관한 등기절차

제1절 근저당권에 관한 등기

Ⅰ 총설

1. 의의

계속적인 거래관계로부터 발생하는 다수의 불특정한 채권을 결산기에 일정한 한도까지 담보하려는 근저당권을 공시하는 등기를 말한다.

2. 객체

○	×
① 소유권·지상권·전세권, 권리의 일부(지분) ② 농지, 저당권이 설정된 부동산 ③ 신탁 목적에 반하지 않는 한 수탁 부동산 ④ 사인 소유의 영유아 보육시설용 건물	① 임차권 ② 부동산의 물리적 일부 ③ 존속기간이 만료된 지상권 ④ 대지권등기가 경료된 토지만 또는 건물만

3. 관련 선례

(1) 1필의 토지 또는 1동의 건물 중 특정 일부에 대하여는 이를 분할 또는 구분하기 전에는 저당권을 설정할 수 없다.

(2) 동일한 전세권을 목적으로 하는 수개의 근저당권설정등기의 채권최고액을 합한 금액이 대상 전세권의 전세금을 초과하는 등기도 가능하다.

(3) 존속기간이 만료된 지상권이나 전세권을 목적으로 하는 근저당권은 설정할 수 없지만, 건물전세권의 경우 법정갱신제도가 있으므로 전세권변경등기를 한 다음에 저당권설정등기를 할 수 있다.

Ⅱ 근저당권설정등기

1. 등기신청절차

(1) 신청인

등기권리자	근저당권자
등기의무자	근저당권설정자(소유권자, 지상권자, 전세권자)

(2) 신청정보

1) 필요적 신청정보와 임의적 신청정보

필요적 신청정보	채권최고액	① 일정한 금액을 목적으로 하지 않는 채권을 담보하기 위한 경우에는 그 채권의 평가액을 제공하여야 한다(규칙 제131조 제3항). ② 외화채권의 경우 외화표시금액을 기재하고 환산한 금액을 신청서에 병기하여야 한다. ③ 채권최고액은 반드시 단일하게 기재하여야 한다. 각 채권자 또는 채무자별로 채권최고액을 구분하여 기재할 수 없다.
	채무자의 성명과 주소	① 근저당권설정자와 채무자가 동일한 경우에도 채무자의 표시는 생략할 수 없다. ② 수인의 채무자가 연대채무자라 하더라도 '채무자'로만 제공하여야 한다. ③ 연대보증인은 채무자가 아니므로 기재할 필요 없다.
	권리의 표시	소유권 외 권리를 목적으로 하는 경우 제공하여야 한다(규칙 제131조 제2항).
	등기권리자	설정계약서의 근저당권자가 여러 명인 경우에도 각 근저당권자별로 채권최고액을 기재하거나 지분을 기재할 수 없다.
임의적 신청정보	① 부합물·종물에 근저당권의 효력이 미치지 아니한다는 특약(민법 제358조 단서) ② 존속기간: 약정이 있는 경우	

2) 법인이 저당권자 또는 근저당권자인 경우(cf 지상권의 경우는 그 적용이 없음)

① 법인이 저당권자 또는 근저당권자인경우 등기신청서에 취급지점 등의 표시가 있는 때에는 등기부에 그 취급지점 등(예 ○○지점, △△ 출장소, ××간이예금취급소 등)을 기재한다.
② 취급지점 등의 표시는 법인의 표시 다음에 줄을 바꾸어 괄호 안에 기재하고 취급지점 등의 소재지는 표시하지 아니한다.

(3) 첨부정보

등기원인증명정보	근저당권설정계약서(채무자의 표시는 반드시 있어야 하나 날인이 있어야 하는 것은 아니다)
근저당권자의 주소와 주민등록번호를 증명하는 정보	근저당권자의 주민등록표등(초)본
근저당권설정자의 인감증명	근저당권설정자가 소유권자인 경우

2. 등기의 실행

(1) 근저당권등기는 을구 주등기로 기록한다.

(2) 지상권·전세권을 목적으로 하는 경우에는 그 권리등기에 부기한다.

OX 확인

01 동일한 전세권을 목적으로 하는 수 개의 근저당권설정등기의 채권최고액을 합한 금액이 대상 전세권의 전세금을 초과하는 등기도 가능하다. O | X

02 같은 부동산에 대하여 甲과 乙을 공동채권자로 하는 하나의 근저당권설정계약을 체결한 경우에 甲과 乙을 각각 근저당권자로 하는 2개의 동순위의 근저당권설정등기를 신청할 수 있다. O | X

03 등기원인을 증명하는 정보로서 첨부하는 근저당권설정계약서에는 채권최고액과 채무자의 표시 등은 기재되어 있어야 하지만, 채무자의 인영이 날인되어 있어야만 하는 것은 아니다. O | X

정답 | 01 ○ 02 × 03 ○

Ⅲ 근저당권이전등기

1. 의의

근저당권자는 자유로이 근저당권을 양도 기타 처분을 할 수 있으나, 피담보채권과 분리하여 근저당권만을 양도할 수 없다.

2. 이전 원인

<table>
<tr><td>포괄승계</td><td colspan="2">근저당권자의 상속, 합병 등</td></tr>
<tr><td rowspan="2">특정승계</td><td>확정 전</td><td>기본 계약의 양도 등</td></tr>
<tr><td>확정 후</td><td>피담보채권의 양도 또는 대위변제 등</td></tr>
</table>

3. 등기신청절차

(1) 포괄승계의 경우 신청인

상속	상속인이 단독신청
합병	존속 또는 신설회사가 단독신청
분할	① 존속분할: 공동신청 ② 소멸분할: 신설되는 회사가 단독신청

(2) 특정승계의 경우

1) 신청인 및 신청정보

<table>
<tr><th colspan="2">구분</th><th>확정 전</th><th>확정 후</th></tr>
<tr><td colspan="2">신청인</td><td colspan="2">양도인(등기의무자)과 양수인(등기권리자)이 공동신청</td></tr>
<tr><td rowspan="4">신청
정보</td><td>등기원인</td><td>계약(일부)양도, 계약가입</td><td>확정채권(일부)양도, 확정채권(일부)대위변제</td></tr>
<tr><td>등기의 목적</td><td colspan="2">근저당권이전(근저당권일부이전)</td></tr>
<tr><td>이전할 근저당권</td><td colspan="2">접수연월일, 접수번호를 표시하여 기재</td></tr>
<tr><td>기타</td><td>–</td><td>① 근저당권이 피담보채권과 같이 이전한다는 뜻을 기재(규칙 제137조 제1항)
② 일부양도(변제)인 경우 양도액(변제액)기재</td></tr>
</table>

2) 첨부정보

<table>
<tr><th>구분</th><th>확정 전</th><th>확정 후</th></tr>
<tr><td>등기원인증명정보</td><td>근저당권이전계약서</td><td>근저당권이전계약서·대위변제증서</td></tr>
<tr><td>등기원인에 대하여
제3자의 허가서 등</td><td>물상보증인이나 제3취득자의 승낙서(×)</td><td>① 채무자에 대한 피담보채권 양도의 통지서나 채무자의 승낙서(×)
② 채무자의 변제동의서 내지 승낙서를 첨부(×)</td></tr>
<tr><td>근저당권양수인의
주민등록번호 및 주소를
증명하는 정보</td><td colspan="2">주민등록표등(초)본</td></tr>
</table>

4. 등기의 실행

(1) 항상 부기등기에 의한다.

(2) 전부양도(대위변제)인 경우 종전의 근저당권자의 표시를 지우는 기록을 하지만, 일부양도(대위변제)인 경우에는 지우지 않는다. 확정채권 일부양도나 일부대위변제의 경우 그 금액을 기록한다.

OX 확인

01 저당권의 이전등기를 신청하는 경우 저당권이 채권과 같이 이전한다는 뜻을 신청정보의 내용으로 등기소에 제공하여야 한다. O | X

02 채권 일부의 양도나 대위변제로 인한 저당권의 이전등기를 신청하는 경우에는 양도나 대위변제의 목적인 채권액을 신청정보의 내용으로 등기소에 제공하여야 한다. O | X

03 근저당권의 피담보채권이 확정되기 전에 그 피담보채권이 양도 또는 대위변제된 경우 이를 원인으로 하여 근저당권이전등기를 신청할 수 있다. O | X

04 등기관이 저당권 전부의 이전등기를 할 때에는 종전 저당권자의 표시에 관한 사항을 말소하는 표시를 하여야 한다. O | X

05 근저당권자인 금융기관의 취급지점이 변경된 때에는 등기명의인표시변경등기를 한 후에야 근저당권 이전등기를 신청할 수 있다. O | X

06 저당권의 이전등기 시 채권양도가 전제가 되므로 채권양도의 통지를 증명하는 서면 또는 채무자의 승낙서 등을 첨부하여야 한다. O | X

정답 | 01 ○ 02 ○ 03 ○ 04 ○ 05 ○ 06 ×

Ⅳ 근저당권변경등기

1. 의의

근저당권설정등기의 등기사항인 채권최고액, 존속기간, 채무자, 목적 등이 변경이 있는 경우 변경등기를 마쳐야만 제3자에게 대항할 수 있다.

2. 채권최고액의 변경

구분		증액의 경우	감액의 경우
신청인	등기의무자	근저당권설정자	근저당권자
	등기권리자	근저당권자	근저당권설정자
신청정보	등기원인	근저당권변경계약	
	등기의 목적	○번 근저당권변경	
첨부정보		등기상 이해관계인의 승낙서 및 인감증명(후순위 근저당권자 등)	등기상 이해관계인의 승낙서 및 인감증명(근저당권부 채권에 관한 질권자 또는 가압류권자 등)
등기실행		① 승낙서 첨부: 부기 ② 승낙서 미첨부: 주등기	① 승낙서 첨부: 부기등기 ② 승낙서 미첨부: 각하(주등기도 할 수 없음)

주의

1. 원칙적으로 채권최고액을 증액하는 경우 후순위 근저당권자는 등기상 이해관계 있는 제3자에 해당한다.
2. 다만 채권최고액을 증액하는 근저당권변경등기를 신청하는 경우 동일인 명의의 후순위 근저당권자는 등기상 이해관계 있는 제3자가 아니므로, 다른 이해관계인이 없다면 위 후순위 근저당권자의 승낙이 있음을 증명하는 정보 또는 이에 대항할 수 있는 재판이 있음을 증명하는 정보를 제공하지 않더라도 근저당권변경등기를 부기등기로 할 수 있다(선례 제201508-4호).
3. 을구에 근저당권설정등기, 갑구에 체납처분에 의한 압류등기가 순차로 경료된 후에 근저당권의 채권최고액을 증액하는 경우, 그 변경등기를 부기등기로 실행하게 되면 을구의 근저당권변경등기가 갑구의 체납처분에 의한 압류등기보다 권리의 순위에 있어 우선하게 되므로, 갑구의 체납처분에 의한 압류등기의 권리자(처분청)는 을구의 근저당권변경등기에 대하여 등기상 이해관계 있는 제3자에 해당한다(선례 제201408-2호).

3. 채무자의 변경

(1) 채무자의 표시, 즉 채무자의 성명, 주소에 변경이 생긴 경우를 말한다.

채무자 표시변경을 원인으로 근저당권 변경등기를 신청하는 경우 그 실질은 등기명의인이 단독으로 등기명의인표시변경등기를 신청하는 경우와 다를 바가 없기 때문에 등기의무자의 인감증명을 첨부할 필요가 없고, 또한 권리에 관한 등기가 아닌 표시변경등기에 불과하므로 등기필증(등기필정보)도 첨부할 필요가 없다.

(2) 채무자 자체가 변경된 경우

포괄승계	특정승계	
	확정 전	확정 후
근저당권의 채무자가 사망하고 그 공동상속인 중 1인만이 채무자가 되려는 경우에 근저당권자와 근저당권설정자 또는 소유자(담보목적물의 상속인, 제3취득자 등)는 근저당권변경계약정보를 첨부정보로서 제공하여 "계약인수" 또는 "확정채무의 면책적 인수"를 등기원인으로 하는 채무자 변경의 근저당권변경등기를 공동으로 신청할 수 있다.	신채무자가 기본계약상의 채무자 지위를 인수	피담보채무를 면책적 또는 중첩적으로 인수

(3) 등기신청절차

1) 신청인(근저당권의 확정 전후 불문)

등기의무자	근저당권설정자
등기권리자	근저당권자

2) 신청정보

등기원인	확정 전	계약(일부)인수, 중첩적 계약인수
	확정 후	확정채무의 면책적 인수, 확정채무의 중첩적 인수
	상속	계약인수 또는 확정채무의 면책적 인수
등기의 목적		근저당권변경
변경할 사항		
등기필정보		등기의무자인 근저당권설정자(또는 제3취득자)가 소지한 등기필정보

3) 첨부정보

등기원인증명서면	근저당권변경계약서
등기의무자의 인감증명서	등기의무자가 소유자인 경우
등기상 이해관계인의 승낙서	×

(4) 등기의 실행

채무자가 변경되는 근저당권변경등기의 경우 등기상 이해관계인의 승낙서가 첨부되지 않더라도 항상 부기등기한다.

4. 건물의 증축과 근저당권의 변경

(1) 근저당권의 효력은 다른 특별한 규정이나 약정이 없는 한 근저당권등기의 목적인 부동산에 부합된 부분에도 미치므로, 증축된 건물에 근저당권의 효력을 미치게 하는 변경등기는 할 필요가 없을 뿐만 아니라 할 수도 없다(선례 제4-460호).

(2) 소유자가 증축부분에 대하여 별도의 건축물대장에 등록하여 소유권보존등기를 한 경우에는 그 부분은 기존 건물에 부합되지 않는다. 따라서 1부동산 1등기기록의 원칙상 그 건물에 대하여 별도의 소유권보존등기를 하고 근저당권 추가설정등기를 하여야 한다.

OX 확인

01 근저당권의 채무자가 사망하고 그 공동상속인 중 1인만이 채무자가 되려는 경우에 근저당권자와 근저당권설정자 또는 소유자는 '계약인수' 또는 '확정채무의 면책적 인수'를 등기원인으로 하는 근저당권변경등기를 공동으로 신청할 수 있다. O | X

02 을구에 근저당권설정등기, 갑구에 체납처분에 의한 압류등기가 순차로 경료된 후에 근저당권의 채권최고액을 증액하는 경우 갑구의 체납처분에 의한 압류등기의 권리자(처분청)는 을구의 근저당권변경등기에 대하여 등기상 이해관계 있는 제3자로 볼 수 없다. O | X

03 채무자 변경으로 인한 근저당권변경등기는 근저당권자가 등기권리자, 근저당권설정자가 등기의무자로서 공동신청하여야 한다. O | X

04 채권최고액을 감액하는 근저당권변경등기의 경우 등기의무자는 근저당권자이고 등기권리자는 근저당권설정자가 된다. O | X

05 채무자 변경으로 인한 근저당권변경등기의 경우 채무자는 등기신청권이 없다. O | X

06 채무자 변경으로 인한 근저당권변경등기를 신청할 경우 새로운 채무자의 인감증명은 첨부정보로 등기소에 제공할 필요가 없다. O | X

07 저당권이 설정되어 있는 건물이 증축되어 건물표시변경등기를 한 경우, 이미 설정된 저당권의 효력이 증축된 부분까지 미치게 하기 위해서는 저당권변경등기를 하여야 한다. O | X

해설 건물의 구조나 이용상 기존 건물과 별개의 독립 건물을 신축한 경우에는 그 부분이 기존 건물에 부합되지 않는 것이므로 1부동산 1등기기록의 원칙상 그 건물에 대하여 별도의 소유권보존등기를 신청하여야 하는 것이며, 기존 건물의 증축등기를 신청할 수 없을 것이다. 더욱이 이와 같은 증축등기를 한 후 기존 건물에 경료된 저당권의 효력을 위 별개의 건물에 미치게 하는 취지의 변경등기를 신청할 수는 없다(선례 제4-513호).

08 채권최고액을 증액하는 근저당권변경등기를 신청하는 경우 동일인 명의의 후순위 근저당권자는 등기상 이해관계 있는 제3자에 해당한다. O | X

09 채무자의 표시변경을 원인으로 근저당권변경등기를 신청하는 경우에는 등기의무자의 인감증명이나 등기필증(등기필정보)을 첨부할 필요가 없다. O | X

10 채무자를 변경하는 근저당권변경등기의 경우에는 후순위 근저당권자의 동의 없이 변경등기를 신청할 수 있다. O | X

정답 | 01 ○ 02 × 03 ○ 04 ○ 05 ○ 06 ○ 07 × 08 × 09 ○ 10 ○

V 근저당권말소등기

1. 신청인

(1) 공동신청

1) 주등기인 근저당권설정등기를 말소하는 경우

등기의무자	① 근저당권자 ② 근저당권이 이전된 경우: 현재 근저당권명의인(즉 양수인)
등기권리자	① 근저당권설정자 ② 근저당권 설정 후 목적부동산의 소유권이 제3자에게 이전된 경우: 근저당권설정자(계약당사자로서) 혹은 제3취득자(소유권에 기하여)

2) 부기등기인 근저당권이전등기를 말소하는 경우

등기의무자	근저당권양수인
등기권리자	근저당권양도인

3) 근저당권자에게 상속이 발생한 경우

말소원인이 상속개시 전	상속으로 인한 근저당권이전등기를 하지 않고 상속인이 상속증명서면을 첨부하여 근저당권말소등기신청
말소원인이 상속개시 후	상속으로 인한 근저당권이전등기를 한 후 근저당권말소등기신청

(2) 등기권리자 단독신청

1) 혼동으로 근저당권을 말소하는 경우(소유권자와 근저당권자가 동일한 경우)

2) 등기의무자가 소재불명한 경우

등기권리자가 등기의무자의 소재불명으로 인하여 공동으로 등기의 말소를 신청할 수 없는 때에는 「민사소송법」에 따라 공시최고의 신청을 하여 제권판결을 받아 그 사실을 증명하여 단독으로 등기의 말소를 신청할 수 있다(법 제56조 제1항 · 제2항).

2. 신청정보

등기원인	해지
등기의 목적	○번 근저당권설정등기말소
말소할 등기	① ○년 ○월 ○일 접수 제○호로 등기한 근저당권설정등기 ② 근저당권이 이전된 후 말소등기신청: 주등기인 근저당권설정등기를 기재 ③ 근저당권이 이전된 후 그 이전등기를 말소등기신청: 부기등기인 근저당권이전등기를 기재

3. 첨부정보

등기원인증명정보	해지증서
등기의무자의 등기필정보	① 근저당권자의 등기필증 ② 근저당권 이전 후 주등기 말소등기 신청: 근저당권이전등기필증 ③ 근저당권 이전 후 부기등기인 이전등기를 말소하는 경우: 근저당권이전등기필증

등기의무자의 인감증명	×
등기상 이해관계인의 승낙서 등	반드시 첨부(수리요건)

4. 등기의 실행(규칙 제116조 등)

(1) 주등기 형식에 의하여 말소등기하고 말소할 등기를 붉은 선으로 지워야 한다.

(2) 말소될 근저당권등기를 목적으로 한 등기상 이해관계인의 권리등기는 그의 승낙서가 첨부되어 있으면 직권말소한다(법 제57조 등).

(3) 근저당권이 이전된 후에 근저당권을 말소하는 경우에는 주등기인 근저당권설정등기를 말소하고, 그 근저당권이전의 부기등기를 주말한다.

OX 확인

01 근저당권이 설정된 후에 소유권이 제3자에게 이전된 경우에는 근저당권설정자 또는 제3취득자가 근저당권자와 공동으로 그 말소등기를 신청할 수 있다. O | X

02 저당권설정등기의 말소등기를 신청하는 경우에 그 등기명의인의 표시에 변경 또는 경정의 사유가 있는 때라도 신청서에 그 변경 또는 경정을 증명하는 서면을 첨부함으로써 등기명의인표시의 변경 또는 경정의 등기를 생략할 수 있다. O | X

03 합병 후 존속하는 회사가 합병으로 인하여 소멸한 회사 명의로 있는 저당권등기의 말소신청을 하는 경우에 그 등기원인이 합병등기 전에 발생한 것인 때라도 그 전제로서 회사합병으로 인한 근저당권이전등기를 하여야 한다. O | X

해설 근저당권등기의 말소신청을 함에 있어, 그 등기원인이 합병등기 전에 이미 발생한 것인 때에는 합병으로 인한 근저당권이전등기를 거칠 필요 없이 곧바로 합병을 증명하는 서면을 첨부하여 말소등기신청을 하면 될 것이나, 그 등기원인이 합병등기 후에 발생한 것인 때에는 먼저 합병으로 인한 근저당권이전등기를 거친 후 말소등기신청을 하여야 한다(선례 제8-261호).

04 근저당권이전등기가 된 근저당권의 피담보채권이 소멸하여 그 등기를 말소하는 경우에 말소등기신청의 등기의무자는 근저당권의 현재 명의인인 근저당권의 양수인이다. O | X

정답 | **01** ○ **02** ○ **03** × **04** ○

Ⅵ 공동근저당

1. 의의

동일한 채권을 담보하기 위하여 수 개의 부동산 위에 근저당권을 설정하는 것을 말한다.

2. 창설적 공동저당

(1) 신청인

등기권리자는 동일하여야 하나, 근저당권설정자는 각 부동산별로 달라도 된다.

(2) 신청정보

① 일괄신청 가능: 각 근저당권설정자가 다른 경우에도 가능하다(규칙 제47조).

② 일반적인 근저당권설정등기의 신청정보 외에 여러 개의 부동산에 관한 권리를 목적으로 하는 근저당권설정등기를 신청하는 경우에는 각 부동산에 관한 권리의 표시를 신청정보의 내용으로 등기소에 제공하여야 한다(규칙 제133조 제1항).

(3) 첨부정보

등기원인증명정보	근저당권설정계약서 등
등기원인에 대한 제3자 허가·동의·승낙증명정보	주무관청 허가서
근저당권자의 주소 및 주민등록번호를 증명하는 정보	주민등록등(초)본 등
근저당권설정자의 인감증명	① 소유권을 목적으로 근저당권설정등기신청의 경우 – ○ ② 지상권이나 전세권을 목적으로 하는 경우 – ×

3. 추가적 공동저당

(1) 의의

일부의 부동산에 대하여 근저당권설정등기를 한 후 동일한 채권을 담보하기 위하여 다른 부동산에 대하여 추가로 근저당권을 설정하는 경우에 하는 등기를 말한다.

(2) 신청절차상의 특칙

① 종전의 등기를 표시하는 사항으로서 공동담보목록의 번호 또는 부동산의 소재·지번을 신청정보의 내용으로 등기소에 제공하여야 한다(규칙 제134조).

② 종전 등기의 순위번호와 접수연월일 및 접수번호를 신청정보로 제공하여야 한다.

③ 등기필정보: 추가되는 부동산에 대한 등기필정보만 제공하면 된다.

> 토지에 대하여 근저당권설정등기가 경료되고 동일 채권의 담보를 위하여 건물에 대한 추가 근저당권설정등기를 신청할 경우 건물 소유권에 관한 등기필정보만 신청정보의 내용으로 등기소에 제공하면 된다(선례 제3-585호).

OX 확인

01 같은 채권의 담보를 위하여 소유자가 다른 여러 개의 부동산에 대한 근저당권설정등기는 1건의 신청정보로 일괄하여 신청할 수 있다. O | X

02 채권자는 동일한 채권의 담보로 갑 부동산에 관한 소유권과 을 부동산에 관한 지상권에 대하여 공동근저당권설정등기를 신청할 수 있으며, 이때 갑 부동산의 소유자와 을 부동산의 지상권자가 반드시 동일할 필요는 없다. O | X

해설 선례 제201009-4호

03 추가근저당권설정등기신청을 하는 경우 신청서에 기재된 채무자의 주소와 종전의 근저당권설정등기에 기록되어 있는 채무자의 주소가 다른 경우에는 먼저 종전 근저당권설정등기의 채무자 주소를 변경하는 근저당권변경등기를 선행하여야 한다. O | X

04 추가근저당권설정등기신청을 하는 경우에는 종전 부동산의 등기필정보가 아니라 종전 부동산에 설정된 근저당권설정등기에 관한 등기필정보를 제공하여야 한다. O | X

05 공동저당의 등기는 동일한 채권에 관하여 여러 개의 부동산에 관한 권리를 목적으로 하는 저당권설정의 등기를 말한다. O | X

06 임차권이 대지권인 경우 건물소유권과 대지권(토지임차권)을 공동저당의 목적으로 할 수 없다. O | X

해설 임차권이 대지권인 경우에 임차권은 저당권의 목적으로 할 수 없는 권리이므로 건물소유권과 대지권(토지임차권)을 공동저당의 목적으로 할 수 없고, 대지권을 제외한 건물만에 관하여 저당권이 설정되어야 하며, 이 경우 건물만의 취지의 부기등기를 하여야 한다(선례 제201604-1호).

07 등기관이 동일한 채권에 관하여 5개 이상의 부동산에 관한 권리를 목적으로 하는 저당권설정의 등기를 할 때에는 공동담보목록을 작성하여야 한다. O | X

08 등기관이 1개 또는 여러 개의 부동산에 관한 권리를 목적으로 하는 저당권설정의 등기를 한 후 동일한 채권에 대하여 다른 1개 또는 여러 개의 부동산에 관한 권리를 목적으로 하는 저당권설정의 등기를 할 때에는 그 등기와 종전의 등기에 각 부동산에 관한 권리가 함께 저당권의 목적으로 제공된 뜻을 기록하여야 한다. O | X

해설 법 제78조 제4항

09 관할이 서로 다른 수개의 부동산에 관하여 공동근저당권등기가 마쳐진 후에 공동담보인 부동산에 변경사항이 있으면 그 변경등기신청을 접수하여 처리한 등기소는 타 관할등기소에 그 내용을 통지하여야 하며, 통지받은 등기소는 이에 따라 변경등기를 실행한다. O | X

해설 법 제78조 제5항

10 5개의 구분건물을 공동담보로 하여 채권최고액 5억 원으로 설정된 근저당권을 각 건물별로 채권최고액 1억 원으로 하는 근저당권변경등기를 신청할 수 있다. O | X

해설 동일한 피담보채권을 담보하기 위하여 수개의 부동산에 공동근저당권을 설정한 경우에 공동근저당권의 채권최고액을 각 부동산별로 분할하여 각 별개의 근저당권등기가 되도록 함으로써 각 부동산 사이의 공동담보관계를 해소하는 내용의 근저당권변경등기는 현행 등기법제상 인정되지 아니하는바, 구분건물 10세대를 공동담보로 하여 설정된 근저당권의 채권최고액 5억 원을 각 구분건물별로 5천만원으로 분할하여 별개의 근저당권등기가 되도록 하는 내용의 근저당권변경등기를 신청할 수는 없다(선례 제200412-2호).

정답 | 01 ○ 02 ○ 03 ○ 04 × 05 ○ 06 ○ 07 ○ 08 ○ 09 ○ 10 ×

Ⅶ 공동저당의 대위등기(법 제80조, 규칙 제138조, 예규 제1407호)

1. 의의

공동저당이 설정되어 있는 경우에 채권자가 그중 일부 부동산에 관하여만 저당권을 실행하여 채권 전부를 변제받은 경우, 차순위저당권자는 공동담보로 제공되어 있는 다른 부동산에 대하여 선순위자를 대위하여 저당권을 행사할 수 있다.

2. 신청인 - 공동신청

등기의무자	선순위저당권자
등기권리자	대위자, 즉 차순위저당권자

3. 신청정보

등기의 목적	○번 근저당권 대위
등기원인 및 연월일	○년 ○월 ○일(선순위근저당권자에 대한 경매대가의 배당기일) "민법 제368조 제2항에 의한 대위"
매각부동산	매각된 부동산 소재지
매각대금	매각된 부동산의 매각대금
변제액	선순위자가 변제받은 금액
채권최고액	매각된 부동산 위에 존재하는 차순위저당권자의 피담보채권에 관한 사항
채무자	
대위자	매각된 부동산의 차순위저당권자의 인적사항

4. 첨부정보

(1) 규칙 제46조 외에 집행법원에서 작성한 배당표 정보를 첨부정보로서 등기소에 제공하여야 한다.

(2) 국민주택채권을 매입하지 아니한다.

5. 등기실행

(1) 대위등기의 목적이 된 저당권등기에 부기등기로 한다.

(2) 법 제48조 외에 매각부동산 위에 존재하는 차순위저당권자의 피담보채권에 관한 내용('채권최고액'과 '채무자')을 기록하여야 한다(법 제80조 제2항).

(3) 매각부동산(소유권 외의 권리가 저당권의 목적일 때에는 그 권리를 말한다), 매각대금, 선순위저당권자가 변제받은 금액도 기록하여야 한다(법 제80조 제1항).

OX 확인

01 선순위저당권자가 등기의무자가 되고, 차순위저당권자가 등기권리자가 되어 공동으로 신청하여야 한다. O | X

02 선순위저당권자가 채권 일부를 변제받은 경우에도 해당한다. O | X

03 공동저당대위등기를 신청할 때에는 일반적인 첨부정보 외에 배당표 정보를 첨부정보로서 등기소에 제공하여야 한다. O | X

04 공동저당대위등기는 부기등기의 방법은 하고 일반적인 등기사항 외에 선순위저당권자가 변제받은 금액, 매각부동산, 매각대금을 기재한다. O | X

정답 | 01 ○ 02 × 03 ○ 04 ○

Ⅷ 공장저당

1. 성립요건

(1) 토지 또는 건물이 공장에 속하는 것일 것

(2) 토지 또는 건물이 속하는 공장이 「공장 및 광업재단 저당법」에서 말하는 공장일 것

(3) 소유자가 같을 것

1) 공장저당의 목적으로 하기 위해서는 그 목적물인 토지 또는 건물과 기계·기구 기타의 공장의 공용물은 동일한 소유자에 속하는 것이어야 한다.

2) 관련 선례

> ① 갑·을 2인 공유의 공장건물 전부와 갑 단독 소유인 기계·기구를 담보 목적으로 하여 공장저당권을 설정할 수 있다. 이 경우 건물에 대한 을 지분에 대해서는 공장저당법에 의한 저당권을 설정할 수 없다.
> ② 토지와 공장건물의 소유자는 상이하고 공장건물의 소유자와 공장에 속하는 기계·기구의 소유자가 동일할 경우에는 공장건물만을 공장저당법 제7조(현행 「공장 및 광업재단 저당법」 제6조)에 의한 근저당으로 하고 토지에 대하여는 보통근저당으로 하여 공당담보로 근저당설정등기를 신청할 수 있다(선례 제8-269호).

2. 공장근저당권설정등기

(1) 신청절차

구분		내용
신청인	등기의무자	저당권설정자
	등기권리자	저당권자
신청정보		일반적인 근저당권설정등기의 신청정보와 동일하다. 다만, 부동산 표시란에 기계·기구목록이 제출되어 있음을 표시한다.
첨부정보		일반적인 첨부정보 외에 ① 기계·기구 등의 목록, ② 채권자인 저당권자가 작성한 공장증명서를 제출한다.

(2) 등기실행

등기기록의 을구에는 보통의 근저당권과 동일한 등기사항을 등기하되, 그 말미에 「공장 및 광업재단 저당법」 제6조에 의한 목록의 제출이 있음을 기록한다.

3. 목록기재의 변경

(1) 신청인

물건의 소유자가 단독으로 신청한다.

(2) 신청절차 및 처리절차

유형	목록 추가	기계·기구의 일부 멸실 또는 분리
첨부정보	① 새로이 추가되는 목록: ○ ② 「공장 및 광업재단 저당법」상의 공장에 속한다는 증명서면: × ③ 등기필정보: ×	① 멸실 또는 분리된 목록: ○ ② 저당권자의 승낙서 등(인감증명서): ○ ③ 등기필정보: ×
처리절차	추가 목록을 종전 목록에 결합	분리 또는 멸실 목록을 종전 목록에 결합

* 목록변경의 부기등기 금지 - 목록기재의 변경 신청이 있는 경우 등기기록의 을구란에 그러한 취지를 부기하지 않는 것이 현행 실무이다.

4. 보통 저당과 공장저당 간의 변경등기

유형		목록 제출로 인한 경우	목록 폐지로 인한 경우
의의		보통 저당을 공장저당으로 변경하는 것	공장저당을 보통 저당으로 변경하는 것
신청인	등기의무자	저당권설정자	저당권자
	등기권리자	저당권자	저당권설정자
첨부정보		① 변경계약서 ② 등기의무자가 소유자인 경우 인감증명 ③ 등기상 이해관계 있는 제3자의 승낙서	변경계약서

일반 저당권을 공장저당권으로 하는 변경등기신청은 등기의무자와 등기권리자의 공동신청에 의하므로 등기의무자인 소유자(저당권설정자)의 등기필정보를 제공하여야 하나(선례 제201804-4호), 새로운 기계·기구를 추가하는 목록 기록의 변경등기신청은 소유자의 단독신청에 의하므로 등기필정보를 제공할 필요가 없다(법 제50조 제2항).

OX 확인

01 공장 토지(건물)에 대하여 등기된 일반 저당권을 「공장 및 광업재단 저당법」 제6조에 의한 목록을 제출하여 공장저당권으로 변경하는 등기를 등기권리자(저당권자)와 등기의무자(저당권설정자)가 공동으로 신청할 때에는 등기의무자(저당권설정자)가 소유자로서 통지받은 등기필정보를 제공하여야 한다. O | X

02 공장저당의 목적으로 하기 위해서는 그 목적물인 토지 또는 건물과 기계·기구 그 밖의 공장의 공용물은 동일한 소유자에 속하는 것이어야 한다. O | X

03 「공장 및 광업재단 저당법」 제6조 목록에 기록된 물건의 일부 멸실 또는 분리에 의한 목록기록의 변경등기신청은 저당권자가 등기의무자가 되고 소유자가 등기권리자가 되어 공동으로 신청하여야 한다. O | X

04 공장저당권의 설정등기를 신청할 때에는 토지 또는 건물이 공장에 속하는 것임을 증명하는 정보로서 채권자가 작성한 공장증명서를 첨부정보로 제공하여야 한다. O | X

05 토지 또는 건물과 기계 ·기구의 소유자가 동일하지 않은 경우에 「공장 및 광업재단 저당법」에 따른 공장저당의 목적으로 하기 위해서는 그 목적물인 그 기계·기구의 소유자의 동의서를 첨부하여야 한다. O | X

06 기계·기구의 추가로 인한 목록기록의 변경신청은 소유자가 단독으로 신청한다. O | X

정답 | 01 ○ 02 ○ 03 × 04 ○ 05 × 06 ○

제2절 권리질권 및 채권담보권에 관한 등기

I 총설

1. 의의

저당권으로 담보할 채권을 (근)질권 또는 채권담보권의 목적으로 한 때에는 그 저당권등기에 (근)질권 등의 부기등기를 하여야 질권 등의 효력이 저당권에 미친다.

2. 대상

명문의 규정은 없으나, 저당권부 채권이나 근저당권부 채권만 질권의 목적이 될 수 있다(선례 제7-278호). 근저당권이 확정되기 전에도 가능하다(선례 제7-278호).

II 등기절차

1. 신청인

등기의무자	근저당권자나 저당권자
등기권리자	권리(근)질권자 또는 채권담보권자

2. 신청정보

등기의 목적	저당권부(근저당권부) 권리(근)질권설정(채권담보권설정)
등기원인과 그 연월일	○년 ○월 ○일 설정계약
채권액(또는 채권최고액)	금 100,000,000원
채무자의 성명, 주소	저당권자(또는 근저당권자)
변제기, 이자	이자 약정이 있는 경우 그 내용
채권자	성명, 등록번호, 주소를 기재함.
등기의무자의 등기필정보	근저당권(저당권)설정 당시 교부받은 등기필정보
국민주택채권 매입	×
질권의 목적인 채권을 담보하는 저당권(또는 근저당권)의 표시에 관한 사항	

3. 첨부정보

등기원인증명정보	설정계약서
권리질권자의 주소 및 주민등록번호를 증명하는 정보	주민등록등(초)본

4. 등기실행

권리질권 또는 채권담보권의 목적이 된 저당권(근저당권)등기에 부기등기로 한다.

Ⅲ 질권 등의 이전등기 등

1. 질권 등의 이전등기

질권자 등이 그 피담보채권을 제3자에게 양도한 경우에는 질권 등의 이전등기를 신청할 수 있다.

2. 질권 등의 변경등기

근저당권부 채권에 대하여 질권 등이 설정된 경우에 근저당권을 변경하는 등기를 함에 있어 그 질권자 등은 등기상 이해관계인이 된다. 그러므로 질권자 등의 승낙 없이 근저당권의 채권최고액을 감액하는 변경등기는 할 수 없다.

OX 확인

01 질권의 부기등기에 대하여는 등록면허세를 납부하여야 하지만, 국민주택채권 매입의무는 없다. O | X

02 근저당권부 채권의 질권자가 해당 질권을 제3자에게 전질한 경우 등기사항 법정주의상 질권의 이전등기를 할 수는 없다. O | X

03 질권의 부기등기는 근저당권자가 등기의무자가 되고 질권자가 등기권리자가 되어 공동으로 신청한다. O | X

04 근저당권으로 담보한 채권을 질권의 목적으로 한 때에는 그 근저당권등기에 질권의 등기를 하여야 그 효력이 근저당권에 미친다. O | X

05 근저당권에 의하여 담보되는 채권을 질권의 목적으로 하는 경우에 근저당권부질권의 부기등기를 신청할 수 있는바, 이는 그 근저당권이 확정되기 전에도 마찬가지이다. O | X

06 「부동산등기법」에 근저당권에 의하여 담보되는 채권에 대하여 근질권설정등기를 신청할 수 있다는 명문의 규정이 없으므로, 근저당권부채권에 대한 근질권설정등기는 신청할 수 없다. O | X

07 근저당권부채권에 질권이 설정된 경우 질권자의 동의 없이는 근저당권의 채권최고액을 감액하는 근저당권변경등기를 할 수 없다. O | X

정답 | 01 ○ 02 × 03 ○ 04 ○ 05 ○ 06 × 07 ○

제6장 | 신탁에 관한 등기

제1절 총설

Ⅰ 의의

「신탁법」상 신탁이란 위탁자와 수탁자와의 특별한 신임관계에 기하여 위탁자가 특정의 재산권을 수탁자에게 이전하거나 기타의 처분을 하고 수탁자로 하여금 수익자의 이익을 위하여 또는 특정의 목적을 위하여 그 재산권을 관리·처분하게 하는 법률관계를 말하고, 이를 공시하는 등기가 신탁등기이다.

Ⅱ 수탁자의 자격

1. 수탁자는 행위능력자이어야 하므로, 제한능력자와 파산선고를 받은 자는 법정대리인이나 파산관재인의 동의가 있어도 수탁자가 될 수 없다.

2. 법인과 권리능력 없는 사단이나 재단도 수탁자가 될 수 있다.

3. 영리회사를 수탁자로 하는 신탁등기를 신청하는 경우에는 그 회사가 신탁업 인가를 받았음을 소명하여야 하며, 신탁업 인가를 받지 아니한 영리회사를 수탁자로 하는 신탁등기의 신청은 수리할 수 없다(예규 제1726호).

제2절 신탁설정의 등기

1. 신청인

(1) 신탁재산에 속하는 부동산의 신탁등기는 수탁자가 단독으로 신청한다.

(2) 수탁자가 「신탁법」 제3조 제5항에 따라 타인에게 신탁재산에 대하여 신탁을 설정하는 경우(재신탁등기)에는 해당 신탁재산에 속하는 부동산의 신탁등기는 새로운 신탁의 수탁자가 단독으로 신청한다.

(3) 수익자나 위탁자는 수탁자를 대위하여 신탁등기를 단독으로 신청할 수 있다.

2. 신청방법

(1) 신탁등기의 신청은 해당 신탁으로 인한 권리의 이전 또는 보존이나 설정등기의 신청과 함께 1건의 신청정보로 일괄하여 하여야 한다. 다만, 수익자나 위탁자가 수탁자를 대위하여 신탁등기를 신청하는 경우에는 그러하지 아니하다(별개의 신청정보로).

(2) 신탁행위에 의한 신탁등기

① 신탁행위에 의하여 소유권을 이전하는 경우에는 신탁등기의 신청은 신탁을 원인으로 하는 소유권이전등기의 신청과 함께 1건의 신청정보로 일괄하여 하여야 한다.

② 등기원인이 신탁임에도 신탁등기만을 신청하거나 소유권이전등기만을 신청하는 경우에는 법 제29조 제5호에 의하여 신청을 각하하여야 한다.

(3) 「신탁법」 제3조 제1항 제3호의 위탁자의 선언에 의한 신탁등기

「신탁법」 제3조 제1항 제3호에 따라 신탁의 목적, 신탁재산, 수익자 등을 특정하고 자신을 수탁자로 정한 위탁자의 선언에 의한 신탁의 경우에는 신탁등기와 신탁재산으로 된 뜻의 권리변경등기를 1건의 신청정보로 일괄하여 수탁자가 단독으로 신청한다.

(4) 「신탁법」 제3조 제5항의 재신탁등기

① 「신탁법」 제3조 제5항에 따라 타인에게 신탁재산에 대하여 설정하는 신탁(재신탁)에 의한 신탁등기는 재신탁을 원인으로 하는 소유권이전등기와 함께 1건의 신청정보로 일괄하여 신청하여야 한다.

수탁자는 신탁행위로 달리 정한 바가 없으면 신탁 목적의 달성을 위하여 필요한 경우, 수익자의 동의를 받아 신탁재산을 재신탁할 수 있다.

② 등기의 목적은 "소유권이전 및 신탁", 등기원인과 그 연월일은 "○년 ○월 ○일 재신탁"으로 하여 신청정보의 내용으로 제공한다.

(5) 「신탁법」 제27조에 따라 신탁재산에 속하게 되는 경우

① 「신탁법」 제27조에 따라 신탁재산에 속하게 되는 경우, 예컨대 신탁재산(금전 등)의 처분에 의하여 제3자로부터 부동산에 관한 소유권을 취득하는 경우에는 신탁등기의 신청은 해당 부동산에 관한 소유권이전등기의 신청과 함께 1건의 신청정보로 일괄하여 하여야 한다. 등기의 목적은 "소유권이전 및 신탁재산처분에 의한 신탁"으로, 등기권리자란은 "등기권리자 및 수탁자"로 표시하여 신청정보의 내용으로 제공한다.

② 다만, 위 제3자와 공동으로 소유권이전등기만을 먼저 신청하여 수탁자 앞으로 소유권이전등기가 이미 마쳐진 경우에는 수탁자는 그 후 단독으로 신탁등기만을 신청할 수 있고, 수익자나 위탁자도 수탁자를 대위하여 단독으로 신탁등기만을 신청할 수 있다.

(6) 「신탁법」 제43조에 따라 신탁재산으로 회복 또는 반환되는 경우

위 (5)에 준하여 신청하되, 소유권이전등기와 함께 1건의 신청정보로 일괄하여 신청하는 경우에는 등기의 목적을 "소유권이전 및 신탁재산회복(반환)으로 인한 신탁"으로 하고, 소유권이전등기가 이미 마쳐진 후 신탁등기만을 신청하는 경우에는 등기의 목적을 "신탁재산회복(반환)으로 인한 신탁"으로 하여 신청정보의 내용으로 제공한다.

(7) 담보권신탁등기

① 수탁자는 위탁자가 자기 또는 제3자 소유의 부동산에 채권자가 아닌 수탁자를 (근)저당권자로 하여 설정한 (근)저당권을 신탁재산으로 하고 채권자를 수익자로 지정한 담보권신탁등기를 신청할 수 있다.

② 담보권신탁등기는 신탁을 원인으로 하는 근저당권설정등기와 함께 1건의 신청정보로 일괄하여 신청한다.

③ 신탁재산에 속하는 (근)저당권에 의하여 담보되는 피담보채권이 여럿이고 각 피담보채권별로 「부동산등기법」 제75조에 따른 등기사항이 다른 경우에는 동조에 따른 등기사항을 각 채권별로 구분하여 신청정보의 내용으로 제공하여야 한다.

④ 신탁재산에 속하는 (근)저당권에 의하여 담보되는 피담보채권이 이전되는 경우에는 수탁자는 신탁원부 기록의 변경등기를 신청하여야 하고, 이 경우 「부동산등기법」 제79조는 적용하지 아니한다.

3. 첨부정보

(1) 신탁원부 작성을 위한 정보

각 부동산별로 신탁원부 작성을 위한 정보를 제공하여야 한다.

(2) 등기원인을 증명하는 정보

① 신탁행위에 의한 신탁등기를 신청하는 경우에는 당해 부동산에 대하여 신탁행위가 있었음을 증명하는 정보(신탁계약서 등)를 등기원인을 증명하는 정보로서 제공하여야 하고, 특히 신탁계약에 의하여 소유권을 이전하는 경우에는 등기원인을 증명하는 정보에 검인을 받아 제공하여야 한다. 다만, 한국주택금융공사가 「한국주택금융공사법」 제22조 제1항 제9호의2의 주택담보노후연금보증과 관련된 신탁업무를 수행하기 위하여 신탁을 설정하거나 해지하는 경우에는 「부동산등기 특별조치법」 제3조를 적용하지 아니하므로 등기원인을 증명하는 정보에 검인을 받지 않고 제공할 수 있다.

② 「신탁법」 제27조에 따라 신탁재산에 속하게 되는 경우 및 「신탁법」 제43조에 따라 신탁재산으로 회복 또는 반환되는 경우에 대하여 신탁등기를 신청하는 경우에도 신탁행위가 있었음을 증명하는 정보를 첨부정보로서 제공하여야 한다.

③ 공익신탁에 대하여 신탁등기를 신청하는 경우에는 법무부장관의 인가를 증명하는 정보를 첨부정보로서 제공하여야 한다.

④ 위탁자 또는 수익자가 신탁등기를 대위신청 하는 경우에는 대위원인을 증명하는 정보 및 해당 부동산이 신탁재산임을 증명하는 정보를 첨부정보로서 제공하여야 한다.

⑤ 신탁의 목적, 신탁재산, 수익자 등을 특정하고 자신을 수탁자로 정한 위탁자의 선언에 의한 신탁등기를 신청하는 경우에는 공익신탁을 제외하고는 신탁설정에 관한 공정증서를 첨부정보로서 제공하여야 한다.

⑥ 재신탁등기를 신청하는 경우에는 수익자의 동의가 있음을 증명하는 정보(인감증명 포함)를 첨부정보로서 제공하여야 한다.

⑦ 「신탁법」 제114조 제1항에 따른 유한책임신탁 또는 「공익신탁법」에 따른 공익유한책임신탁의 목적인 부동산에 대하여 신탁등기를 신청하는 경우에는 유한책임신탁 또는 공익유한책임신탁의 등기가 되었음을 증명하는 등기사항증명서를 첨부정보로서 제공하여야 한다.

⑧ 「신탁법」 제3조 제1항 제1호(위탁자와 수탁자 간의 계약) 및 제2호(위탁자의 유언)에 따라 신탁을 원인으로 소유권이전등기 및 신탁등기를 신청하는 경우와 「신탁법」 제3조 제5항(수탁자가 타인에게 신탁재산에 대하여 설정하는 신탁)에 따라 재신탁을 원인으로 소유권이전등기 및 신탁등기를 신청하는 경우에는 「지방세징수법」 제5조 제1항 제4호에 따라 지방세 납세증명서를 첨부정보로서 제공하여야 한다. 다만, 등기원인을 증명하는 정보로서 확정판결, 그 밖에 이에 준하는 집행권원을 제공하는 경우에는 지방세 납세증명서를 제공할 필요가 없다.

4. 수탁자가 여러 명인 경우 등

(1) 수탁자가 여러 명인 경우에는 그 공동수탁자가 합유관계라는 뜻을 신청정보의 내용으로 제공하여야 한다.

(2) 위탁자가 여러 명이라 하더라도 수탁자와 신탁재산인 부동산 및 신탁목적이 동일한 경우에는 1건의 신청정보로 일괄하여 신탁등기를 신청할 수 있다.

5. 신탁가등기

신탁가등기는 소유권이전청구권보전을 위한 가등기와 동일한 방식으로 신청하되, 신탁원부 작성을 위한 정보도 첨부정보로서 제공하여야 한다.

6. 영리회사가 수탁자인 경우

신탁업의 인가를 받은 신탁회사 이외의 영리회사를 수탁자로 하는 신탁등기의 신청은 이를 수리하여서는 아니 된다.

7. 신탁등기의 등기명의인의 표시방법

신탁행위에 의하여 신탁재산에 속하게 되는 부동산에 대하여 수탁자가 소유권이전등기와 함께 신탁등기를 1건의 신청정보로 일괄하여 신청하는 경우에는 소유권이전등기의 등기명의인은 "수탁자 또는 수탁자(합유)"로 표시하여 등기기록에 기록한다.

8. 기타

(1) 권리의 이전 또는 보존이나 설정, 변경등기와 함께 동시에 신탁등기를 하는 경우 하나의 순위번호를 사용한다.

(2) 재신탁을 원인으로 권리이전등기 및 신탁등기를 할 때에는 원신탁의 신탁등기를 말소하는 표시를 하지 않는다.

OX 확인

01 수탁자는 신탁행위로 달리 정한 바가 없으면 신탁목적의 달성을 위하여 필요한 경우에는 수익자의 동의를 받아 타인에게 신탁재산에 대하여 신탁을 설정할 수가 있다. O | X

02 수익자나 위탁자는 수탁자를 대위하여 신탁등기를 신청할 수 있다. O | X

03 권리의 이전등기와 함께 신탁등기를 할 때에는 하나의 순위번호를 사용하여야 하므로 신탁으로 인한 권리이전등기를 한 다음 권리자 및 기타사항란에 횡선을 그어 횡선 아래에 신탁등기의 등기목적과 신탁원부번호를 기록한다. O | X

해설 권리의 이전등기와 함께 신탁등기를 할 때에는 하나의 순위번호를 사용하며, 신탁으로 인한 권리이전등기를 한 다음 순위번호란을 제외한 나머지란(접수란, 등기목적란, 등기원인란, 권리자 및 기타사항란)에 횡선을 그어 횡선 아래에 신탁등기의 등기목적과 신탁원부번호 등을 기록한다(예규 제1726호).

04 부동산의 신탁등기는 위탁자와 수탁자가 공동으로 신청하되, 해당 부동산에 관한 권리의 설정등기, 보존등기, 이전등기 또는 변경등기의 신청과 일괄하여 1건의 신청정보로 하여야 한다. O | X

05 신탁재산의 관리·처분 등으로 수탁자가 새로이 부동산의 소유권을 취득하였다면 그 부동산도 신탁재산에 속하게 되는데, 이에 따른 등기신청의 목적은 '소유권이전 및 신탁재산처분에 의한 신탁'이다. O | X

06 법인은 그 목적 범위 내에서 수탁자가 될 수 있고, 권리능력 없는 사단이나 재단도 단체의 실체를 갖추어 등기당사자능력이 인정되는 경우에는 수탁자가 될 수 있다. O | X

07 동일한 위탁자 및 수탁자가 수개의 부동산에 대하여 같은 신탁목적으로 신탁계약을 체결한 경우 한 개의 신청정보로써 신탁등기를 신청할 수 있는데, 이 경우 신탁원부가 될 서면은 한 개만 첨부하면 되고 매 부동산마다 별개로 등기소에 제공할 필요는 없다. O | X

08 등기관이 권리의 이전 또는 보존이나 설정등기와 함께 신탁등기를 할 때에는 하나의 순위번호를 사용하여야 한다. O | X

09 「공익신탁법」에 따른 공익신탁에 대하여 신탁등기를 신청하는 경우에는 법무부장관의 인가를 증명하는 정보를 첨부정보로서 제공하여야 한다. O | X

10 신탁을 원인으로 지상권이전등기 및 신탁등기를 신청하는 경우에는 지방세 체납액이 없음을 증명하는 납세증명서를 첨부정보로서 등기소에 제공하여야 한다. O | X

11 위탁자가 자기 또는 제3자 소유의 부동산에 채권자가 아닌 수탁자를 저당권자로 하여 설정한 저당권을 신탁재산으로 하고 채권자를 수익자로 지정한 담보권신탁등기를 신청할 수 있다. O | X

12 위탁자가 채권자가 아닌 수탁자를 저당권자로 하여 설정한 저당권을 신탁재산으로 하고 채권자를 수익자로 지정한 신탁의 경우 그 저당권에 의하여 담보되는 피담보채권이 이전되는 때에는 수탁자는 그 저당권의 이전등기를 신청하여야 한다. O | X

해설 위탁자가 채권자가 아닌 수탁자를 저당권자로 하여 설정한 저당권을 신탁재산으로 하고 채권자를 수익자로 지정한 신탁의 경우 그 저당권에 의하여 담보되는 피담보채권이 이전되는 때에는 수탁자는 신탁원부 기록의 변경등기를 신청하여야 한다.

13 수탁자가 여러 명인 경우 등기관은 신탁재산이 공유인 뜻을 기록하여야 한다. O | X

해설 수탁자가 여러 명인 경우 등기관은 신탁재산이 합유인 뜻을 기록하여야 한다.

14 등기관이 신탁등기를 할 때 작성한 신탁원부는 등기기록의 일부로 본다. O | X

15 재신탁을 원인으로 소유권이전 및 신탁등기를 신청할 경우에는 기존 신탁등기의 말소도 함께 신청하여야 한다. O | X

정답 | 01 ○ 02 ○ 03 × 04 × 05 ○ 06 ○ 07 × 08 ○ 09 ○ 10 × 11 ○ 12 × 13 × 14 ○ 15 ×

제3절 수탁자변경에 따른 등기

1. 수탁자의 경질로 인한 권리이전등기

(1) 신청인

1) 공동신청

신탁행위로 정한 바에 의하여 수탁자의 임무가 종료하고 새로운 수탁자가 취임한 경우 및 수탁자가 사임, 자격상실로 임무가 종료되고 새로운 수탁자가 선임된 경우에는 새로운 수탁자와 종전 수탁자가 공동으로 권리이전등기를 신청한다.

2) 단독신청

> ① 사망, 금치산, 한정치산, 파산, 해산의 사유로 수탁자의 임무가 종료되고 새로운 수탁자가 선임된 경우에는 새로운 수탁자가 단독으로 권리이전등기를 신청한다.
> ② 수탁자인 신탁회사가 합병으로 소멸되고 합병 후 존속 또는 설립되는 회사가 신탁회사인 경우에는 그 존속 또는 설립된 신탁회사가 단독으로 권리이전등기를 신청한다.
> ③ 수탁자가 법원 또는 법무부장관(공익신탁인 경우)에 의하여 해임된 경우에는 등기관은 법원 또는 법무부장관의 촉탁에 의하여 신탁원부 기록을 변경한 후 직권으로 등기기록에 해임의 뜻을 기록하여야 하고(이 경우 수탁자를 말소하는 표시를 하지 아니함), 권리이전등기는 나중에 새로운 수탁자가 선임되면 그 수탁자가 단독으로 신청하여야 한다.

(2) 등기원인일자 및 등기원인

위의 경우 등기원인일자는 "새로운 수탁자가 취임 또는 선임된 일자", 등기원인은 "수탁자 경질"로 하여 신청정보의 내용으로 제공한다. 공동신청의 경우에는 종전 수탁자의 등기필정보를 제공하여야 한다.

(3) 첨부정보

1) 등기신청인은 종전 수탁자의 임무종료 및 새로운 수탁자의 선임을 증명하는 정보를 첨부정보로서 제공하여야 하고, 위 (1) 1)의 경우에는 종전 수탁자의 인감증명도 함께 제공하여야 한다.

2) 「공익신탁법」에 따른 공익신탁의 경우 수탁자가 변경된 경우에는 법무부장관의 인가를 증명하는 정보를 첨부정보로 제공하여야 한다.

(4) 신탁원부의 직권기록

등기관이 수탁자의 경질로 인한 권리이전등기를 하였을 때에는 직권으로 신탁원부에 그 내용을 기록한다.

2. 여러 명의 수탁자 중 1인의 임무종료로 인한 합유명의인변경등기

(1) 신청인

1) 공동신청

> ① 여러 명의 수탁자 중 1인이 신탁행위로 정한 임무종료사유, 사임, 자격상실의 사유로 임무가 종료된 경우에는 나머지 수탁자와 임무가 종료된 수탁자가 공동으로 합유명의인변경등기를 신청한다.
> ② 수탁자 중 1인인 신탁회사가 합병으로 인하여 소멸되고 신설 또는 존속하는 회사가 신탁회사인 경우에는 나머지 수탁자와 합병 후 신설 또는 존속하는 신탁회사가 공동으로 합유명의인변경등기를 신청한다.

2) 단독신청

여러 명의 수탁자 중 1인이 사망, 금치산, 한정치산, 파산, 해산의 사유로 임무가 종료된 경우에는 나머지 수탁자가 단독으로 합유명의인변경등기를 신청한다. 이 경우 나머지 수탁자가 여러 명이면 그 전원이 공동으로 신청하여야 한다.

3) 법원 또는 법무부장관의 촉탁

여러 명의 수탁자 중 1인이 법원 또는 법무부장관에 의하여 해임된 경우에는 등기관은 법원 또는 법무부장관의 촉탁에 의하여 신탁원부기록을 변경한 후 직권으로 등기기록에 해임의 뜻을 기록하여야 한다. 이 경우 종전 수탁자를 모두 말소하고 해임된 수탁자를 제외한 나머지 수탁자만을 다시 기록하는 합유명의인변경등기를 하여야 한다.

(2) 등기원인일자 및 등기원인

위의 경우 등기원인일자는 "수탁자의 임무종료일", 등기원인은 "임무가 종료된 수탁자의 임무종료원인"으로 하여 신청정보의 내용으로 제공한다("○년 ○월 ○일 수탁자 ○○○ 사망" 등).

(3) 첨부정보

1) 등기신청인은 임무가 종료된 수탁자의 임무종료를 증명하는 정보를 첨부정보로서 제공하여야 하고, 위 (1) 1)의 ①의 경우에는 임무가 종료된 수탁자의 인감증명도 함께 제공하여야 한다.

2) 「공익신탁법」에 따른 공익신탁의 경우 수탁자가 변경된 경우에는 법무부장관의 인가를 증명하는 정보를 첨부정보로 제공하여야 한다.

(4) 신탁원부의 직권기록

등기관이 수탁자의 경질로 인한 합유명의인 변경를 하였을 때에는 직권으로 신탁원부에 그 내용을 기록한다.

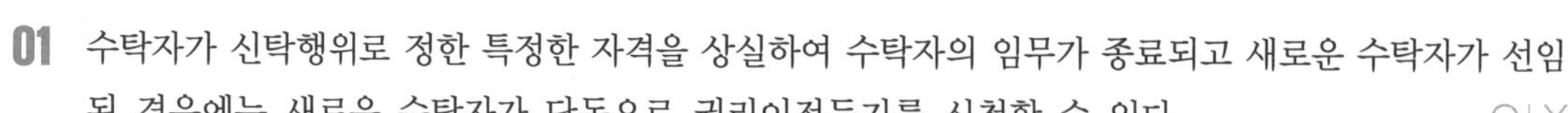

01 수탁자가 신탁행위로 정한 특정한 자격을 상실하여 수탁자의 임무가 종료되고 새로운 수탁자가 선임된 경우에는 새로운 수탁자가 단독으로 권리이전등기를 신청할 수 있다. O | X

해설 신탁행위로 정한 바에 의하여 수탁자의 임무가 종료하고 새로운 수탁자가 취임한 경우 및 수탁자가 사임, 자격상실로 임무가 종료되고 새로운 수탁자가 선임된 경우에는 새로운 수탁자와 종전 수탁자가 공동으로 권리이전등기를 신청한다.

정답 | 01 ×

제4절 신탁원부 기록의 변경등기

1. 수탁자의 신청에 의한 경우

(1) 수익자 또는 신탁관리인이 변경된 경우나 위탁자, 수익자 및 신탁관리인의 성명(명칭), 주소(사무소 소재지)가 변경된 경우에는 수탁자는 지체 없이 신탁원부 기록의 변경등기를 신청하여야 한다.

(2) 수익자를 지정하거나 변경할 수 있는 권한을 갖는 자의 성명(명칭) 및 주소(사무소 소재지), 수익자를 지정하거나 변경할 방법, 수익권의 발생 또는 소멸에 관한 조건,「부동산등기법」 제81조 제1항 제6호에서 제12호까지의 신탁인 뜻, 신탁의 목적, 신탁재산의 관리방법, 신탁종료의 사유, 그 밖의 신탁조항을 변경한 경우에도 위 (1)과 같다.

(3) 위탁자 지위의 이전에 따른 신탁원부 기록의 변경

① 「신탁법」 제10조에 따라 위탁자 지위의 이전이 있는 경우에는 수탁자는 신탁원부 기록의 변경등기를 신청하여야 한다.
② 이 경우 등기원인은 "위탁자 지위의 이전"으로 하여 신청정보의 내용으로 제공한다.
③ 위탁자 지위의 이전이 신탁행위로 정한 방법에 의한 경우에는 이를 증명하는 정보를 첨부정보로서 제공하여야 하고, 신탁행위로 그 방법이 정하여지지 아니한 경우에는 수탁자와 수익자의 동의가 있음을 증명하는 정보(인감증명 포함)를 첨부정보로서 제공하여야 한다. 이 경우 위탁자가 여러 명일 때에는 다른 위탁자의 동의를 증명하는 정보(인감증명 포함)도 함께 제공하여야 한다.

2. 법원 또는 법무부장관의 촉탁에 의한 경우

(1) 법원의 촉탁에 의한 경우

① 법원이 수탁자를 해임하는 재판을 한 경우, 신탁관리인을 선임하거나 해임하는 재판을 한 경우, 신탁 변경의 재판을 한 경우에는 등기관은 법원의 촉탁에 의하여 신탁원부 기록을 변경하여야 한다.
② 법원이 「신탁법」 제20조 제1항에 따라 신탁재산관리인을 선임하거나 그 밖의 필요한 처분을 명한 경우, 신탁재산관리인의 사임결정 또는 해임결정을 한 경우, 신탁재산관리인의 임무가 동조 제2항에 따라 종료된 경우에도 위 ①과 같다.

(2) 법무부장관의 촉탁에 의한 경우

공익신탁에 대하여 법무부장관이 수탁자를 직권으로 해임한 경우, 신탁관리인을 직권으로 선임하거나 해임한 경우, 신탁내용의 변경을 명한 경우에는 등기관은 주무관청의 촉탁에 의하여 신탁원부 기록을 변경하여야 한다.

(3) 등기기록의 직권기록

수탁자를 해임한 법원 또는 법무부장관의 촉탁에 의하여 신탁원부 기록을 변경한 경우에는 등기관은 직권으로 등기기록에 그 뜻을 기록하여야 한다.

(4) 첨부정보

법원 또는 법무부장관의 촉탁에 의한 해임 등의 경우 법원의 재판서 또는 법무부장관의 해임 등을 증명하는 정보를 첨부정보로 제공하여야 한다.

3. 직권에 의한 경우

수탁자의 경질로 인한 권리이전등기 또는 여러 명의 수탁자 중 1인의 임무종료로 인한 합유명의인변경등기 또는 수탁자인 등기명의인의 성명 및 주소에 관한 변경등기나 경정등기를 한 경우에는 등기관은 직권으로 신탁원부 기록을 변경하여야 한다(법 제85조의2).

OX 확인

01 위탁자의 지위이전이 있는 경우에는 수탁자가 신탁원부 기록의 변경등기를 신청하여야 한다. O | X

02 등기관이 신탁재산에 속하는 부동산에 관한 권리에 대하여 수탁자의 변경으로 인한 이전등기를 할 경우 직권으로 그 부동산에 관한 신탁원부 기록의 변경등기를 하여야 한다. O | X

03 법원은 신탁변경의 재판을 한 경우 지체 없이 신탁원부 기록의 변경등기를 등기소에 촉탁하여야 한다. O | X

04 등기관이 법원 또는 주무관청의 촉탁에 의하여 등기기록에 수탁자 해임의 등기를 하였을 때에는 신탁원부에 직권으로 그 뜻을 기록하여야 한다. O | X

해설 등기관이 법원 또는 주무관청의 촉탁에 의하여 등기기록에 수탁자 해임의 등기를 하였을 때에는 등기관은 그러한 촉탁에 따라 신탁원부 기록을 변경하여야 한다(법 제85조 제1항·제2항). 지문에는 직권으로 신탁원부에 그 뜻을 등기하여야 한다고 하였으므로 틀린 문장이다.

05 신탁종료에 따른 신탁재산의 귀속권리자가 수익자인 경우로서 법원의 수익권 양도명령에 따라 수익자가 변경되었다면 신탁종료를 원인으로 신탁부동산에 대하여 새로운 수익자 앞으로 소유권이전등기를 신청하기 위해서는 먼저 신탁원부상의 종전 수익자를 새로운 수익자로 변경하는 신탁원부 기록의 변경등기를 신청하여야 한다. O | X

해설 선례 제201811-5호

06 신탁을 원인으로 갑 명의의 소유권이전등기 및 신탁등기가 마쳐지고 다시 재신탁을 원인으로 을 명의의 소유권이전등기 및 신탁등기가 마쳐진 상태에서 원신탁의 신탁원부에 기록된 사항이 변경된 경우라도 원신탁의 수탁자인 갑은 현재 유효한 소유명의인이 아니므로 원신탁의 신탁원부 기록에 대한 변경등기를 신청할 수 없다. O | X

해설 A 부동산에 대하여 신탁을 원인으로 갑 명의의 소유권이전등기 및 신탁등기가 마쳐지고 다시 재신탁을 원인으로 을 명의의 소유권이전등기 및 신탁등기가 마쳐진 상태에서 원신탁의 신탁원부에 기록된 사항이 변경된 경우에 원신탁의 수탁자인 갑은 신탁원부 기록의 변경등기를 신청할 수 있다(선례 제201901-1호).

07 수익자 또는 신탁관리인이 변경된 경우나 위탁자, 수익자 및 신탁관리인의 성명(명칭), 주소(사무소 소재지)가 변경된 경우에는 수탁자는 지체 없이 신탁원부 기록의 변경등기를 신청하여야 한다. O | X

08 수탁자를 해임한 법원 또는 법무부장관의 촉탁에 의하여 신탁원부 기록을 변경한 경우 등기관은 직권으로 등기기록에 그 뜻을 기록하여서는 아니 된다. O | X

해설 수탁자를 해임한 법원 또는 법무부장관의 촉탁에 의하여 신탁원부 기록을 변경한 경우에는 등기관은 직권으로 등기기록에 그 뜻을 기록하여야 한다(법 제85조 제3항, 예규 제1726호).

09 「신탁법」에 따라 위탁자 지위의 이전이 있는 경우에는 수탁자는 신탁원부 기록의 변경등기를 신청하여야 하는바, 이 경우 등기원인은 '위탁자 지위의 이전'으로 하여 신청정보의 내용으로 제공한다. O | X

정답 | 01 ○ 02 ○ 03 ○ 04 × 05 ○ 06 × 07 ○ 08 × 09 ○

제5절 신탁등기의 말소등기

1. 신탁재산의 처분 또는 귀속

(1) 수탁자가 신탁재산을 제3자에게 처분하거나 신탁이 종료되어 신탁재산이 위탁자 또는 수익자에게 귀속되는 경우

그에 따른 권리이전등기와 신탁등기의 말소등기는 1건의 신청정보로 일괄하여 신청하여야 한다. 등기원인이 신탁재산의 처분 또는 신탁재산의 귀속임에도 신탁등기의 말소등기 또는 권리이전등기 중 어느 하나만을 신청하는 경우에는 등기관은 이를 수리하여서는 아니 된다.

(2) 신탁재산의 일부를 처분하거나 신탁의 일부가 종료되는 경우

권리이전등기와 신탁등기의 변경등기를 1건의 신청정보로 일괄하여 신청하여야 한다.

(3) 재신탁의 수탁자가 신탁재산을 제3자에게 처분한 경우에는 처분에 따른 권리이전등기와 함께 재신탁의 신탁등기의 말소등기뿐만 아니라 원신탁의 신탁등기의 말소등기도 동시에 1건의 신청정보로 일괄하여 신청하여야 한다.

(4) 신청정보

등기목적을 "소유권이전 및 신탁등기의 말소", 등기원인과 그 연월일을 "○년 ○월 ○일 매매 및 신탁재산의 처분"으로 표시하여야 한다.

(5) 첨부정보

① 신탁원부에 신탁재산을 처분할 때에는 위탁자 또는 수익자의 동의가 있어야 한다고 기록되어 있는 경우 위탁자 또는 수익자의 동의가 있음을 증명하는 정보(인감증명 포함)를 제공하여야 한다.
② 토지거래계약허가구역 내의 토지에 대해 신탁종료로 인하여 소유권이전 및 신탁등기의 말소등기를 신청하는 경우 등기권리자가 위탁자 외의 수익자나 제3자이고 신탁재산 귀속이 대가에 의한 것이면 토지거래계약허가증을 제공하여야 한다(선례 제201101-1호).

(6) 등기실행

① 신탁재산이 처분되어 등기관이 권리이전등기와 신탁등기의 말소등기를 할 때에는 하나의 순위번호를 사용하고, 종전의 신탁등기를 말소하는 표시를 한다(규칙 제144조 제2항).
② 신탁재산의 일부가 처분되어 권리일부이전등기와 함께 신탁등기의 변경등기를 할 때에는 하나의 순위번호를 사용하고, 처분 후의 수탁자의 지분을 기록한다(규칙 제142조).

2. 신탁재산이 수탁자의 고유재산으로 되는 경우

(1) 의의

신탁행위로 이를 허용하였거나 수익자의 승인을 받았음을 증명하는 정보(인감증명 포함) 또는 법원의 허가 및 수익자에게 통지한 사실을 증명하는 정보를 첨부정보로서 제공하여 "수탁자의 고유재산으로 된 뜻의 등기 및 신탁등기의 말소등기"를 신청할 수 있다.

(2) 등기실행

① 등기관이 수탁자의 고유재산으로 된 뜻의 등기를 할 때에는 주등기로 한다(규칙 제143조).
② 수탁자의 고유재산으로 된 뜻의 등기와 함께 신탁등기의 말소등기를 할 때에는 하나의 순위번호를 사용하고, 종전의 신탁등기를 말소하는 표시를 한다(규칙 제144조 제2항).

OX 확인

01 등기관은 수탁자를 등기의무자로 하는 처분제한의 등기촉탁이 있는 경우에는 이를 수리하고, 위탁자를 등기의무자로 하는 위 등기의 촉탁이 있는 경우에는 이를 수리하여서는 아니 된다. 다만, 신탁 전에 설정된 담보물권에 기한 임의경매등기촉탁이 있는 경우에는 위탁자를 등기의무자로 한 경우에도 이를 수리하여야 한다. O | X

02 甲이 乙에게 신탁한 부동산에 대하여 丙이 乙을 상대로 취득시효 완성을 원인으로 한 소유권이전등기절차의 이행을 명하는 확정판결을 받은 경우에는 丙은 이 확정판결을 첨부하여 단독으로 소유권이전등기와 신탁등기의 말소를 동일한 신청으로 일괄하여 할 수 있다. O | X

03 신탁부동산에 대하여 전 소유명의인 乙이 수탁자 甲을 상대로 제기한 소송에서, "피고(甲)는 원고(乙)에게 소유권이전등기의 말소등기절차를 이행하라"는 판결이 확정된 경우, 乙이 이 판결에 의하여 단독으로 소유권이전등기의 말소등기를 신청할 때에 이와 함께 1건의 신청정보로 일괄하여 신청하여야 하는 신탁등기의 말소등기는 乙이 甲을 대위하여 신청할 수 있다. O | X

04 "위탁자와 수탁자가 신탁계약을 중도해지할 경우에는 우선수익자의 서면동의가 있어야 한다."라는 내용이 신탁원부에 기록되어 있다면 신탁해지를 원인으로 소유권이전등기 및 신탁등기의 말소등기를 신청할 때에는 신탁계약의 중도해지에 대한 우선수익자의 동의서와 인감증명을 첨부정보로서 제공하여야 한다. O | X

05 토지거래계약허가구역 내의 토지에 대해 신탁종료로 인하여 소유권이전 및 신탁등기의 말소등기를 신청하는 경우 등기권리자가 위탁자 외의 수익자나 제3자이고 신탁재산 귀속이 대가에 의한 것이면 토지거래계약허가증을 제공하여야 한다. O | X

정답 | 01 ○ 02 ○ 03 ○ 04 ○ 05 ○

제6절 신탁의 합병과 분할에 따른 등기

1. 신청인

신탁의 합병·분할('분할합병'을 포함)에 따른 신탁등기는 수탁자가 같은 경우에만 신청할 수 있으며, 수탁자는 해당 신탁재산에 속하는 부동산에 관한 권리변경등기를 단독으로 신청한다.

2. 신청방법

(1) 신탁의 합병·분할로 인하여 하나의 신탁재산에 속하는 부동산에 관한 권리가 다른 신탁의 신탁재산에 귀속되는 경우에는 신탁등기의 말소등기 및 새로운 신탁등기의 신청은 신탁의 합병·분할로 인한 권리변경등기의 신청과 함께 1건의 신청정보로 일괄하여 하여야 한다.

(2) 「신탁법」 제34조 제1항 제3호 및 동조 제2항에 따라 여러 개의 신탁을 인수한 수탁자가 하나의 신탁재산에 속하는 부동산에 관한 권리를 다른 신탁의 신탁재산에 귀속시키는 경우 그 신탁등기의 신청방법에 관하여는 위 (1)을 준용한다.

3. 첨부정보

(1) 신탁의 합병등기를 신청하는 경우에는 위탁자와 수익자로부터 합병계획서의 승인을 받았음을 증명하는 정보(인감증명 포함), 합병계획서의 공고 및 채권자보호절차를 거쳤음을 증명하는 정보를 첨부정보로서 제공하여야 한다.

(2) 신탁의 분할등기를 신청하는 경우에는 위탁자와 수익자로부터 분할계획서의 승인을 받았음을 증명하는 정보(인감증명 포함), 분할계획서의 공고 및 채권자보호절차를 거쳤음을 증명하는 정보를 첨부정보로서 제공하여야 한다.

(3) 「공익신탁법」 제20조 제1항에 따른 공익신탁 합병의 경우 법무부장관의 인가를 증명하는 정보를 첨부정보로 제공하여야 한다.

4. 「공익신탁법」에 따른 공익신탁의 경우

등기관은 공익신탁에 대한 분할 또는 분할합병의 등기신청이 있는 경우에는 「공익신탁법」 제21조에 따라 이를 수리하여서는 아니 된다.

5. 등기실행의 방법

(1) 등기관이 신탁합병(신탁분할)으로 인하여 다른 신탁의 목적으로 된 뜻의 등기를 할 때에는 주등기로 한다.

(2) 권리변경등기(다른 신탁의 목적으로 된 뜻의 등기)와 함께 신탁등기의 말소등기 및 새로운 신탁등기를 할 때에는 하나의 순위번호를 사용하고, 종전의 신탁등기를 말소하는 표시를 한다.

OX 확인

01 신탁의 합병·분할에 따른 신탁등기는 수탁자가 다른 경우에도 수익자의 동의가 있으면 할 수 있다. O | X

각론 제2편

해커스법원직 김미영 부동산등기법 OX 문제집

정답 | 01 ×

제7절 신탁등기와 다른 등기의 관계

1. 신탁목적에 반하는 등기의 신청

신탁등기가 경료된 부동산에 대하여 수탁자를 등기의무자로 하는 등기의 신청이 있을 경우에는 등기관은 그 등기신청이 신탁목적에 반하지 아니하는가를 심사하여 신탁목적에 반하는 등기신청은 이를 수리하여서는 아니 된다.

2. 처분제한의 등기 등

등기관은 수탁자를 등기의무자로 하는 처분제한의 등기, 강제경매등기, 임의경매등기 등의 촉탁이 있는 경우에는 이를 수리하고, 위탁자를 등기의무자로 하는 위 등기의 촉탁이 있는 경우에는 이를 수리하여서는 아니 된다.

다만, 신탁 전에 설정된 담보물권에 기한 임의경매등기 또는 신탁 전의 가압류등기에 기한 강제경매등기의 촉탁이 있는 경우에는 위탁자를 등기의무자로 한 경우에도 이를 수리하여야 한다.

3. 합필등기

신탁등기가 마쳐진 토지에 대하여는 법 제37조 제1항 제3호의 경우 외에는 합필등기를 할 수 없다. 다만, 다음 각 호에 해당하는 경우로서 신탁목적이 동일한 경우에는 신탁 토지 상호 간의 합필등기를 할 수 있다.

– 중략 –

4. 분필등기

신탁등기가 마쳐진 토지가 분할되어 그에 따른 분필등기의 신청이 있는 경우에는 등기관은 분필된 토지에 대하여 분필 전 토지의 신탁원부와 같은 내용의 신탁원부를 작성하여야 한다. 다만, 분필된 토지에 대하여 신탁등기의 말소등기가 동시에 신청되는 경우에는 신탁원부를 따로 작성하지 아니하여도 무방하다.

OX 확인

01 신탁등기 전에 등기가 마쳐진 가압류에 기한 강제경매개시결정등기의 촉탁을 할 때 위탁자를 등기의무자로 표시하였다면, 등기관은 이를 각하하여야 한다. O | X

02 신탁등기가 경료된 토지에 대하여는 합필등기를 할 수 없으나 예외가 있다. O | X

03 신탁등기가 경료된 부동산에 대하여 수탁자를 등기의무자로 하는 등기의 신청이 있을 경우 등기관은 그 등기신청이 신탁목적에 반하지 아니하는가를 심사할 권한이 없다. O | X

04 등기관은 수탁자를 등기의무자로 하는 처분제한의 등기, 강제경매등기, 임의경매등기 등의 촉탁이 있는 경우에는 이를 수리한다. O | X

정답 | 01 × 02 ○ 03 × 04 ○

제7장 | 가등기에 관한 등기

제1절 총설

I 의의

법 제88조(가등기의 대상)
가등기는 제3조 각 호의 어느 하나에 해당하는 권리(소유권, 지상권, 지역권, 전세권, 저당권, 권리질권, 채권담보권, 임차권)의 설정, 이전, 변경 또는 소멸의 청구권을 보전하려는 때에 한다. 그 청구권이 시기부 또는 정지조건부일 경우나 그 밖에 장래에 확정될 것인 경우에도 같다.

II 가등기 여부

○	×
① 채권적 청구권 보전을 위한 가등기 ② 매매계약 해제 시 소유권이전등기청구권 보전을 위한 가등기 ③ 증여를 원인으로 한 소유권이전청구권가등기 ④ 유언자 사망 후 신청한 유증을 원인으로 한 소유권이전청구권가등기 ⑤ 농지에 대한 종중 명의의 소유권이전청구권 가등기	① 물권적 청구권 보전을 위한 가등기 ② 매매계약 해제 시 소유권말소등기청구권 보전을 위한 가등기 ③ 원인무효로 인한 소유권말소등기청구권을 보전하기 위한 가등기 ④ 소유권보존등기의 가등기 ⑤ 유언자 생존 중 신청한 유증을 원인으로 한 소유권이전청구권가등기 ⑥ 대지권등기 후 건물만 또는 토지만에 대한 소유권이전등기청구권가등기 ⑦ 합유지분에 대한 가등기

제2절 가등기절차

I 신청절차

1. 신청인

(1) 공동신청이 원칙

(2) 단독신청(가등기권리자의 단독신청)

1) 가등기권리자는 판결을 받거나 가등기의무자의 승낙서를 첨부하여 단독으로 가등기를 신청할 수 있다.

2) 가등기가처분명령의 경우

① 가등기권리자는 가등기가처분명령정본을 첨부하여 단독으로 신청할 수 있다(법 제89조).

② 등기의무자의 등기필증정보를 첨부정보로 제공할 필요 없다.

③ 법 제90조의 가등기가처분은 「민사집행법」의 가처분에 관한 규정을 준용하지 않는다.

④ 가등기가처분명령에 의한 가등기는 통상의 가등기말소절차에 따라서 말소하여야 하며, 「민사집행법」상의 가처분이의의 방법으로 할 수 없다.

2. 신청정보

등기목적	소유권이전청구권가등기, 저당권설정청구권가등기 등
등기원인	매매, 설정계약, 매매예약 등

3. 첨부정보

등기원인증명정보	매매계약서, 매매예약서, 가등기가처분결정정본 등	
등기원인에 대한 제3자의 동의·허가·승낙증명정보	검인	×
	토지거래허가	○(지료가 있는 지상권)
	농지취득자격증명	×
가등기의무자의 승낙	가등기의무자의 승낙서(인감증명서)	
가등기권자의 주소 및 주민등록번호를 증명하는 정보	주민등록표등(초)본	
가등기의무자의 인감증명	소유권을 목적으로 하는 경우	
등기의무자의 등기필정보	① 공동신청의 경우 - 제공 ○ ② 가처분명령에 의하여 가등기권리자가 단독신청 - 제공 ×	

4. 등기실행

(1) 소유권이전청구권보전 가등기는 갑구, 소유권 이외의 권리에 관한 등기청구권보전 가등기는 을구에 기록한다.

(2) 가등기의 형식은 가등기에 의하여 실행되는 본등기의 형식에 의하여 결정된다.

① 본등기가 소유권이전이면 주등기, 본등기가 소유권 외의 이전등기이면 부기등기에 의한다.

② 소유권을 목적으로 하는 저당권설정등기청구권보전의 가등기는 주등기, 지상권을 목적으로 하는 저당권설정등기청구권보전의 가등기는 부기등기에 의한다.

OX 확인

01 물권적 청구권을 보전하기 위한 가등기나 소유권보존등기의 가등기는 할 수 없다. O | X

02 가등기가처분명령에 의하여 가등기권리자가 단독으로 가등기신청을 할 경우에는 등기의무자의 등기필정보를 신청정보의 내용으로 등기소에 제공할 필요가 없다. O | X

03 농지에 대한 소유권이전청구권가등기의 신청서에는 농지취득자격증명을 첨부할 필요가 없다. O | X

04 가등기권리자는 법원에 가등기가처분명령을 신청할 수 있고, 이에 따라 가처분한 법원이 가등기촉탁을 한 경우에는 이를 수리한다. O | X

해설 가등기권리자는 법원에 가등기가처분명령을 신청할 수 있으며, 가등기를 명하는 법원의 가처분명령이 있을 때 가등기권리자는 단독으로 이를 신청할 수 있다(법 제89조). 가등기가처분명령을 등기원인으로 하여 법원이 가등기촉탁을 하는 때에는 이를 각하한다(예규 제1632호).

05 가등기에 의한 본등기를 한 경우 본등기의 순위는 가등기의 순위에 따른다. O | X

06 대물반환의 예약을 원인으로 한 가등기신청을 할 경우 등기신청서 기재사항 중 등기의 목적은 본등기될 권리의 이전담보가등기(예 소유권이전담보가등기, 저당권이전담보가등기 등)라고 기재한다. O | X

07 수인의 가등기권자의 지분이 기록되지 아니한 경우에 일부 가등기권자가 균등하게 산정한 지분과 다른 지분으로 그 가등기에 대한 이전등기를 신청하고자 할 경우에는 먼저 가등기 지분을 기록하는 의미의 경정등기신청을 가등기권자 전원이 공동으로 하여야 한다. O | X

정답 | 01 ○ 02 ○ 03 ○ 04 × 05 ○ 06 ○ 07 ○

Ⅱ 가등기이전등기

1. 의의

가등기상의 권리자가 가지는 청구권을 제3자에게 양도한 경우 이를 공시하기 위한 등기

2. 허용 여부

가등기는 원래 순위를 확보하는 데 그 목적이 있으나, 순위보전의 대상이 되는 물권변동의 청구권은 그 성질상 양도될 수 있는 재산권이며 가등기 자체에 대한 공시방법도 있으므로, 가등기상의 권리를 양도한 경우에는 양도인과 양수인의 공동신청으로 가등기의 이전등기를 신청할 수 있으며 이는 가등기에 대한 부기등기의 형식으로 경료된다(대판 1998.11.19. 98다24105 전합).

3. 등기신청절차

(1) 신청인

양도인과 양수인이 공동으로 신청한다.

(2) 신청정보

등기목적은 "○번 소유권이전청구권의 이전"이나, "○번 소유권이전청구권의 일부이전"이라고 하며, 일부 지분만 이전하는 경우에는 이전되는 지분을 기재하여야 한다.

(3) 첨부정보

등기원인증명정보	가등기이전계약서
토지거래허가서	소유권이전청구권가등기이거나 지료 있는 지상권설정등기청구권가등기인 경우
등기의무자의 등기필정보	가등기권리자가 가지고 있는 등기필정보

4. 등기 실행 - 가등기에 대한 부기등기

5. 기타

매매로 인한 소유권이전등기청구권에 대한 양도담보를 원인으로 하는 가등기의 이전등기가 가능한지 여부(적극) 및 제공하여야 할 첨부정보(선례 제201803-1호)

1. 소유권이전등기청구권을 보전하기 위하여 소유권이전청구권가등기를 마친 상태에서 제3자에 대한 채무를 담보하기 위하여 소유권이전등기청구권을 양도한 경우에는, 양도담보를 원인으로 가등기된 권리의 이전등기를 신청할 수 있고, 이후 양도담보계약이 해제된 경우에는 양도담보계약의 해제를 원인으로 이전등기의 말소등기를 신청할 수 있다.
2. 다만, 매매로 인한 소유권이전등기청구권은 특별한 사정이 없는 이상 그 권리의 성질상 양도가 제한되고 그 양도에 매도인의 승낙이나 동의를 요한다고 할 것이므로(대판 2001.10.9. 2000다51216 참조), 위 가등기의 이전등기를 신청하는 경우에는 매도인인 소유명의인의 승낙이 있음을 증명하는 정보와 인감증명을 첨부정보로서 등기소에 제공하여야 한다.
3. 또한, 채무의 변제를 담보하기 위하여 채권을 양도하는 경우이므로 「부동산 실권리자명의 등기에 관한 법률」 제3조 제2항을 유추적용하여 채무자, 채권금액 및 채무변제를 위한 담보라는 뜻의 정보도 첨부정보로서 등기소에 제공하여야 한다.

OX 확인

01 가등기된 권리를 제3자에게 양도한 경우에 양도인과 양수인은 공동신청으로 그 가등기된 권리의 이전등기를 신청할 수 있으며, 그 등기는 가등기에 대한 부기등기의 형식으로 한다. O | X

02 매매로 인한 소유권이전등기청구권가등기에 대한 이전등기를 신청하는 경우에는 특별한 사정이 없는 이상 매도인인 소유명의인의 승낙이 있음을 증명하는 정보와 인감증명을 첨부정보로서 제공하여야 한다. O | X

03 하나의 가등기에 대하여 그 권리를 수인이 가지고 있는 경우에 그 권리자 중 1인의 지분만에 대한 이전등기는 신청할 수 있으나, 가등기의 권리를 단독으로 가지고 있는 경우에는 그 권리의 일부 지분만에 대하여는 이전등기를 신청할 수 없다. O | X

해설 하나의 가등기에 대하여 수인의 가등기권리자가 있는 경우에 그 권리자 중 1인의 지분만에 대한 이전등기는 신청할 수 있으며, 가등기의 권리를 단독으로 가지고 있는 경우에는 그 권리의 일부 지분만에 대하여는 이전등기를 신청할 수 있다(예규 제1632호).

정답 | **01** ○ **02** ○ **03** ×

제3절 가등기에 의한 본등기

I 의의

가등기 후에 본등기를 할 수 있는 실체법적 요건이 구비된 경우에 가등기와 동일한 순위번호로 본등기를 기록하는 것을 말한다.

II 신청절차

1. 신청인

(1) 등기의무자

① 가등기 후 목적부동산의 소유권이 제3자에게 이전된 경우: 가등기시의 소유자

② 가등기의무자가 사망한 경우 그 상속인은 상속등기할 필요 없이 바로 본등기의무자가 된다.

> 가등기의무자가 사망한 경우에는 상속등기를 거치지 않고 상속인이 본등기의무자가 되고, 상속인 중 1인 앞으로 이미 협의분할에 의하여 소유권이전등기가 경료된 경우에는 그 상속인이 본등기의무자가 된다(선례 제5-580호).

(2) 등기권리자

① 가등기 후 가등기가 제3자에게 이전된 경우: 가등기를 이전 받은 자

② 가등기권리자가 사망한 경우 그 상속인은 상속등기할 필요 없이 본등기를 신청할 수 있다.

> 가등기권리자가 사망한 경우에는 상속등기를 거치지 않고 상속인이 본등기를 신청할 수 있으며, 이는 가등기권리가 협의분할에 의하여 상속인 중 1인에게 승계된 경우도 마찬가지이다(선례 제5-577호).

2. 문제되는 경우

(1) 수인의 가등기권자가 있는 경우

① 일부의 가등기권리자가 공유물보존행위에 준하여 가등기 전부에 관한 본등기를 신청할 수 없다.

② 공동의 가등기권자가 모두가 공동의 이름으로 본등기를 신청할 수 있다.

③ 일부의 가등기권리자가 자기의 가등기지분에 관하여 본등기를 신청할 수 있다.

(2) 가등기권자가 가등기에 의한 본등기를 하지 않고 별도의 소유권이전등기를 한 경우, 다시 가등기에 의한 본등기를 할 수 있는지 여부

① 가등기에 의한 본등기를 할 수 없음이 원칙이다.

② 다만, 소유권이전청구권보전가등기와 별도의 원인으로 이루어진 소유권이전등기 사이에 제3자 명의의 중간처분등기가 있는 경우에는 그 가등기는 혼동으로 소멸하지 않고 유효하게 존속하게 되므로, 이 때 가등기권자는 다시 가등기에 의한 본등기를 할 수 있다(선례 제5-581호).

(3) 매매를 원인으로 한 가등기가 되어 있는 경우, 그 가등기의 원인일자와 판결주문에 나타난 원인일자가 다르다 하더라도 판결이유에 의하여 매매의 동일성이 인정된다면 그 판결에 의하여 가등기에 의한 본등기를 신청할 수 있다.

3. 신청정보

등기원인일자	① 매매예약완결의 의사표시를 한 날 ② 매매예약서상에 일정한 시기에 매매예약완결권 행사의 의사표시간주약정이 있는 경우: 그 일정한 시기
등기목적	소유권이전, 저당권설정 등
가등기의 표시	본등기 할 가등기의 표시

4. 첨부정보

등기원인증명정보	매매계약서 등	
등기원인에 대하여 제3자의 허가·동의·승낙증명정보	**검인**	○
	토지거래허가서	×(가등기 시 제출한 경우)
	농지취득자격증명	○
등기의무자의 주소증명	등기의 목적이 소유권이전인 경우	
등기권리자의 주민등록번호 및 주소를 증명하는 정보	주민등록표등(초)본	
등기의무자의 인감증명	소유권자가 등기의무자인 경우	
등기의무자의 등기필정보	가등기의 등기필정보가 아닌 등기의무자의 권리에 관한 등기필정보를 제공	

5. 등기실행

(1) 가등기의 순위번호를 사용하여 본등기를 하여야 한다.

(2) 본등기를 한 경우에 가등기는 주말하지 아니한다.

OX 확인

01 가등기에 의한 본등기를 한 경우 본등기의 순위는 가등기의 순위에 따른다. 가등기를 한 후 본등기의 신청이 있을 때에는 가등기의 순위번호를 사용하여 본등기를 하여야 한다. O | X

02 가등기에 의한 본등기를 신청할 때에는 등기의무자의 권리에 관한 등기필정보를 신청정보의 내용으로 등기소에 제공하여야 한다. O | X

03 하나의 가등기에 관하여 여러 사람의 가등기권자가 있는 경우에 일부의 가등기권자가 공유물보존행위에 준하여 가등기 전부에 관한 본등기를 신청할 수 있다. O | X

해설 일부의 가등기권리자가 공유물보존행위에 준하여 가등기 전부에 관한 본등기를 신청할 수 없다(예규 제1632호).

04 가등기에 의한 본등기 신청의 등기의무자는 가등기를 할 때의 소유자이며, 가등기 후에 제3자에게 소유권이 이전된 경우에도 가등기의무자는 변동되지 않는다. O | X

05 판결의 주문에 피고에게 소유권이전청구권가등기에 의한 본등기 절차의 이행을 명하지 않고 매매로 인한 소유권이전등기절차의 이행을 명한 경우라도, 판결이유에 의하여 피고의 소유권이전등기 절차의 이행이 가등기에 의한 본등기 절차의 이행임이 명백한 때에는, 그 판결을 원인증서로 하여 가등기에 의한 본등기를 신청할 수 있다. O | X

06 등기기록상 가등기원인일자와 본등기를 명한 판결주문의 가등기원인일자가 서로 다른 경우에는 판결이유에 의하여 매매의 동일성이 인정된다 하더라도 그 판결에 의하여 가등기에 의한 본등기를 할 수 없다. O | X

07 가등기를 마친 후 가등기당사자가 사망한 경우에는 사망한 사람이 가등기상의 권리자이든 의무자이든 관계없이 그 상속인은 상속등기를 거치지 않고 본등기를 신청할 수 있다. O | X

08 소유권이전청구권가등기권자가 가등기에 의한 본등기를 하지 않고 다른 원인에 의한 소유권이전등기를 한 후에는 다시 그 가등기에 의한 본등기를 할 수 없다. 다만, 가등기 후 위 소유권이전등기 전에 제3자 앞으로 처분제한의 등기가 되어 있거나 중간처분의 등기가 된 경우에는 그러하지 아니하다. O | X

정답 | 01 ○ 02 ○ 03 × 04 ○ 05 ○ 06 × 07 ○ 08 ○

Ⅲ 가등기에 의해 보전되는 권리를 침해하는 등기의 말소

1. 의의

본등기가 있게 되면 가등기 후 본등기 전의 제3취득자의 등기는 법 제29조 제2호의 '사건이 등기할 것이 아닌 경우'에 해당하므로, 등기관이 법 제58조에 의하여 직권으로 말소하여야 한다(판례).

2. 소유권이전등기청구권보전 가등기에 의한 본등기의 경우

규칙 제147조(본등기와 직권말소)

① 등기관이 소유권이전등기청구권보전 가등기에 의하여 소유권이전의 본등기를 한 경우에는 법 제92조 제1항에 따라 가등기 후 본등기 전에 마쳐진 등기 중 다음 각 호의 등기를 제외하고는 모두 직권으로 말소한다.

1. 해당 가등기상 권리를 목적으로 하는 가압류등기나 가처분등기
2. 가등기 전에 마쳐진 가압류에 의한 강제경매개시결정등기
3. 가등기 전에 마쳐진 담보가등기, 전세권 및 저당권에 의한 임의경매개시결정등기
4. 가등기권자에게 대항할 수 있는 주택임차권등기, 주택임차권설정등기, 상가건물임차권등기, 상가건물임차권설정등기(이하 "주택임차권등기 등"이라 한다)

② 등기관이 제1항과 같은 본등기를 한 경우 그 가등기 후 본등기 전에 마쳐진 체납처분으로 인한 압류등기에 대하여는 직권말소대상통지를 한 후 이의신청이 있으면 대법원예규로 정하는 바에 따라 직권말소 여부를 결정한다.

3. 용익물권(혹은 임차권) 또는 근저당권 등 설정등기청구권보전 가등기에 의한 본등기의 경우

규칙 제148조(본등기와 직권말소)

① 등기관이 지상권, 전세권 또는 임차권의 설정등기청구권보전 가등기에 의하여 지상권, 전세권 또는 임차권의 설정의 본등기를 한 경우 가등기 후 본등기 전에 마쳐진 다음 각 호의 등기(동일한 부분에 마쳐진 등기로 한정한다)는 법 제92조 제1항에 따라 직권으로 말소한다.

1. 지상권설정등기
2. 지역권설정등기
3. 전세권설정등기
4. 임차권설정등기
5. 주택임차권등기 등. 다만, 가등기권자에게 대항할 수 있는 임차인 명의의 등기는 그러하지 아니하다. 이 경우 가등기에 의한 본등기의 신청을 하려면 먼저 대항력 있는 주택임차권등기 등을 말소하여야 한다.

② 지상권, 전세권 또는 임차권의 설정등기청구권보전 가등기에 의하여 지상권, 전세권 또는 임차권의 설정의 본등기를 한 경우 가등기 후 본등기 전에 마쳐진 다음 각 호의 등기는 직권말소의 대상이 되지 아니한다.

1. 소유권이전등기 및 소유권이전등기청구권보전 가등기
2. 가압류 및 가처분 등 처분제한의 등기
3. 체납처분으로 인한 압류등기
4. 저당권설정등기
5. 가등기가 되어 있지 않은 부분에 대한 지상권, 지역권, 전세권 또는 임차권의 설정등기와 주택임차권등기 등

③ 저당권설정등기청구권보전 가등기에 의하여 저당권설정의 본등기를 한 경우 가등기 후 본등기 전에 마쳐진 등기는 직권말소의 대상이 되지 아니한다.

OX 확인

01 소유권이전등기청구권보전 가등기에 기하여 소유권이전의 본등기를 한 경우 해당 가등기상 권리를 목적으로 하는 가압류등기는 등기관이 직권으로 말소할 수 없다. O | X

02 소유권이전등기청구권보전의 가등기에 기한 소유권이전의 본등기를 하는 경우 등기관은 체납처분에 의한 압류등기에 대하여는 일단 직권말소 대상통지를 한 후, 이의신청이 있는 경우 말소 또는 인용 여부를 결정한다. O | X

03 소유권이전등기청구권보전 가등기에 의하여 소유권이전의 본등기를 한 경우 가등기 후 본등기 전에 마쳐진 등기로서, 가등기 전에 마쳐진 가압류에 의한 강제경매개시결정등기는 등기관이 직권으로 말소한다. O | X

04 저당권설정등기청구권보전을 위한 가등기에 기하여 저당권설정의 본등기를 한 경우에는 가등기 후에 마쳐진 제3자 명의의 등기를 직권으로 말소할 수 없다. O | X

05 전세권설정등기청구권가등기에 의하여 전세권설정의 본등기를 한 경우에는 그 가등기 후에 동일한 범위에 마쳐진 임차권설정등기를 직권으로 말소하여야 한다. O | X

정답 | 01 ○ 02 ○ 03 × 04 ○ 05 ○

제4절 가등기의 말소절차

Ⅰ 의의

당사자 간의 약정이나 법정해제 등의 말소사유가 발생한 때 이를 공시하기 위한 등기이다. 다만, 가등기에 의한 본등기가 이루어진 후에는 가등기와 본등기를 함께 말소하거나 본등기만을 말소할 수는 있으나, 가등기만을 말소할 수는 없다.

Ⅱ 등기신청절차

1. 신청인

(1) 공동신청의 경우

구분	내용
등기의무자	① 가등기명의인 ② 가등기가 제3자에게 이전된 경우: 그 양수인(현재 가등기명의인)
등기권리자	① 가등기의무자 ② 가등기 후 제3자에게 소유권이 이전된 경우: 그 제3취득자

(2) 단독신청

① 가등기명의인이 등기필증을 첨부하여 단독으로 신청할 수 있다(법 제93조 제1항).

② 가등기의무자 또는 가등기에 관하여 등기상 이해관계 있는 자는 가등기명의인의 승낙을 받아 단독으로 신청할 수 있다(법 제93조 제2항).

③ 가등기권자가 가등기에 의한 본등기를 하지 않고 다른 원인으로 소유권을 이전등기하였을 경우, 그 부동산의 소유권이 제3자에게 이전되기 전에는 가등기권자의 단독신청으로 혼동을 등기원인으로 말소할 수 있다.

2. 신청정보

말소할 가등기를 표시하여야 한다.

3. 첨부정보

구분		내용
가등기필증	O	공동신청, 가등기명의인이 말소하는 경우
	×	가등기의무자 또는 등기상 이해관계인이 가등기명의인의 승낙서 등을 첨부하여 단독신청하는 경우
인감증명	① 소유권에 관한 가등기명의인이 말소등기를 신청하는 경우(규칙 제60조 제1항 제2호) ② 가등기의무자 또는 등기상 이해관계인이 가등기명의인의 승낙서 등을 첨부하여 신청하는 경우(규칙 제60조 제1항 제7호)	

4. 등기실행

(1) 등기형식

가등기말소등기는 주등기로 하여야 하나, 일부에만 말소원인이 있는 경우에는 부기등기 형식으로 한다.

(2) 가등기명의인의 표시변경 또는 경정등기의 생략

① 가등기의 말소를 신청하는 경우에는 가등기명의인의 표시에 변경 또는 경정의 사유가 있는 때라도 그 변경 또는 경정을 증명하는 정보를 첨부정보로서 등기소에 제공한 경우에는 가등기명의인표시의 변경등기 또는 경정등기를 생략할 수 있다.

② 가등기명의인이 사망한 후에 상속인이 가등기의 말소를 신청하는 경우에도 상속등기를 거칠 필요 없이 상속인임을 증명하는 정보와 인감증명 등을 첨부하여 가등기말소를 신청할 수 있다.

OX 확인

01 가등기명의인의 상속인이 가등기의 말소를 신청하는 경우에 상속등기를 거칠 필요 없이 신청서에 상속인임을 증명하는 서면과 인감증명서를 첨부하여 가등기의 말소를 신청할 수 있다. O | X

02 가등기권자가 가등기에 의하지 않고 다른 원인으로 소유권이전등기를 하였을 경우 그 부동산의 소유권이 제3자에게 이전되기 전에는 가등기권자의 단독신청으로 혼동을 등기원인으로 한 가등기의 말소를 신청할 수 있다. O | X

03 가등기에 의한 본등기가 마쳐진 상태에서는 가등기의 말소등기절차를 이행할 것을 명하는 판결을 받아 그 가등기만의 말소등기를 신청할 수 없다. O | X

04 소유권에 관한 가등기명의인이 단독으로 가등기의 말소를 신청할 수 있는데, 이 경우 가등기의 말소등기를 신청할 때에는 가등기명의인의 인감증명과 등기필정보를 제공하여야 한다. O | X

05 가등기가처분명령에 의하여 이루어진 가등기는 「민사집행법」에서 정한 가처분이의의 방법으로 가등기말소를 하여야 한다. O | X

해설 가등기가처분명령에 의하여 이루어진 가등기도 통상의 가등기와 마찬가지로 공동신청(법 제23조 제1항) 또는 법 제93조에 의해 단독신청하여야지 가처분이의의 방법으로 할 것은 아니다.

06 가등기의 말소를 신청하는 경우에는 가등기명의인의 표시에 변경 또는 경정 사유가 있는 때라도 변경 또는 경정을 증명하는 정보를 제공한 경우에는 가등기명의인표시의 변경등기 또는 경정등기를 생략할 수 있다. O | X

정답 | 01 ○ 02 ○ 03 ○ 04 ○ 05 × 06 ○

제5절 담보가등기에 관한 특칙

Ⅰ 의의

채무자가 금전소비대차에 기한 차용금반환채무를 담보하기 위하여 채무불이행 시에는 자기 또는 제3자 소유의 물건에 대한 소유권을 이전해 주기로 예약하고, 그 소유권이전청구권을 보전하기 위한 가등기를 말한다(가등기담보 등에 관한 법률 제1조).

Ⅱ 통상의 가등기와의 구별

가등기가 담보가등기인지 여부는 당해 가등기가 실체상 채권담보를 목적으로 한 것인지 여부에 의하여 결정되는 것이지 형식적 기재에 의하여 결정되는 것이 아닌 것으로 보고 있다(판례).

Ⅲ 담보가등기의 효력

1. 순위보전적 효력을 가진다.
2. 담보권실행이나 목적부동산의 경매청구시에는 저당권으로 보게 되고, 이 범위 내에서 우선변제적 효력을 지닌다.

Ⅳ 본등기절차에 관한 특칙

1. 신청정보

청산금 평가통지서가 채무자 등에게 도달한 날을 제공하여야 한다. 국민주택채권을 매입할 필요가 없다.

2. 첨부정보

청산금 평가통지서 또는 청산금 없다는 통지서가 도달하였음을 증명하는 정보 및 청산기간(청산금평가통지서의 도달일로부터 2개월)이 경과한 후에 청산금을 채무자에게 지급(공탁)하였음을 증명하는 정보를 제공하여야 한다.

3. 등기관의 심사

위 **1.**과 **2.**에서 열거한 요건을 갖추지 아니하였거나 청산금평가통지서가 채무자 등에게 도달한 날로부터 2월이 경과하기 전에 본등기신청은 각하한다.

제8장 | 관공서 촉탁에 의한 등기

제1절 관공서의 촉탁등기에 관한 예규(예규 제1625호)

1. 등기촉탁을 할 수 있는 관공서의 범위

가. 「부동산등기법」 제97조, 제98조의 규정에 의하여 등기촉탁을 할 수 있는 관공서는 원칙적으로 국가 및 지방자치단체를 말한다.

나. 국가 또는 지방자치단체가 아닌 공사 등은 등기촉탁에 관한 특별규정이 있는 경우에 한하여 등기촉탁을 할 수 있다.

2. 우편에 의한 등기촉탁 가능 여부

관공서가 등기를 촉탁하는 경우에는 본인이나 대리인의 출석을 요하지 아니하므로 우편에 의한 등기촉탁도 할 수 있다.

2-1. 전산정보처리조직에 의한 등기촉탁

가. 전자촉탁할 수 있는 등기유형

1) 관공서가 전산정보처리조직을 이용하여 등기촉탁(이하 "전자촉탁"이라 한다)을 할 수 있는 등기유형은 다음 각 호로 한정한다.

– 중략 –

다. 보정사유가 있는 경우

1) 관공서의 전자촉탁에 대하여 보정사유가 있는 경우 등기관은 보정사유를 등록한 후 전자우편, 구두, 전화 그 밖의 방법으로 그 사유를 촉탁관서에 통지하여야 한다. 다만, 위 가. 1)의 가)부터 마)까지의 등기유형에 대하여는 보정사유가 있더라도 등기관은 보정명령 없이 그 촉탁을 각하한다.

2) 전자촉탁의 보정은 전산정보처리조직을 이용하여 보정정보를 등기소에 송부하는 방법으로 하여야 한다.

라. 취하

전자촉탁한 등기사건에 대하여 취하를 하고자 하는 경우에는 전산정보처리조직을 이용하여 취하정보를 등기소에 송부하여야 한다.

마. 각하결정의 고지

전자촉탁에 대한 각하결정의 고지는 전산정보처리조직을 이용하여 각하결정 정보를 촉탁관서에 송부하는 방법으로 한다. 다만, 위 나. 1) 단서의 경우에는 서면촉탁과 동일한 방법으로 한다.

3. 관공서가 촉탁에 의하지 아니하고 공동신청에 의하여 등기를 할 수 있는지 여부

관공서가 부동산에 관한 거래의 주체로서 등기를 촉탁할 수 있는 경우라 하더라도 촉탁은 신청과 실질적으로 아무런 차이가 없으므로, 촉탁에 의하지 아니하고 등기권리자와 등기의무자의 공동으로 등기를 신청할 수도 있다.

4. 관공서의 등기촉탁시 등기의무자의 등기필정보 제공을 요하는지 여부

관공서가 등기의무자로서 등기권리자의 청구에 의하여 등기를 촉탁하거나, 부동산에 관한 권리를 취득하여 등기권리자로서 그 등기를 촉탁하는 경우에는 등기의무자의 권리에 관한 등기필증(등기필정보)을 첨부할 필요가 없다. 이 경우 관공서가 촉탁에 의하지 아니하고 법무사 또는 변호사에게 위임하여 등기를 신청하는 경우에도 같다.

4-2. 등기의무자의 주소를 증명하는 정보의 제공 여부

매각 또는 공매처분 등을 원인으로 관공서가 소유권이전등기를 촉탁하는 경우에는 등기의무자의 주소를 증명하는 정보를 제공할 필요가 없다.

5. 관공서의 등기촉탁시 등기기록과 대장의 표시가 불일치하는 경우의 등기촉탁 수리 여부

법 제29조 제11호는 그 등기명의인이 등기신청을 하는 경우에 적용되는 규정이므로, 관공서가 등기촉탁을 하는 경우에는 등기부와 대장상의 부동산의 표시가 부합하지 아니하더라도 그 등기촉탁을 수리하여야 한다.

OX 확인

01 관공서의 소속 공무원이 등기소에 출석하여 촉탁서를 제출할 때에는 소속 공무원임을 확인할 수 있는 신분증명서를 제시하면 되지만, 관공서가 촉탁서의 제출을 법무사에게 위임한 때에는 그 위임을 증명하는 정보를 제공하여야 한다. O | X

02 관공서가 등기촉탁을 하는 경우에도 대장상의 부동산의 표시가 등기기록과 일치하지 않는다면 등기관은 그 등기촉탁을 각하하여야 한다. O | X

해설 관공서가 등기촉탁을 하는 경우에도 대장상의 부동산의 표시가 등기기록과 일치하지 아니하더라도 그 등기촉탁을 수리하여야 한다. 법 제29조 제11호는 당사자의 등기신청에 대해 적용되는 규정이기 때문이다(예규 제1625호).

03 관공서가 등기를 촉탁하는 경우에는 우편에 의한 등기촉탁도 가능하다. O | X

04 국가 또는 지방자치단체가 등기권리자가 된 때에는 등기의무자의 승낙을 얻어 해당 등기를 등기소에 촉탁하여야 한다. O | X

05 국가 또는 지방자치단체가 등기권리자 또는 등기의무자로서 등기를 촉탁하는 경우에는 등기의무자의 등기필정보를 제공할 필요가 없다. O | X

06 매각 또는 공매처분을 원인으로 관공서가 소유권이전등기를 촉탁하는 경우에는 등기권리자의 주소증명정보는 제공하여야 하나, 등기의무자의 주소증명정보는 제공할 필요가 없다. O | X

07 관공서가 등기의무자로서 등기권리자의 청구에 의하여 등기를 촉탁하거나 부동산에 관한 권리를 취득하여 등기권리자로서 그 등기를 촉탁하는 경우에는 등기의무자의 등기필정보를 제공할 필요가 없는데, 이는 관공서가 자격자대리인에게 위임하여 등기를 신청하는 경우에도 마찬가지다. O | X

08 법원의 촉탁에 의하여 가압류등기가 마쳐진 후 등기명의인의 주소, 성명 및 주민등록번호가 변경된 경우 등기명의인은 등기명의인표시변경등기를 등기소에 직접 신청할 수 없다. O|X

해설 법원의 촉탁에 의하여 가압류등기가 마쳐진 후 등기명의인의 주소, 성명 및 주민등록번호가 변경된 경우 등기명의인은 등기명의인표시변경등기를 등기소에 직접 신청할 수 있다(선례 제7-338호).

정답 | 01 ○ 02 × 03 ○ 04 ○ 05 ○ 06 ○ 07 ○ 08 ×

제2절 권리관계의 당사자로서 촉탁하는 등기

I 공동신청가능

관공서가 권리관계의 주체인 경우에는 촉탁등기도 가능하지만 당사자와 공동으로 등기를 신청할 수도 있다.

II 첨부정보 등

구분	등기권리자인 경우 (등기의무자의 승낙을 받아)	등기의무자인 경우 (등기권리자의 청구에 의해)
등기원인증명정보	○	
등기필정보의 제공	×(법무사나 변호사에게 위임한 경우도 마찬가지)	
등기의무자의 승낙서	○	×
등기의무자의 인감증명	○	×
등기필정보 작성	×	○

III 기타

1. 관공서가 등기촉탁을 한 때에는 등기기록과 대장의 부동산 표시가 일치하지 않더라도 등기관은 이를 이유로 촉탁을 각하할 수 없다. 법 제29조 제11호(신청정보 또는 등기기록의 부동산의 표시가 토지대장·임야대장 또는 건축물대장과 일치하지 아니한 경우)는 촉탁이 아니라 신청하는 경우에 적용되기 때문이다.

2. 지방자치단체의 관할구역 변경으로 「지방자치법」 제5조에 따라 승계되는 재산에 대하여는 '승계'를 원인으로 지방자치단체 명의로 소유권이전등기를 하여야 하는데, 관리청변경등기를 촉탁하고 등기관도 관리청변경등기를 하였을 경우 그 등기는 '사건이 등기할 것이 아닌 경우'에 해당하여 직권말소 대상이 된다(선례 제7-445호).

제3절 공권력 행사의 주체로서 촉탁하는 등기

I 체납처분에 관한 등기(압류-공매-청산)

1. 체납압류등기절차

(1) 세무서장의 압류등기촉탁

① 체납처분으로 인한 압류의 등기를 촉탁하는 경우에는 관공서는 등기명의인 또는 상속인에 갈음하여 부동산의 표시, 등기명의인의 표시의 변경, 경정 또는 상속으로 인한 권리이전의 등기를 등기소에 촉탁하여야 한다(법 제96조).

② 미등기 부동산을 압류하는 경우에는 세무서장이 소유권보존등기를 대위촉탁하여야 한다.

(2) 압류등기의 말소촉탁

세무서장은 부동산의 압류를 해제한 때에는 압류해제조서를 첨부하여 압류말소등기를 촉탁하여야 한다.

2. 공매와 관련된 등기(예규 제1760호)

(1) 공매공고등기

1) 세무서장의 촉탁

한국자산관리공사는 「국세징수법」 제103조의 규정에 의하여 세무서장을 대행한 경우에 등기를 촉탁할 수 있다.

2) 촉탁정보 및 첨부정보

① 공매공고 등기를 촉탁하는 때에는 공매를 집행하는 압류등기 또는 납세담보제공계약을 원인으로 한 저당권등기의 접수일자 및 접수번호와 공매공고일을 촉탁정보의 내용으로 등기소에 제공하여야 하며, 등기원인은 압류부동산인 경우에는 "공매공고"로, 납세담보로 제공된 부동산인 경우에는 "납세담보물의 공매공고"로 그 연월일은 "공매공고일"로 표시한다.

② 공매공고등기를 촉탁하는 때에는 공매공고를 증명하는 정보를 첨부정보의 내용으로 등기소에 제공하여야 한다.

3) 등기실행

공매공고등기는 공매를 집행하는 압류등기의 부기등기로 하고, 납세담보로 제공된 부동산에 대한 공매공고등기는 갑구에 주등기로 실행한다.

(2) 공매공고등기의 말소

공매공고등기의 말소등기를 촉탁하는 때에는 "공매취소 공고", "공매중지", "매각결정 취소"에 해당하는 등기원인과 일자를 촉탁정보의 내용으로 등기소에 제공하여야 한다.

(3) 등록면허세 등

① 공매공고등기 및 그 등기의 말소등기를 촉탁할 경우 등록면허세를 납부하지 아니한다.

② 등기의 촉탁을 세무서장이나 세무서장을 대행하는 한국자산관리공사가 하는 경우에는 등기촉탁수수료를 납부하지 않는다.

3. 공매처분으로 인한 권리이전 등의 등기(법 제97조)

(1) 일괄촉탁

세무서장은 압류한 부동산을 매각한 공매처분을 한 경우에 등기권리자의 청구를 받으면 지체 없이 다음의 등기를 등기소에 촉탁하여야 한다(일괄하여 1통의 촉탁서로).

> ① 공매처분으로 인한 권리이전의 등기
> ② 공매처분으로 인하여 소멸한 권리등기의 말소
> ③ 체납처분에 관한 압류등기 및 공매공고등기의 말소

(2) 등기절차

촉탁기관	세무서장 등
촉탁정보	등기원인 "공매" 등
첨부정보	토지거래허가증명(×), 농지취득자격증명(○)
등기의 실행	등기관은 공매처분으로 인한 권리이전, 공매처분으로 인하여 소멸한 권리등기의 말소, 압류등기 및 공매공고의 말소등기를 실행한다.

OX 확인

01 공매공고등기를 촉탁할 때에는 공매공고를 증명하는 정보를 첨부정보로서 등기소에 제공하여야 한다. O | X

02 등기관이 등기기록에 공매공고등기를 할 때에 압류부동산인 경우에는 공매를 집행하는 압류등기에 부기등기로 하고, 납세담보로 제공된 부동산인 경우에는 그 저당권등기에 부기등기로 한다. O | X

03 공매공고등기를 촉탁할 때에 등기원인은 압류부동산인 경우에는 '공매공고'로, 납세담보로 제공된 부동산인 경우에는 '납세담보물의 공매공고'로, 그 연월일은 '공매공고일'로 표시한다. O | X

04 공매공고등기를 촉탁할 때에는 등록면허세를 납부하지 아니한다. O | X

정답 | 01 ○ 02 × 03 ○ 04 ○

Ⅱ 경매에 관한 등기

1. 경매개시결정등기

(1) 법원의 촉탁

체납처분에 의한 압류등기가 있는 부동산 또는 이미 경매개시결정등기가 있는 부동산에 관하여도 중복하여 경매개시결정의 등기를 할 수 있다.

(2) 촉탁서의 등기의무자와 관련된 문제

강제경매	① 부동산소유자, 즉 채무자 ② 가압류등기 후에 소유권이전등기가 된 경우 강제경매개시결정등기 촉탁정보에 등기의무자를 가압류 당시의 소유명의인으로 표시하여도 수리
임의경매	현재 소유명의인(저당권설정 당시의 소유명의인과 현 소유명의인의 일치여부에 관계없이)

(3) 첨부정보

① 등기원인증명정보로 경매개시결정의 정본을 첨부한다.

② 미등기부동산에 관하여서는 채무자 명의로 등기할 수 있음을 증명하는 정보와 부동산표시증명정보도 제공하여야 한다.

(4) 등기실행

① 등기관은 갑구에 경매개시결정등기를 한다.

② 미등기부동산은 직권보존등기 후 경매개시결정등기를 기록한다.

(5) 등기실행 후의 절차

등기필정보의 작성 없이 등기관이 등기완료의 통지를 하여야 한다. 등기관은 경매개시결정등기를 한 후에 등기사항증명서를 집행법원에 보내야 한다(민사집행법 제95조).

(6) 경매개시결정등기의 말소

① 경매절차가 매각허가 없이 마쳐지면 경매개시결정등기는 촉탁말소된다.

② 매각대금이 완납된 경우 경매개시결정등기의 말소등기는 집행법원의 촉탁에 의하여 매각을 원인으로 한 소유권이전등기와 함께 이루어져야 하므로, 이전등기를 하지 않고서는 매각을 원인으로 경매개시결정등기만을 말소할 수는 없다(선례 제3-637호).

2. 매각으로 인한 등기(민사집행법 제144조, 법 제268조)

(1) 총설

매수인은 매가허가결정의 확정 후 매각대금을 다 낸 때에 부동산에 대한 소유권을 취득하므로 그때 아래 (2)의 등기를 일괄하여 촉탁한다.

(2) 촉탁할 등기

<table>
<tr><td rowspan="4">매수인 앞으로의 소유권이전등기</td><td>매수인이 사망한 경우</td><td>상속인 명의로 이전등기를 촉탁(○)</td></tr>
<tr><td>매수인의 지위가 양도된 경우</td><td>매수인을 위한 이전등기 촉탁(○)</td></tr>
<tr><td>경매개시결정등기 전 소유권이전등기를 받은 제3취득자가 매수인인 경우</td><td>매수인을 위한 이전등기를 촉탁(×)</td></tr>
<tr><td>경매개시결정등기 후 소유권이전등기를 받은 제3취득자가 매수인인 경우</td><td>매수인을 위한 이전등기를 촉탁(○)</td></tr>
<tr><td>매수인이 인수하지 아니한 부동산의 부담에 관한 기입의 말소</td><td colspan="2">① 저당권, 담보가등기, 가압류, 압류는 경매개시결정등기 - 말소기준권리로 모두 촉탁말소
② 저당권설정등기나 경매개시결정등기 후 용익물권, 가처분, 소유권이전등기 - 말소
③ 주택임차권은 원칙적으로 말소대상이 된다. 그러나 보증금이 전액 변제되지 아니한 대항력 있는 임차권은 매각에 의하여 소멸되지 않으므로 말소대상이 되지 않는다.
④ 가압류등기 후 부동산의 소유권이 제3자에게 이전된 경우, 제3취득자의 채권자가 신청한 절차에서 전 소유자에 대한 가압류채권자는 배당에 가입할 수 있으므로, 그 가압류등기는 촉탁말소의 대상이 된다.
⑤ 매수인이 인수하지 아니하는 부담의 기입이 부기등기로 되어 있는 경우, 집행법원은 주등기의 말소만 촉탁하면 되고 부기등기에 대하여는 별도로 촉탁말소를 할 필요가 없다.</td></tr>
<tr><td colspan="3">경매개시결정등기말소</td></tr>
</table>

※ 공유부동산에 대한 경매개시결정등기가 마쳐지고, 경매절차에서 일부 공유자가 매수인이 된 경우에도, 경매개시결정등기의 말소촉탁 및 매수인이 인수하지 않는 부담기입의 말소촉탁을 하되 소유권이전등기촉탁은 위 매수인의 지분을 제외한 나머지 지분에 대한 공유지분이전등기를 촉탁한다(예규 제1378호).

(3) 촉탁정보

1) 등기의무자와 등기권리자

등기권리자	① 매수인의 성명·주소·주민등록번호 등의 인적사항 ② 매각대금 완납 전에 매수인이 사망한 때에는 "매수인 O의 상속인 O" 라고 표시
등기의무자	① 경매신청 당시(압류효력발생 당시)의 소유명의인이 원칙 ② 경매개시결정등기 후 소유자가 사망하여 상속등기가 된 경우에는 그 상속인, 상속등기가 되어 있지 아니한 경우에는 사망한 사람

2) 등기원인과 그 연월일은 "○년 ○월 ○일(매각대금지급일) 강제경매(임의경매)로 인한 매각"으로 기재한다.

(4) 첨부정보

매각허가결정등본, 토지대장·건축물대장정보 등은 제공하나, 농지취득자격증명서나 토지거래허가서 등은 제공하지 아니한다.

3. 구분건물의 전유부분에 설정된 근저당권의 실행으로 매각된 경우 대지사용권에 대한 소유권이전등기절차(예규 제1367호)

1. 매각허가 결정(경정결정 포함)에 대지에 대한 표시가 있는 경우

가. 대지권등기가 경료되지 않은 경우

(1) 전유부분에 대한 등기

전유부분만에 대하여 매각을 원인으로 한 소유권이전등기 촉탁이 있는 경우에는 통상의 절차에 따른다.

(2) 대지부분에 대한 등기

(가) 전유부분 소유자와 토지의 소유자가 일치한 경우

등기촉탁서 및 매각허가결정의 토지의 표시가 등기부와 동일하고, 등기의무자가 토지등기부의 소유자와 동일한 경우에는 토지에 대하여 경매기입등기가 경료되지 않았다 하더라도 토지 부분에 대한 소유권이전등기촉탁은 이를 수리한다.

(나) 전유부분 소유자와 토지의 소유자가 다른 경우

① 전유부분과 토지부분에 대하여 동시에 소유권이전등기를 촉탁하였으나 등기촉탁서의 등기의무자와 토지등기부의 소유자가 다를 경우에는 전유부분에 대하여는 등기하고 토지부분에 대한 촉탁은 이를 각하한다.

② 토지부분에 대하여는 순차이전등기를 통하여 등기의무자가 일치된 후, 법원사무관등의 소유권이전등기 촉탁이 있으면 이를 수리한다.

나. 대지권등기가 경료된 경우

경매절차 진행 중 또는 대금납부 후에 대지권 등기가 경료된 경우, 법원사무관 등으로부터 대지권까지 포함한 소유권이전등기촉탁이 있으면 이를 수리한다.

2. 매각허가 결정에 대지에 대한 표시가 없는 경우

가. 대지권등기가 경료되지 않은 경우

매각허가 결정에 전유부분만 기재된 경우 형식적 심사권밖에 없는 등기관은 토지까지 매각되었는지 여부를 판단할 수 없으므로 전유부분에 대하여는 통상의 절차에 의하여 이를 수리하고 토지부분에 대한 등기 촉탁은 각하한다.

나. 대지권등기가 경료된 경우

대지권등기가 경료된 후에 전유부분만에 대한 소유권이전등기 촉탁은 불가하므로 전유부분만에 대하여 매수인 앞으로 소유권이전등기를 실행하기 위하여는 대지권변경등기(대지권말소)등기절차를 선행하여야 한다.

따라서 위 절차가 선행되지 않은 상태에서 매수인 앞으로 소유권이전등기 촉탁이 있는 경우에는 이를 전부 각하한다.

<table>
<tr><th colspan="2" rowspan="2"></th><th colspan="2">매각허가 결정에 대지에 대한 표시가 있는 경우</th><th colspan="2">매각허가 결정에 대지에 대한 표시가 없는 경우</th></tr>
<tr><th>대지권등기 ×</th><th>대지권등기 ○</th><th>대지권등기 ×</th><th>대지권등기 ○</th></tr>
<tr><td colspan="2">전유부분에 대한 등기</td><td>○</td><td rowspan="3">○</td><td>○</td><td rowspan="3">×</td></tr>
<tr><td rowspan="2">대지 부분에 대한 등기</td><td>전유부분 소유자 = 토지 소유자</td><td>○</td><td rowspan="2">×</td></tr>
<tr><td>전유부분 소유자 ≠ 토지 소유자</td><td>×</td></tr>
</table>

OX 확인

01 담보권 실행을 위한 경매의 경우 경매개시결정에 기록된 소유자로부터 제3자에게로 소유권이전되었더라도 경매개시결정의 등기를 기입하여야 한다. O | X

02 저당권의 일부이전등기와 같이 매수인이 인수하지 아니하는 부담의 기입이 부기등기로 되어 있으면 집행법원은 주등기와 부기등기 모두에 대하여 말소촉탁을 하여야 한다. O | X

해설 저당권등기에 대하여 부기등기가 되어 있다면 집행법원은 주등기만 말소촉탁하면 되고, 부기등기는 직권으로 말소한다.

03 매각대금이 지급되면 법원사무관 등은 매수인 앞으로의 소유권이전등기, 매수인이 인수하지 아니한 부동산의 부담에 관한 등기의 말소등기, 경매개시결정등기의 말소등기를 1건의 신청정보로 일괄하여 촉탁할 수 있다. O | X

04 경매개시결정등기 전에 소유권이전등기를 받은 제3취득자가 매수인이 된 경우에는, 경매개시결정등기의 말소촉탁 및 매수인이 인수하지 않는 부담기입의 말소촉탁만 하고 소유권이전등기촉탁은 하지 않는다. O | X

05 매각을 원인으로 하여 법원사무관 등이 소유권이전등기 등의 촉탁을 하는 경우에는 등기기록과 대장상의 부동산의 표시가 부합하지 아니하더라도 그 등기촉탁을 수리하여야 한다. O | X

06 가압류등기 후에 소유권이전등기가 된 경우 강제경매개시결정 등기촉탁정보에 등기의무자를 가압류 당시의 소유명의인으로 표시하여도 그 등기를 수리하여야 한다. O | X

정답 | 01 ○ 02 × 03 ○ 04 ○ 05 ○ 06 ○

07 가압류등기 후 가압류부동산의 소유권이 제3자에게 이전된 경우, 제3취득자의 채권자가 신청한 경매절차에서 전 소유자에 대한 가압류등기는 말소촉탁의 대상이 된다. O | X

08 공유부동산에 대한 경매개시결정등기가 마쳐지고, 경매절차에서 일부 공유자가 매수인이 된 경우에는, 경매개시결정등기의 말소촉탁 및 매수인이 인수하지 않는 부담기입의 말소촉탁을 하되 소유권이전등기촉탁은 위 매수인의 지분을 제외한 나머지 지분에 대한 공유지분이전등기촉탁을 한다. O | X

09 임의경매는 경매개시결정 후 그 등기 전에 소유권이 이전되어 현재 소유명의인과 촉탁서상의 등기의무자가 일치하지 않는 경우에도 촉탁을 수리한다. O | X

10 강제경매의 매각으로 인한 소유권이전등기의 등기원인은 '강제경매로 인한 매각'이고 등기원인의 연월일은 '매각허가결정일'을 기재한다. O | X

해설 강제경매의 매각으로 인한 소유권이전등기의 등기원인은 '강제경매로 인한 매각'이고, 등기원인의 연월일은 '매각대금 완납일'이다.

11 주택임차권은 그 주택에 대하여 경매가 행하여진 경우에는 매각에 의하여 소멸하므로 원칙적으로 말소대상이 되나, 보증금이 전액 변제되지 아니한 대항력 있는 임차권은 말소대상이 되지 않는다. O | X

12 이미 경매개시결정등기가 이루어진 부동산에 대하여 다른 채권자의 경매신청이 있을 때에도 법원은 경매개시결정 및 그 등기를 촉탁한다. O | X

13 매각허가 결정에 대지에 대한 표시가 있고 전유부분 소유자와 토지의 소유자가 일치하나 대지권등기가 경료되지 않은 경우, 등기의무자가 토지등기기록의 소유자와 동일하더라도 토지에 대하여 경매개시결정등기가 경료되지 않았다면 토지부분에 대한 소유권이전등기 촉탁은 이를 각하한다. O | X

14 매각허가 결정에 대지에 대한 표시가 없고 전유부분만 기재되어 있으며 대지권등기가 경료되지 않은 경우, 형식적 심사권한밖에 없는 등기관은 토지까지 매각되었는지 여부를 판단할 수 없으므로 전유부분에 대하여는 통상의 절차에 따라 이를 수리하고 토지부분에 대한 등기촉탁은 각하한다. O | X

정답 | 07 ○ 08 ○ 09 ○ 10 × 11 ○ 12 ○ 13 × 14 ○

Ⅲ 가압류·가처분에 관한 등기

1. 가압류등기

(1) 객체

미등기 부동산	O	직권보존등기 후에 가능
상속등기를 하지 않는 부동산	×	가압류채권자는 대위 상속등기 후 가능
합유물	O	
합유지분	×	다만, 이미 경료되었다면 직권말소사항
공유지분	O	
대지권등기가 경료된 구분건물 또는 토지만에 대하여	×	대지권등기가 된 경우 건물만 또는 토지만에 대한 가압류할 수 없다.
가등기된 청구권	O	소유권이전등기청구권이 가등기 형태로 등기된 경우 부기등기로 가압류등기할 수 있다.
저당권이 있는 채권의 가압류	O	
전세권	△	전세권 자체를 가압류할 수 있다.
전세권이 있는 채권	△	전세권이 종료된 경우는 가능하나, 전세권이 존속 중인 경우에는 그 종료를 조건부로 하는 경우에 가능하다.
등기된 임차권	O	전세권과 동일
부동산 처분금지가처분권리부 채권	×	

(2) 가압류등기의 촉탁

촉탁서에는 부동산의 표시, 사건번호와 사건명, 청구금액, 채권자의 성명, 주소, 주민등록번호, 채무자의 성명, 주소, 가압류결정일자 등이 기재되어 있다.

(3) 등기실행

① 소유권에 관한 가압류이면 갑구의 주등기로, 소유권 외 권리에 관한 권리 및 가등기에 대한 가압류이면 해당 구의 부기등기로 한다.

② 가압류 청구금액을 기록하여야 한다. 가압류촉탁서에 청구금액과 관련한 이자 또는 다른 조건 등이 있다 하더라도 이는 기록하지 아니한다.

③ 등기실행과정의 착오로 청구금액을 잘못 기록하여 이를 경정하는 경우 가압류 후 다른 등기권리자가 있더라도 승낙서 또는 이에 대항할 수 있는 재판의 등본을 첨부할 필요는 없으며, 위 등기의 경정은 언제나 부기등기방법에 의한다(예규 제1023호).

(4) 채권자가 다수인 경우(예규 제1358호)

① 가압류·가처분등기 또는 경매기입등기의 촉탁이 있는 경우

㉠ 등기관은 촉탁에 의하여 위 가압류등기 등을 하는 경우 다수의 채권자 전부를 등기부에 채권자로 기록하여야 하며, 채권자 ○○○ 외 ○○인과 같이 채권자 일부만을 기록하여서는 아니 된다.

㉡ 채권자가 선정당사자인 경우에도 선정자 목록에 의하여 채권자 전부를 등기부에 채권자로 기록하여야 한다.

② 등기관은 가압류·가처분등기 또는 경매기입등기에 채권자 ○○○ 외 ○○인으로 기록되어 있는 등기를 발견한 경우에는 법 제32조의 규정에 의한 경정등기를 하여야 한다(직권경정등기).

(5) 기타

법원의 촉탁에 의하여 가압류등기가 이루어진 후 등기명의인의 주소, 성명 및 주민등록번호의 변경으로 인한 등기명의인표시 변경등기는 등기명의인이 직접 신청할 수 있다.

OX 확인

01 소유권의 등기명의인인 가압류채무자가 사망한 경우 채권자는 가압류등기의 촉탁에 앞서 대위상속등기를 먼저 신청하여야 한다. O | X

02 채권자가 선정당사자인 경우에도 선정자목록에 의하여 채권자 전부를 등기기록에 채권자로 표시하여야 한다. O | X

03 가압류가 본압류로 이행되어 강제경매개시결정 기입등기가 마쳐진 후에 가압류등기 만에 관한 말소촉탁이 있으면 이를 각하하여야 한다. O | X

04 가압류 집행법원의 가압류등기 촉탁으로 그 등기를 하는 경우에는 가압류 청구금액을 기록한다. O | X

05 등기이전청구권은 그 청구권이 가등기된 때에 한하여 부기등기의 방법에 의해 가압류등기를 할 수 있다. O | X

06 가압류 청구금액을 잘못 기재하여 이를 경정하는 경우 가압류 후 다른 등기권리자가 있다면 그 권리자의 승낙서 또는 이에 대항할 수 있는 재판이 있음을 증명하는 정보를 첨부하여야 한다. O | X

해설 가압류의 청구금액은 민원인 편의와 관련 업무의 신속한 처리를 위하여 참고적으로 기재한 사항으로서 등기실행과정의 착오로 청구금액을 잘못 기재하여 이를 경정하는 경우 가압류 후 다른 등기권리자가 있더라도 승낙서 또는 이에 대항할 수 있는 재판의 등본을 첨부할 필요는 없으며, 위 등기의 경정은 언제나 부기등기방법에 의한다(예규 제1023호).

07 근저당권설정등기에 부기등기의 방법으로 피담보채권의 가압류등기가 집행된 경우 담보물권의 수반성에 의해 종된 권리인 근저당권에도 가압류의 효력이 미친다. O | X

정답 | 01 ○ 02 ○ 03 ○ 04 ○ 05 ○ 06 × 07 ○

2. 가처분등기

(1) 의의

금전채권 이외의 권리 또는 법률관계에 관한 확정판결의 강제집행을 보전하기 위한 집행제도인 가처분을 공시하고자 하는 등기이다.

(2) 목적물

미등기 부동산	O	직권보존등기 후에 가능
상속등기를 하지 않는 부동산	×	상속인을 상대로 한 가처분결정이 있을 때에는 가처분채권자는 대위상속등기를 한 후
	O	가처분권리자가 피상속인과의 원인행위에 의한 권리의 이전·설정의 등기청구권을 보전하기 위하여 상속인들을 상대로 처분금지가처분신청을 하여 집행법원이 이를 인용하고, 피상속인 소유 명의의 부동산에 관하여 상속관계를 표시하여 가처분기입등기를 촉탁한 경우에는 상속등기를 거침이 없이 가능
공유지분	O	
1필지 내의 특정 일부	×	1필지 토지의 특정 일부분에 관한 소유권이전등기청구권을 보전하기 위하여는 바로 분할등기가 될 수 있다는 특별한 사정이 없으면 1필지 토지 전부에 대한 처분금지가처분결정에 기한 등기촉탁에 의하여 그 1필지 토지 전부에 대한 처분금지가처분기입등기를 할 수 밖에 없다(판례).
가등기된 청구권	O	부기등기로 경료된다.
가등기에 기한 본등기를 금지	×	
허무인 명의의 등기가 마쳐진 경우	O	등기기록상 진실한 소유자의 소유권에 방해가 되는 부실등기가 존재하는 경우 그 등기명의인이 허무인 또는 실체가 없는 단체인 때에는 소유자는 실제 등기신청을 한 사람에 대하여 그 명의 등기의 말소를 구할 수 있다. 이 경우 소유자는 말소청구권을 보전하기 위하여 실제 등기신청을 한 사람을 상대로 처분금지가처분을 할 수도 있는데, 이때에는 가처분결정의 채무자와 등기기록상의 등기의무자가 불일치하더라도 등기관은 그 가처분등기 촉탁을 수리하여야 한다(대결 2008.7.11. 2008마615).

(3) 가처분등기의 촉탁

① 촉탁서에는 부동산의 표시, 사건번호와 사건명, 피보전권리, 채권자의 성명·주소·주민등록번호, 채무자의 성명·주소, 등기원인 및 그 일자로 가처분결정 및 그 연월일을 기재하여야 한다.

② 피보전권리는 소유권이전등기청구권, 소유권말소등기청구권과 같이 기재하지만, 그 등기청구권의 원인을 기재하지 않는다.

(4) 가처분등기의 실행(규칙 제151조)

① 소유권에 대한 가처분은 주등기, 소유권 이외의 권리 및 가등기에 대한 가처분은 부기등기에 의한다.

② 가처분의 피보전권리가 소유권 이외의 권리설정등기청구권으로서 소유명의인을 가처분채무자로 하는 경우에는 그 가처분등기를 등기기록 중 갑구에 한다.

③ 등기관이 가처분등기를 할 때에는 가처분의 피보전권리와 금지사항을 기록하여야 한다.

(5) 가처분등기의 효력

가처분에 위반한 처분행위는 가처분채무자와 그 상대방 및 제3자 사이에서는 완전히 유효하고 단지 가처분채권자에게만 대항할 수 없음에 그친다.

(6) 가처분채권자가 본안에서 승소확정판결을 받아 소유권이전·말소등기 등을 신청하는 경우

법 제94조(가처분등기 이후의 등기 등의 말소)

① 「민사집행법」 제305조 제3항에 따라 권리의 이전, 말소 또는 설정등기청구권을 보전하기 위한 처분금지가처분등기가 된 후 가처분채권자가 가처분채무자를 등기의무자로 하여 권리의 이전, 말소 또는 설정의 등기를 신청하는 경우에는, 대법원규칙으로 정하는 바에 따라 그 가처분등기 이후에 된 등기로서 가처분채권자의 권리를 침해하는 등기의 말소를 단독으로 신청할 수 있다.

② 등기관이 제1항의 신청에 따라 가처분등기 이후의 등기를 말소할 때에는 직권으로 그 가처분등기도 말소하여야 한다. 가처분등기 이후의 등기가 없는 경우로서 가처분채무자를 등기의무자로 하는 권리의 이전, 말소 또는 설정의 등기만을 할 때에도 또한 같다.

③ 등기관이 제1항의 신청에 따라 가처분등기 이후의 등기를 말소하였을 때에는 지체 없이 그 사실을 말소된 권리의 등기명의인에게 통지하여야 한다(사후통지).

법 제95조(가처분에 따른 소유권 외의 권리 설정등기)

등기관이 제94조 제1항에 따라 가처분채권자 명의의 소유권 외의 권리 설정등기를 할 때에는 그 등기가 가처분에 기초한 것이라는 뜻을 기록하여야 한다.

규칙 제152조(가처분등기 이후의 등기의 말소)

① 소유권이전등기청구권 또는 소유권이전등기말소등기(소유권보존등기말소등기를 포함한다. 이하 이 조에서 같다)청구권을 보전하기 위한 가처분등기가 마쳐진 후 그 가처분채권자가 가처분채무자를 등기의무자로 하여 소유권이전등기 또는 소유권말소등기를 신청하는 경우에는, 법 제94조제1항에 따라 가처분등기 이후에 마쳐진 제3자 명의의 등기의 말소를 단독으로 신청할 수 있다. 다만, 다음 각 호의 등기는 그러하지 아니하다.

1. 가처분등기 전에 마쳐진 가압류에 의한 강제경매개시결정등기
2. 가처분등기 전에 마쳐진 담보가등기, 전세권 및 저당권에 의한 임의경매개시결정등기
3. 가처분채권자에게 대항할 수 있는 주택임차권등기 등

② 가처분채권자가 제1항에 따른 소유권이전등기말소등기를 신청하기 위하여는 제1항 단서 각 호의 권리자의 승낙이나 이에 대항할 수 있는 재판이 있음을 증명하는 정보를 첨부정보로서 등기소에 제공하여야 한다.

규칙 제153조(가처분등기 이후의 등기의 말소)

① 지상권, 전세권 또는 임차권의 설정등기청구권을 보전하기 위한 가처분등기가 마쳐진 후 그 가처분채권자가 가처분채무자를 등기의무자로 하여 지상권, 전세권 또는 임차권의 설정등기를 신청하는 경우에는, 그 가처분등기 이후에 마쳐진 제3자 명의의 지상권, 지역권, 전세권 또는 임차권의 설정등기(동일한 부분에 마쳐진 등기로 한정한다)의 말소를 단독으로 신청할 수 있다.

② 저당권설정등기청구권을 보전하기 위한 가처분등기가 마쳐진 후 그 가처분채권자가 가처분채무자를 등기의무자로 하여 저당권설정등기를 신청하는 경우에는 그 가처분등기 이후에 마쳐진 제3자 명의의 등기라 하더라도 그 말소를 신청할 수 없다.

규칙 제154조(가처분등기 이후의 등기의 말소신청)

제152조 및 제153조 제1항에 따라 가처분등기 이후의 등기의 말소를 신청하는 경우에는 등기원인을 "가처분에 의한 실효"라고 하여야 한다. 이 경우 제43조 제1항 제5호에도 불구하고 그 연월일은 신청정보의 내용으로 등기소에 제공할 필요가 없다.

OX 확인

01 등기관이 가처분등기를 할 때에는 가처분의 피보전권리와 금지사항을 기록하여야 한다. O | X

02 가처분의 피보전권리가 근저당권설정등기청구권인 경우에는 그 가처분등기를 등기기록 중 을구에 한다. O | X

03 가등기에 의한 본등기를 금지하는 가처분등기는 수리하여서는 아니 된다. O | X

04 상속등기를 하지 아니한 부동산에 대하여 상속인을 상대로 한 가처분결정이 있을 때에는, 가처분채권자는 그 기입등기의 촉탁 이전에 먼저 대위에 의하여 상속등기를 마쳐야 한다. O | X

05 피상속인과의 원인행위에 의하여 발생한 소유권이전등기청구권을 보전하기 위한 가처분등기를 하기 위해서는 먼저 상속등기를 거쳐야 한다. O | X

06 토지거래허가절차이행청구권을 피보전권리로 하는 가처분등기도 허용된다. O | X

07 등기관이 가처분채권자의 등기신청으로 가처분에 저촉되는 가처분등기 이후의 등기를 말소할 때에는 직권으로 해당 가처분등기를 말소하여야 한다. O | X

08 등기관이 가처분등기를 할 때에는 가처분의 피보전권리를 기록하여야 하는바, 피보전권리가 등기청구권인 경우에 그 등기청구권의 원인은 기록하지 아니한다. O | X

정답 | 01 ○ 02 × 03 ○ 04 ○ 05 ○ 06 ○ 07 ○ 08 ○

09 허무인명의의 등기가 마쳐진 경우 진정한 소유자는 실제 등기행위를 한 자를 상대로 처분금지가처분을 할 수 있지만 이때에는 가처분결정의 채무자와 등기기록상의 등기의무자가 형식적으로 일치하지 않으므로 등기관은 그 가처분등기의 촉탁을 수리할 수 없다. O | X

10 가처분채권자가 본안소송에서 승소하여 그 승소판결에 따른 소유권이전등기를 신청하는 경우 그 가처분등기 이후에 된 국세체납에 의한 압류등기의 말소는 가처분채권자가 단독으로 신청할 수 있다. O | X

11 부동산의 가처분채권자가 본안사건에서 승소하여 그 확정판결을 첨부하여 소유권이전등기를 신청하는 경우에는 반드시 그 가처분등기 이후에 등기된 제3자 명의의 소유권이전등기를 말소하고 가처분채권자의 소유권이전등기를 하여야 한다. O | X

12 가처분채권자가 가처분에 의하여 소유권등기의 말소를 신청하는 경우에 그 소유권등기에 기초하여 가처분등기 전에 가처분채권자에게 대항할 수 있는 주택임차권등기가 있으면 그 임차권자의 승낙이나 이에 대항할 수 있는 재판의 정보를 제공하여야 한다. O | X

13 처분금지가처분에 기하여 지상권, 전세권 또는 임차권의 설정등기를 신청하는 경우, 그 가처분등기 이후에 근저당권설정등기가 마쳐져 있는 때에는 그 근저당권설정등기의 말소신청도 동시에 하여 근저당권설정등기를 말소하고 가처분채권자의 등기를 하여야 한다. O | X

14 가처분채권자가 본안에서 승소하여 그 확정판결의 정본을 첨부하여 소유권이전등기말소등기를 신청하는 경우에는 그 가처분등기 이후에 마쳐진 제3자 명의의 소유권이전등기의 말소도 동시에 신청하여 그 가처분등기 이후의 소유권이전등기를 말소하고 위 가처분에 기한 소유권이전등기말소등기를 하여야 한다. O | X

15 등기부상 1필지 토지의 특정된 일부분에 대한 처분금지가처분등기는 할 수 없으므로, 1필지 토지의 특정 일부분에 관한 소유권이전등기청구권을 보전하기 위하여는 바로 분할등기가 될 수 있다는 등 특별한 사정이 없으면 그 1필지 토지 전부에 대한 처분금지가처분결정에 기한 등기촉탁에 의하여 그 1필지 토지 전부에 대한 처분금지가처분등기를 할 수밖에 없다. O | X

16 가처분채권자가 가처분에 의하여 소유권등기의 말소를 신청할 때 가처분등기 전에 마쳐진 가압류에 의한 강제경매개시결정등기가 있는 경우에는 그 권리자의 승낙이나 이에 대항할 수 있는 재판 증명정보를 제공하여야 하며 그러한 정보를 제공하지 않고는 소유권등기의 말소를 신청할 수 없다.

O | X

17 등기관이 가처분채권자의 신청으로 가처분등기 이후의 등기를 말소할 때에는 직권으로 해당 가처분등기를 말소하지만, 가처분등기 이후의 등기가 없는 경우로서 가처분채무자를 등기의무자로 하는 소유권이전등기 또는 소유권이전(보존)등기말소등기만을 신청하는 경우에는 그러하지 아니하다.

O | X

해설 등기관이 가처분채권자의 신청으로 가처분등기 이후의 등기를 말소할 때에는 직권으로 해당 가처분등기를 말소하지만, 가처분등기 이후의 등기가 없는 경우로서 가처분채무자를 등기의무자로 하는 이전, 말소, 또는 설정의 등기만을 할 때에도 또한 같다(법 제93조 제3항).

정답 | 09 × 10 ○ 11 ○ 12 ○ 13 × 14 ○ 15 ○ 16 ○ 17 ×

Ⅳ 채무자 회생 및 파산에 관한 등기

1. 미등기부동산에 관한 회생절차, 파산절차, 개인회생절차에 관한 등기를 촉탁하는 경우 등기관은 직권으로 소유권보존등기를 한 다음 촉탁에 따른 등기를 하여야 한다.

2. 선행절차가 등기되어 있지 않은 상태에서 그 다음 절차단계에 해당하는 등기의 촉탁이 있으면 법 제29조 제6호로 각하하여야 한다.

회생절차개시결정의 등기가 되어 있지 아니한 부동산에 관하여 회생계획인가의 등기촉탁이 있는 경우 부인등기가 된 경우를 제외하고는 등기관은 이를 각하하여야 한다(예규 제1518호).

3. 절차종료의 등기와 종전 등기의 말소는 촉탁으로 하여야 한다.

회생법원이 회생절차종결의 결정을 한 경우 회생법원의 법원사무관 등은 직권으로 회생절차종결결정을 원인으로 하여 보전처분등기, 회생절차개시등기, 회생계획인가등기의 말소 및 회생절차종결등기를 촉탁하여야 한다.

4. 도산절차 간의 이행에 의한 등기

(1) 개인회생절차 > 회생절차 > 파산절차

(2) 파산선고의 등기가 있어도 회생절차개시결정등기는 가능하다. 그러나 회생절차개시결정의 등기가 된 때에는 파산선고의 등기는 불가능하다.

(3) 개인회생절차개시의 결정이 있는 때에는 속행 중인 회생절차 또는 파산절차는 중지되고 새로이 회생절차 또는 파산절차를 개시하는 것도 금지된다.

Ⅴ 회생절차와 관련한 등기

1. 촉탁등기

(1) 대부분 법원사무관 명의로 촉탁하나, 예외적으로 부인등기의 말소는 회생법원의 촉탁에 의한다.

(2) 회생법원의 명의로 촉탁하여야 하는 등기를 법원사무관의 명의로 촉탁한 경우에는 각하하나 법원사무관의 명의로 촉탁하여야 하는 등기를 회생법원의 명의로 촉탁하는 경우 수리하여도 무방하다.

(3) 촉탁의 대상

채무자의 등기된 부동산 또는 권리

도산절차별 부동산등기기록의 등기사항

도산절차등기	회생		파산		개인회생
	법인	개인	법인	개인	
보전처분	○	○	○	○	○
개시결정/파산선고	×	○	×	○	×
개시결정취소/파산취소	×	○	×	○	×
회생계획인가/변제계획인가	×	○	×	○	×
회생계획종결/파산종결	×	○	×	○	×
부인	○	○	○	○	○

2. 보전처분에 관한 등기

(1) 법원사무관 등의 촉탁으로 한다.

(2) 보전처분의 등기는 주등기로 하되, 소유권 외의 권리에 대한 보전처분의 등기는 권리의 등기에 부기등기로 한다.

(3) 보전처분등기기 마쳐진 이후에 다른 등기신청이 있는 경우 등기관은 수리한다.

(4) 보전처분의 등기는 그 등기 이전에 가압류, 가처분, 강제집행 또는 담보권실행을 위한 경매, 체납처분에 의한 압류등기 등 처분제한등기 및 가등기가 있는 경우에도 할 수 있다.

(5) 보전처분등기 전에 가등기가 먼저 되어 있는 경우 가등기에 기한 본등기를 할 수 있으며, 이 경우 보전처분등기는 직권말소한다.

3. 회생절차개시결정 이후의 등기

(1) 법인인 채무자 명의의 부동산에 대해서 회생절차개시결정, 회생계획인가, 회생절차종결의 등기촉탁이 있는 경우, 등기관은 법 제29조 제2호에 의하여 각하하여야 한다.

(2) 회생절차개시결정의 등기는 그 등기 이전에 가압류, 가처분, 강제집행 또는 담보권실행을 위한 경매, 체납처분에 의한 압류등기, 가등기, 파산선고의 기입등기 등이 되어 있는 경우에도 할 수 있다.

(3) 회생절차개시결정의 등기가 된 채무자의 부동산 또는 권리에 관하여 파산선고의 등기, 또 다른 회생절차개시의 등기의 촉탁이 있는 경우 등기관은 그 촉탁을 각하하여야 한다.

(4) 회생절차개시결정의 기입등기보다 가등기가 먼저 된 경우 그 가등기에 기한 본등기는 관리인과 가등기권리자의 공동신청으로 할 수 있다. 이 경우 법원의 허가서를 제공하여야 한다.

4. 회생계획인가의 등기

(1) 회생절차개시결정의 등기가 되어 있지 아니한 부동산에 관하여 회생계획인가의 등기촉탁이 있는 경우 등기관은 그 촉탁을 각하하여야 한다(법 제29조 제2호).

(2) 회생계획인가등기 전 같은 부동산에 파산등기가 되어 있는 경우 등기관은 회생계획인가등기를 한 후 파산등기는 직권으로 말소한다.

5. 회생계획불인가의 등기

(1) 회생계획불인가의 결정은 회생절차를 종료시키는 결정이다. 확정이 되면 회생절차는 종국적으로 종료하고, 파산절차가 개시되거나 중단되었던 강제집행 등이 속행된다.

(2) 회생절차개시결정등기는 말소하지 않는다. 다만, 회생계획불인가등기와 함께 회생절차개시결정등기의 말소도 촉탁된 경우에는 그에 따라 말소한다.

6. 회생절차종결의 등기

(1) 회생절차개시결정 및 회생계획인가의 각 등기가 되어 있지 아니한 부동산 등의 권리에 대한 회생절차종결등기의 촉탁은 각하한다.

(2) 부인등기가 된 경우에는 회생절차개시결정 및 회생절차종결 등기가 있지 않아도 회생절차종결등기를 하여야 한다.

(3) 법원사무관 등은 회생절차종결등기와 함께 회생절차종결결정을 원인으로 하여 보전처분등기, 회생절차개시결정등기, 회생계획인가등기의 말소등기를 촉탁한다.

7. 권리변동(임의매각 등)의 등기

(1) 관리인과 매수인(근저당권설정의 경우 근저당권자)이 공동으로 신청한다.

(2) 신청정보에 등기의무자는 채무자로 표시한다.

(3) 회생계획에 의한 처분인 경우 회생계획인가결정등본 또는 초본, 회생계획에 의하지 않고 처분한 경우 법원의 허가서 또는 법원의 허가를 요하지 않는다는 뜻의 증명을 첨부하여야 한다.

(4) 등기의무자의 등기필정보는 제공하지 아니하나, 관리인의 자격증명정보와 관리인의 인감증명은 제공한다.

(5) 그 처분에 따른 등기를 마친 경우, 법원사무관 등은 직권으로 보전처분등기, 회생절차개시등기, 회생계획인가의 등기말소를 촉탁하여야 한다.

8. 부인의 등기(등기관의 심사범위 ×, 회생법원의 판단에 의함)

(1) 부인권의 행사에 의하여 채무자의 재산은 등기 없이도 당연히 채무자에게 복귀하지만, 부인의 효과는 채무자와 부인의 상대방에서만 발생한다(잠정적 말소등기).

(2) 부인등기는 관리인이 단독으로 신청한다.

(3) 부인된 등기의 명의인을 등기의무자로 하는 등기신청이 있는 경우 등기관은 법 제29조 제7호로 각하한다.

(4) 부인등기가 마쳐진 이후 회생절차에 관한 등기의 촉탁이 있는 경우 등기관은 수리한다.

(5) 부인등기의 말소는 회생법원의 촉탁에 의한다.

Ⅵ 파산절차에 관한 등기

1. 파산선고의 효과

파산선고를 받은 채무자는 파산선고시에 소유하는 재산에 관한 관리처분권을 상실하고 파산관재인에 의하여 그 관리·처분이 이루어진다.

2. 부인의 등기

파산관재인이 단독으로 부인의 등기를 신청하나, 부인등기의 말소는 법원의 촉탁에 의한다.

3. 파산선고의 등기

(1) 법원사무관 등이 촉탁을 한다.

(2) 파산선고등기는 그 등기 전에 가압류, 가처분, 강제집행 또는 담보권 실행을 위한 경매의 등기, 체납처분에 의한 압류등기, 가등기가 되어 있는 경우에도 할 수 있다.

(3) 파산절차에 관한 등기는 채무자가 법인이 아닌 경우에만 가능하다. 따라서 법인인 채무자 명의의 부동산 등의 권리에 대하서 파산선고 등기 등의 촉탁이 있는 경우, 이는 법 제29조 제2호에 의해 각하하여야 한다.

4. 임의매각에 따른 등기

(1) 파산관재인이 상대방과 공동으로 신청하며 등기의무자는 채무자로 표시한다.

(2) 등기의무자의 등기필정보는 제공할 필요가 없다.

(3) 법원의 허가서 등본 또는 감사위원의 동의서 등본과 파산관재인임을 증명하는 정보 등을 제공한다.

Ⅶ 개인회생절차에 관한 등기

1. 개인회생절차에서는 채무자 명의의 부동산에 대해 보전처분의 등기와 부인등기만을 할 수 있다.

> 개인회생절차의 단계별 등기(개인회생절차개시결정, 변제계획의 인가결정, 개인회생절차폐지결정 등)를 법원사무관 등이 촉탁한 경우 등기관은 법 제29조 제2호에 의하여 각하한다.

2. 부인의 등기는 채무자가 단독으로 신청하며 그 말소등기는 법원의 촉탁에 의한다.

OX 확인

01 법인인 채무자 명의의 부동산에 대하여 회생절차개시결정의 등기촉탁이 있는 경우 등기관은 이를 각하하여야 한다. O | X

02 채무자의 부동산에 관한 권리에 대한 보전처분의 기입등기는 회생법원의 촉탁으로 한다. O | X

해설 채무자의 부동산에 관한 권리에 대한 보전처분의 기입등기는 법원사무관의 촉탁에 의한다.

03 담보권실행을 위한 경매절차에 의한 등기촉탁이 있는 경우에는 파산선고 여부와 관계없이 등기관은 이를 수리하여야 한다. O | X

04 개인회생절차에서는 절차의 간이화를 위하여 보전처분, 부인의 등기, 개인회생절차개시결정, 변제계획인가결정 등의 절차에 따른 등기는 하지 않는다. O | X

해설 개인회생절차에서는 보전처분, 부인의 등기는 가능하나, 개인회생절차개시결정, 변제계획인가결정 등의 절차에 따른 등기는 하지 않는다(예규 제1516호).

05 회생절차개시결정의 등기가 되어 있지 아니한 부동산에 관하여 회생계획인가의 등기촉탁이 있는 경우 등기관은 이를 각하하여야 한다. O | X

06 부인등기가 마쳐진 이후에 부인된 등기의 명의인을 등기의무자로 하는 등기신청이 있는 경우 등기관은 이를 각하하여야 한다. O | X

07 부인의 등기와 부인등기의 말소는 관리인이 단독으로 신청한다. O | X

08 파산관재인이 채무자 명의의 부동산을 임의매각하고 그에 따른 소유권이전등기를 상대방과 공동신청하는 경우 등기의무자의 등기필정보는 제출할 필요가 없으나 파산관재인의 인감증명은 제공하여야 한다. O | X

09 회생절차개시결정의 등기가 된 채무자의 부동산의 권리에 관하여 파산선고등기의 촉탁이 있는 경우 등기관은 이를 수리하여야 한다. O | X

정답 | 01 ○ 02 × 03 ○ 04 × 05 ○ 06 ○ 07 × 08 ○ 09 ×

제9장 | 구분건물에 대한 등기

제1절 대지권에 관한 등기

Ⅰ 총설

1. 대지사용권과 대지권

구분건물의 소유자는 전유부분을 소유하기 위하여 건물의 대지에 관하여 어떠한 권리를 가져야 하는데 이를 대지사용권이라고 하고, 이러한 대지사용권 중에서 규약이나 공정증서로 특별히 분리처분할 수 있음을 정하지 않은 것을 대지권이라 한다.

대지권의 목적이 되는 토지

① 가처분·가압류와 같은 보전처분의 등기가 마쳐진 소유권 또는 가등기, 근저당권 등이 설정된 토지
② 대지의 소유권에 관하여 지상권등기나 임차권등기와 같은 용익권의 등기, 신탁등기가 마쳐져 있는 경우

2. 대지권의 성립요건

① 토지 위에 집합건물이 존재할 것
② 구분소유자가 당해 대지에 대하여 대지사용권을 갖고 있을 것
③ 전유부분과 대지사용권의 처분의 일체성이 있을 것

3. 대지권등기의 의의

전유부분과 일체로서 처분되는 토지의 권리관계를 토지등기기록에 등기하지 아니하고 건물등기기록에 기록하여 그 등기의 효력을 토지에도 미치도록 하는 것으로, 구분건물에만 인정되는 등기를 말한다.

Ⅱ 요건과 가부

1. 대지권등기의 요건

(1) 토지에 관하여 등기된 대지사용권이 있어야 한다.

① 대지사용권을 가지고 있는 토지의 등기명의인의 표시가 해당 전유부분의 소유자의 표시와 일치하여야 한다. 대지사용권은 반드시 등기된 권리이어야 할 필요가 없으나, 대지권등기를 하기 위해서는 등기된 상태이어야 한다.

② 대지사용권은 권리의 전부가 아니라 일부라도 무방하다.

(2) 전유부분의 공유지분비율과 대지의 공유지분비율은 동일하여야 한다. 이는 규약으로 달리 정할 수 없다.

(3) 동일인이 수개의 전유부분을 소유하는 경우에는 대지권의 비율은 전유부분의 면적비율에 의한다. 다만, 이는 규약으로 달리 정할 수 있다.

2. 대지권등기의 가부

(1) 1인이 단독 소유하는 1필 또는 수필의 토지에 대하여 수개의 구분건물을 단독소유하는 경우에는 대지권등기를 할 수 있다.

(2) 수필의 토지를 각 단독소유하는 자들이 공동으로 구분건물을 신축하여 각 구분건물을 단독소유하는 토지에 대하여만 대지권의 목적인 토지로 할 수 있다.

(3) 수필의 토지를 각 단독소유하는 자들이 공동으로 구분건물을 신축하여 각 구분건물을 공유하는 경우에는 대지권등기를 할 수 없다.

(4) 수인이 공유하는 1필의 토지상에 전체 공유자가 공동으로 집합건물을 신축하여 각 구분건물을 공유하는 것으로 집합건축물대장이 작성된 경우 토지의 공유지분과 건물의 공유지분이 일치한다면 당연히 대지권등기를 할 수 있다.

Ⅲ 대지권의 변경등기

1. 대지권의 변경등기 - 건물표시변경등기이므로 표제부에 그 원인을 기록

2. 신청의무와 신청인

(1) 일반원칙

> **법 제41조(변경등기의 신청)**
> ① 건물의 분할, 구분, 합병이 있는 경우와 제40조의 등기사항에 변경이 있는 경우에는 그 건물 소유권의 등기명의인은 그 사실이 있는 때부터 1개월 이내에 그 등기를 신청하여야 한다.
> ② 구분건물로서 표시등기만 있는 건물에 관하여는 제65조 각 호의 어느 하나에 해당하는 자(소유권보존등기를 신청할 수 있는 자)가 제1항의 등기를 신청하여야 한다.
> ③ 구분건물로서 그 대지권의 변경이나 소멸이 있는 경우에는 구분건물의 소유권의 등기명의인은 1동의 건물에 속하는 다른 구분건물의 소유권의 등기명의인을 대위하여 그 등기를 신청할 수 있다.

(2) 법 제60조의 대지사용권이전등기

> **법 제60조(대지사용권의 취득)**
> ① 구분건물을 신축한자가 「집합건물의 소유 및 관리에 관한 법률」 제2조 제6호의 대지사용권을 가지고 있는 경우에 대지권에 관한 등기를 하지 아니하고 구분건물에 관하여만 소유권이전등기를 마쳤을 때에는 현재의 구분건물의 소유명의인과 공동으로 대지사용권에 관한 이전등기를 신청할 수 있다.
> ② 구분건물을 신축하여 양도한자가 그 건물의 대지사용권을 나중에 취득하여 이전하기로 약정한 경우에는 제1항을 준용한다.
> ③ 제1항 및 제2항에 따른 등기는 대지권에 관한 등기와 동시에 신청하여야 한다.
>
> **규칙 제46조(첨부정보)**
> ④ 법 제60조 제1항 및 제2항의 등기를 신청할 때에는 제1항 제1호(등기원인증명정보) 및 제6호(등기권리자의 주소증명정보)를 적용하지 아니한다.

1) 대지사용권이전등기 신청

① 신청인

등기의무자	구분건물을 신축한 자
등기권리자	구분건물의 현재 소유권 등기명의인

② 신청정보

등기원인과 그 연월일	○년 ○월 ○일(전유부분에 관한 소유권이전등기를 마친 날) 건물 ○동 ○호 전유부분 취득
등기의 목적	소유권 일부이전 또는 지상권이전
이전할 지분	소유권 일부이전의 경우
등기필정보	×(공동신청임에도 불구하고 제공할 필요가 없음(예규 제1647호))

③ 첨부정보

등기원인증명정보, 등기권리자의 주소증명정보	×(규칙 제46조 제4항)
등기의무자의 인감증명	분양자의 인감증명(매도용일 필요없음)

2) 대지권등기의 신청

① 신청인: 현재 구분건물의 소유권등기명의인이 단독신청

② 신청정보

등기원인과 그 연월일	○년 ○월 ○일(대지사용이전등기를 마친 날) 토지소유권 취득
등기의 목적	구분건물표시변경(대지권의 표시)

3. 첨부정보

규약이나 공정증서 또는 이를 증명하는 정보를 제공한다.

4. 등기절차

법 제40조(등기사항)

③ 구분건물에 집합건물의 소유 및 관리에 관한 법률 제2조 제6호의 대지사용권으로서 건물과 분리하여 처분할 수 없는 것[이하 "대지권"이라 한다]이 있는 경우에는 등기관은 제2항에 따라 기록하여야 할 사항 외에 1동 건물의 등기기록의 표제부에 대지권의 목적인 토지의 표시에 관한 사항을 기록하고 전유부분의 등기기록의 표제부에는 대지권의 표시에 관한 사항을 기록하여야 한다.

④ 등기관이 제3항에 따라 대지권등기를 하였을 때에는 직권으로 대지권의 목적인 토지의 등기기록에 소유권, 지상권, 전세권 또는 임차권이 대지권이라는 뜻을 기록하여야 한다.

규칙 제90조(별도의 등기가 있다는 뜻의 기록)

① 제89조에 따라 대지권의 목적인 토지의 등기기록에 대지권이라는 뜻의 등기를 한 경우로서 그 토지 등기기록에 소유권보존등기나 소유권이전등기 외의 소유권에 관한 등기 또는 소유권 외의 권리에 관한 등기가 있을 때에는 등기관은 그 건물의 등기기록 중 전유부분 표제부에 토지 등기기록에 별도의 등기가 있다는 뜻을 기록하여야 한다. 다만, 그 등기가 소유권 이외의 대지권의 등기인 경우 또는 제92조 제2항에 따라 말소하여야 하는 저당권의 등기인 경우에는 그러하지 아니하다.

규칙 제92조(대지권의 변경 등)
① 제91조 제2항의 등기를 하는 경우에 건물에 관하여 소유권보존등기와 소유권이전등기 외의 소유권에 관한 등기 또는 소유권 외의 권리에 관한 등기가 있을 때에는 그 등기에 건물만에 관한 것이라는 뜻을 기록하여야 한다. 다만, 그 등기가 저당권에 관한 등기로서 대지권에 대한 등기와 등기원인, 그 연월일과 접수번호가 같은 것일 때에는 그러하지 아니하다.

등기의 종류	개시	등기기록	표제부·갑구·을구	등기형식
대지권등기(법 제40조 제3항)	신청	건물등기기록	1동의 건물의 표제부 및 전유부분의 표제부	주등기
건물 만에 관한 것이라는 뜻의 등기 (규칙 제92조 제1항)	직권	건물등기기록	갑구(을구)	부기등기
별도등기 있다는 뜻의 등기 (규칙 제90조 제1항)	직권	건물등기기록	전유부분의 표제부	주등기
대지권이라는 뜻의 등기 (법 제40조 제4항)	직권	토지등기기록	갑구(을구)	주등기

Ⅳ 대지권등기의 효과

법 제61조(구분건물의 등기기록에 대지권등기가 되어 있는 경우)
① 대지권을 등기한 후에 한 건물의 권리에 관한 등기는 대지권에 대하여 동일한 등기로서 효력이 있다. 다만, 그 등기에 건물 만에 관한 것이라는 뜻의 부기가 되어 있을 때에는 그러하지 아니하다.
② 제1항에 따라 대지권에 대한 등기로서의 효력이 있는 등기와 대지권의 목적인 토지의 등기기록 중 해당 구에 한 등기의 순서는 접수번호에 따른다.
③ 대지권이 등기된 구분건물의 등기기록에는 건물만에 관한 소유권이전등기 또는 저당권설정등기, 그 밖에 이와 관련이 있는 등기를 할 수 없다.
④ 토지의 소유권이 대지권인 경우에 대지권이라는 뜻의 등기가 되어 있는 토지의 등기기록에는 소유권이전등기, 저당권설정등기, 그 밖에 이와 관련이 있는 등기를 할 수 없다.
⑤ 지상권, 전세권 또는 임차권이 대지권인 경우에는 제4항을 준용한다.

1. 대지권등기 후 불가능한 등기

① 분리처분이 불가능하므로, 대지권등기 후 토지만에 대하여 또는 건물만에 대하여 소유권이전등기, 저당권설정등기, 가압류, 압류, 경매개시결정등기, 가등기 등을 할 수 없다.
② 대지권등기 전 토지 또는 건물만에 대하여 저당권이나 소유권이전등기청구권가등기가 경료된 경우 임의경매개시결정등기나 소유권이전본등기를 하기 위해서는 대지권등기를 선말소하여야 한다.

2. 대지권등기 후 가능한 등기

분리처분과 관계없는 토지 또는 건물만에 대한 처분금지가처분등기나 용익권설정등기는 대지권등기를 말소함이 없이 가능하다.

제2절 규약상 공용부분에 관한 등기

I 의의

1. 공용부분에 대한 공유지분은 전유부분의 처분에 따르며 전유부분과 분리하여 처분할 수 없으므로, 공용부분에 관한 물권의 득실변경은 등기가 필요하지 않다.

2. 구조상 공용부분은 등기능력이 없으나, 규약상 공용부분은 그 등기능력이 있다할 것이다.

3. 미등기인 건물에 관해서는 먼저 소유권보존등기를 하거나 동시에 그 소유권등기명의인이 신청하여야 한다.

II 규약상 공용부분이라는 뜻의 등기

1. 신청인

구분건물 또는 부속건물의 소유권의 등기명의인이 단독신청(법 제47조 제1항)

2. 신청정보

등기원인과 그 연월일	○년 ○월 ○일(규약설정일) 규약설정
등기의 목적	공용부분이라는 뜻의 등기
공용자의 범위	구분소유자의 소유에 속하는 건물의 번호를 기재(규칙 제104조 제2항)

3. 첨부정보

규약 또는 공정증서 및 소유권 외의 권리자가 있는 경우에 그 승낙서 등을 첨부하여야 한다(규칙 제104조 제1항).

4. 등기실행

규칙 제104조(공용부분이라는 뜻의 등기)

③ 제1항의 등기신청이 있는 경우에 등기관이 그 등기를 할 때에는 그 등기기록 중 표제부에 공용부분이라는 뜻을 기록하고 각 구의 소유권과 그 밖의 권리에 관한 등기를 말소하는 표시를 하여야 한다. 이 경우 제2항에 따른 사항이 신청정보의 내용 중에 포함되어 있을 때에는 그 사항도 기록하여야 한다.

III 공용부분이라는 뜻의 등기의 말소

1. 신청인

공용부분의 취득자는 지체 없이 소유권보존등기를 신청하여야 한다(법 제47조 제2항).

2. 신청정보

등기원인과 그 연월일	○년 ○월 ○일(규약폐지일자) 규약폐지
등기의 목적	소유권보존

3. 첨부정보

등기원인증명정보	규약폐지증명정보
등기명의인의 주소 및 주민등록번호증명정보	주민등록표등(초)본
구분소유자 전원의 인감증명	

4. 등기실행

소유권보존등기를 하였을 때에는 공용부분이라는 뜻의 등기를 말소하는 표시(표제부)를 하여야 한다(규칙 제104호 제5항).

OX 확인

01 법정대지란 전유부분이 속하는 1동의 건물이 소재하는 토지, 즉 건물이 실제로 서 있는 토지를 말한다. O | X

02 규약상 대지란 전유부분이 속하는 1동의 건물이 서 있는 토지 외의 토지로서, 1동의 건물 및 건물이 소재하는 토지와 일체적으로 관리 또는 사용하기 위하여 규약으로써 건물의 대지로 삼은 토지를 말한다. O | X

03 대지사용권이란 구분건물 소유자가 그 전유부분을 소유하기 위하여 건물의 대지에 대하여 가지는 권리를 말한다. O | X

04 대지권이란 대지사용권으로서 전유부분과 분리처분을 할 수 없는 것을 말하며 등기된 때에 성립한다. O | X

해설 대지권은 전유부분과 처분의 일체성이 인정되는 대지사용권을 뜻하므로 대지권등기가 경료되기 전이라도 대지권은 성립될 수 있다. 즉, 대지권등기는 대지권의 성립요건이 아니다.

05 토지 또는 전유부분만의 귀속에 관하여 분쟁이 있는 경우 그 일방만을 목적으로 하는 처분금지가처분등기의 촉탁이 있는 경우 등기관은 대지권등기를 말소한 후 토지나 전유부분에 가처분등기를 하여야 한다. O | X

06 대지권등기가 되어 있더라도 토지만을 목적으로 하는 지상권설정등기의 신청이 있으면 등기관은 이를 등기할 수 있다. O | X

07 대지권 변경등기는 구분건물 소유권의 등기명의인이 신청하는 것이 원칙인데, 구분건물의 표시등기만 있고 보존등기가 되어 있지 않은 건물에 관해서는 보존등기를 신청할 수 있는 자가 신청한다. O | X

해설 법 제41조 제2항

08 토지의 등기기록에 대지권이라는 뜻의 등기를 한 경우로서 그 토지 등기기록에 소유권보존등기 또는 소유권이전등기 외의 소유권에 관한 등기가 있을 때에는 등기관은 그 건물의 등기기록 중 1동 건물의 표제부에 토지 등기기록에 별도의 등기가 있다는 뜻을 기록하여야 한다. O | X

해설 규칙 제89조에 따라 대지권의 목적인 토지의 등기기록에 대지권이라는 뜻의 등기를 한 경우로서 그 토지 등기기록에 소유권보존등기나 소유권이전등기 외의 소유권에 관한 등기 또는 소유권 외의 권리에 관한 등기가 있을 때에는 등기관은 그 건물의 등기기록 중 전유부분 표제부에 토지 등기기록에 별도의 등기가 있다는 뜻을 기록하여야 한다(규칙 제90조).

09 토지의 소유권이 대지권인 경우 그 등기기록에 대지권이라는 뜻의 등기를 한 후에는 소유권이전등기는 하지 못하고, 대지권을 등기한 구분건물 등기기록에는 그 건물만에 관한 소유권이전등기는 할 수 없다. O | X

10 대지권을 등기한 후에 한 건물의 권리에 관한 등기는 건물만에 관한 것이라는 뜻의 부기가 없는 한 대지권에 대하여 동일한 등기로서 효력이 있다. O | X

11 대지권이 성립되기 전에 전유부분만에 대하여 가등기를 마친 자가 대지권등기가 마쳐진 후에 그 가등기에 기한 본등기를 하기 위하여는, 먼저 건물표시변경(대지권등기말소)등기신청을 함으로써 대지권 및 대지권이라는 뜻의 등기의 말소절차를 밟은 후에 건물만에 대하여 가등기에 기한 본등기를 신청하여야 한다. O | X

정답 | 01 ○ 02 ○ 03 ○ 04 × 05 × 06 ○ 07 ○ 08 × 09 ○ 10 ○ 11 ○

12 대지에 관하여 이미 저당권이 설정되어 있는 상태에서 대지권의 등기를 하고, 그와 아울러 또는 그 후에 구분건물에 관하여 동일 채권의 담보를 위한 저당권을 추가설정하려는 경우에는, 구분건물과 대지권을 일체로 하여 그에 관한 추가저당권설정등기의 신청을 할 수 있다. O | X

13 집합건물에 대하여 대지권등기가 경료된 경우, 특정의 전유부분과 그 대지권을 함께 전세권의 목적으로 하는 전세권설정등기를 마칠 수는 없다. O | X

해설 집합건물에 대하여 대지권등기가 경료된 경우, 특정의 전유부분과 그 대지권을 함께 전세권의 목적으로 하는 전세권설정등기를 경료받을 수는 없다(선례 제5-418호).

14 1동 건물의 등기기록 표제부에 대지권의 목적인 토지의 표시에 관한 사항을 기록하고 전유부분의 표제부에는 대지권의 표시에 관한 사항을 기록한다. O | X

해설 법 제40조 제3항

15 대지권등기를 하는 경우에 이미 건물에 관하여 소유권보존등기와 소유권이전등기 외의 소유권에 관한 등기 또는 소유권 외의 권리에 관한 등기가 있을 때에는 등기관은 그 건물의 등기기록 중 전유부분 표제부에 건물만에 관한 등기가 있다는 뜻을 기록하여야 한다. O | X

해설 대지권등기를 하는 경우에 건물에 관하여 소유권보존등기와 소유권이전등기 외의 소유권에 관한 등기 또는 소유권 외의 권리에 관한 등기가 있을 때에는 등기관은 그 등기에 건물만에 관한 것이라는 뜻을 기록하여야 한다(규칙 제92조 제1항).

16 건물 표제부의 토지 등기기록에 별도의 등기가 있다는 뜻의 기록은 그 별도 등기기록의 전제가 된 등기가 말소되면 등기관이 직권으로 말소한다. O | X

해설 토지 등기기록에 별도의 등기가 있다는 뜻의 기록의 전제가 된 등기가 말소되었을 때에는 등기관은 그 뜻의 기록도 말소하여야 한다(규칙 제90조 제3항).

17 구분소유자가 2개 이상의 전유부분을 소유한 때에 그 각 전유부분의 처분에 따르는 대지사용권이 전유부분의 면적비율에 따르지 않을 경우에는 이에 관한 규약 또는 공정증서를 제공하여야 한다. O | X

18 1동의 건물의 대지 중 일부 토지만이 대지권의 목적인 때에도 1동 건물의 표제부에 대지권의 목적인 토지의 표시를 함에 있어서는 1동 건물의 대지 전부를 기록하여 대지권의 등기를 하여야 한다. O | X

해설 1동의 건물의 대지 중 일부 토지만이 대지권의 목적인 때에는 건물의 표시란에 대지권의 목적인 토지의 표시를 함에 있어서 그 토지만을 기록하여 대지권의 등기를 하여야 한다. 이 경우 대지권의 목적이 아닌 토지는 1동의 건물의 표시를 함에 있어 소재지로서 기록하여야 한다(예규 제1470호).

19 구분건물을 신축하여 분양한 자가 대지사용권을 가지고 있지만 지적정리의 미완결 등의 사유로 대지권등기를 하지 못한 채 전유부분에 대해서만 수분양자 앞으로 이전등기를 하고 전전양도된 경우 최후의 구분건물의 소유명의인은 분양자와 공동으로 대지사용권에 관한 이전등기를 신청할 수 있다. O | X

20 대지사용권에 관한 이전등기를 신청할 경우의 등기원인증서로는 최초 분양계약서와 그 이후의 구분건물의 매매계약서 전부를 첨부하여야 한다. O | X

해설 대지사용권이전등기를 신청할 때에는 규칙 제46조 제1항 제1호(등기원인증명서면) 및 제6호(주소증명서면)를 적용하지 아니한다(규칙 제46조 제4항).

21 대지사용권에 관한 이전등기신청 시 등기의무자의 등기필정보를 신청정보로 제공할 필요가 없으나 인감증명은 첨부정보로 제공하여야 한다. O | X

22 대지권의 표시등기는 구분건물의 현 소유자가 단독으로 신청하되 대지사용권의 이전등기와 동시에 신청하여야 한다. O | X

정답 | 12 ○ 13 ○ 14 ○ 15 × 16 ○ 17 ○ 18 × 19 ○ 20 × 21 ○ 22 ○

23 공용부분이라는 뜻의 등기(공용부분의 등기)는 신청서에 그 뜻을 정한 규약이나 공정증서를 붙여 소유권의 등기명의인이 신청하여야 한다. O | X

24 미등기인 건물에 관해서는 소유권보존등기를 거치지 않고 바로 공용부분의 등기를 할 수 있다. O | X

해설 미등기인 건물에 대하여 곧바로 공용부분이라는 뜻의 등기를 할 수 없고, 먼저 소유권보존등기를 하여야 한다(선례 제2-657호).

25 공용부분의 등기의 대상이 되는 건물의 등기부에 소유권의 등기 외의 권리에 관한 등기가 있는 때에는 그 등기명의인의 승낙서 또는 이에 대항할 수 있는 재판의 등본을 첨부하여 공용부분의 등기를 신청하여야 한다. O | X

26 공용부분의 등기의 말소등기는 공용부분의 취득자가 신청하여야 한다. O | X

해설 공용부분이라는 뜻을 정한 규약을 폐지한 경우에 공용부분의 취득자는 지체 없이 소유권보존등기를 신청하여야 한다(법 제47조 제2항).

27 규약상 공용부분이라는 뜻의 등기신청이 있으면 표제부에 공용부분이라는 뜻을 기록하고 각 구의 소유권과 그 밖의 권리에 관한 등기를 말소하는 표시를 하여야 한다. O | X

28 공용부분이라는 뜻을 정한 규약을 폐지한 경우에 공용부분의 취득자는 지체 없이 소유권보존등기를 신청하여야 한다. O | X

정답 | 23 ○ 24 × 25 ○ 26 × 27 ○ 28 ○

제10장 | 환지 및 도시정비법에 관한 등기

제1절 환지에 관한 등기

Ⅰ 의의

환지처분이라 함은 농어촌정비법, 도시개발법 등의 사업시행자가 환지계획에 따라 사업시행 전의 토지(종전 토지)를 대신하여 사업 시행 후의 새로운 토지(환지)를 교부하거나, 종전 토지와 환지에 관한 권리 사이의 과부족으로 인하여 생긴 이해관계의 불균형을 금전으로 청산하는 형성처분을 말한다.

Ⅱ 환지처분의 효과

환지계획인가의 고시 등이 있으면 다음 날부터 환지계획에서 정하여진 환지를 종전 토지로 보게 된다.

Ⅲ 사업시행을 위한 대위등기의 촉탁

1. 대위등기를 할 수 있는 사항

「농어촌정비법」 제25조 제1항의 사업시행자나 「도시개발법」 제28조 제1항의 도시개발사업의 시행자(이하 모두 "시행자"라 한다)는 사업시행인가 후에 사업시행을 위하여 「농어촌정비법」 제26조의 환지계획인가의 고시 또는 「도시개발법」 제40조의 환지처분의 공고(이하 모두 "환지계획인가의 고시 등"이라 한다) 전이라도 종전 토지에 관한 아래의 등기를 각 해당등기의 신청권자를 대위하여 촉탁할 수 있다.

① 토지표시의 변경 및 경정등기
② 등기명의인표시의 변경 및 경정등기
③ 상속을 원인으로 한 소유권이전등기

2. 일괄촉탁

등기원인 또는 등기의 목적이 동일하지 아니한 경우라도 하나의 촉탁서로 일괄하여 촉탁할 수 있다.

3. 첨부정보

시행자가 위 1.의 대위등기를 촉탁할 때에는 촉탁정보와 함께 첨부정보로서 등기원인을 증명하는 정보, 사업시행인가가 있었음을 증명하는 정보를 제공하여야 한다.

4. 사인이 대위등기를 신청 내지 촉탁할 수는 없다(선례 제8-323호).

Ⅳ 인가고시의 통지를 받은 경우 다른 등기의 정지

1. 다른 등기가 정지되는 시점

환지계획인가의 고시 등이 있은 후에는 종전 토지에 관한 등기를 할 수 없다.

2. 정지되는 다른 등기

소유권이전등기, 근저당권설정등기, 가압류등기, 경매신청등기(정지되는 시점 이전에 설정된 근저당권에 기한 경우도 마찬가지임) 등 권리에 관한 등기뿐만 아니라 표시에 관한 등기도 할 수 없다.

3. 다른 등기가 마쳐진 경우

환지계획인가의 고시 등이 있었음에도 불구하고, 종전 토지에 관한 등기가 마쳐진 경우, 등기관은 그 등기를 법 제58조를 적용하여 직권으로 말소한다(법 제29조 제2호 사유에 해당하므로).

Ⅴ 환지처분의 공고 등에 따른 등기의 촉탁

1. 촉탁서 기재사항

종전 토지 및 환지의 표시, 환지를 교부 받는 자의 성명, 주민등록번호 및 주소 등을 기재한다.

2. 첨부서면

(1) 환지계획서 및 환지계획서 인가서 등본, 환지계획인가의 고시 등이 있었음을 증명하는 서면, 농업기반등정비확정도를 제공하여야 한다.

(2) 토지대장만을 첨부하여 환지등기촉탁을 한 경우

등기관은 그 토지대장에 '환지' 또는 '구획정리 완료' 등의 사실이 기재되어 있다 하더라도 그 등기촉탁을 수리하여서는 안 된다.

3. 동시촉탁

(1) 원칙 – 동시촉탁

환지에 대하여 권리의 설정 또는 이전등기를 촉탁하는 경우 환지등기촉탁은 사업지역 내의 토지 전부에 관하여 동시에 하여야 하는 것이 원칙이다.

(2) 촉탁이 누락된 경우

환지토지에 관한 등기촉탁이 누락된 경우 사업시행자는 누락된 환지에 대하여 다시 환지등기를 촉탁할 수 있다.

Ⅵ 환지등기를 할 수 없는 경우

1. 소유자가 동일 또는 중복되는 여러 필지의 종전 토지에 대하여 여러 필지의 환지를 교부한 경우

예 1. 甲 단독 소유인 3필지의 토지에 관하여 2필지의 환지를 교부한 경우
2. 甲이 종전 토지 2필지 이상에 소유자로 등기되어 있는 경우

2. 공유토지에 관하여 각 단독소유로 환지를 교부한 경우

예 甲과 乙이 공유하고 있는 1필지의 토지에 관하여 甲과 乙을 각 단독소유로 하는 2필지의 환지를 교부한 경우

3. 종전 토지 중 일부를 다른 토지에 합쳐서 환지를 교부한 경우

예 종전 토지 4개에 관하여 3개의 환지를 교부하면서 종전 토지를 분필하여 다른 토지에 합필하는 형태로 환지를 교부한 경우

Ⅶ 합필환지와 합동환지의 경우의 처리

1. 합필환지

(1) 정의

소유자가 동일한 여러 필지의 토지에 관하여 1필지의 환지를 교부한 경우를 말한다.

(2) 종전 토지 중 일부의 토지에 소유권 외의 권리가 등기되어 있는 경우

1) 종전 토지의 등기가 근저당권설정등기나 가압류등기 등과 같이 지분 위에 존속할 수 있는 등기인 경우, 시행자는 촉탁서에 환지 중 얼마의 지분이 그 등기의 목적이라는 것을 구체적으로 기록하여야 하고, 등기관은 이를 환지의 등기부에 기록하여야 한다.

2) 종전 토지의 등기가 지상권설정등기나 전세권설정등기 등과 같이 토지의 특정 부분에 존속할 수 있는 경우, 시행자는 환지의 어느 부분에 그 권리가 존속한다는 것을 촉탁서에 기재하여야 하고, 등기관은 이를 환지의 등기기록에 기록하여야 한다.

2. 합동환지

(1) 정의

소유자가 각각 다른 여러 필지의 종전 토지에 관하여 1필지 또는 여러 필지의 환지를 교부한 경우를 말한다.

(2) 공유지분의 기재

등기촉탁서에 종전 토지 소유자들의 환지에 관한 공유관계의 지분 비율을 기재하여야 하고, 등기관은 환지등기를 완료한 후 그 지분비율을 공유자 지분으로 하는 변경등기를 하여야 한다.

Ⅷ 창설환지 등에 관한 등기절차 등

1. 「농어촌정비법」 제34조에 의한 창설환지의 소유권보존등기 또는 「도시개발법」 제34조 제1항의 체비지나 보류지에 관한 소유권보존등기도 환지등기절차에 의하여야 하고, 이 경우 등기관은 등기기록의 표제부에 농어촌정비법에 의한 환지 또는 「도시개발법」에 의한 체비지나 보류지임을 표시하여야 한다.

2. 미등기 토지에 관하여 환지를 교부한 경우

시행자는 환지등기절차에 의하여 그 환지(종전 토지 ×)에 관한 소유권보존등기를 촉탁할 수 있다.

Ⅸ 환지등기의 실행절차

1. 등기완료 또는 등기필정보의 통지

환지등기를 마친 등기관은 시행자에게 등기완료의 통지를 하여야 하고, 환지절차에 의해 소유권보존등기를 하는 경우에는 시행자에게 등기필정보 통지서도 함께 내어주고, 시행자는 환지 소유자에게 교부하여야 한다.

2. 등기완료 후 다른 등기신청 시 제공하여야 할 등기필정보

환지를 교부받은 자가 등기의무자로서 등기신청을 할 때에는 종전 토지에 관하여 소유자로서 통지받은 등기필정보를 신청정보로 제공하여야 한다. 다만, 창설환지나 체비지 등 환지등기절차에 의하여 소유권보존등기가 이루어진 경우에는 그 등기에 관한 등기필정보를 제공하여야 한다.

OX 확인

01 농업생산기반 정비사업 시행자는 사업시행인가 후에 사업시행을 위하여 환지계획인가의 고시 전이라도 종전 토지에 관한 상속을 원인으로 한 소유권이전등기를 상속인을 대위하여 촉탁할 수 있다. O | X

02 농업생산기반 정비사업 시행자가 일정한 등기의 신청권자를 대위하여 등기를 촉탁하는 경우에는 등기원인 또는 등기의 목적이 동일하지 아니한 경우라도 하나의 촉탁서로 일괄하여 촉탁할 수 있다. O | X

03 환지계획인가의 고시가 있은 후에는 종전 토지에 대한 소유권이전등기, 근저당권등기 등 권리에 관한 등기의 신청은 정지되지만, 종전 토지의 표시에 관한 등기는 신청할 수 있다. O | X

04 환지등기를 촉탁하는 경우에는 환지계획서 및 환지계획서 인가서 등본, 환지계획인가의 고시가 있었음을 증명하는 서면, 농업기반등정비확정도를 첨부정보로 제공하여야 한다. O | X

05 환지를 교부받은 자가 나중에 등기의무자로서 권리에 관한 등기를 신청할 때에는 종전 토지에 관하여 소유자로서 통지받은 등기필정보를 제공하면 된다. O | X

06 종전 토지에 관하여 매매계약을 체결하고 아직 그 계약에 따른 등기 전에 환지등기가 마쳐진 경우에는 신청인이 환지에 관한 등기신청을 하면서 종전 토지에 관한 계약서를 등기원인을 증명하는 정보로서 제공하였더라도 등기관은 그 등기신청을 수리한다. O | X

07 환지토지에 관한 등기촉탁이 누락된 경우, 사업시행자는 누락된 환지에 대하여 다시 환지등기를 촉탁할 수 있다. O | X

정답 | 01 ○ 02 ○ 03 × 04 ○ 05 ○ 06 ○ 07 ○

제2절 도시 및 주거환경정비에 관한 등기

I 의의

이전고시에 따라 토지와 건물을 분양받은 자들이 새로운 대지·건축물에 관하여 소유권을 취득하게 되면 사업시행자는 ① 종전 토지에 관한 멸실등기 ② 정비사업으로 조성된 대지와 축조된 건축물에 관한 소유권보존등기 ③ 종전 건물·토지에 관한 지상권·전세권·임차권·저당권·가등기·환매특약이나 권리소멸약정·처분제한의 등기(이하 '담보권 등에 관한 등기'라고 한다)로서 분양받은 대지와 건축물에 존속하게 되는 등기를 촉탁 또는 신청하여야 한다.

II 대위등기의 촉탁

1. 사업시행자는 사업시행인가 후에는 사업시행을 위하여 이전고시가 있기 전이라도 종전 토지에 관한 부동산표시변경 및 경정등기, 등기명의인표시변경 및 경정등기, 소유권보존등기, 상속을 원인으로 한 소유권이전등기를 각 해당 등기의 신청권자는 대위하여 신청할 수 있다.
2. 등기원인증명정보, 사업시행인가가 있었음을 증명하는 정보를 제공하여야 한다.

III 다른 등기의 정지

1. 사업시행자는 이전고시의 사실을 등기소에 통지하여 다른 등기가 되지 않도록 하여야 하고, 등기관은 해당 사업지역 내 토지의 등기기록 표제부 상단에 기록을 하고 등기사항증명서 발급 시 그 내용이 표시되도록 한다.
2. 등기관은 이전고시에 따른 부전지 표시가 된 후에는 종전 토지에 대한 소유권이전등기, 근저당권설정등기, 가압류등기, 경매개시결정등기(정지되는 시점 이전에 설정된 근저당권에 기한 경우도 마찬가지임) 등 권리에 관한 등기신청뿐만 아니라 표시에 관한 등기신청도 수리할 수 없다. 등기관은 그 등기신청에 대하여 법 제29조 제2호에 따라 각하한다.
3. 이전고시에도 불구하고 종전 토지에 관한 등기가 마쳐진 경우 등기관은 그 등기를 법 제58조에 따라 직권으로 말소한다.

IV 이전고시에 따른 등기

1. 신청인

시행자 또는 시행자의 위임을 받은 대리인에 한하여 신청할 수 있으며, 조합원 개인이나 그 밖에 시행자가 아닌 다른 자로부터 위임을 받은 대리인 등은 신청할 수 없다.

2. 신청하는 등기

(1) 종전 건물 및 토지에 관한 말소등기신청

① 관리처분계획서 및 인가서, 이전고시증명정보, 신청인이 조합인 경우에는 대표자자격증명정보를 제공하여야 한다.

② 말소등기에 따른 등록면허세와 등기신청수수료를 납부한다.

③ 종전 등기기록을 폐쇄하는 때에는 표제부에 정비사업시행으로 인하여 말소한 뜻을 기록하고 부동산의 표시를 말소하는 표시를 한 후 그 등기기록을 폐쇄한다.

(2) 새로이 축조된 건축물에 관한 등기

1) 등기신청

① 소유권보존등기 및 담보권 등에 관한 권리등기를 신청하여야 한다(일괄신청).

② 건축물(구분건물인 경우에는 1동의 건물에 속하는 구분건물 전부)에 관하여 1개의 신청으로 일괄하여야 한다.

③ 담보권 등에 관한 권리의 등기로서 새로운 건물과 토지에 존속하게 되는 등기는 종전 건물과 토지의 등기기록으로부터 이기되는 등기가 아니라 시행자가 종전 건물과 토지에 관한 등기의 말소등기 및 새로운 대지와 건축물에 관한 소유권보존등기와 함께 신청하는 등기이므로 시행자가 신청하지 않은 경우에는 등기되지 않는다(선례 제6-527호).

2) 신청정보

① 건축물별로 소유권보존등기, 담보권 등에 관한 권리의 등기의 순서로 등기사항을 표시, 정비사업시행으로 인하여 등기를 신청한다는 뜻을 표시한다.

② 동일한 건축물에 관한 권리를 목적으로 2개 이상의 담보권 등에 관한 권리의 등기는 등기할 순서에 따라 기재한다. 등기관은 신청정보에 표시된 순서에 따라 별개의 접수번호를 부여하여 순위관계를 명확히 하여야 한다.

③ 담보권 등의 권리에 관한 사항의 등기원인을 기재할 때에는 정비사업시행으로 인하여 등기를 신청한다는 뜻과 함께 종전의 등기원인일자를 함께 표시한다.

3) 이전고시를 받은 자보다 선순위 가등기 등이 있는 경우

이전고시를 받는 자 만을 위한 보존등기를 할 수 없고, ① 선순위 가등기 등, ② 선순위 가등기 등의 목적이 된 등기, ③ 이전고시를 받은 자 명의의 등기를 함께 하여야 한다.

4) 첨부정보

① 관리처분계획서 및 인가서, 이전고시증명정보, 신청인이 조합인 경우에는 대표자자격증명정보, 도면을 제공한다.

② 보존등기가 되는 각 건물의 개수만큼 등기신청수수료를 납부한다(집합건물의 경우에는 전유부분의 개수만큼).

(3) 새로 조성된 대지에 관한 등기

① 대지에 관한 소유권보존등기 및 담보권 등에 관한 권리의 등기는 1필의 토지에 관하여 동일한 신청으로 하여야 한다.

② 신청정보에는 소유권보존등기, 담보권 등에 관한 권리의 등기의 순서로 등기사항을 표시하며, 정비사업시행으로 인하여 등기를 신청한다는 뜻을 표시하여야 한다.

③ 관리처분계획서 및 인가서, 이전고시증명정보, 신청인이 조합인 경우에는 대표자자격증명정보, 도면을 제공한다. 부동산의 개수를 기준으로 등기신청수수료를 납부한다.

(4) 등기관의 심사

이전고시에 따라 새로 조성된 대지와 건축시설에 관한 등기를 할 때 등기관은 신청정보에 표시된 등기명의인과 관리처분계획서 등에 나타난 권리자가 일치하는지 여부를 심사하면 충분하므로, 폐쇄된 종전 토지와 건물의 등기기록상 명의인과 일치하는지 여부는 심사할 필요가 없다(선례 제6-532호).

3. 등기실행

등기관은 보존등기시 표제부(구분건물은 1동의 건물의 표제부)에 정비사업시행으로 인하여 등기하였다는 뜻을 기록한다.

OX 확인

01 「도시 및 주거환경정비법」에 의하면 이전고시에 의하여 취득하는 대지 또는 건축물은 환지로 본다. O | X

02 조합원 개인이나 재건축 또는 재개발정비조합이 아닌 다른 자로부터 위임을 받은 대리인은 이전고시에 따른 등기를 신청할 수 없다. O | X

03 새로 조성된 대지와 건축시설에 대한 소유권보존 및 근저당권 등 소유권 이외의 권리에 관한 등기 신청의 경우, 등기관은 신청서에 기재된 등기권리자와 폐쇄된 종전 토지 및 건물의 등기기록상 명의인이 일치하는지 여부를 심사하여야 한다. O | X

해설 새로 조성된 대지와 건축시설에 대한 소유권보존 및 근저당권 등 소유권 이외의 권리에 관한 등기 신청의 경우, 등기관은 신청서에 기재된 등기명의인과 관리처분계획 등에 나타난 권리자가 일치하는지 여부를 심사하면 충분하고, 폐쇄된 종전 토지 및 건물의 등기기록상 명의인과 일치하는지 여부는 등기관의 심사대상이 아니다(선례 제201207-2호).

04 이전고시가 있었음에도 불구하고 이를 간과하고 종전 토지에 관한 등기가 마쳐진 경우에는 그 등기는 직권말소의 대상이 된다. O | X

05 이전고시에 따른 등기를 신청하는 경우 정비사업시행자는 관리처분계획을 증명하는 서면이나 이전고시를 증명하는 서면 중 어느 하나를 첨부하면 된다. O | X

해설 이전고시에 따른 등기를 신청하기 위해서는 ① 관리처분계획서 및 인가서, ② 이전고시증명정보, ③ 신청인이 조합인 경우에는 대표자 자격을 증명하는 정보를 제공하여야 한다. 이와 같은 첨부정보가 이미 시행자로부터 등기소에 제출된 경우에는 이를 제공할 필요가 없다.

06 건축시설에 관한 소유권보존등기 및 담보권 등에 관한 권리의 등기의 신청을 하는 때에는 건축시설(구분건물인 경우에는 1동의 건물에 속하는 구분건물 전부)에 관하여 동일한 신청서로 하여야 한다. O | X

07 이전고시가 있은 후에는 종전 토지에 관하여 권리에 관한 등기뿐만 아니라 표시에 관한 등기도 할 수 없다. O | X

08 이전고시가 있었음에도 불구하고 종전 토지에 관한 등기가 마쳐진 경우 등기관은 그 등기를 법 제58조에 따라 직권으로 말소한다. O | X

09 새로이 축조된 건축물에 대하여 아직 등기가 이루어지지 아니한 상태에서 처분제한의 등기촉탁이 있는 경우 등기관은 이 처분제한의 등기를 하기 위하여 해당 건축물의 소유권보존등기를 직권으로 하여야 한다. O | X

해설 「도시 및 주거환경정비법」에 의하여 정비사업의 시행인가를 받아 축조된 건축물에 관한 등기는 사업시행자가 동법 제54조 제2항의 규정에 의한 이전의 고시가 있은 때에 동일한 신청서로 동시에 신청(촉탁)하여야 하므로, 위와 같이 축조된 건축물에 대하여 아직 등기가 이루어지지 아니한 상태에서 집행법원으로부터 처분제한의 등기촉탁이 있는 경우 등기관은 이 처분제한의 등기를 하기 위한 전제로써 당해 건축물에 관한 소유권보존등기를 직권으로 경료할 수 없다(선례 제8-291호).

10 근저당권이 새로운 건물과 토지에 존속하게 되는 때에는 사업시행자가 종전 건물과 토지에 대한 말소등기 및 새로운 대지와 건축물에 대한 소유권보존등기와 그 근저당권설정등기를 함께 신청하여야 하므로 시행자가 이를 신청하지 않은 경우에는 등기되지 않는다. O | X

정답 | 01 ○ 02 ○ 03 × 04 ○ 05 × 06 ○ 07 ○ 08 ○ 09 × 10 ○

MEMO